中国社会科学年鉴

中国辽夏金研究年鉴 2013

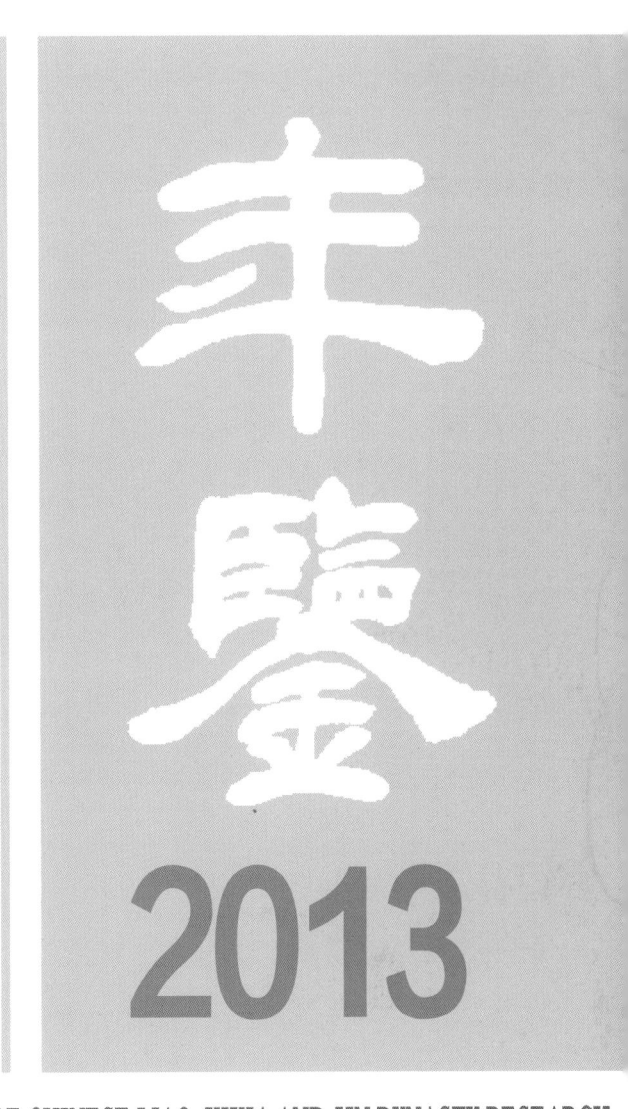

THE YEARBOOK OF CHINESE LIAO, XIXIA AND JIN DYNASTY RESEARCH

史金波 宋德金 主编

中国社会科学出版社

图书在版编目（CIP）数据

中国辽夏金研究年鉴.2013／史金波，宋德金主编.—北京：中国社会科学出版社，2015.7

ISBN 978-7-5161-6488-4

Ⅰ.①中… Ⅱ.①史…②宋… Ⅲ.①中国历史—研究—辽宋金元时代—年鉴 Ⅳ.①K240.7-54

中国版本图书馆 CIP 数据核字（2015）第 146965 号

出 版 人	赵剑英
责任编辑	孙铁楠
责任校对	林福国
责任印制	张雪娇
出　　版	中国社会科学出版社
社　　址	北京鼓楼西大街甲158号
邮　　编	100720
网　　址	http://www.csspw.cn
发 行 部	010-84083685
门 市 部	010-84029450
经　　销	新华书店及其他书店
印刷装订	三河市东方印刷有限公司
版　　次	2015年7月第1版
印　　次	2015年7月第1次印刷
开　　本	787×1092　1/16
印　　张	28.25
插　　页	4
字　　数	565千字
定　　价	145.00元

凡购买中国社会科学出版社图书，如有质量问题请与本社营销中心联系调换
电话：010-84083683
版权所有　侵权必究

第三届西夏学国际论坛暨王静如先生学术思想研讨会（2013年9月）

"第三届西夏学国际论坛暨王静如先生学术思想研讨会"代表合影（2013年9月）

"十至十二世纪东亚都城和帝陵考古与契丹辽文化国际学术研讨会"
开幕式(2013年8月,内蒙古自治区巴林左旗)

"十至十二世纪东亚都城和帝陵考古与契丹辽文化国际
学术研讨会"与会代表考察辽祖陵

"十至十二世纪东亚都城和帝陵考古与契丹辽文化国际学术研讨会"代表合影

第12届中国辽金契丹女真史研讨会预备会全体代表合影(2013年11月,吉林大安)

《西夏文物》编纂工作会议(2013年9月18日,兰州)

《西夏文物》编纂工作会议人员合影

中国辽夏金研究年鉴 2013

主　　　办　中国社会科学院西夏文化研究中心
　　　　　　中国民族史学会辽金契丹女真史分会

协　　　办　国家社会科学基金特别委托项目"西夏文献文物研究"

主　　　编　史金波　宋德金

副　主　编　程妮娜　杜建录　周　峰（常务）　杨　浣

编辑部成员　关树东　杨　浣　陈晓伟　周　峰　康　鹏

目　录

卷首语 ……………………………………………………………………………… (1)

第一篇　研究综述

2013年辽史研究综述 ……………………………………… 高福顺　苏　丹(3)
2013年西夏文物考古新发现回顾 …………………………………… 于光建(30)
2013年金史研究综述 ……………………………………… 程妮娜　王晓静(38)
20世纪以来辽代汉官研究述评 ……………………………………… 蒋金玲(61)
近30年来辽代科举制度研究综述 …………………………………… 郝艾利(70)
21世纪中国西夏学研究新趋势 ……………………………… 彭向前　尤丽娅(81)
21世纪以来西夏文文献整理与考释研究综述 ………………………… 荣智涧(88)
西夏服饰研究综述 …………………………………………………… 任怀晟(102)
西夏皇族研究综述 …………………………………………………… 陈　玮(109)

第二篇　会议述评与论文提要

海内外学者研讨契丹辽代都城和帝陵考古发现 ……………… 汪　盈　马东启(121)
"十至十二世纪东亚都城和帝陵考古与契丹辽文化国际学术研讨会"
　论文提要 ………………………………………………………………………… (123)
第三届西夏学国际论坛暨王静如先生学术思想研讨会综述 ………… 张笑峰(133)
"西夏语文献解读研究成果发表会"会议综述 ………………………… 段玉泉(141)

第三篇　学术动态

刘凤翥先生在赤峰学院讲学 …………………………………………… 张少珊(145)
薪火相传，诲人不倦
　——刘凤翥先生在考古工地为中青年学者授课 ……………… 董新林　汪　盈(145)

中央电视台大型史实纪录片《神秘的西夏》开拍 ················ 高　仁（146）
杜建录教授入选教育部 2011 年度"长江学者奖励计划"
　　特聘教授 ······································· 宁夏大学西夏学研究院（147）
彭向前研究员赴俄交流西夏学 ························· 彭向前（148）
白山·黑水·海东青
　　——纪念金中都建都 860 周年特展 ··················· 杨海鹏（150）

第四篇　书评·书讯

关注现实　重视历史
　　——评李谷城遗著《辽代南京留守研究》 ············· 宋德金（155）
学习西夏文的一把金钥匙
　　——史金波先生《西夏文教程》简评 ················· 赵天英（158）
评史金波著《西夏文教程》 ·························· 高　仁（163）
一部实用的西夏学研究工具书
　　——《党项西夏文献研究——词目索引、注释与异名对照》 ········ 佟建荣（167）
西夏文物考古研究的典范之作
　　——读牛达生先生《西夏考古论稿》有感 ············· 于光建（170）
《西夏文〈孟子〉整理研究》读后 ····················· 段玉泉（175）
俄藏文献整理的里程碑
　　——《俄藏黑水城汉文非佛教文献整理与研究》评介 ····· 潘　洁（179）
新材料　新问题　新视角
　　——评《西夏与周边关系研究》 ·············· 王一凡　杨　浣（183）
关于西夏陵的两本考古新著
　　——《西夏六号陵》《西夏陵》简介 ················· 杨　弋（187）
2013 年出版《俄藏黑水城文献》第 20—22 册简介 ········· 苏　航（191）
西夏钱币研究的扛鼎之作
　　——读牛达生先生《西夏钱币研究》 ················· 白秦川（196）

王善军《阳都集》 ···································· （199）
尤李《多元文化的交融——辽代历史与文化研究》 ··············· （199）
首都博物馆、黑龙江省博物馆编《白山·黑水·海东青——纪念
　　金中都建都 860 周年特展》 ······························ （199）
刘宁主编《辽金史论集》第十三辑 ······················· （200）
宋玉彬、阿尔杰米耶娃编著《俄罗斯滨海边疆区女真文物集粹》 ······· （200）

胡传志《宋金文学的交融与演进》……………………………………（200）
王新英编《全金石刻文辑校》……………………………………（201）
王庆生编著《金代文学编年史》上下册…………………………（201）
《王静如文集》上 …………………………………………………（202）

第五篇 新书序跋

《辽代南京留守研究·序》………………………………宋德金（205）
《辽金史论集·序》第十三辑……………………………宋德金（207）
《蒙藏史籍中的西夏·序》………………………………史金波（209）

第六篇 学人与学林

纪念西夏学的开拓者和奠基者王静如先生 ……………史金波（215）
吴天墀先生之治史风貌及其特点
　　——纪念吴天墀先生诞辰百周年 …………………刘复生（219）
漆侠先生的辽金史研究 …………………………………王善军（229）
略论陈学霖的金史研究 ………………………霍明琨　张金梅（238）
怀念于宝麟同志 …………………………………………刘凤翥（245）
忆向南 ……………………………………………………宋德金（252）
刘凤翥先生访谈录 ………………………………………陈晓伟（255）

第七篇 博士论文提要

西夏文《亥年新法·第三》译释与研究 …………………周　峰（261）
西夏职官制度研究
　　——以《天盛革故鼎新律令》卷十为中心 ………翟丽萍（262）
黑水城所出元代词讼文书研究 …………………………侯爱梅（266）
西夏文《大方广佛华严经·十定品》译释 ………………冯雪俊（271）
金朝宰相制度研究 ………………………………………孙孝伟（275）
金代汉族家庭形态研究 …………………………………刘晓飞（277）
金末义军与晚金军事研究 ………………………………李浩楠（279）

第八篇　博士后出站报告提要

金人"中国观"研究 ………………………………………… 熊鸣琴(283)

第九篇　重点课题研究报道

国家社会科学基金特别委托项目"西夏文献文物研究"
　2013年工作进展 …………………… 中国社会科学院西夏文化研究中心(289)
2013年度国家社会科学基金、教育部人文社会科学立、结项概况 ……… 许伟伟(293)

第十篇　海外研究动态

韩国辽金古城研究状况 ……………………………………… 李秉建(297)

第十一篇　文献·文物·考古新发现

2013年辽上京皇城街道及临街建筑遗址考古发掘 ………… 董新林　汪　盈(301)
关于萧和家族几块墓志名称 ………………………………… 史风春(305)
医巫闾山发现辽代石雕祭台 ………………………………… 屈连志(309)
从拜寺沟方塔没有地宫谈起
　——兼论别具一格的方塔建筑 ………………………… 牛达生(314)

附　录

2013年辽金史论著目录 ……………………………………… 周　峰(325)
2013年西夏学论著目录 ……………………………… 周　峰　张笑峰(378)
索引 …………………………………………………………………… (392)

Contents

Preamble ··· (1)

I Research Reviews

A Review of Liao History Researches in 2013 ···················· Gao Fushun Sudan (3)
AReview of Xixia Archaeological New Discoveries in 2013 ············ Yu Guangjian (30)
AReview of Jin History Researches in 2013 ········ Cheng Ni'na Wang Xiaojing (38)
A Review ofResearches on Han Officers in the Liao Dynasty since
　　the 20th Century ·· Jiang Jinling (61)
A Review of30 years' Studies on the Imperial Examination System in
　　the Liao Dynasty ·· Hao Aili (70)
New Trends of China's Xixia Researches in the
　　New Century ·· Peng Xiangqian You Liya (81)
A Review of Xixia Literature Arrangements and Interpretations since
　　the New Century ·· Rong Zhijian (88)
A Review ofXixia Apparel Researches ································ Ren Huaisheng (102)
A Review ofXixia Royal Family Researches ································ Chen Wei (109)

II Conference Reviews and Thesis Abstracts

Archaeological Discoveries of the Khitan Capital and Mausoleum in the Liao
　　Dynasty from Domestic and Overseas Scholars ········ Wang Ying Ma Dongqi (121)
Thesis Abstractsof the International Academic Symposium for Archaeological
　　Studies of East Asian Capitals and Mausoleums in the 10th – 12th Century
　　and the Khitan Culture in the Liao Dynasty ·· (123)
A Summary ofthe Third International Academic Forum for Xixia Studies and
　　Mr. Wang Jingru's Academic Thoughts ··························· Zhang Xiaofeng (133)

ASummary of the Conference for the Research Findings of Xixia
　　Literature Interpretations ………………………………… Duan Yuquan （141）

Ⅲ　Academic Trends

TheLectures of Mr. Liu Fengzhu in Chifeng College ……………… Zhang Shaoshan （145）
Passing the Academic Thoughts to the Next Generation and Tireless Efforts in
　　Teaching Others: The Lectures of Mr. Liu Fengzhu in Archaeological Sites
　　for Young Scholars …………………………………… Dong Xinlin　Wang Ying （145）
The CCTV Will Start Shooting a Large Documentary Named *Xixia* ……… Gao Ren （146）
Professor Du Jianlu, Chosen as the Distinguished Professor of "Cheung Kong Scholars Pro-
gram" in 2011 from the Ministry of Education …………………………………
　　……………………………………………… Xixia Institute, Ningxia University （147）
Professor Peng Xiangqian's Leaving for Russia and Exchange of
　　Xixia Studies ………………………………………………… Peng Xiangqian （148）
Baishan, Heishui, and Haidongqing: A Special Exhibition for the 860
　　Anniversary Commemoration of the Founding of the Capital of the
　　Jin Dynasty ……………………………………………………… Yang Haipeng （150）

Ⅳ　Book Reviews and Book News

Paying Attention to the Reality and History: A Comment on Li Gucheng's
　　Posthumous Book *Studies on the Liushou* (*The Highest Military Governor*) *of*
　　Nanjing in the Liao Dynasty …………………………………… Song Dejin （155）
A Golden Key to Studying of Xixia Script: A Brief Comment on Mr. Shi Jinbo's Book *Xixia*
Script Tutorial ……………………………………………… Zhao Tianying （158）
A Comment on Shi Jinbo's Book *Xixia Script Tutorial* ………………… Gao Ren （163）
AUseful Reference Book on Xixia Studies: *Dangxiang Xixia Literature*
　　Researches: Index Entries, Explanatory Notes and Different Name
　　Comparisons ……………………………………………… Tong Jianrong （167）
A Model in Xixia Archaeological Researches on Cultural Relics: A Comment on
　　Mr. Niu Dasheng's Book *Xixia Archaeological Studies* ………… Yu Guangjian （170）
A Comment on *Studies on the "Mencius" Written by Xixia Script* … Duan Yuquan （175）
A Milestone for Arrangements of Literatures Collected in Russia: A Comment on
　　Arrangements and Studies of Han Literatures (*excluding Buddhist Literatures*)

from Heishui City Collected in Russia ················· Pan Jie (179)
NewMaterials, New Problems, New Perspectives: A Review of *The Relationship
　between Xixia and Its Surrounding Areas* ············· Wang Yifan　Yang Huan (183)
OnTwo Archaeological New Books about Xixia Mausoleums: A Brief Introduction
　to *Xixia No. 6 Mausoleum, Xixia Mausoleum* ······················ Yang Yi (187)
A Brief Introduction to *Literatures from the Heishui City Collected in Russia*
　(Volume 20 – 22) Published in 2013 ··························· Su Hang (191)
A Masterpiece in Xixia Coin Studies: An Introduction to *Xixia Coins Studies*
　Written by Mr. Niu Dasheng ······················· Bai Qinchuan (196)
Yang Du Ji Written by Wang Shanjun ··· (199)
*TheBlending of Multi – Culture: Studies of the History and Culture in the Liao
　Dynasty* Written by Youli ··· (199)
*Baishan, Heishui, and Haidongqing: A Special Anniversary
　Commemoration of the Founding of the Capital of the Jin Dynasty* Edited by the
　Capital Museum and Heilongjiang Province Museum ························· (199)
Collections of Studies ofthe Liao and Jin History (Volume 13) edited by
　Liu Ning ·· (200)
Collections ofNvzhen Cultural Relics in Russia' s Primorsky Written and Edited by
　Song Yubin and Н. Г. Артемъева ·· (200)
The Blend and Evolution of the Literature in the Song and Jin Dynasty Written by
　Hu Chuanzhi ·· (200)
Collections and Proofreading of Stone Carving Script in the Jin Dynasty Edited by
　Wang Xinying ··· (201)
Chronicles of the literature in the Jin Dynasty (Volume 1 – 2) Written and Edited
　by Wang Qingsheng ·· (201)
Mr. Wang Jingru' s Collections of Essays (Volume 1) ···························· (202)

Ⅴ　Prefaces and Postscripts of New Books

APreface of *Studies on the Liushou (The Highest Military Governor) of Nanjing
　in the Liao Dynasty* ·· Song Dejin (205)
APreface of *Studies on the Liao and Jin History* (Volume 13) ········· Song Dejin (207)
A Preface of *The View from Others: Xixia in the Mongolian and Tibetan
　history* ··· Shi Jinbo (209)

VI Scholars and Academic Collections

ACommemoration of Mr. Wang Jingru, the Pioneer and Founder of Xixia
    Studies ………………………………………………………… Shi Jinbo（215）
The Style and Feature of Mr. Wu Tianchi's History Studies: A Commemoration
    of Mr. Wu Tianchi's Birth Centennial …………………… Liu Fusheng（219）
Mr. Qi Xia's Studies of the Liao and Jin History ………… Wang Shanjun（229）
Mr. Chen Xuelin's Studies of the Jin history …… Huo Mingkun Zhang Jinmei（238）
ACommemoration of Mr. Yu Baolin ……………………………… Liu Fengzhu（245）
A Commemoration of Mr. Xiang Nan ……………………………… Song Dejin（252）
AnInterview with Mr. Liu Fengzhu ……………………………… Chen Xiaowei（255）

VII Ph. D. Thesis Abstracts

Interpretations and Studies of the Xiaxia Script "Hai Nian Xin Fa:
    Part III" ……………………………………………………… Zhou Feng（261）
Studies on the System of Xixia Officials: Focusing on the "Tian
    Sheng Lv Ling: Volume X" ……………………………… Zhai Liping（262）
Studies on Legal Cases Documents in the Yuan Dynasty Unearthed
    in Heishui City ……………………………………………… Hou Aimei（266）
Interpretations and Studies of the Xiaxia Script "Da Fang Guang Fo
    Hua Yan Jing: Shi Ding Pin" ……………………………… Feng Xuejun（271）
Studies on the System of the Prime Minister in the Jin Dynasty …… Sun Xiaowei（275）
Studies on Han Family Forms in the Jin Dynasty ……………… Liu Xiaofei（277）
Studies on "Yi Army" and the Military Affairs in the Late Jin
    Dynasty ……………………………………………………… Li Haonan（279）

VIII Postdoctoral Report Abstracts

Studies on the "China View" of the Jin People ……………… Xiong Mingqin（283）

IX Reports of Important Projects

A Progress Report of the National Social Sciences Special Fund Project
  Studies on Xixia Literatures and Cultural Relics in
  2013 ······ Xixia Culture Research Center, Chinese Academy of Social Sciences (289)
An Outline of the establishment and Finishing of the National Social Sciences
  Fund Projects and the Ministry of Education Humanities and Social Science
  Fund Projects in 2013 ·· Xu Weiwei (293)

X Overseas Research Trends

Researches on the Ancient Cities of Korea in the Liao and Jin
  Dynasty ··· Li Bingjian (297)

XI Literatures, Cultural Relics, Archaeological New Discoveries

Archaeological Excavations in 2013 in the Shangjing Imperial City Streets and
  Buildings in the Liao Dynasty ····················· Dong Xinlin Wang Ying (301)
On the Names of Some Epitaphs of Xiao He Family ················· Shi Fengchun (305)
TheStone Altar in the Liao Dynasty Found in the Yiwulv Mountain ······ Qu Lianzhi (309)
Beginning from Lacking of the Underground Palace in the Square Tower in Baisigou:
  also on the Unique Style of Square Tower Buildings ················· Niu Dasheng (314)

Appendix

The Catalog of Books and Papers about Studies of the Liao and Jin
  History in 2013 ·· Zhou Feng (325)
The Catalog of Books and Papers about Xixia Studies
  in 2013 ································ Zhou Feng Zhang Xiaofeng (378)
Index ·· (392)

卷 首 语

由中国社会科学院西夏文化研究中心、中国民族史学会辽金契丹女真史分会主办的《中国辽夏金研究年鉴》与读者见面了。

辽朝、西夏、金朝是中国10—13世纪地处北方、以少数民族为主体的王朝，先后与中原地区的北宋、南宋分立，在中国历史上具有重要地位，产生了很大影响。新中国成立以来，实行并坚持各民族一律平等的民族政策，民族史学有了长足的发展，辽、夏、金王朝以及他们的主体民族契丹族、党项族、女真族的研究有了很大进展，取得了显著成绩，出版了大量著述。近些年来，特别是随着文物考古事业的发展，发现、出土了大量辽、夏、金三朝文物、文献，给各朝的研究提供了更为丰富的学术资料，为研究的深入开展创造了前所未有的新机遇。

由于大量新资料的相继刊布，辽、夏、金研究热度持续升温，研究水平也不断提高。近年来，资深的专家们宝刀不老，引领学术潮流，不断推出新的研究成果；越来越多的青年专家参与研究，一些人以辽、夏、金研究领域中的某一课题为自己的研究项目，一些人以其作为硕士生、博士生的论文，或作为博士后的研究项目，他们意气风发，取得了可喜的进展和成果。

为使学术界更多的专家了解此学术领域的发展状况，增进学术交流，扩大信息往来，更大范围联系、团结更多的专家，进一步促进辽、夏、金研究，增强这一领域的话语权，并与中国历史其他领域的同行交流信息，我们从事辽、金和西夏研究的两个学术部门决定有组织地出版《中国辽夏金研究年鉴》。这一计划得到中国社会科学院有关领导、科研局和中国社会科学出版社的大力支持。

《中国辽夏金研究年鉴》预计每年出版一卷，主要反映前一年的研究情况，栏目包括：研究综述、会议述评与论文提要、学术动态、书评·书讯、新书序跋、学人与学林、博士论文提要、博士后出站报告提要、重点课题研究报道、海外研究动态、文献·文物·考古新发现、论著索引等。

希望《中国辽夏金研究年鉴》的出版能为这一领域的研究者和爱好者做好服务、沟通工作，更希望大家关心《中国辽夏金研究年鉴》，提出宝贵的建议和意见，以便不断改进，使之成为辽、夏、金研究者和相关领域研究者之家。

第一篇

研究综述

2013年辽史研究综述

高福顺 苏 丹

随着区域史研究的新进展，中国北方民族史研究更趋活跃，作为北方民族史研究领域重要组成部分的辽史研究也逐渐成为学界关注的热点，大有"显学"趋势。纵观2013年度辽史研究，尽管依凭研究的资料仍相当匮乏，给研究者带来欲语无据的申论困境，甚至诸多问题难以持久深入研究下去，然而辽史研究者的热情却有增无减，努力寻觅只言片语资料，锲而不舍地解析还原辽朝历史本真，迭见创新之作，开举究实之风。本年度的辽史研究，无论是研究内容之广度还是发表成果之数量均超过2012年，成绩斐然。

据不完全统计，本年度出版有关辽史学术著作或科普读物达20多部，如宋德金《辽金西夏衣食住行》（中华书局2013年版）、《读史杂识》（中华书局2013年版），曾瑞龙《经略幽燕：宋辽战争军事灾难的战略分析》（北京大学出版社2013年版），陶晋生《宋辽金史论丛》（台湾联经出版事业股份有限公司），姜维东《辽金黄龙府丛考》（吉林人民出版社2013年版），巫鸿、李清泉《宝山辽墓：材料与释读》（上海书画出版社2013年版），尤李《多元文化的交融：辽代历史与文化研究》（中国社会科学出版社2013年版），王玉亭、王燕赵《辽文化与辽上京》（内蒙古文化出版社2013年版），李谷城《辽代南京留守研究》（中国社会科学出版社2013年版），张明悟《辽金经幢研究》（中国科学技术出版社2013年版），彭善国《辽金元陶瓷考古研究》（科学出版社2013年版），北京市文物研究所《北京龙泉务窑辽代瓷器科技研究》（科学出版社2013年版），乌力吉《辽代墓葬艺术中的捺钵文化研究》（文化艺术出版社2013年版），包铭新主编《中国北方古代少数民族服饰研究》（契丹卷）（东华大学出版社2013年版），王利华、张国刚《中国家庭史》（宋辽金元时期）（人民出版社2013年版），杨永康《太原历史文献辑要》（宋辽金元卷）第3册（山西人民出版社2013年版），刘宁主编《辽金史论集》第十三辑（中国社会科学出版社2013年版），辽宁省辽金契丹女真史研究会主编《辽金历史与考古》第四辑（辽宁教育出版社2013年版），程国政编注《中国古代建筑文献集要·宋辽金元》上下册（同济大学出版社2013年版），王炳照、李国均、阎国华《中国教育通史》（宋辽金元卷）（北京师范大学出版社2013年版），熊江宁《普天佛香：宋辽金元时期佛教》（大象出版社 2013 年版），邓广铭《辽宋夏金史讲义》（中华书局 2013 年版），方铭总主编《中国文学史》（辽宋夏金元卷）（长春出版社 2013 年版），台湾三军大学编著《中国历代战争史》（宋辽金夏卷）第 11、12 册（中信出版社 2013 年版），杨翼骧编著《增订中国史学史资料编年·宋辽金卷》（商务印书馆 2013 年版），《历史上的萧太后》（中国社会科学出版社 2013 年版），景爱《历史上的金兀术》（中国社会科学出版社 2013 年版），承天《消失的帝国：契丹帝国》（中国国际广播出版社 2013 年版），承天《契丹帝国》（中国国际广播出版社 2013 年版），赤军《消失的帝国：西辽帝国》（中国国际广播出版社 2013 年版），张学淳编著《千古绝句：赏析辽金元明清诗》（上海社会科学院出版社 2013 年版），龚书铎、刘德麟主编《辽·西夏·金的故事》（中国通史系列）（江苏人民出版社 2013 年版），《漫说中国历史》组委会编著《阿保机兴辽》（航空工业出版社 2013 年版），林静《青少年应该知道的历史知识·辽史》（河南人民出版社 2013 年版），袁腾飞《塞北三朝·辽》（电子工业出版社 2013 年版）等。

其中，《辽金西夏衣食住行》以图文并茂的表述方式，依据考古与文献资料解读辽金西夏衣食住行的一系列具体问题的同时，还分析了引起衣食住行变化的社会环境、不同阶层在衣食住行方面的差异，以及所体现出的礼仪和习俗等，展现了多元文化的融合与民族特色。《经略幽燕：宋辽战争军事灾难的战略分析》以宋初对辽宋和战为研究对象，运用现代军事战略理论与方法，深入分析辽宋和战的原始史料，从战略思维与文化、战役法、战术传统等视角分析宋辽和战中的成败关键，厘清了宋初军事史上的若干疑点。《辽金黄龙府丛考》以今吉林农安之黄龙府为研究对象，研究的主要内容包括 20 世纪黄龙府研究综述、黄龙府得名考、辽代黄龙府方位考、黄龙府诸说考论、黄龙府史事考、农安辽寺辽塔考等，通过稽古钩沉，致力于困扰学界已久之问题的解决，基本达到了预期效果。《宝山辽墓：材料与释读》在努力还原宝山辽墓的建筑形式、壁画与随葬品的同时，借助考古材料，扩展对宝山辽墓研究的内涵和范围，把当时政治环境以及画者的身世情感等因素纳入撰者思考范畴之中，重点讨论了包括绘画与建筑的互动、建筑形制、画像程序、绘画风格、画者身份，以及壁画与墓葬赞助人的文化背景、当时政治环境及辽代礼仪风俗的联系等。书末附录的吴玉贵、罗世平对辽墓壁画的研究成果及发掘简报对该书研究的内容有较大裨益。《中国北方古代少数民族服饰研究》（契丹卷）对岩画、壁画、卷轴、纺织品、彩塑、石雕、俑人等辽代图像遗存之人物图像作了深度挖掘与分析考证，同时与有关辽史文献记载和相关学术成果进行比较与印证，依此结论对契丹人的代表性服饰进行复原研究，以制作实物的形式呈现研究成果，提升了研究的深度、原创与科学性。《辽代南京留守研究》对辽朝南京留守群体作了深度的专题研究，主要内容涉及南京留守、出身、任用、功过评价与结局等内容，依凭南京留守任用规律透视南京兴衰变化及其与辽朝的关系。书中对南京留守人员的考证及大量表格是该书的亮点之一。《辽金经幢研究》对经幢的结构及起源、辽金经幢的形制、经幢分类、佛顶尊胜陀罗尼版本流变、经幢功能等问题给予充分讨论。《中国教育通史》（宋辽金元卷）下册第八章专门阐述辽、金、西夏的教育制度，包括文教、教育、科举等。

《宋辽金史论丛》《多元文化的交融：辽代历史与文化研究》《辽金元陶瓷考古研究》等均为撰著者之论文集成。《宋辽金史论丛》收录撰著者近40年来之论文27篇，涉及辽朝者10篇，以讨论辽宋关系为主，涉及边界交涉、交聘文书、交聘特色等内容。《多元文化的交融：辽代历史与文化研究》收录撰著者近10年来对辽朝佛教研究论文20篇，通过对文献、石刻资料的考证与辨析，尤其是利用考古材料，结合历史学、社会学和艺术学的理论与方法，以长时段的眼光来审视唐五代至辽代华北地区的佛教与社会，在探究上层精英精神世界的同时，也关照普通民众的信仰实践，以及二者之互动，充分勾画了辽朝的历史与文化面貌。《辽金元陶瓷考古研究》为陶瓷考古研究的专题论文集，收录论文34篇，其中涉及辽代者7篇，研究的主要内容包括辽代陶瓷窑址及其产品类型。同时，对于陶瓷遗存所反映的社会历史问题，也进行了深入探讨。《读史杂识》为札记、随笔类的杂文集，收文45篇，以辽金、契丹女真、北方民族及东北地方史者居多，或为札记、考辨类的学术短文，或为评论、序跋类的学术随笔与专著序言，或为访古、游记类的记述与感怀。《辽金史论集》第十三辑为"2012年阿城第二届金上京历史文化暨第十一届中国辽金契丹女真史学术研讨会"论文之精选集，收录论文27篇，涉辽史者15篇，研究的主要内容包括军礼、移民与经济开发、救灾体制、后族、辽宋关系、辽宋交通以及契丹文字、文化交流等。《辽金历史与考古》为辽宁省辽金契丹女真史研究会编辑的专门刊载辽金史研究内容的论文集，每年一辑，分考古发现与研究、历史研究、宗教研究、碑志、文物研究、综述等栏目。2013年度出版者为第四辑，刊载论文40篇，有关辽史者29篇，大凡墓葬、城址、后族、世号、契丹文字、辽丽关系、佛教信仰、经幢、墓志考释、木雕饰等均有专文论述，尤其是综述栏内所载周峰《2011年辽金史论著目录》，为学界了解2011年辽史研究学术动态提供了便利条件。《辽宋夏金史讲义》《中国文学史》（辽宋夏金元卷）为供在校大学生学习之讲义，就辽史而言，前者内容包括契丹族史及其建国、社会经济发展、军政制度、宋太祖对辽的防守政策、宋太宗伐辽及其失败、契丹南侵与澶渊之盟等。后者内容包括辽代文人构成与文学形态、社会风貌、诗歌嬗变等。《辽文化与辽上京》是介乎于学术与通俗之间的普及知识读本，将辽文化及辽上京文化的深刻内涵与专家学者的学术观点，通过浅显易懂的语言，循序论说般逐一展现出来，为广大民众了解契丹社会与文化营造了方便之门。

此外，中国社会科学院历史研究所主办、隋唐宋辽金元史研究室主编《隋唐辽宋金元史论丛》第三辑（上海古籍出版社2012年版），长春师范大学东北亚研究所主办、姜维东主编《东北亚研究论丛》第六辑（东北师范大学出版社2013年版），内蒙古社会科学院历史研究所主办、何天明等主编《朔方论丛》第三辑（内蒙古大学出版社 2013 年版）等以书代刊之出版物或辟专栏或专门刊载有关辽史的内容，尤其是西南交通大学外国语学院主办、傅勇林主编《华西语文学刊》第八辑（四川文艺出版社 2013 年版）于本年度还专门辟立"契丹学专辑"，设置学者访谈、契丹文字研究、契丹语言研究、辽史相关语言研究、契丹辽史及考古研究、契丹辽代文化艺术研究、书评等栏目，刊载研究论文 27 篇、学者访谈 2 篇、书评 9 篇、会议综述 2 篇。中国社会科学院西夏文化研究中心主办，景爱主编《辽金西夏研究 2011》（同心出版社 2013 年版）详细介绍了 2011 年辽金西夏研究领域的研究成果与相关学术动态，为辽金西夏史研究提供了理论与方法上的指导，值得重视。

在论文方面，据不完全统计，本年度公开发表近 300 篇，基本为探讨辽朝历史的研究论文，涉及政治、政治制度、经济、文化、社会、人物、家族、民族关系、历史地理、考古文物、史料考订、研究综述等各个领域。以下按研究论文专题内容分类，择其要而述之。

一　政治与政治制度

辽朝政治与政治制度研究，长期以来为学界研究的重点与热点，承续以往，用功颇深，2013 年度发表的研究论文数量较多，大凡涉及辽朝统治合法地位、统治集团结构、地方行政设置、二元体制特色，以及职官制度、捺钵制度、教育制度、法律制度等，不一而足，不乏灼见。

政治。赵永春《关于辽金的"正统性"问题：以元明清"辽宋金三史分修"问题讨论为中心》（《学习与探索》2013 年第 1 期）通过元明清各朝官方承认辽宋金"各与正统"的考察，认为彰显近千年来华夷观念演变轨迹的主导思想为逐渐淡化"华夷之辨"，强调"华夷一家""华夷一体"，华夷互相吸收，采长补短，逐渐否定单一的汉文化选择而强调多元文化选择。杨树森《辽代后期的政治和统治集团内部的政争——兼说辽朝的衰亡》（《辽金西夏研究 2011》）通过法天皇后篡权摄政和兴宗时的政治、道宗时耶律重元之乱、耶律乙辛专权和宣懿后太子浚被诬案的考察，认为辽朝后期政治腐败、崇佛蛊国、部民贫富分化加深、流民问题严重等问题导致辽朝社会矛盾不断激化，当为辽朝衰亡的主因。蒋金玲《辽代汉人的入仕与迁转》（《中国史研究》2013 年第 3 期）认为辽代汉人科举进身与荫补入仕、起家官与官职迁转均表现出明显的文武分途特征，家世对汉官个人仕途影响明显，无论科举进身还是荫补为官，在高官阶段的迁转皆遵循由京府州长官、五京计使等升任南面宰执的升迁序列。契丹皇帝扶植、倚重汉人世家大族，对于契汉联盟的构建、辽政权的长治久安起到积极作用。吴凤霞《辽朝何以"雄长二百余年"——〈辽史〉论赞相关议论探究》[《内蒙古社会科学》（汉文版）2013 年第 3 期]以《辽史》之"论赞"为研究对象，从治国方式、地理位置与居处环境等视角分析辽朝何以雄长二百余年，认为辽朝利用强大的军事力量战胜攻取，推行灵活的用人政策和管理制度作为兴盛的重要保障，不轻易用兵是辽朝统治长达二百余年的关键。郑毅《"因俗而治"与"胡汉一体"——试论辽朝"一元两制"的政治特色》（《黑龙江民族丛刊》2013年第6期）从辽朝行政区划、皇位继承制度及职官制度、军队构成等多角度分析辽朝"一元两制"体制，肯定了"一元两制"的历史作用。郑毅《十世纪契丹王朝构建进程的中原因素——以辽初统治者进取幽州为中心》（《辽金历史与考古》2013年第四辑）以契丹与中原地区政权更迭为线索，通过对双方以幽州为中心展开的错综复杂的政治、军事、外交斗争之考察，认为辽朝夺取幽州，既是契丹与中原政权之间实力消长变化的体现，也与诸政权内部政治斗争演化发展相关。葛华廷、高雅辉《耶律淳权"世号为北辽"之说质疑》（《辽金历史与考古》2013年第四辑）认为"北辽"乃北宋人对位于其国北面的辽国的一种代称，并非专称耶律淳建政权，此说当为《辽史》修撰者之误。王欣欣《辽朝燕云地区的乡村组织及其性质探析》（《黑龙江民族丛刊》2013年第3期）通过乡村组织历史演进，讨论辽朝燕云地区乡村组织形式与性质问题，主张县—乡—村（里）为燕云地区基层组织最常见管理模式，为赋役征收、佛事活动及社会治安的基层组织单位。高玉平、任仲书《辽金时期"矫制"问题研究》（《兰台世界》2013年第21期）通过辽金时期"矫制"现象的考察，分析"矫制"特征及其对后世所产生的一系列影响。王明前《契丹辽朝汉臣行述与政事变迁》[《宁夏大学宁夏大学学报》（人文社会科学版）2013年第2期]以契丹统治者对汉臣的态度及代表性历史人物为线索，分磨合、互动、宠信、崇儒四个时期释述汉臣对契丹政治的影响。刘仲《辽朝太祖至世宗时期的中书令探析》[《内蒙古社会科学》（汉文版）2013年第3期]从辽朝中书令设置的历史条件及必要性、中书令的设置及中书省的建立、中书令职能的发挥等角度，探究太祖、太宗、世宗三朝中书令发展演变，认为太祖时借鉴唐制置中书令，太宗、世宗时中书令被赋予相应的职能。马建红《辽代功臣封号探究》（《北方文物》2013年第3期）根据石刻资料及《辽史》传记对功臣封号作了统计梳理，探究了功臣封号实行的历史阶段、对象以及级别与名称。刘肃勇《完颜阿骨打反辽战争的战略战术与治军》（《满族研究》2013年第3期）探讨完颜阿骨打在反辽战争中运用的战略战术与治军方式，认为其总战略上分为反辽与灭辽两步，战术上沿用女真狩猎生业中骑技射艺之长即偷袭与长途奔袭的灵活多变的传统战术，再配以阿骨打治军才华，终能以弱胜强，奠定金王朝基业。

　　政治制度。杨军《辽朝南面官研究——以碑刻资料为中心》（《史学集刊》2013年第3期）从辽代碑刻所载官员之结衔入手，深入探讨辽朝南面官品级和迁转，考辨《辽史·百官志》记载的错误及南面官中央机构的实态，构拟出辽朝散官的品级结构。杨军、王旭东《辽代南京留守的选任与转迁研究》（《求索》2013年第4期）依据现有材料对辽代南京留守予以全面考证，认为出身家族、仕宦资历、军功、战时需要对南京留守选任都有影响，但最终还是要取决于契丹皇帝是否赏识。南京留守之迁转有调任他官、遭受处罚与自然死亡等，并由此总结出辽南京留守选任与转迁之特点。李大龙《唐代契丹的衙官》(《辽金史论集》2013年第十三辑) 通过对衙官设置与职能的考察，认为唐朝契丹衙官设置为唐朝控制契丹的重要手段之一，使契丹内部形成以衙官为核心、以契丹酋长诸郡王为核心的两股势力相互制衡，目的是遏制契丹族的发展壮大，实现唐朝利用羁縻府州对边疆民族政权的统治。何天明《辽代大林牙院探讨》[《内蒙古社会科学》(汉文版) 2013年第4期] 从辽代大林牙院的设置、职官铨选、林牙的多重职掌等角度探讨大林牙院，认为辽代在北面官系统中广泛设置林牙，其铨选条件与出身于契丹文化世家及文化水平等有关，除主要掌管契丹本族文翰事务，林牙也有承担军务、作为使者出使他国等职能。蒋金玲《辽代救灾体制探析》(《辽金史论集》2013年第十三辑) 考察了辽代的救灾机构设置与灾害应对机制，认为中央救灾机构由皇帝和北、南枢密院等构成，负责决策与指挥，地方救灾机构由京、州、县等各级政府组成，承担具体救济事务。灾害应对机制分为报灾、朝议、遣使救济三个过程。吴焕超《辽代刑罚适用原则及其破坏——以死刑为例》[《河北北方学院学报》(社会科学版) 2013年第4期] 以死刑为切入点，探讨辽代刑罚适用范围及其受皇权或其他因素干扰而遭到破坏，认为辽朝刑罚制度具有民族性、随意性、残酷性等特点，是由农业经济与北方游牧经济不断碰撞、融合而造成的。丁玉玲《浅析辽代法律与中原法律思维上的异同》(《兰台世界》2013年第18期) 基于对辽代法律特点、中原法律传承特色的分析，总结了辽代法律与中原法律的异同。耿涛《浅谈诸弟之乱对辽皇位继承制度的影响》[《赤峰学院学报》(汉文哲学社会科学版) 2013年第9期] 从诸弟之乱的合理性与辽皇位继承混乱、阿保机对诸弟之乱"宽容"与皇位继承的混乱、"父死子继"代替"兄终弟及"并非良策等角度，探讨诸弟之乱对辽朝皇位继承制度的深层影响。

有关政治与政治制度领域的研究论文还有：耿涛《试论耶律倍皇太子身份的特殊性》[《牡丹江师范学院学报》(哲学社会科学版) 2013年第6期]，努如拉·莫明·宇里魂、买买提祖农·阿布都克力木《论契丹人的部分回鹘官号》[《新疆大学学报》(维吾尔文哲学社会科学版) 2013年第3期]，盛波《民族法语境下辽代官制的实践与思考》(《山东行政学院学报》2013年第1期)，郑毅《论捺钵制度及其对辽代习俗文化的影响》(《学理论》2013年第20期)、《论捺钵制度及其对辽代经济领域的影响》(《学理论》2013年第23期)、《捺钵制度与辽代军事探讨》(《学理论》第26期)，王飞《简述辽代的四时捺钵》[《赤峰学院学报》(汉文哲学会社科学版) 2013年第12期]，武宏丽、黄为放《辽代北大王院的渊源》(《长春师范学院学报》2013年第1期)，刘仲《辽初中书令虚设的不可能性探析》(《阴山学刊》2013年第2期)，吴欢、朱小飞《辽夏金监察制度的基本特点与当代启示》(《云南大学学报》2013年第6期)，陈金生《试论契丹"挞马"组织的性质及其影响》

[《甘肃联合大学学报》(社会科学版) 2013 年第 6 期]，袁刚、李俊义《辽朝在不同时期设立的"中京"及其相关问题探讨》[《赤峰学院学报》(汉文哲学社会科学版) 2013 年第 7 期]，郭丽平《略论燕云地区的战略地位及归入契丹政权版图》(《朔方论丛》2013 年第三辑)，张国庆《契丹辽朝在辽沈地区的行政管理考略》(《朔方论丛》第三辑)，吕富华《试论辽代的避讳》(《华西语文学刊》2013 年第八辑·契丹学专辑)，向南《补辽方镇年表》(《辽金历史与考古》2013 年第四辑)，任爱君《松漠诸部的离合与契丹名号在草原的传播》[《赤峰学院学报》(汉文哲学社会科学版) 2013 年第 6 期]，夏宇旭《金代契丹族中央官的政治活动及地位》(《社会科学战线》2013 年第 5 期)、《论金代契丹族官员的外交活动及作用》(《史学集刊》2013 年第 3 期)，杨妹《敖汉旗区域契丹族族源论——契丹遥辇氏的发祥地、世里氏的重要历史活动舞台》(《前沿》2013 年第 23 期)，林航《辽代的"一国两制"》(《文史天地》2013 年第 2 期)，刘凤翥《辽上京和辽中京之政治地位》(《辽金史研究通讯》2012—2013 年合刊)，刘奕彤《从〈焚椒录〉看宣懿诬案的成因》(《神州》2013 年第 6 期)等。

二 经济与经济制度

辽朝经济与经济制度研究，向来为辽史研究的较为薄弱环节，究其原因，当为留存下来的史料匮乏所致，研究者多需借助于移民资料或考古资料，难度之大可想而知。2013 年度之研究，虽然论文数量有限，然而涉及领域较广，大凡包括人口、赋役、农业、畜牧业、手工业、商业贸易、货币等，多有推动之功。

在农业方面，杨军《辽代契丹故地的农牧业与自然环境》(《中国农史》2013 年第 1 期)从上京道人口总量、契丹故地人口问题、契丹故地的过度开发三方面分析契丹故地农牧业与自然环境的关系，认为契丹故地有限的自然资源不足以支撑辽朝这样一个庞大帝国的首都，辽朝定都上京是统治者的决策错误。桑秋杰《中国辽代农业发展的主要动因》[《沈阳农业大学学报》(社会科学版) 2013 年第 3 期]对辽代农业发展的主要原因作了深入分析，认为统治阶级的重视、兴修水利和铁制农具的使用、汉族知识分子的贡献是推动辽代农业发展的主要因素。肖忠纯《辽代辽宁地区农业经济的兴衰演变》[《渤海大学学报》(哲学社会科学版) 2013 年第 2 期]以辽代辽宁地区为视角，探究该地农业发展的原因、农业生产工具和生产技术、农作物种类、农业区域的扩展、粮食产量的提高，以及辽代后期该地农业的衰落实态。在手工业方面，王希安《辽代阜新地区手工业发展状况考述》[《辽宁工程技术大学学报》(社会科学版) 2013 年第 5 期]依据文献资料和考古资料，考察辽代阜新地区冶铸、陶瓷烧制、玉器玛瑙加工等手工业技术发展实态，认为辽代阜新地区手工业取得了很大成就。

在赋役方面，高玉平《辽金时期二税户人身依附关系及其演变》[《赤峰学院学报》（汉文哲学社会科学版）2013年第10期]从二税户的来源、二税户的所属关系、二税户依附关系特征、二税户地位变化及变化原因等角度对辽金时期二税户进行全面考察，认为二税户包括斡鲁朵户、头下军州与寺院的二税户三种，为北方少数民族经济发展实态的反映，对了解北方少数民族经济与中央集权具有重要的意义。

在商业贸易方面，张重艳《北宋对辽榷场置废及位置考》（《宁夏社会科学》2013年第3期）考证北宋对辽榷场的置废及其地理位置，认为北宋在不同时期对辽设置的榷场，与其战略部署有直接关系。在移民方面，肖忠纯《辽代大、小凌河流域的移民与经济开发》（《辽金史论集》2013年第十三辑）通过对大、小凌河流域的内聚性移民、州县设置与民族分布、经济开发等三个方面的考察，认为辽代的移民直接促进了大、小凌河地区的繁荣，奠定了辽西地区的城市和民族分布的基本格局。

此外，孙永刚《巴彦塔拉辽代遗址植物遗存及相关问题研究》[《赤峰学院学报》（汉文哲学社会科学版）2013年第8期]，刘兴亮、闫兴潘《从辽代窖藏看辽代货币制度的几个问题》（《兰台世界》2013年第21期），王欣欣《辽朝的贫富分化及其对策初探》（《兰台世界》2013年第27期），郭丽平《辽朝南农北牧大格局之形成考》（《学理论》2013年第27期）等研究论文，也对2013年度辽朝经济与经济制度研究做出贡献，进一步推动了辽朝经济与经济制度的研究。

三　文化教育

辽朝文化教育研究，秉承过去传统，仍为2013年度的研究重点与热点，相关论文甚多，大凡涉及思想文化、文化交流与融合、教育、文学艺术、体育、科学技术等，与以往相比，研究儒家文化对契丹民族影响的论文锐减，然有关文化教育的专题性研究得到长足发展，进一步拓展了辽朝文化教育研究的深度与广度。

思想文化。武玉环、吕宏伟《辽代军礼考述》（《辽金史论集》2013年第十三辑）对出军仪、射鬼箭、腊仪、车驾还京仪、执手礼、献捷礼等作了详细考察，认为辽代军礼呈现出与前代不同的民族性、地域性与多元性，在辽朝社会生活中发挥了重要作用。张国庆《辽金元时期沈阳地域文化特征刍论》[《辽宁大学学报》（哲学社会科学版）2013年第2期]以沈阳地区为着眼点，探讨该地区在辽金元时期的城建文化、儒家文化、宗教文化、艺术文化等，认为沈阳地区具有城建文化渐趋完善、儒家文化传承弘扬、宗教文化多元共存、艺术文化"胡汉交融"等文化特征。任仲书《辽代医巫闾地区的文化特色》[《辽宁工程技术大学学报》（社会科学版）2013年第3期]结合文献、石刻等资料考察辽代医巫闾地区的文化特色，认为医巫闾地区是契丹辽文化中心区域之一。杨福瑞《契丹族崇山文化的历史考察》[《赤峰学院学报》（汉文哲学社会科学版）2013年第11期]对契丹族崇山文化的原因及内容作了详细的考察，认为崇山观念当是契丹人对天地的崇拜、族源的追溯，以及对山林狩猎生活的仰仗等多种心理因素的交合，以天地祭祀、崇祖敬宗、宗教信仰等为核心内容，形成了以突出皇权政治为最高主旨的国家礼仪制度。杜成辉《浅谈应县木塔秘藏中的辽代变文》(《北方文物》2013年第2期)详细考察了应县木塔秘藏中的讲唱类变文、谈经类变文、打俗类变文、词说类变文、押座文和解座文，认为木塔秘藏中的讲唱作品的发现，为我们提供了研究辽代讲唱文学的珍贵资料，丰富了辽代文学的研究内容。

文化交流。张国庆《辽金时期辽沈地区民族文化的交流与融合》(《辽金史论集》2013年第十三辑)通过对燕赵移民东来、"因俗而治"特色，以及汉、渤海、契丹、女真文化的交流与整合等问题的考察，认为辽沈地区经过多民族文化的碰撞、影响，颇具时代特征与地域特色。

教育。高福顺《契丹皇族儒家经史教育考论》(《中国边疆史地研究》2013年第3期)通过对辽朝统治者提倡皇族子弟研读儒家经史、在皇族内部设置机构与官吏管理皇族子弟的教育与教化的考察，认为契丹皇族子弟研习儒家经史以及由此形成的儒家伦理道德行为规范具有较强的示范性，也影响了契丹社会治国安邦的政治理念，既有利于契丹族与汉族的民族融合，也为中国北部疆域保持长期稳定创造了条件。高福顺《辽朝的尚武骑射教育》(《东北亚研究论丛》2013年第六辑)结合文献与墓志资料，对尚武骑射教育在辽朝受到重视的原因、尚武骑射教育的方式、尚武骑射教育所具有的社会意义和影响进行深入的分析，认为尚武骑射教育不仅为兵民合一创造了充分条件，亦为军队技战术的养成提供了有力保障。高福顺《辽朝女性教育述论》[《辽宁工程技术大学学报》(社会科学版)2013年第1期]从教育内容与社会影响两方面探讨辽代女性教育，认为辽朝女性教育涉及政治素养、儒家经史、伦理道德、宗教信仰、尚武骑射等诸多领域，并在治国安邦、儒家文化传播、齐家相夫教子等方面对辽代社会产生一定影响。张敏《辽代契丹女性的教育问题探析》[《赤峰学院学报》(汉文哲学社会科学版)2013年第12期]利用文献和墓志资料研究辽代女性教育问题，认为契丹女性受教育的内容主要有妇德教育、文化素养教育、宗教教育、骑射教育及日常生产技能教育等，受教育途径主要为家庭，国家政策和宗教活动对促进女性的教育也发挥了一定作用。郭德慧、郭文娟《辽朝储君教育与培养探析》[《齐齐哈尔大学学报》(哲学社会科学版)2013年第3期]从内容与特点两方面探究辽朝储君的教育与培养，认为辽朝储君教育体现着胡汉杂糅的现象，颇具特色。

文学艺术。周春健《〈孟子〉在辽金时期的传播与影响》(《中国哲学史》2013年第1期)认为《孟子》在辽、金的传播，对于两朝教化的广施和器度的涵养，以及儒学化的进程都发挥了重要作用。黄文博《试析辽代〈龙龛手镜〉的价值》[《赤峰学院学报》(汉文哲学社会科学版)2013年第7期]从文字学和历史学等角度,对《龙龛手镜》的字书发展史、俗文字学、古籍整理、音韵、词汇研究、敦煌学研究、中外文化交流史等方面的价值予以充分肯定。程琳《浅论辽金元北方民族的汉文创作》[《赤峰学院学报》(汉文哲学社会科学版)2013年第9期]基于北方民族接受中原汉文化结果,分析北方民族的汉文创作过程、发展特点和文化内涵。

体育音乐。王明荪《辽金元时期的角抵》(《辽金史论集》2013年第十三辑)认为角抵在汉族与北方民族社会均有传统,尤其是在北方民族的文化背景下,应为普通的武技,既是体育运动,也是搏击斗技以及娱乐表演。王俊平、常青《超越体育视域的"国戏"——论古代契丹民族斗鸡》[《赤峰学院学报》(汉文哲学社会科学版)2013年第3期]对契丹民族斗鸡这一"国戏"进行了深入分析和研究,以期探索现代中国农村是否还保留类似的事物。李东斌、赵蕾《辽金时期体育运动衍变的文化解析》(《兰台世界》2013年第4期)分析了辽金时期的"马上"运动、射击运动和摔跤运动,认为在辽金民族文化观念的变迁中,北方少数民族基于传统生活方式积淀,逐步对体育运动进行了因地制宜的衍生性分化,使体育运动呈现出与政权发展相适应的文化特征。李先叶《辽朝主管音乐的机构及其主要职能》[《内蒙古社会科学》(汉文版)2013年第2期]分析了太常寺的职能,认为太常寺是辽朝主管音乐事务的部门,在因俗而治的总方针下,辽朝音乐在一定范围、一定程度上发挥了承上启下的作用。

科学技术。姜维东、姜维公《辽代纪时法证史举例》[《北华大学学报》(社会科学版)2013年第6期]修正了辽人在碑志铭记上纪时法的错误、修复辽碑志幢记在纪时部分的残泐文字并改正了学者们在辽纪时法方面的推算错误。于新春、孙昊《论辽代医药及疾病治疗》(《北方文物》2013年第3期)通过对辽朝医药与疾病治疗的研究,认为辽国药材资源丰富,各种中成药疗效甚佳,如麻醉剂、解毒药、防冻药等,有的为契丹人所独创。在疾病治疗上也有独到技术,望、切、针灸、冰肠降温等法广为使用,甚至有些疗法为中原医生所推崇。

有关文化、教育等领域的研究论文还有:吴承忠、田昀《辽南京休闲景观研究》(《邯郸学院学报》2013年第4期),孙立梅、荣鸿利《月亮泡旅游文化发掘》(《长白学刊》2013年第6期),胡柏玲《辽金时期教育精粹探微》(《辽金史研究通讯》2012—2013合刊),何婷婷《辽诗中所见辽代东北契丹风俗与文化》(《长春师范学院学报》2013年第4期),庞怡《辽代的玉带文化》(《文史月刊》2013年第3期),宋卫忠《辽南京建筑文化特色与价值》[《北京科技大学学报》(社会科学版)2013年第3期],岳东《辽上京与粟特文明》[《内蒙古农业大学学报》(社会科学版)2013年第5期],杜成辉、李文君《辽代的编辑出版业——从辽塔秘藏中发现的印刷品谈起》[《山西大同大学学报》(社会科学版)2013年第3期],张斌《治国理念对辽、金两朝击球的影响》[《内蒙古农业大学学报》(社会科学版)2013年第1期],

王银婷《射箭运动在辽代的发展研究》(《体育成人教育学刊》2013年第6期)、戴红磊《辽代女性体育研究》(《吉林体育学院学报》2013年第2期)、聂传平《唐宋辽金时期对猎鹰资源的利用和管理——以海东青的进贡、助猎和获取为中心》(《原生态民族文化学刊》2013年第3期)、宋涛《秦汉时期和辽代军事体育发展特征分析》[《劳动保障世界》(理论版)2013年第12期]、么乃亮《法库叶茂台辽墓出土漆木双陆考述》(《辽金历史与考古》2013年第四辑)、卢治萍《辽宁省博物馆藏辽代木雕饰》(《辽金历史与考古》2013年第四辑)、《关于北双陆着法的一点看法》(《辽金史研究通讯》2012—2013合刊)、刘凌江、刘宪桢《契丹文化及其历史地位——从契丹博物馆藏品谈起》(《华西语文学刊》2013年第八辑·契丹学专辑)、辛蔚《辽代玺印艺术的民族风格与文化特色》(《前沿》2013年第15期)、任丽俊《从绘画题材浅析辽金绘画的特点》(《湖北科技学院学报》2013年第12期)、于为《辽金诗歌中东北服饰词语文化研究》(《长春师范学院学报》2013年第7期)、王静远《从诗词歌赋中赏析辽代乐舞》(《学理论》2013年第29期)、夏宇旭《略论金代契丹人的文学与绘画成就》(《黑龙江民族丛刊》2013年第5期)、赵兴勤《辽金戏曲的生成背景及发展的内在张力》(《黄河文明与可持续发展》2013年第1期)、罗世平《松漠人马画》(《中华文化画报》2013年第1期)、王政《元杂剧〈丽春堂〉〈蕤丸记〉与契丹女真人射柳风俗考》(《民族文学研究》2013年第1期)、泉痴山人《精湛的契丹族马饰》(《科学大观园》2013年第6期)等。

此外,在文化、教育等领域还有《我校契丹辽文化研究院成立》[《赤峰学院学报》(汉文哲学社会科学版)2013年第8期]、王艳丽《内蒙古红山文化暨契丹辽文化研究基地招标项目评审会在我校举行》[《赤峰学院学报》(汉文哲学社会科学版)2013年第6期]等辽文化研究活动的新闻报道。

四 宗教

辽朝宗教研究,主要包括佛教、道教、萨满教等,尽管道教、萨满教研究成果不多,无多大进展,然而佛教研究承续以往,仍然为宗教研究领域的重点与热点,2013年度的研究主要涉及宗教流变、宗教思想、宗教信仰、宗教文献等内容,无论是研究的深度还是研究的广度,均有长足进步。

佛教。葛华廷《耶律阿保机时期辽朝佛教的再认识》(《辽金历史与考古》2013年第四辑)认为阿保机时期为辽代佛教奠基时期,阿保机的佛事活动不仅仅是安抚汉人的举措,也是其本人崇信、倡导佛教的具体体现,指出阿保机对佛教主要是利用及尊孔胜于敬佛的观点不能成立。陈永革《论辽代佛教的华严思想》(《西夏研究》2013年第3期)从鲜演、觉苑、道殿等辽代佛教学僧对华严教典的义理阐释入手,分析与阐述佛教学僧或引唯识,或引天台,或引密教,充分彰显华严教理的融通性格,强调禅教并修的华严思想。该文认为辽代北方佛教囿于天台宗教势力并未取得类似江南地区的优势地位,使其华严阐释更具开放性,同时辅之以五台山佛教的广泛影响力,对元代推行崇教抑禅的政策产生了一定的影响。袁志伟《辽朝鲜演的华严思想》[《湖南大学学报》(社会科学版)2013年第5期]通过鲜演大师对华严核心理论"真心"与"法界"的继承与发展、鲜演对天台宗的"止观""性恶"及唯识宗的"性相合一"思想的吸收融合与改造、鲜演对禅宗"顿悟"与"一心"思想的批判与融会等内容的深入考察,认为鲜演的华严思想继承并发展了唐代华严思想的内在理路及基本精神,反映了唐代华严学在辽代的传承与复兴。许凯《辽代佛塔建筑的历史成就》(《兰台世界》2013年第7期)从辽代佛塔的特点及发展、辽代佛塔的历史成就视角概述了辽代佛塔建筑,认为不管是辽代经典的密檐塔还是其他独特的组合形式,都呈现出一种独特的艺术性及过渡性特征,蕴含着深厚的民族文化及社会背景因素。辽代佛塔融合了涅槃部的《大般涅槃经》的要求,又包含着人类美学原则。

道教。尤李《〈龙兴观创造香幢记〉:一则辽代民间道教的珍贵史料》(《中国道教》2013年第1期)通过分析河北省易县龙兴观经幢记文,认为经幢记文囊括了包括道教神像、经幢、斋法仪式等多种传布方式,有利于道教的传播。郑永华《辽代燕京道教初探》[《北京联合大学学报》(人文社会科学版)2013年第2期]从辽代道教政策、燕京道教实态、高道刘海蟾入手,考察了辽代燕京地区道教的发展,认为辽代道教活动在燕京地区流传,甚至涌现出如刘海蟾式的影响后世的高道,为金元时期北京道教的勃兴与繁荣埋下了历史传承与文化赓续的伏笔。

萨满教。杜美林《契丹民族与萨满教信仰》(《兰台世界》2013年第21期)探讨了契丹民族萨满教信仰承袭与发展的脉络、表现与特征,以及萨满教对契丹民族产生的深远影响。

有关宗教领域的研究论文还有:陈术石、佟强《兴城白塔峪塔地宫铭刻与辽代晚期佛教信仰》(《辽金历史与考古》2013年第四辑),孙继艳《石经幢小考》(《辽金历史与考古》2013年第四辑),李国学、王冬冬《朝阳凤凰山辽摩云塔须弥座砖雕艺术的初步研究》(《辽金历史与考古》2013年第四辑),孟和套格套《内蒙古地区辽代佛教寺庙遗产》(《华西语文学刊》2013年第八辑·契丹学专辑),肖忠纯《以辽宁地区为例看辽代佛教的兴盛》(《兰台世界》2013年第16期),孙勐《北京地区辽代佛教综论——以石刻文字资料为中心》[《北京联合大学学报》(人文社会科学版)2013年第2期],冀洛源《辽南京地区城镇中的经幢三例》(《文物》2013年第6期),王文轶《东北古代建筑奇葩:辽阳白塔》(《哈尔滨学院学报》2013年第5期),刘旭峰《大同华严寺建筑特色分析》(《太原大学学报》2013年第4期),曹铁娃、曹铁铮、王一建《20世纪上半叶日本学者对蒙辽地区辽代佛教建筑的考察与研究》(《世界宗教文化》2013年第1期),刘翔宇、丁垚《大同华严寺百年研究》(《建筑学报》2013年增刊第2期)等。

五 契丹语言文字

契丹语言文字研究向来为辽史研究领域的一大特色，主要包括契丹文字与契丹文墓志研究两个方面。2013年度的契丹语言文字研究，除承继传统的契丹语言文字本身的研究外，更多的在于关注契丹语言文字所透露出的历史信息，同时，如何将契丹文应用于史学、文学等研究领域成为契丹文研究热点之一，此为契丹文研究的方向所在。

契丹语言文字。清格尔泰撰，陈晓伟译《20世纪契丹小字研究的重要收获》（《华西语文学刊》2013年第八辑·契丹学专辑）对20世纪已达成共识的契丹小字按年号、数词、天干地支、时位词、亲属称谓、封号与官职、人名姓氏及机构与地名、其他词汇及词组、形容名词、动词等分门别类归纳整理，并就此提出疑问，为今后研究提供参鉴。即实《简说契丹语的亲属称谓》（《华西语文学刊》2013年第八辑·契丹学专辑）以回顾学界对契丹语亲属称谓的研究历程为线索，对各种研究结论给予评述，同时还释读了新发现资料中前人未能触及的一些契丹亲属称谓。吴英喆《契丹语静词领属语法范畴研究》（韩国《北方文化研究》2013年第4期）在考察契丹文字墓志资料的基础上，结合中古蒙古语相关用法，对契丹语中存在的静词领属语法相关问题进行论述，为契丹文研究进一步发展提供了思路。孙伯君《西夏、契丹、女真文的计算机编码概况》（《华西语文学刊》2013年第八辑·契丹学专辑）在对契丹小字相关问题概述的基础上，阐述了契丹小字数字化的研究进展。方东杰、曲赫《辽时期契丹族语言文字的使用特点》（《兰台世界》2013年第33期）从辽代契丹境内语言使用情况、契丹文字使用情况等角度考察了契丹语言文字的使用特点。日本学者大竹昌巳《契丹语的元音长度——兼论契丹小字的拼写规则》（《华西语文学刊》2013年第八辑·契丹学专辑）通过对用契丹小字拼写的同源词的分析，认为契丹语中存在长元音与短元音的音位对立，在契丹小字的拼写上两者之间有严格的区别。

契丹文墓志。康鹏《契丹小字〈萧敌鲁墓志铭〉考释》（《辽金历史与考古》2013年第四辑）认为契丹小字《萧敌鲁墓志铭》志主出身于萧挞凛家族，并对其十代先祖世系作了详细梳理，很有见地。吉如何《契丹大小字同形字比较研究》（韩国《北方文化研究》2013年第4期）对契丹两种文字中外形相同的字进行了统计，从字音、字形、字义对契丹大、小字和同形字作了对比研究，认为契丹字的制字原则为"字形与译音相结合"，在契丹大、小字中大量存在改造汉字字形的同形字，契丹小字在创制时借用一批大字字形，但两者在字音上毫无内在联系。孙伟祥《契丹小字〈萧仲恭墓志〉削字现象研究》（韩国《北方文化研究》2013年第4期）对契丹小字《萧仲恭墓志》中被人为损削之字作了翔实统计，通过对辽末金初社会形势的分析，认为该现象的出现与契丹族贵族在金初的境遇转变有关。

有关契丹语言文字研究的研究论文还有：刘凤翥《解读契丹文字不能顾此失彼，要做到一通百通》（《辽金史论集》2013年第十三辑），唐均《契丹语"亥猪"考》（《华西语文学刊》2013年第八辑·契丹学专辑），日本学者吉池孝一《关于契丹小字后缀表（〈庆陵〉1953年刊）》（《华西语文学刊》2013年第八辑·契丹学专辑），日本学者松川节撰，路艳译《契丹大字碑文的新发现》（《华西语文学刊》2013年第八辑·契丹学专辑），日本学者荒川慎太郎撰，白明霞译《日本的契丹文字、契丹语研究——从丰田五郎先生和西田龙雄先生的业绩谈起》（《华西语文学刊》2013年第八辑·契丹学专辑），日本学者武内康则撰，申英姬译《拓跋语与契丹语词汇拾零》（《华西语文学刊》2013年第八辑·契丹学专辑），白玉冬、赖宝成《契丹国语"忒里蹇"浅释》（《华西语文学刊》2013年第八辑·契丹学专辑），聂鸿音《〈钦定辽史语解〉中的唐古特语》（《华西语文学刊》2013年第八辑·契丹学专辑），杨春宇《从"郎君—阿哥—帅哥"的演变管窥"汉儿言语"的语义的发展特征》（《华西语文学刊》2013年第八辑·契丹学专辑），傅林《论契丹小字与回鹘文的关系及其文字改革》（《华西语文学刊》2013年第八辑·契丹学专辑）、《论契丹语中"汉儿（汉人）"对应词的来源》（《辽金历史与考古》2013年第四辑），申晓飞《契丹天书之谜》（《时代发现》2013年第1期）等。

六 社会与家族

辽朝社会与家族研究为近些年来专家学者较为关注的研究领域之一，尤其是在辽朝，世家大族所具有的各种特殊性为解释辽朝社会现象的关键所在，致使其成为学界研究的趋势与热点。2013年度的社会与家族研究论文，大凡涵盖姓氏、家族、婚姻、丧葬、衣食住行、社会习俗等领域，发表的研究论文数量蔚为可观，研究内容也多有突破与拓展。

姓氏与家族。苗威《大祚荣族属新考》（《中国边疆史地研究》2013年第3期）从大祚荣父亲乞乞仲象所任舍利官、唐朝安置于营州的粟末靺鞨的流向、大祚荣为粟末靺鞨的史料来源等角度入手，认为渤海建国者大祚荣并非族出靺鞨或高句丽，而是契丹。熊鸣琴《钦哀后家族与辽道宗朝党争考论》（《中国史研究》2013年第2期）依据碑刻资料与历史文献识别出辽道宗懿德皇后（萧观音）、辽道宗惠妃、皇太子耶律浚之妃均出于钦哀后家族。她们在党争中，家族各系未团结一致，走向政治分化，造就了钦哀后家族成员的不同政治取向，甚至出现同族相残的现象。史风春《再论辽朝后族萧姓之由来》（《辽金史论集》2013年第十三辑）通过辨析辽太祖因萧何之故而赐后族姓萧的观点、辽太宗时因小汉谐音萧翰而赐后族姓萧的观点、辽后族萧姓由音译而来的观点，认为上述观点的理由尚不够充分，并进一步推断太祖时因述律后的先人来自中原隋萧后而赐后族姓萧，后族萧姓自太祖始。吴凤霞《浅析辽朝中期耶律隆庆家族的社会地位》(《朔方论丛》2013年第三辑)对耶律隆庆家族的政治势力、经济实力与姻亲关系翔实考察后,认为与皇帝之间的血缘关系、家族人才辈出以及利用姻亲关系是耶律隆庆家族兴盛的关键所在。孙伟祥、高福顺《辽朝后族相关问题刍议》(《辽金历史与考古》2013年第四辑)认为辽朝后族具有崇高的政治和社会地位,经历了确立、强盛、衰微的嬗变过程,分布于辽朝腹心地区周围,在拱卫辽朝核心区域过程中发挥了重要作用。史风春《辽朝后族萧挞凛身世考》(《北方文物》2013年第4期)依据《辽史》《宋史》等史料考证,认为忽没里、萧挞凛同属胡母里族系的不同分支,萧挞凛属忽没里之系,萧排押属阿古只之系,并进一步分析萧排押也许是萧挞凛"族子",割烈才是萧排押之父。史风春《辽朝后族萧翰身世考》[《辽宁工程技术大学学报》(社会科学版)2013年第4期]依据文献资料及契丹小字资料,对萧翰为室鲁之子的四个依据进行分析,认为萧翰是敌鲁之子,还是室鲁之子,或为阿古只之子又过继给室鲁做养子的观点,由于保留文献以及解读契丹小字的能力有限,对这一问题还不能遽做结论。董馨《论韩德让与多尔衮身后迥异之原因》(《湖北社会科学》2013年第9期)对韩德让和多尔衮身后不同结局之原因进行探究,认为二人所处时代不同、民族不同、历史背景有异、两人性格迥异,以及他们主人的性格也不同等多因素的合力促成二人的结局截然相反。吉孝青《契丹"青牛白马"传说研究》(《东北亚研究论丛》2013年第六辑),从契丹民族来源及其民族文化渊源角度,探究青牛和白马传说的渊源及象征。武宏丽《契丹萧太后传说研究》(《东北史地》2013年第1期)对北京、河北、山西、内蒙古、辽宁等地区的萧太后传说进行梳理,认为这些传说能够反映出萧太后活动的踪迹、生活特点等信息。苗霖霖《辽、金时期渤海遗民高氏家族考述》[《北华大学学报》(社会科学版)2013年第3期]从渤海高氏与渤海国高氏、辽代渤海遗民高模翰家族的兴起与发展、金代高氏家族三个分支的各自发展等三个方面,阐述辽、金时期高氏家族的仕途发展历程。

婚姻与丧葬。靳玲、安正《辽代契丹人的婚姻形式及特点》(《学理论》2013年第36期)利用文献资料及石刻资料探讨了契丹人的婚姻问题,认为辽代契丹人的婚姻形式有两姓世婚、劫掠婚、姐妹婚、异辈婚和收继婚等,具有北方民族特色。张国庆、王金荣《辽代辽沈地区的绘雕艺术、丧葬习俗及其特色——以考古资料为中心》(《东北史地》2013年第1期)以考古资料为中心,探究辽代辽沈地区的绘画、雕塑艺术,认为其呈现出细腻柔婉与豪放简约相间、精致端庄与粗犷雄健相互融合的特色,丧葬习俗反映了游牧与农耕两种文化的有机结合。邵连杰《辽代皇家鹰猎研究》[《赤峰学院学报》(自然科学版)2013年第19期]从鹰猎的历史溯源、辽代的皇帝鹰猎及辽代的鹰坊和鹰路角度对辽代皇家鹰猎作了考察,认为鹰猎是辽代皇帝狩猎的重要内容之一,辽统治者对鹰猎的推崇最终成为辽王朝毁灭的序曲。

衣食住行。包江宁《从墓葬壁画艺术看北方游牧民族的饮食文化》[《内蒙古社会科学》（汉文版）2013年第1期］从墓葬壁画角度分析鲜卑人、契丹人、女真人、蒙古人的饮食文化，茶酒文化以及音乐舞蹈特色。贺飞《辽金时期松原地区契丹、女真人的服饰文化》（《吉林省教育学院学报》2013年第11期）以松原地区为切入点，探究契丹人、女真人的服饰特色。夏宇旭《略论野生动物资源与辽代社会》（《兰台世界》2013年第7期）结合文献资料，探讨野生动物与辽代社会的关系，认为野生动物资源是关系契丹王朝国计民生和强弱盛衰的大事，对辽代社会有不可替代的作用，既为契丹人的衣食之源，又为契丹人习武练兵的重要保障。

社会习俗。任爱君《契丹人的处世方式与价值追求》［《内蒙古社会科学》（汉文版）2013年第6期］从契丹人迎来送往的礼仪活动、契丹人的家庭观念中探究契丹人的处世方式和价值追求，认为其社会价值观念体系带有比较深刻的"世官"政治的痕迹，但因封建化程度不断加深，蕃汉地主集团价值追求的基本特点，也逐渐汇聚到植于民族根基的古老天命观形态和"物竞天择"的哲学范畴。安大庆《射柳在我国古代的发展演变》（《兰台世界》2013年第28期）通过考察射柳在辽金宋元明清时期的发展演变，充分肯定了射柳在我国古代礼射文化中具有的特殊历史价值。

有关社会与家族研究等领域研究论文、普及读物和有关报道还有：任仲书《耶律倍后裔与医巫闾地区的开发建设》（《兰台世界》2013年第9期），魏聪聪《"契丹族"画家胡瓌小考》（《天津美术学院学报》2013年第2期），黄文博、张少珊《试论辽三彩与辽代的社会风俗》［《赤峰学院学报》（汉文哲学社会科学版）2013年第1期］，王学权《"铁血巾帼"——萧绰》（《书屋》2013年第9期），杨丽容《契丹族女政治家萧绰的相关考证及评价》（《文艺评论》2013年第6期），宋丹丹、王孝华《辨"耶律仁先母亲是汉人"说》（《辽金历史与考古》2013年第四辑）、《千古称奇一"帝耙"——辽太宗耶律德光》（《文史月刊》2013年第7期），李智裕、苗霖霖《略论辽金时期东京渤海遗民张氏家族》（《辽金历史与考古》2013年第四辑），王耘《从辽宋金时期的清明节俗看文化传统的变迁》［《辽宁工程技术大学学报》（社会科学版）2013年第3期］，恩和巴图《达斡尔族不是契丹后裔——对于契丹与达斡尔族DNA研究的几点看法》（《华西语文学刊》2013年第八辑·契丹学专辑），哈斯巴根《关于〈元史〉中契丹人的姓氏》（《华西语文学刊》2013年第八辑·契丹学专辑），任爱君《契丹人处世方式摭拾》（《华西语文学刊》2013年第八辑·契丹学专辑），夏宇旭《契丹猎犬述略》（《兰台世界》2013年第36期），王旭《浅谈辽代宗教文化》（《神州》2013年第30期），李晓明《试论唐前期东北的契丹蕃将》（《黑龙江史志》2013年第22期），黄益群《萧绰——巾帼英主政坛女杰》（《炎黄纵横》2013年第4期），武献军《塞北红颜，振兴契丹——辽国太后萧燕燕》（《博物》2013年第2期），廖逸兰《败军之将亦英勇——契丹英雄耶律大石》（《炎黄世界》2013年第7期），霍晓东、傅惟光《契丹——达斡尔嫩江草原的原住民族》（《理论观察》2013年第5期），宋涛《射猎对辽代军事发展的影响探析》（《网友世界》2013年第24

期),林牧、申元英、蒋锡超《云南保山地区契丹人后裔 ABO、Rh 血型分布》(《临床检验杂志》2013 年第 11 期),李蕚、万芳《契丹袍与女真袍》(《装饰》2013 年第 4 期),谷莉、戴春宁《论宋辽夏金时期装饰纹样之发展》(《大舞台》2013 年第 10 期),章奎、张成杰《契丹后裔今何在?》(《老年世界》2013 年第 20 期),肖正伟《落籍保山的契丹后裔》(《云南日报》2013 年 1 月 11 日第 11 版)等。

七 民族关系与对外关系

辽朝民族关系与对外关系研究论文与往年相比,研究成果较为稳定,主要涉及辽朝域内的民族关系以及辽宋、辽夏和辽丽关系。

民族关系。崔明德、孙政《辽初期民族关系思想的两大流派》(《齐鲁学刊》2013 年第 2 期)从代表人物、思想内容等方面对辽初的两大思想流派进行分析和探究,认为辽朝初期民族关系思想流派的存在与对立有其历史必然性,不能简单地对其作肯定或否定的评价。康建国《重新审视契丹与渤海的"世仇"关系》(《辽金史论集》2013 年第十三辑)通过对契丹与渤海关系的梳理,认为渤海族"背盟"李尽忠反唐事件确实对契丹打击较大,但此后两族却长期保持了紧密关系,并未一直处于敌对状态。陈德洋《试论辽朝统治下的吐谷浑》[《青海民族大学学报》(社会科学版)2013 年第 3 期]利用文献资料,详细考察了吐谷浑入辽前的迁徙与发展、辽朝与五代诸政权对吐谷浑的争夺、辽朝对吐谷浑的统治等内容,辽朝按照"因俗而治"的统治方式,控制其治下的吐谷浑,吐谷浑要向辽朝上贡物品,参与辽朝的对外征讨。辽亡后,部分吐谷浑逐渐融入汉族之中。崔明德、孙政《天祚帝民族关系思想初探》[《西南民族大学学报》(人文社会科学版)2013 年第 2 期]通过考察天祚帝处理民族关系的方式和手段,认为天祚帝民族关系思想的失误是其沦为亡国之君的重要原因之一。

对外关系。林鹄《辽太宗与石氏父子——辽晋关系新说》(《北大史学》2013 年第十八辑)认为入主中原一直为辽太宗的既定目标,后唐君臣内讧意外地给予辽太宗突破后唐防线的机会。援立后晋仅为权宜之计,早在石重贵继位前,辽太宗即已策划再度南下。晋出帝的鲁莽只是提前引爆了潜在的辽晋冲突,辽太宗的真正意图是据有中原,而非惩戒石重贵。仝相卿《宋朝对辽外交活动中的"翻译"初探》(《史学月刊》2013 年第 8 期)论述了宋辽交往时翻译人员的主要活动和翻译人员的管理机构及制度,认为翻译人员在宋辽交往中有着重要作用,但是政治地位普遍不高,不受重视。张国庆《辽与高丽关系演变中的使职差遣》(《辽金历史与考古》2013 年第四辑)通过有辽一代的辽丽双方使职差遣及其职能的考察,认为辽中后期使职类型日趋多样化,各种"权利"与"义务"均体现在双方差遣的各类使职的"职能"之中。李鹏《大辽与北汉联盟关系探析》[《内蒙古社会科学》(汉文版)2013 年第 1

期]从历史背景、关系确立、发展阶段、历史影响等入手,考察了大辽与北汉的联盟关系,认为大辽与北汉同盟关系贯穿五代末期至宋代早期,即确立于大辽世宗统治末期,发展于辽穆宗统治时期,终结于辽景宗统治初期,集中反映在大辽和北汉之间的政治依附和军事合作关系上。许伟伟、杨浣《夏辽边界问题再讨论》(《西夏研究》2013年第1期)依据近年河套地区若干城址考古报告与《天盛改旧新定律令》若干条文,对辽夏边界划分和西夏对辽朝的边防措置作了深入考察,认为西夏初期与辽通使时期,夏辽东段边界在金肃、河清、唐隆镇以西至浊轮川区域,北段边界包括三角川、威塞州等。

有关民族关系与对外关系等领域的研究论文还有:赵永春《宋人出使辽金"语录"的史学价值》[《淮阴师范学院学报》(哲学社会科学版)2013年第3期]、陈耀宇《浅析辽与唃厮啰政权的和亲》(《学理论》2013年第11期)、邸海林《出河店之战初探》(《黑龙江史志》2013年第14期)、李想《辽夏和亲对辽夏关系的影响》(《神州》2013年第8期)、邸海林《小议出河店之战成因》[《牡丹江师范学院学报》(哲学社会科学版)2013年第5期]、杨树森《辽兴宗时辽宋关南地增币交涉与富弼之盟是屈辱的和议》(《辽金史论集》2013年第十三辑)、辛时代《辽朝避讳与辽宋关系下的辽宋互讳》(《辽金史论集》2013年第十三辑)、陈玮《辽代汉文石刻所见辽夏关系考》(《华西语文学刊》2013年第八辑·契丹学专辑)、唐彩兰《从辽上京发现的驯狮雕像等文物看辽代中西关系》(《华西语文学刊》2013年第八辑·契丹学专辑)、陈庆英、白丽娜《宋代西北吐蕃与甘州回鹘、辽朝、西夏的关系》(《西藏研究》2013年第5期)、王慧杰《宋朝遣辽使臣所受赏罚不一致成因探析》(《兰台世界》2013年第33期)、赵美琪《简论北宋对辽、西夏外交处于劣势的原因》(《黑龙江史志》2013年第1期)、苏丹《辽朝使宋国信使的选任》(《黑龙江史志》第12期)、张阔《简析宋仁宗时期宋辽的和平相处》(《黑龙江史志》2013年第21期)、孙斌、李宁《北宋对辽、金和战疆界变迁》(《黑龙江史志》2013年第23期)、张鹏《宋辽交聘中的"走出去"与"软实力":以宋辽交聘中的礼物往还为中心》(《美术研究》2013年第2期)、陈武强《论盟约在宋代民族社会事务中的作用》(《北方论丛》第2期)、曾谦《幽州的取得与北宋的灭亡》(《江汉论坛》2013年第1期)、李晓奇《唐末五代幽州刘仁恭政权对契丹的防御》(《北方文学》2013年第3期)等。

八 历史地理

辽朝历史地理研究向来为专家学者所关注,研究内容相对较为丰富,包括都城、聚落址、山川、河湖等,本年度研究的亮点为对传统观点的商榷与新内容的提出。

城址。周向永、陈术石《辽代银州考》(《辽金历史与考古》2013年第四辑)依据考古与文献资料考证,认为辽代银州始治之地在辽宁铁岭县东南张楼子山城,旋即迁至当时为银州辖县之一的新兴县，今铁岭县老城南之凡河镇新兴堡村。张国庆《辽金元时期沈阳城建变迁考》[《辽宁工程技术大学学报》（社会科学版）2013年第2期]考察了辽金元三个时期沈阳城市建设的变革过程，认为辽金元三朝是沈阳城市建设和制度完善的关键时期，为后代城市的发展繁荣奠定了基础。王禹浪、郝冰、刘加明《嫩江流域辽金古城的分布与初步研究》（《哈尔滨学院学报》2013年第7期），探讨了嫩江流域的地理概貌与自然环境、嫩江流域辽金古城的分布与地理位置、嫩江流域辽金古城布局的主要特点。张瑞杰《赤峰市巴林左旗、阿鲁科尔沁旗境内辽代城镇遗址及其特点》[《赤峰学院学报》（汉文哲学社会科学版）2013年第12期]分析了辽代巴林草原腹地的城镇遗址建筑特点及城镇功能，认为辽代城镇分布体现了当时政治、经济、文化等发展，对契丹民族的发展产生了深远影响。

山川湖河。王石庄《木叶山地望考》（《社会科学辑刊》2013年第2期）依据文献记载与实地调查，认为木叶山应坐落在辽上京以南约四天里程的潢河岸边，即今内蒙古赤峰市巴林右旗境内之海拉金山，该山形胜亦符合史籍提示之木叶山概貌。刘海荣、杨福瑞《宋绶使辽路线之中京至木叶山段考实——兼考木叶山的地理位置》（《北方文物》2013年第4期）依据宋绶《契丹风俗》中所记载的驿路实态，参酌其他使辽官员的相关记载以及近代以来关于辽代地理的考证成果，对辽中京至木叶山段驿路进行实地考察，进一步印证宋绶记载的真实性，并提出了新的观点，使契丹神山木叶山的确切位置更加明晰。李鹏《"新开河"辽代古道考》（《东北史地》2013年第2期）通过对"新开河"河道及周边地区的辽代遗址进行广泛的地表调查，结合该地区的水利、地质、辽代遗址考古和文物普查等资料，认为"新开河"在辽代即已存在，为西拉木伦河（潢河）下游的主要河道，而非《中国历史地图集》（第六分册）之《辽代上京地道图》中所标"新开河"为现代河道。李鹏《辽代"北老河"古道考》（《北方文物》2013年第1期），通过对"北老河"地区水利、地质、辽代遗址考古和文物普查等资料的深入探究，并经实地核实后认为辽代的西拉木伦河与老哈河合流后，下游的主河道不是西辽河，而是"北老河"古道。

有关历史地理领域的研究论文和报道还有：孙孝伟、王惠德、刘春福《"辽海"考释》（《黑龙江史志》2013年第17期），孙靖国《唐至辽代桑干河流域城市的发展与分布》（《黄河文明与可持续发展》2013年第2期），杨树森《辽宋金时期交通体制的变化和南北水陆交通发展概况》（《辽金史论集》2013年第十三辑），杨福瑞《辽朝州县制行政区划的形成与松漠人文环境的变迁》（《辽金史论集》2013年第十三辑），肖忠纯《论东北地区辽代城市建设的特点》（《兰台世界》2013年第19期），邱靖嘉《吉、黑二省辽城址考察记》（《辽金历史与考古》2013年第四辑），魏孔《内蒙古辽代城址研究》（《辽金历史与考古》2013年第四辑），侯申光、王铁华、张立武《大城子塔考》（《辽金历史与考古》2013年第四辑），孙斌《河北区域一级行政区划的演变——以唐、北宋、辽时期为例》（《石家庄职业技术学院学报》2013年第5期），冯兆国《浅析契丹走出西辽河流域的原因》（《黑龙江史志》2013年第11期），滕海键《文献反映的辽代西辽河流域的气候等自然环境状况》（《兰台世界》2013年第15期），孙立梅《辽金时期的查干湖》（《白城师范学院学报》2013年第6期）、《辽金时期的月亮泡与渔猎文化传承》（《兰台世界》2013年第33期），李昌、李晟、李昱《辽金元时期大同府一城双县考》（《山西社会主义学院学报》2013年第1期），关学智《辽代沈州应是沈阳建城始源的源头》（《沈阳工程学院学报》2013年第3期），郭松雪《从城址和墓葬窥探辽代法库》（《中国地名》2013年第4期），姜振波《简论八里城遗址历史沿革及价值》（《黑龙江史志》2013年第11期），赵欣《英国人的契丹认知与航海探险》（《外国问题研究》2013年第1期），正旭《回望辽都》（《民族文学》2013年第3期），徐永升《千年辽都的文化突围》（《赤峰日报》2013年3月11日）等。

九 考古文物与墓葬碑刻

在辽朝史料匮乏的实态下，考古文物、墓葬碑刻等资料便成为最有力的补充，为辽史学界关注较多的研究领域，2013年度的研究论文数量庞大，其特点仍然呈现为以发掘报告、考古文物研究、墓葬碑刻考证等研究论文为主，鲜有大型图书类的考古发掘报告问世。

发掘报告。中国社会科学院考古研究所内蒙古第二工作队等《内蒙古巴林左旗辽上京皇城西山坡佛寺遗址考古获重大发现》（《考古》2013年第1期）一文，详细描述了位于辽上京西南西山坡上的三组东向建筑的发掘面貌，认为中间基址位于北组的轴线上，规模最大，南、北两座基址较小，左右基本对称分布。依据考古发现的遗迹与遗物，该文认为其是辽代始建的佛教寺院遗址，位置重要，规模庞大，为当时辽上京城标志性的建筑之一。该遗址对重新认识辽上京皇城遗址的形制布局将产生重要影响。辽宁省文物考古研究所等《辽宁昌图县塔东辽代遗址的发掘》（《考古》2013年第2期）详细描述了在塔东村发掘的房址、塔基、地宫等辽代遗址，认为出土的瓦当具有辽代东北地区典型瓦当的特征，依据地宫出土的北宋英宗时铸造的治平元宝铜钱推测该遗址是上限为辽道宗咸雍年间的辽代寺庙建筑址。辽宁省文物考古研究所《朝阳市林四家子辽墓发掘简报》（《北方文物》2013年第2期）记录了朝阳市林四家子辽墓发掘实态，依据征得的墓志内容，判定该墓地为唐末幽州军阀刘仁恭之后刘宇一家族墓地。此墓地与朝阳县西涝村刘承嗣家族墓地以及朝阳县半拉山镇朝阳电力修造厂发掘的刘从信墓均有一定联系。山西省大同市考古研究所《山西大同东风里辽代壁画墓发掘简报》（《文物》2013年第10期）详细记录了大同东风里辽代墓葬的概况、壁画、出土器物等，认为从壁画内容与出土器物分析，此墓年代应为辽代晚期，墓主人当为具有一定等级身份及宗教信仰的汉人。李可鑫《汤原新城辽墓调查简报》(《文物春秋》2013 年第 2 期) 报道了该墓葬的地理位置、墓葬形制、出土遗物等，认为该墓葬的文化性质应属辽代五国部文化。廊坊市文物管理处《固安县大王村辽墓清理简报》(《文物春秋》2013 年第 6 期) 报道了河北省固安县大王村发现的三座古墓葬的清理实态，从墓室结构与随葬器物分析，认为该墓葬应为辽代中晚期同一家族的下层平民墓葬，墓主人为汉人。

考古文物。何天明《"天赞通宝"与辽初钱币设计刍议》(《朔方论丛》2013 年第三辑) 通过对"天赞通宝"钱的考察，认为辽代最早年号钱的设计为契丹皇帝关注下由忠于契丹的汉人完成的，仿唐而制。邓树平《辽金时期医疗器械的发现与研究》(《社会科学战线》2013 年第 4 期) 对 2009 年黑龙江流域博物馆征集到的医用手术器械作了深入分析，通过与文献资料中辽金元时期的医疗机构和医疗设施对比，发现该套医疗器械标本属于辽金时期及稍后一段时间外科手术所必备的工具。王绵厚《北镇龙岗耶律宗政墓北邻辽墓的考古学窥探》(《辽金历史与考古》2013 年第四辑) 依据墓葬方位、陪葬等级、重要遗物，结合文献与碑志资料，认为此墓乃辽景宗次子秦晋国王耶律隆庆的陪葬墓，并对"乾陵"方位、诸陪葬墓的等级层次分布，以及乾、显二州地望作出初步分析。赵中文、冯永谦《辽"女真鹿官户太保印"铜官印考释》(《北方文物》2013 年第 4 期) 对近年于辽宁省灯塔市出土的一枚铜官印进行考释，认为该官印符合辽朝职官制度和特点，属于辽代前期官印。杨玥《辽代墓志生肖图案的考古学观察》(《考古与文物》2013 年第 1 期) 以辽代墓志生肖图案为主题，从生肖的形态、时空分布及其与墓主关系等角度入手，归纳辽代墓志生肖图案的发展脉络与基本特点，透视其蕴含的历史文化信息。刘立丽《旅顺博物馆馆藏辽代面罩的分类与研究》[《辽宁师范大学学报》(社会科学版) 2013 年第 1 期] 对旅顺博物馆收藏的铜质 9 面 (其中 2 面鎏金)、银质 2 面辽代面罩进行分类，除 1 件金代面罩外，其余 10 件都属于辽代晚期，均属于成年人面罩。其中银质的一面墓主人身份较高，为契丹贵族。

墓葬碑刻。孙伟祥《试论辽朝帝王陵寝的营造》[《内蒙古社会科学》(汉文版) 2013 年第 4 期] 通过对陵寝营造官员设置、费用来源、营造时间等的深入考察，认为辽朝虽效仿中原陵寝制度，但并非完全照搬，有自身特点。陵寝营造官员直到辽中后期才出现，后妃往往为陵寝营造的最终负责者。陵寝营造人员主要为服徭役者、自发参与营造者、专门技术人员三类，营造费用主要依赖国家财政，也有官员、贵族进助山陵营造，营造时间受政治因素与"七月之期"的共同影响。孙伟祥《试论辽朝帝王陵寝的建筑构成》(《东北亚研究论丛》2013 年第六辑) 结合文献资料与考古资料，对辽朝帝王陵寝的建筑构成作了深入考论，认为辽代帝王陵寝在营造过程中既能吸收汉唐帝王生死观念，又能在具体形制方面保持本民族特色。刘毅《关于辽代皇陵的几点认识》(《中国国家博物馆馆刊》2013 年第 3 期) 依据对内蒙古巴林左、右旗及辽宁北镇地区辽代皇陵遗址的调查，认为辽陵有鲜明的民族性和地域性，也有与宋陵等相近的时代共性。薛成城《辽墓中的契丹绘画及其艺术成就》（《社会科学战线》2013年第12期）对辽庆陵、叶茂台、二八地、翁牛特旗营子乡等地辽墓出土的壁画作了深入分析，认为辽墓壁画较为广泛地反映了契丹民族的社会风俗和风貌，其内容与表现方法均具有很强的时代特征。刘喜民《辽祖州石室新考》（《北方文物》2013年第1期）对辽祖州城遗址内的石室进行考证，认为该石室可能是辽德陵，即辽太祖阿保机父亲撒剌的陵墓。齐伟《辽宁省博物馆藏〈石重贵墓志铭〉考释》（《辽金历史与考古》2013年第四辑）对墓志主人生平与家世以及墓志相关问题如官名、幕史、典故等进行了考释，足资参考。

有关考古文物与墓葬碑刻等领域的研究论文和相关报道还有：吴沫《辽代玉蹀躞带的特征分析及其文化探源》[《赤峰学院学报》（汉文哲学社会科学版）2013年第7期]，赵晓刚、林栋《辽宁法库县蔡家沟发现一座辽墓》（《考古》2013年第1期），孙建华《陈国公主墓：大辽公主的宝藏》（《中华遗产》2013年第10期），郑承燕《辽代陵寝制度研究》（《华西语文学刊》2013年第八辑·契丹学专辑），孙伟祥《试论辽朝帝王陵寝作用问题》（《华西语文学刊》2013年第八辑·契丹学专辑），张利芳《北京海淀区辽金元时期考古发现与研究》（《文物春秋》2013年第6期），张树范《沈阳地区出土辽代输入定窑瓷器初探》（《辽金历史与考古》2013年第四辑），孙璇、崔艳茹《盖州泉眼沟出土铜权浅析》（《辽金历史与考古》2013年第四辑），陈钊《略论河北宋辽金时期考古》（《黑龙江史志》2013年第3期），梁娜《辽墓壁画的艺术特色》（《大庆社会科学》2013年第1期），王昭《辽墓壁画的史料价值》（《东北亚研究论丛》2013年第六辑），梅鹏云《宣化辽墓乐舞图像表演内容之探讨》（《文物世界》2013年第6期），张倩《早期辽代契丹贵族墓室壁画的特征——以宝山M1、M2墓墓室壁画为例》（《荣宝斋》2013年第4期），姚庆《论北京地区辽金墓葬壁画的保护理念》（《忻州师范学院学报》2013年第5期），赵晓刚《沈阳城区辽代墓葬拾遗》（《辽金历史与考古》2013年第四辑），赵少军、王雷《昌图四面城城址2009年试掘简报》（《辽金历史与考古》2013年第四辑），陈永婷、彭善国《试述内蒙古、辽宁辽金元时期的烧瓷窑炉》（《北方文物》2013年第2期），贾辉《辽宁省北镇市小常屯辽代官窑遗址考察侧记》（《东北史地》2013年第4期），谷莉《宋辽夏金时期摩羯纹装饰与造型考》（《文艺研究》2013年第12期），王俊辉《辽宁省桓仁县所出契丹文印》（《东北史地》2013年第6期），谷莉、谷芳《宋辽金虎纹枕考》（《兰台世界》2013年第30期），张景明《辽代金银器在草原丝绸之路中的作用》（《大连大学学报》2013年第5期），海泉《辽钱珍品寿隆通宝》（《东方收藏》2013年第3期），苏明明《从内蒙古出土文物看辽代乐舞文化的多元化因素》（《大众文艺》2013年第10期），石林梅《辽代玉器在中国玉文化中的地位》（《沧桑》2013年第1期），杨俊芳《应县木塔辽代秘藏版画研究》（《五台山研究》2013年第3期），田建文《介绍一枚辽代"天朝万顺"水晶厌胜钱》（《辽金史研究通讯》

2012—2013合刊），胡嘉麟《两心同长存佛光照乾坤：Lloyd Cotsen先生捐赠的辽代莲花人物镜之考古学研究》（《上海文博论丛》2013年第1期），巴图尔·阿拉木斯《契丹古塔之谜》（《亚洲民族建筑保护与发展学术研讨会论文集》第7辑），伊北风《天宁寺塔》（《文史知识》2013年第7期），白志宇《大同华严寺薄伽教藏殿梁架结构分析》（《宁波保国寺大殿建成1000周年学术研讨会暨中国建筑史学分会2013年会论文集》2013年第5辑），孙立学《论文化遗产保护理念与实践：以辽塔保护工程为例》（《宁波保国寺大殿建成1000周年学术研讨会暨中国建筑史学分会2013年会论文集》2013年第5辑），方秀华《奉国寺 千年古刹 皇家道场》（《百科知识》2013年第7期），佟强、郎智明、郭雪松《静安寺塔和静安寺》（《草原文物》2013年第1期），武淑萍、郝静《从宣化辽墓备茶图看张家口堡》（《光明日报》2013年3月30日第12版），朝克、乌兰图雅、图娅《对辽代石幢上雕刻佛像内容的阐释》（《中国文物报》2013年8月28日），冯永兰《一件辽代的"巡防"牌》（《中国文物报》2013年7月17日），赵中文、冯永谦《辽代铜印形"秦二世诏书"文字印版辨疑》（《中国文物报》2013年7月31日），天津大学建筑学院、蓟县文物保管所《蓟县独乐寺山门新发现的榫卯痕迹调查》（《中国文物报》2013年6月14日），王子奇《辽代祖陵黑龙门所见"五瓣蝉翅"》（《中国文物报》2013年11月22日第6版），梁会丽、全仁学、宋明雷《辽金城市考古的新发现：白城城四家子城址的发掘》（《中国文物报》2013年12月20日第8版），刘春、孙宝珠《辽上京遗址揭秘》（《内蒙古日报》2013年5月15日第12版），张森《辽代皇都上京城遗址》（《内蒙古画报》2013年第4期），董新林、陈永志、汪盈《内蒙古辽上京遗址探微》（《中国文化报》2013年6月7日），苏娅《行修龙泉寺》（《第一财经日报》2013年5月9日），蔡升元《应县木塔之名的历史演变》（《新农村商报》2013年10月16日），王萨茹拉《试论库伦旗三大寺对当地经济、社会和环境的影响》[《旅游纵览》（下半月）2013年第10期]，蔡海雁《神秘的契丹"圣地"——祖州石屋》（《科学之友》2013年第3期），杨俊芳《辽金佛教造像的审美特点》（《中国文房四宝》2013年第6期），彭乃贤《北国奇葩飘香南国：广州市海珠区博物馆"辽瓷专题展览"专访》（《东方收藏》2013年第1期），刘亚萍、朱毅《东北地区家具形式演变初探：辽代家具形式》（《家具》2013年第5期），戴定九《北方辽代的三彩陶器》（《汽车与社会》2013年第13期）等。

十 史学、史料与综述

辽朝史学、文献史料辨误、研究综述等领域，与去年相比，刊发的研究论文数量明显增多，在某些领域有较大突破。

史学 任爱君《契丹辽史研究的学科发展历程》（《辽金史研究通讯》2012—

2013合刊）通过回顾契丹辽史研究的学术史，认为契丹学体系结构的基本特色就是明显的区域性与民族性；契丹辽史的学科建设与发展已经成为摆在学界面前的重要议题。杨福瑞《试论契丹学的理论和方法》[《赤峰学院学报》（汉文哲学社会科学版）2013年第4期]认为契丹辽文化研究经过一个多世纪的发展，具有断代性（时代性）、民族性、地域性特征，形成了较为完整的学科体系结构，有自己的研究对象、范围、目的、特点、方法，以及独特的理论。靳玲《辽代政治与史学》[《内蒙古民族大学学报》（社会科学版）2013年第4期]认为辽代史学随政治兴衰而起伏，为政令制定及政务处理提供了参照。

史料 康鹏《〈辽史·国语解〉"喎娘改"条辨正》（《中国史研究》2013年第3期）对《辽史·国语解》"喎娘改"中"喎"之含义作了深入辨析，认为金元时期"喎""兀"二字可勘同，元代史官在纂修《辽史·国语解》时用"兀"字为"喎"注音。此后，刻版、传抄过程中导致"兀""九"淆误，中华书局点校本将"九"字径改为"丸"，乃为错上添错。林鹄《〈辽史·百官志〉南面官考正》（《隋唐辽宋金元史论丛》2013年第三辑）利用《辽史·百官志三》所见三个较为典型元人修撰案例作史料价值分析，认为元人摘抄旧籍时，根据学识推断，补出部分职官，保存了少量不见它处的可信史料，但元人可能亦有臆造辽朝所无之职官，降低了史料的可信度。《辽史·百官志四》所列诸门为元人杂抄拼凑而成，甚至主张"南面军官""南面边防官"诸条目或系重出或当改置。肖爱民《白马协（伸）盟与辽圣宗睦亲重谱牒》（《辽金史论集》2013年第十三辑）依据《耶律宗政墓志》与《耶律宗允墓志》，对"白马协（伸）盟"的用典之用意以及圣宗意在睦亲与注重谱牒作了详细考释，认为睦亲与谱牒制度培养了契丹人的忠孝观念，使辽朝国势达到鼎盛。吴英喆《内蒙古地区所藏契丹字文献》（*Current Trends in Altaic Linguistics*，*Altaic Society of Korea*）对内蒙古藏契丹文文献的收藏地、凿刻日期、志主身份、亲属关系进行统计与详细介绍，认为契丹文资料的形成均属于辽代中晚期。该文进一步提出通过契丹文资料可知其中人物间的亲属关系，这些亲属关系为我们深入考察契丹语言文化提供了有利条件。顾宏义、郑明《宋〈国史·契丹传〉考略》（《辽金史论集》2013年第十三辑）详细考察了宋《国史·契丹传》的编纂以及《文献通考·四裔考·契丹》与宋《国史·契丹传》的关系，认为其具有重要的史料价值，可补《辽史》记事之漏缺。葛华廷、王玉亭《〈辽代石刻文续编〉订正与补注》（《辽金史研究通讯》2012—2013合刊）针对《续编》在辑录、录文过程中出现的一些文字、断句等方面的纰漏，以及注释不准确的情况，对书中60方碑刻给予订正与补注，为研究者提供了可资参考的便利条件。孙伯君《〈辽史·西夏外记〉的几个土产名称》（《满语研究》2013年第1期）通过《番汉合时掌中珠》、汉文《杂字》与西夏文《杂字》等记载，考证《辽史·西夏外记》所载西夏土产名称正确与否，指出《辽史》虽错漏讹舛之处颇多，然就《辽史·西夏外记》而言，如单纯以《隆平集》的版本为依据，认为

《辽史》有讹舛，未免有武断之嫌。

综述 刘雄、杜鹃、陈程程、张国庆《辽史研究》（《辽金西夏研究2011》，同心出版社2013年版）对2011年辽史研究的整体态势作了综合评述，分政治与外交、制度、家族及人物研究，经济与经济制度研究，社会生活和思想文化研究，民族、民族关系与政策，历史地理研究，墓志、文献与考古文物研究，书评与研究综述等七大方面，清晰勾勒出2011年辽史研究基本态势。周峰《2012年辽金西夏史研究综述》（《中国史研究动态》2013年第6期）分政治与制度、经济、民族与人物、文化与社会、民族语言文字与文献、历史地理与考古等六个方面对2012年度辽金西夏史研究成果进行评述，为辽金西夏史研究提供了便利条件。张志勇《三十年来辽代教育研究述评》[《辽宁工程技术大学学报》（社会科学版）2013年第4期] 一文，选择一些比较系统、权威的文献及观点，主要从辽代教育目的和教育思想、教育分期、教育内容、教育形式、教育行政管理、教育特点、教育与科举的关系、教育的作用与影响等八个方面对三十年来的辽代教育进行综述与评议，为辽代教育研究提供了一些线索。程妮娜《张博泉先生与辽金史研究》[《淮阴师范学院学报》（哲学社会科学版）2013年第3期] 从独到的辽金民族问题研究、开创性的金朝断代史研究、辽金史研究与"中华一体"理论建构三方面全面肯定张博泉先生在辽金史研究领域的重大贡献。景爱《建国以后陈述先生论著叙录》（《辽金历史与考古》2013年第四辑）对陈述先生建国后（1949—1992年）的研究成果逐一作了较详细的介绍，认为陈述先生对契丹的研究全面系统，涉及契丹的政治、经济、财政、军事、刑法、教育、文学、文字等各个门类，所编撰《辽文汇》《全辽文》为辽代史料总集，主编的《辽会要》填补了历代会要的空白。

书评 宋德金《评李谷城遗著〈辽代南京留守研究〉》（《辽金史研究通讯》2012—2013合刊）认为该书考述缜密，资料翔实，为颇有见地的学术著作。景爱《评〈中国辽瓷研究〉》（《辽金西夏研究2011》，同心出版社2013年版）对佟柱臣的晚年之作给予高度评价，认为该书不仅推动了中国陶瓷史的研究，也为辽史研究提供了重要的参考文献。王彦力《断代辽宁地方史的新成就：肖忠纯先生〈辽代辽宁史地研究〉读后》（《辽宁行政学院学报》2013年第11期），认为该书运用历史研究与地理环境相结合的阐述模式，突出了民族性与区域性，为断代辽宁地方史研究的新成就。

有关史学、史料的研究论文与综述还有：田野《〈辽史·食货志〉所载辽代海事证误》（《古籍整理研究学刊》2013年第2期），景爱《明确方向和重点将辽金史研究推向新高度》（《辽金西夏研究2011》，同心出版社2013年版），赵欣《西方社会对契丹和辽的认识与研究》（《黑龙江民族丛刊》2013年第1期），陈晓伟《点校本〈辽史〉纠误二则》（《中国史研究》2013年第2期），李强《辽〈张守节墓志〉补释》（《辽金历史与考古》2013年第四辑），杜晓红《辽宁省北票市发现辽刘府君墓书题记墓志》(《辽金历史与考古》2013年第四辑),姜洪军、李宇峰《辽陈顗妻曹氏刘氏墓志校勘考释》(《辽金历史与考古》2013年第四辑),周春健《辽、金、元三〈史〉读札》(《现代哲学》2013年第4期),郑贤章《〈龙龛手镜〉疑难注音释义札考》(《古汉语研究》2013年第2期),周阿根《〈辽代石刻文续编〉校点琐议》(《语言科学》2013年第2期)、《〈辽代石刻文续编〉校注商榷》(《江海学刊》2013年第2期)、《〈全辽金文〉校点补正》(《江海学刊》2013年第6期),苗润博《〈辽史·奸臣传〉〈逆臣传〉传目辨析》(《中国史研究》2013年第2期),武婷婷《辽、宋、夏、金婚礼服饰及其礼俗内涵研究综述》(《黑龙江史志》2013年第3期),程嘉静《辽代邑社研究概况》[《赤峰学院学报》(汉文哲学社会科学版)2013年第11期],额尔敦巴特尔《新世纪以来契丹大字研究概述》(《华西语文学刊》2013年第八辑·契丹学专辑),张亭立《21世纪以来国内契丹语言文字研究述略》(《华西语文学刊》2013年第八辑·契丹学专辑),邵国田《赤峰辽墓壁画综述》(《华西语文学刊》2013年第八辑·契丹学专辑),胡传志、裴兴荣《辽金文学研究》(《辽金西夏研究2011》,同心出版社2013年版),姚庆《北京地区辽代墓葬形制研究综述》(《学理论》2013年第33期),王欣欣、吕洪伟《近二十年大陆地区宋辽关系研究述评》(《黑龙江民族丛刊》2013年第4期),景爱《新世纪初年的辽金史研究》(《东北史地》2013年第1期),齐新《辽宋金时期新疆历史学术研讨会综述》(《西域研究》2013年第1期),李西亚《〈辽金西夏研究2010〉评价》(《辽金西夏研究2011》,同心出版社2013年版),康鹏《即实〈谜田耕耘:契丹小字解读续〉》(《华西语文学刊》2013年第八辑·契丹学专辑),吉如何《刘凤翥、唐彩兰、青格勒〈辽上京出土的辽代碑刻汇辑〉》(《华西语文学刊》2013年第八辑·契丹学专辑),宫海峰《吴英喆〈契丹小字新发见资料释读问题〉》(《华西语文学刊》2013年第八辑·契丹学专辑),许伟伟《杨浣:〈辽夏关系史〉》(《华西语文学刊》2013年第八辑·契丹学专辑),张卓群《评张晶教授新著〈中国诗歌通史(辽金元卷)〉——以契丹诗人的诗歌创作为中心》(《五台山》2013年第1期),王化雨《评〈经略幽燕:宋辽战争军事灾难的战略分析〉》(《北大史学》2013年第18辑),马琛《辽、西夏、金、元编译类儒学文献考》(《儒藏论坛》2013年第七辑),[俄]维·彼·扎伊采夫著,任震寰译《俄罗斯科学院东方文献研究所收藏的契丹大字手稿书》(《隋唐辽宋金元史论丛》2013年第三辑)等。

此外,有关会讯与活动报道还有:《首届全国契丹文字及相关领域学术研讨会综述》(《华西语文学刊》2013年第八辑·契丹学专辑),《第二届契丹文字及相关领域学术研讨会综述》(《华西语文学刊》2013年第八辑·契丹学专辑),《内蒙古契丹辽文化研究会第三届常务理事会暨研究成果转化、开发研讨会日前举行》[《赤峰学院学报》(汉文哲学社会科学版)2013年第11期],《第三届东北论坛:东北边疆社会发展与稳定研究学术研讨会综述》(《社会科学战线》2013年第12期),陈力华《我市"一墓二塔"入第七批"国保"》(《阜新日报》2013 年 5 月 8 日第 1 版),阮仪三《整旧如故,以存其真——应县木塔修缮引发的议论》(《东方早报》2013 年 8 月 19 日第 3 版),屈广臣、徐永升《巴林左旗:转型 Hold 住辽文化》(《内蒙古日报》2013 年 2 月 18 日)等。

综上所述,2013 年度辽史研究成果丰富,无论是研究内容,还是研究质量,均有不同程度的进展。就研究内容而言,辽代政治与政治制度仍为热门话题,在辽朝统治的治合法地位、辽朝职官制度方面取得了重要成果。在文化教育研究上,尽管儒家文化对契丹族影响的研究论文锐减,然文化教育的专题性研究却取得了长足进步。有关家族研究、契丹语言文字研究、墓葬碑刻研究,研究论文数量庞大,不乏上乘之作。相比之下,经济与经济制度研究、宗教研究就显得相对薄弱许多,尤其是经济领域的手工业、赋役、商业贸易、货币等方面的研究,宗教领域的道教、萨满教等方面的研究尚有深入挖掘的潜力,应加强研究力度。历史地理研究虽然也有较多研究成果,然其关涉诸多问题研究的"原点"问题之解决,会大大推进辽史研究的进展,也需要加大研究力度,集中力量将诸多"存在疑问"的研究"难点"给予破解。总体说来,辽史研究出现了如下三个趋势:第一,研究队伍不断扩大,一大批青年学者加入到辽史研究队伍,继往开来,也成为辽史研究的领域的生力军。二、研究视角不断扩展,研究方法不断创新。研究者们在继续深入挖掘传统文献资料的同时,逐渐关注并利用墓志碑刻、契丹文字等实物考古资料,更有学者从文字学、地理学等角度对辽史加以研究,有利于辽史多学科研究趋势的形成。三、研究成果影响日益扩大。研究成果不再局限于国内刊物或出版社,一批有影响力的国际期刊也成为辽史研究的重要阵地。当然,与其他断代史相比,辽史研究囿于史料匮乏,还相当薄弱,诸多问题的研究尚处于"粗放"式的研究阶段,甚至还有诸多"处女地"需要开垦,距离"精耕细作"式的研究愿景还有相当遥远的距离。辽史研究尽管存在这样那样的困境,然随着专家学者的持续参与,尤其是大批青年学者加入到辽史研究队伍中来,辽史研究必将成为断代史研究中的"显学"。

2013年西夏文物考古新发现回顾

于光建

西夏学是因西夏文物考古的发现而兴起的一门国际显学。作为西夏学研究的重要分支学科,西夏文物考古发现素为学术界所重视。新的文物考古发现不仅为西夏学研究提供了新的资料,甚至有些重要发现还填补了西夏学研究的空白。2013年的西夏文物考古,虽然没有重大的发现,但有些遗址的发现在同类考古发现中规模较大,有些则是西夏文物中仅见,有些则对于研究西夏遗民问题具有极为重要的参考价值。兹依据时间顺序,对2013年西夏文物考古重要发现予以介绍。

一 甘肃省永昌县发现西夏藏传佛教石刻塔群遗址

2013年3月14日至17日,应甘肃省金昌市政府邀请,武威西夏文化研究所所长孙寿龄、武威市博物馆原馆长党寿山等专家一行对金昌境内文化遗址进行了调查考察。他们在永昌县城北10公里处的御山峡后的圣容寺花大门附近,发现了众多的西夏石刻塔群遗址。

石刻塔群遗址

花大门石刻塔群位于永昌县西北约20公里处永昌县城关镇金川西村北面的龙首山余脉。该处断崖长约500米,整个山体似一尊睡佛,头东脚西,山体的每一部分又像是一尊尊立佛，浑然天成，十分神似。因两山对峙，相距不足百米，山体为红色，形似大门而故名花大门。在断崖南段有保存较为完整的汉代壕堑、明代长城，自东向西绵延。经暗门村、毛不喇村至山丹峡口界。在北部山崖离地面1—10米的崖面上雕刻有50余座藏传佛教浮雕塔群。各塔大小不一，造型有覆钵式喇嘛塔、阁楼式石刻塔、密檐式砖砌塔，其中以覆钵式喇嘛塔为多。

（一）覆钵式喇嘛塔

此种石刻塔形态大体相同，由塔座、塔身、塔顶三部分组成。石刻塔为三层须弥座，塔座第三层的中间开龛，可能是用于供奉或是安放僧人骨灰。塔体呈覆斗形，外侧用阴刻线勾画出背光。最大的刻塔通高2.66米，底宽1.6米，最小者高约0.5米，底宽0.7米。保存最为完整的为崖壁东南端的第一座石刻塔，塔高1.6米，宽1.2米，底部为5层须弥座。塔身中间开一石龛，石龛高0.27米，宽0.25米，为安置僧侣骨灰之所。有些石刻塔塔座为高浮雕莲花座。有些石刻塔塔座与塔身之间有一道或两道联珠纹，有些则没有。塔顶由刹座、刹身和刹顶三部分组成。刹座或为两层，或为逐层延伸的"亚"字形七层金刚座。刹身为十三天相轮。刹顶由伞盖和宝刹组成，伞盖置于十三相轮上部，雕刻精致者还有流苏。宝刹多为三重宝珠，少数刹顶或为宝瓶刹，或为日月刹。此类石刻塔造型与宁夏青铜峡一百零八塔风格相近。在西部崖壁还有一种较为特殊的覆钵塔，塔顶没有宝珠相轮，塔刹不是宝瓶，而是桃形。有些塔下方还阴刻有汉字姓名题记，如"梁□□"等，从痕迹和刻工看，年代久远，不是现代人所刻写。

覆钵式喇嘛塔

（二）阁楼式塔

阴刻阁楼式塔集中于崖壁西部，体型较之覆钵型喇嘛塔较小，数量有十余座，线条阴刻勾勒出简易型阁楼塔，有7层、11层、13层。高者约有1米，小者仅0.2米，楼阁中部也没有开凿石龛。此外在花大门西约1公里处的另一处山体崖面上，也阴刻有一处阁楼塔，旁边阴刻汉字"郭□"，西侧崖面处为附近农户用石块垒砌的羊圈，羊圈上端崖面阴刻有一简单的阁楼塔和一老虎形象。此类石刻塔在内蒙古百眼泉石窟也有发现，为13层，高约1.6米。

（三）密檐式砖砌塔

在崖壁正中部较为密集的塔群中，有一种石刻塔较为特殊。此类塔使用线条阴刻出砖砌塔的造型，塔为七层密檐式砖塔，塔身没有开凿石龛。

（四）佛龛

在崖面正中有一较大石龛，洞窟宽2.4米，进宽2.2米，高1.5米，深2.1米，顶部为方形，顶前部宽1.9米，顶后宽1.7米，门高1.5米，宽1.2米。洞窟内正壁阴刻一西夏文"佛"，下方阴刻三行汉文题记，自右向左依次为"二十九年万□□/李林中卜/山出□人"。石龛右壁阴刻两匹奔跑状马，前方为一小马，前蹄腾空，马头回望后面大马，后面大马后蹄着地，前蹄腾空，马背上刻有马鞍，旁边阴刻一朵莲花和一只小动物。在此石窟西部的一小型浮雕塔下部，又发现一处汉文阴刻题记"永昌卫王"，题记楷书，高32厘米，宽6厘米。整个石刻所在山脉是第四纪沙岩，山体为红色，大部分石刻因长期暴露于外界，加之人为破坏，石刻塔风化严重，表面剥落甚多，仅有几座保存较为完整清楚。

佛龛中阴刻奔马

此外考古专家们在附近的山上发现了西夏时的岩画，图案有老虎、马、狗等。

据实地考察，永昌花大门石刻塔群遗址可分为三类。一类是腹部开小型石龛的石刻塔，此类石刻塔数量较多，有可能就是安葬僧侣的另一种舍利塔。崖壁还有部分是没有开龛的石刻塔,这类塔有大型的,也有较小型的;有阴刻的,也有浮雕形态的,整个石刻塔面没有可以放置僧侣舍利的地方,应该是僧侣和佛教徒所刻画的功德塔。第三类就是人工开凿的洞窟。此类洞窟仅有一处,窟内内部除刻有一西夏文"佛"字外,还阴刻有莲花、马等动植物形象,石窟内正壁前有一开凿出的高约30厘米石台,该洞窟应该是僧侣修行坐禅的禅窟或是僧侣坐化圆寂安置遗骨的瘗窟。由于石窟仅距地面2米多,容易攀爬,里面已被后人活动所扰乱,没有发现尸骨等有价值文物,窟内有现在人放置供奉的石膏佛像和红绸缎。

根据圣容寺北山之上砖塔内壁题记记载,西夏时圣容寺居住的番僧有1500人之多,足见寺院规模之大,香火之盛。永昌县花大门石刻塔群遗址形式多样,造型精致,数量集中,石刻塔有53处之多,在国内也属罕见。该遗址对研究西夏僧人的葬俗、寺院规模、西夏文化艺术、古建筑艺术具有重要价值,也为研究藏传佛教在河西地区的传播和发展提供了重要的实物资料。

二 甘肃省武威市古城镇新发现一处西夏瓷窑遗址

2013年6月23日,武威市考古专家在甘肃省武威市凉州区上古城调查时,新发现了一处瓷窑遗址。该遗址位于凉州区城南30公里古城镇上古城新村附近一河渠处。据武威西夏文化研究所所长孙寿龄判断,这是一处距今800年的西夏古瓷窑遗址。西夏学专家孙寿龄认为,古城瓷窑规模大、分布广,从东至西长达20多公里的地方都有西夏瓷窑的遗物散布,判断这座瓷窑遗址为西夏时期古瓷窑的依据有三点:一是该遗址身处西夏古城瓷窑下窑址;二是此处曾经多次发现西夏瓷窑瓷片;三是西夏时期瓷窑的窑壁是由壁附高岭土建造的,而晚期则用耐火砖砌成。此处瓷窑的窑壁是由壁附高岭土建造,因此判断为距今800年的西夏瓷窑遗址,而非普通的砖窑。据介绍,此地早在一千多年前的唐代永隆年间就开始烧制瓷器,到西夏时发展到了鼎盛时期,相传那时有48座窑同时烧制,官府为了方便管理,在头坝河南岸建立了一座专门烧瓷、销瓷的窑城。

出土的瓷器

三 甘肃武威市发现西夏时期石刻造像塔

2013年7月4日，甘肃省武威市凉州区第十陆军医院附近一建筑工地在开挖地基时，发现一尊西夏时覆钵式喇嘛塔石造像。出土地点正好位于隋唐、西夏、蒙元时期著名的凉州大云寺寺院附近。该塔为石质砂岩，高89厘米，塔基高22厘米，饰云纹图案；塔座高10厘米，饰莲花瓣图案；塔身为覆钵形，高28厘米，正中开佛龛，龛高19厘米，宽16厘米，深7厘米。内刻佛造像3尊，中间为佛祖说法像，两边各站一弟子，均高7厘米。塔相高22厘米，有5层叠涩相轮；塔顶圆形，高7厘米，直径13厘米，相轮粗壮，给人以庄严稳固的感觉。塔体的装饰花纹都是密教流行的纹饰，体现了藏传佛教独特的密宗艺术。经专家考证，这是西夏时期"一佛二弟子"石刻造像塔的代表作。2012年国家社会科学基金特别委托项目子课题"武威地区境内西夏遗址调查研究"课题组在古浪县西寺疙山调查时，发现一处西夏寺院遗址，其中就出土了一件一佛二弟子的瓦当。从塔的造型与龛形来看，应该属于西夏中后期藏传佛教在西夏兴起以后，距今已有800多年，这种覆钵式石刻造像塔在武威地区过去没有发现过，在国内也比较罕见，对研究西夏佛教艺术和历史文化提供了珍贵资料。

覆钵式喇嘛塔石造像

四 河北省大名县出土元代西夏遗民小李钤部公墓志

2013年9月，在河北省大名县陈庄村南的施工过程中发现一处元代墓葬，出土了一方《宣差大名路达鲁花赤小李钤部公墓志》。墓志青石质，圆首，通高60厘米，宽35厘米。正面为汉文墓志铭，背面有两行西夏文。墓志正面顶部阴刻汉文篆书8

字"小李钤部公墓志铭",正文共 21 行,500 余字。汉文墓志铭如下:

宣差大名路达鲁花赤小李钤部公墓志

公钤部,其先河西肃州之世系,祖茔在焉。公生而通敏,长有才略,丙戌间遭家不造,归附。上国,遂命公征辟西。既回,复辅阿答赤忽都帖木儿取沙洲,彼恃众坚守,战斗不一,时忽都马乏不克前进,以己马负之而出,公独进攘敌,俱免其难。后蒙上顾问:"向之临阵,以己马济人之危,何其自轻耶?"公伏奏曰:"彼则有功于国,信任已久,臣则新附,未有寸效,故尔"。上奇之。沙洲既平,赐人口一百有六。后征阿思克千户,随行未几城陷,皆公之佐歈。遂命公同合答行断事官事。丙午,复命同牙鲁花赤行天下断事官。辛亥,改授大名路都达鲁花赤。戊午秋七月廿有八日,以病卒,年六十九岁。夫人田氏六十五岁。男三人,孙三人。长爱鲁,袭父爵,宠授虎符,至元四年十月间,改授云南安抚使。次子罗合,中统三年,宣授大名等路行军万户,至元元年八月十二日卒。次子小钤部以兄爱鲁出仕南国,袭爵如前,加昭勇大将军,至元十三年二月卒。长孙教化,是年四月有四日祗授宣命,虎符袭爵,加嘉议大夫兼大名路诸军奥鲁达鲁花赤。次孙帖木尔、次孙万奴。噫,一门之中,袭爵承宣,枝叶不替,非公之积德累功,焉能至此耶。长孙教化以父之出仕未还,念祖之权厝未葬,是以改卜新茔,仍刻贞石以志其后。至元十五年二月有五日,嘉议大夫、大名路达鲁花赤兼诸军奥鲁达鲁花赤孝长孙教化志。

小李钤部公墓志

墓志背面阴刻西夏文两行 11 字"𘓺𗧈𗼃𘈩𗆫；𗼇𘑨𗂧𘂧𘝯𘟣"，对译"小李军统大；田氏夫人阿孃"，意译"小李将军大人；田氏夫人阿孃"。根据墓志铭中"夫人田氏六十五岁"可知，这是小李铃部与夫人"田氏"的夫妻合葬墓。

该墓志记述了小李铃部，即昔里铃部的生平事迹及其子孙三代在大名路 60 余年的任职经历，墓志铭由其长孙教化撰写。昔里铃部本为世居河西肃州的西夏人，西夏晚期投靠成吉思汗，随军征战，《元史》有传。据载，1226 年二月，成吉思汗亲率大军 10 万自北路侵入夏境，攻入西夏军事重镇黑水城、兀剌海等城。蒙古大将阿答赤率军与畏兀儿亦都护配合，进攻沙州，夏守将籍辣思义伪降，设伏以待。阿答赤几乎被擒，幸好得到从军千户昔里铃部救护方得以脱险。蒙古军队战败后，全力强攻，籍辣思义率领兵民顽强抵抗，蒙古军队于夜间挖地道攻城，夏兵发现后在地道中纵火，蒙古军队死伤无算，经过一个多月的攻坚战，沙州陷落。五月，进军肃州，成吉思汗命人招降，但夏军坚守不降。守城者乃昔里铃部之兄肃州铃部，因害怕城破后全家被杀，遂向蒙军投降，待肃州城破后，成吉思汗下令进行屠城，唯有铃部亲族家人免死者百有六户。现保存于甘肃省酒泉市博物馆的《大元肃州路也可达鲁花赤世袭碑》所记载的阀阅之家唐兀人举立沙率众归降蒙元之事正是这一事件的反映。

该墓志内容虽与《元史·昔里铃部传》所载生平事迹有所出入，但对于校补《元史》具有重要的资料价值，也是目前所发现的元代最早的夏汉文字合璧墓志。它的发现为学界深入研究党项遗民昔里氏提供了新的实物材料，对研究元代西夏遗民在河北的史迹具有重要的学术价值。

纵观 2013 年西夏文物考古发现，既有西夏故地的西夏文物和遗址的新发现，又有西夏灭亡后内迁党项族上层人士的墓志铭。而且以甘肃河西走廊东部，原西夏西凉府境内的发现为主。武威是西夏文物出土较为集中的地区，特别是自 2012 年以来，由武威市博物馆和武威市考古研究所联合承担了国家社会科学基金特别委托项目"西夏文献与文物研究"子课题"武威地区境内西夏遗址调查研究"，课题组全面对武威、金昌周边市的西夏遗址进行了摸底式调查，发现了许多新遗址、新文物。如 2013 年永昌县花大门石刻塔群遗址、凉州区新发现的瓷窑遗址、藏传佛教造像塔就是课题组野外调查发现的新成果。尽管这一年西夏文物考古发现数量不多，但却对西夏历史文化研究具有重要的价值。如河北省大名县西夏遗民小李铃部公墓志的出土曾引起了学术界的高度关注，它为研究西夏灭亡后党项遗民的迁徙、葬俗、历史文化、民族习俗变迁等问题提供了不可多得的新的实物资料。

参考文献

1. 蔡敏：《永昌县西夏遗址考察又有新发现》，《金昌日报》2013 年 3 月 20 日，第 1 版。

2. 于光建、张振华、黎大祥：《甘肃永昌县花大门藏传佛教石刻塔群遗址考论》，《西藏研究》2014 年第 1 期。

3. 王宏伟、王衡：《甘肃武威新发现一处西夏瓷窑遗址》，2013 年 8 月 14 日，新华网。（http://news.xinhuanet.com/local/2013-08/14/c_116936633.htm）

4. 宋喜群：《甘肃武威发现西夏瓷窑遗址》，《光明日报》2013 年 8 月 14 日第 9 版。

5. 王艳梅：《甘肃武威发现西夏时期石刻造像塔》，2014 年 7 月 4 日，新华网。（http://news.xinhuanet.com/local/2013-07/04/c_116407105.htm）

6. 孙寿岭：《甘肃武威发现覆钵式喇嘛塔石造像》，《西夏学》2013 年第 10 辑，上海古籍出版社 2013 年版，第 338—339 页。

7. 史金波：《河北邯郸大名出土小李钤部公墓志刍议》，《河北学刊》2014 年第 4 期。

8. 刘广瑞：《西夏遗民在河北——元代夏汉文合璧墓志铭研讨会在邯郸召开》，《西夏研究》2014 年第 2 期。

2013年金史研究综述

程妮娜　王晓静

2013年我国学界金史研究领域较为活跃，本年度不是全国辽金史学会召开例会的年份，各地区先后召开了中小规模的专题研讨会，如7月份在吉林省白城师范学院召开了"中国地域性辽金史学术研讨会"，8月份在河北省平泉县召开了"首届辽金史高级论坛"，9月份在黑龙江省牡丹江市召开了"'金代钱币'专题研讨会"。辽金史研究的新成果不断推出，据不完全统计，2013年度出版学术著作7部，论文集2部，古籍整理1部，学术信息报道1部，还有2部科普读物。在各类杂志上发表论文350余篇，内容涉及政治、经济、社会、民族、文化、历史地理、文物考古等诸多方面，并呈现出一些新的特点。

2013年度出版的7部学术著作有邓广铭《辽宋夏金史讲义》（中华书局2013年版），为著名历史学家邓广铭先生于20世纪50年代初在北京大学授课时的讲义，内容涉及包括金朝在内的中国经济重心转移以及由此带来的一系列变化，以及统治阶级内部矛盾和民族矛盾等。陶晋生《宋辽金史论丛》（台湾联经出版事业股份有限公司2013年版），宋德金《辽金西夏衣食住行》（中华书局2013年版），王庆生编著《金代文学编年史》上、下（中华书局2013年版），胡传志《宋金文学的交融与演进》（北京大学出版社2013年版），景爱《历史上的金兀术》（中国社会科学出版社2013年版），郭长海主编《金上京科举制度研究》（哈尔滨工业大学出版社2013年版）。一部古籍整理为顾宏义、李文《金元日记丛编》（上海书店出版社2013年版）。论文集有刘宁主编《辽金史论集》第十三辑（中国社会科学出版社2013年版），为"2012年阿城第二届金上京历史文化暨第十一届中国辽金契丹女真史学术研讨会"论文集，收入27篇论文，包括金代政治、经济、社会、民族、文化等方面内容。中国社会科学院宋辽金元研究室编《隋唐辽宋金元史论丛》第三辑（上海古籍出版社2013年版），刊载论文22篇，内容涉及隋唐宋辽金元各代政治、经济、宗教、考古、艺术等领域，其中关于金史研究有2篇论文。一部学术信息报道为景爱主编《辽金西夏研究2011》（同心出版社2013年版），对2011年辽、金、西夏学及辽金文学的相关研究进行了综述，并附有辽、金、西夏学2011年的论著目录索引。下面将相关著作和主要论文按照如下研究领域分别介绍。

一 金代政治与政治制度研究

关于金代政治与政治制度的研究仍然是 2013 年度金史研究的重点之一，赵永春《关于辽金"正统性"问题——以元明清"辽宋金三史分修"问题讨论为中心》（《学习与探索》2013 年第 1 期）梳理了历史上关于辽金"正统性"的争论，认为彰显近千年来华夷观念的演变轨迹，不是强化华夏尊贵，贬低"夷狄"，而是主张华夷互相吸收，互相采长补短，强调多元文化选择。熊鸣琴《金人"中国观"研究》（吉林大学历史学博士后出站报告，2013 年）从政治与观念互动的视角，论述了促使金人"中国"观产生、演变的动力及其特质，在肯定金朝"中国性"的同时，认为不分华夷皆为"中国"的国家观念，为近现代中华一体的国家认同奠定了历史基础。刘浦江《金朝初叶的国都问题——从部族体制向帝制王朝转型中的特殊政治生态》（《中国社会科学》2013 年第 3 期）认为金初的"御寨"只是一个名义上的国都，由于缺乏中央集权的专制皇权，没有一元化的政治体制，再加上四时迁徙的捺钵遗俗，都城的政治功能相当弱化，是女真政权从部族体制向帝制王朝转型过程中存在的一种特殊政治生态。关树东《金代的"冷岩十俊"——〈金朝明昌党事考实〉补遗》（《宋史研究论丛》2013 年第十四辑）对以完颜守贞为首的"冷岩十俊"人物进行了考证，认为以十为数是为了与"胥门十哲"对应并称，未必是实数。夏宇旭《金代契丹族中央官的政治活动及地位》（《社会科学战线》2013 年第 5 期）分析了金朝各个时期中央契丹官员的任职情况，认为从首席宰辅领三省事到各主要军政部门的重要官员都有契丹人，是金朝官僚集团中不可或缺的组成部分，但随着金朝国家形势的变化，契丹人的政治地位经历了从高向低的变化趋势。王雷、吴炎亮、赵少军《金代吏员俸禄及相关问题研究》（《中国国家博物馆馆刊》2013 年第 10 期）论述了金代吏员俸禄制度的确立、发放范围、频率和俸禄构成，认为金代吏员俸禄除制度性规定外，还有根据实际情况增俸、减俸以及半俸等的弹性化形式。吴琼《金代奖廉肃贪举措及其实效性述论》（《长春教育学院学报》2013 年第 13 期）考察了金代奖廉肃贪举措的完善制度、颁布法规等防患措施，以及实行倡廉惩贪等奖惩举措与成效。余蔚《完颜亮迁都燕京与金朝的北境危机——金代迁都所涉之政治地理问题》（《文史哲》2013 年第 5 期）认为海陵王完颜亮迁都燕京虽然使金政权的空间结构达成了较合理的状态，但伴随而来的是金政权继续向南的进取心，南征之举更是引发金朝北境防线的崩塌，为蒙古伐金及金朝政权灭亡埋下了伏笔。陈金生《试论金代质子制度的几个特点》（《晋阳学刊》2013 年第 2 期）认为金代的质子制度具有与猛安谋克制度配套执行、征质范围广、人数多、民族构成复杂，以及已成为一个特殊的群体和实际构成"质子性人口徙动"等显著特点，反映了金代民族关系的实际状况和基本格局。闫兴潘《金代赐姓问题研究》（《古代文明》2013 年第 4 期）认为金后期的赐姓与其他朝代有很大不同，其实质是赐予非女真人一种虚拟的族群身份及其所承载的种种特权，带有与官爵相似的奖励军功的作用。还有庞倩《试论金代对正统地位的塑造》（宁夏大学硕士学位论文，2013年）。

关于金代中央官制与官署机构研究。关树东《金代的杂班官和元代的杂职官》（《隋唐辽宋金元史论丛》2013年第三辑），考察了金代杂班官和元代杂职官的执掌、人员构成、入仕升迁流程、官员特权及其与流官（正官）系统的不同。该文认为金代杂班官和元代杂职官是独立于流官系统之外的自成系统的官制，二者之间存在着渊源关系。赵玉英《金初勃极烈制度决策机制论略》（《北方论丛》2013年第4期）概述了勃极烈制度的起源、实施、运行机制，认为勃极烈制度的集体决策及其对皇权的制约等功能，对后世有深远影响。孙孝伟《金朝宰相间关系略论》（《兰台世界》2013年第3期）分析了金朝宰相群体，认为金朝宰相受皇帝控制，首相虽有一定地位，但实际上是宰相集体负责制。宰相间有分工，有议政决策和监督执行的职责，共同推动朝政的运转。孙佳《金代"治中"考略》（《辽金史论集》2013年第十三辑）认为金代"治中"一职是金世宗大定末年以后大兴府、开封府、总管府和散府的副官，官阶为正五品，位于同知之下。任"治中"官员具有多民族性，以汉人为主体。官员的入仕途径包括军功、世袭、荫补、科举等，大多数官员是通过文举考试进入仕途。闫兴潘围绕金代翰林制度发表系列文章，《金章宗时期的翰林学士院与应制文学》（《民族文学研究》2013年第2期）认为金章宗时期是翰林制度的重要转折时期，学士院呈现出"重文词、远政治"的趋势，这与翰林学士院和中枢政治关系的转变有重要关联，也与金章宗个人好尚文辞的兴趣爱好有一定关系。《翰林学士院与皇权的距离：金末益政院设立的制度史意义》[《北方民族大学学报》（哲学社会科学版）2013年第3期]对益政院设立的背景、地位、机构性质及发展过程进行了梳理，由此论证金后期翰林学士院的政治地位和重要性日趋下降，与皇权之间进一步疏离。《金代翰林学士院与史学关系之演变及其影响》（《史学史研究》2013年第3期）梳理了翰林制度由皇帝顾问机构逐渐向以修史为主要职能转变的过程，认为这一变化与金朝中后期统治者的政治态度和统治政策直接相关。

关于科举制度。郭长海、付珊《金上京科举制度研究》（哈尔滨工业大学出版社2013年版）一书，考述了金初科举年谱及状元、金上京出身的状元进士、女真制字与女真科举等情况，进一步分析了金上京历届科举取士及其对金代发展的作用。闫兴潘《金代女真进士科非"选女直人之科"考辨》[《湖北民族学院学报》（哲学社会科学版）2013年第1期]提出女真进士科从未在制度层面上规定此科是专门针对女真人的科举考试，一直是对各民族开放的，其深层原因是统治者希望向金朝各族推广女真文字及女真文化。此外还有张鑫的《金代女真进士研究》（渤海大学硕士学位论文，2013年）。

关于金代中央与地方某一系统官署机构研究。韩光辉、魏丹、林玉军《金代城市行政管理机构研究》(《中国史研究》2013年第1期)对金代管理诸京、府镇、防御州治所城市的警巡院、录事司和司候司等行政管理机构进行了考察,认为是与县一样同属国家的基层行政机构,并通过对金代城市行政建制与区划的研究,补正了《金史·地理志》的不足。张猛《金代水利机构研究》(吉林大学硕士学位论文,2013年)认为金代水利机构设置是在继承唐宋之制的基础上,根据金朝实际做出调整而确立的,并形成了从中央到地方成熟、完善的水利机构设置。

关于军事机构、武官、军事活动研究。王峤《金代统军司初探》(吉林大学硕士学位论文,2013年)考证了贞元元年以前统军司下设"统军都监"一职,为从四品掌领兵作战,补充了《金史·百官志》的遗漏。该文认为金朝统军司制度袭自辽代,常设地点在河南、山东、陕西三地,和平时期统军司由枢密院管辖,战争时期则由元帅府或者行省管辖。贾淑荣围绕武将研究发表多篇文章,《金代武将的范畴及界定考》(《北方文物》2013年第4期)认为勃极烈、节度使、防御使、招讨使、经略使、统军使、曾经率兵打过仗的猛安谋克、武散官都属于武将的范畴,称帝前亲自统兵打仗的完颜阿骨打、海陵王、完颜雍是武将中的特例。《从武将选任解读金代军事实力的盛衰》[《内蒙古民族大学学报》(社会科学版)2013年第5期]分析了军功选任、武举选任、荫补、世袭爵位等选拔武将的方式与金朝政权军事战斗力的关系。《金代武将管理措施论析》[《黑龙江民族丛刊》(社会科学版)2013年第5期]分析了金朝对武将实施的考核、奖赏和惩处措施。秦欣欣《浅述金代武职官的俸禄》(《黑河学刊》2013年第2期)论述了金代武职官的俸禄分本俸与补贴,认为繁重的武职官俸禄在一定程度上加快了金代的灭亡。李浩楠《金末义军与晚金军事研究》(河北大学博士学位论文,2013年)将金末义军划分为南渡义军、未南渡义军两部分,认为"遥授"应为职官正式称谓,"遥领"为非正式称谓,并进一步论述了在晚金政治结构变化过程中义军具有显著的政治地位。孙智勇《金代叛乱问题研究》(内蒙古师范大学硕士学位论文,2013年)认为叛乱贯穿于金代发展全过程,是社会各个阶层几乎普遍参与的常态性问题,探究了叛乱形成的多方面原因,认为叛乱是金朝灭亡的内因之一。吴树国《金代蒲与路军事问题探析》(《北方文物》2013年第2期)分析了蒲与路作为"路下路与上京路之间"的军事行政隶属性质,认为金初在蒲与路设立万户是女真族迁移猛安谋克户进行军事屯戍政策的推演,猛安谋克军事戍边体制在蒲与路被保留下来。康鹏《〈金史·兵志〉辨正二则》(《隋唐辽宋金元史论丛》2013年第三辑)考辨了《金史·兵志》所载天会五年伐宋之役调燕山等八路兵中"东京、辽东"并列错误的原因,认为此八路为理财路,现行中华书局点校本将"五年"改为"四年"是错误的。此外还有高玉平、任仲书《辽金时期"矫制"问题研究》(《兰台世界》2013年第21期),孙智勇《金末崔立叛乱原因浅析》(《太原城市职业技术学院学报》2013年第1期)等。

关于金代地方政治与政治制度研究。武玉环《金代的乡里村寨考述》(《中国边疆史地研究》2013年第3期）分析了金代乡里村寨组织的变化发展过程，认为其组织结构为二级：乡、里；或乡、村；或乡、庄；或乡、寨。该文指出金代对乡里村寨的管理为职役制，每年或两年一轮换。乡里村寨组织在金代由血缘社会向地域社会、由原始社会向农业社会的转型过程中起了重要作用。李方昊《金朝县官选任制度考论》（《史学集刊》2013年第2期）提出金朝选任县官包括进士、武举、经童、律科、军功、恩荫、吏员、荐举、进纳、世袭等多种途径，其中以进士为主，其次为军功和恩荫。进士和军功出身可以直接出任县官，而其他出身则需多年历练。陈德洋《金朝地方官员与乡村社会控制研究》（《宋史研究论丛》2013年第十四辑）认为金代地方官员在乡村中参与教化、移风易俗、评理冤狱、打击盗贼、抑制豪民、防灾救济等方面发挥了重要作用，乡村民众也是通过这些基层吏员与国家进行互动的。

关于出土金代官印的报道和研究。侯忠刚《黑龙江省汤原县发现"勾当公事天字号之印"》（《北方文物》2013年第2期）介绍了印信的形制和特点。田丽梅《"韩州刺史之印"的收藏与研究》（《北方文物》2013年第4期）介绍了印的形制、刻款，并论述了韩州州治与该地发生的重大历史事件。张泽兵《"中书门下之印"鉴赏》（《博物馆研究》2013年第2期）对印章的形状、材质、铸造、文字的使用进行了考证。才大泉《浅析阿城出土的金代官印》（《华章》2013年第11期）考察了阿城出土的上京路总押荒字号印、上京路勾当公事裳字号印、都弹压所之印的形制，认为其形制与宋代官印相同或相似。周国典《金代忠孝军的"虎符"》（《黄三角早报》2013年11月9日第A12版）介绍了铜印的出土与形制，推测此铜印为忠孝军抗击蒙古军所用。陈勇《"诜王之印"小考》（《黑龙江史志》2013年第23期）认为"诜王之印"为典型的金代印信，此为金代完颜娄室被追封为莘王的印鉴。

二 金代经济与经济制度研究

金代经济与经济制度研究近年来略显沉寂，2013年度所见成果仍然不多。王德忠《论农耕经济与金朝及女真族社会发展进程》（《辽金史论集》2013年第十三辑）以金熙宗改革为界，分析了金朝国家政治制度前后两大发展时期的阶段性转变，以及促使女真族经济生活农耕化水平不断提高的变化过程，认为农耕经济的发展给女真社会生活和民族精神面貌带来了新变化。关树东《金朝的水利与社会经济》（《辽金史论集》2013年第十三辑）通过对河北、山东、陕西、河南等地区农田水利和战略位置的分析，认为金代治理黄河、开发运河、建设农田水利对恢复发展社会经济、保障人民生活发挥了一定的积极作用，但金代国家对农田水利的重视和投入是远远不够的。孙久龙、王成名围绕金代盐使司连续发表两篇文章，《金代盐使司职官特点》（《北方文物》2013年第1期）考察了金代盐使司的设置、职官，论证了金代盐使司职官在民族成分、入仕途径以及转迁方面所具有的特点。《金代盐使司的职能》（《满族研究》2013年第1期）从管理盐户、管理贩盐的渠道、打击私盐、征收盐税等方面阐释了盐使司的职能及其发挥的重要作用。张振和《金代酒税制度初探》（《北方文物》2013年第3期）考察了金代酒税管理机构及人员设置，酒税的税额及特点，指出从出土的官印看酒税与其他赋税征收机构时有合并。该文认为金代的税收制度既受辽、宋旧制的影响，又有自身特点，榷酒（榷曲）具有强烈的政府干预色彩。冯金忠《榷场的历史考察——兼论西夏榷场使的制度来源》（《宁夏社会科学》2013年第3期）认为金代虽然出现了榷场使，但从时间上看，金代的榷场使应该来源于西夏，而西夏的榷场使很可能远承于唐代。宁波《金代北京路经济发展与环境变迁》（《宋史研究论丛》2013年第十四辑）探讨了金代北京路内人口与土地开垦范围，以及人类活动对生态环境造成的影响。宁波《金代东北地区的移民与农业开发》（《兰台世界》2013年第3期）分析了东北地区的人口变化状况，以及人口变化随之带来的农业生产与基本经济格局的明显改变。高玉平《辽金时期二税户人身依附关系及其演变》[《赤峰学院学报》（汉文哲学社会科学版）2013年第10期]对金代二税户产生变化的政治、经济及文化原因有所涉及。刘杰《女真建国前传统手工业初探》[《廊坊师范学院学报》（社会科学版）2013年第5期]对女真建国前传统手工业主要生产门类如冶铁与铁器制造、纺织与皮毛皮革加工、木制手工业、酿酒、造船等进行了梳理，认为女真建国前已经出现了专门从事冶铁的家族与专门的手工业者。吴敬、邵海波《东北地区金代遗址出土铁器的类型学考察》（《边疆考古研究》2013年第13辑）将东北地区金代遗址出土的铁器分为农具、手工工具、渔猎用具等6大类型，在一定程度上揭示了辽金两代庶民阶层的铁器使用状况和文化面貌。李维《北京右安门出土金代窖藏钱币初探》（《中国钱币》2013年第6期）对2013年北京右安门附近某工地出土的大量宋金时期古钱币的种类、形制、金属成分等进行了介绍，并阐述了金代窖藏铜钱的现象及原因。

三　金代社会史研究

金代社会史研究是近年日益受到关注的研究领域。宋德金《辽金西夏衣食住行》（中华书局2013年版），该书考察了辽金西夏衣食住行的具体问题，深入解析了引起衣食住行变化的社会环境、不同阶层和集团在衣食住行方面的差异，以及体现出的礼仪和习俗，并论述了这一历史时期衣食住行所表现出的民族性和地域性特征以及彼此之间的相互交流及影响。孙红梅《金代老年人优礼政策探析》（《黑龙江民族丛刊》2013年第2期）考察了金代统治者对老年人优待礼遇的政策，如救济与赏赐、减免刑罚、倚重治国、礼遇老臣、覃恩年七十以上者、倡导孝道等，认为这些政策有利于金朝统治秩序的和谐与稳定。费勇军《金代的慈善救济事业》（《中国社会报》2013年5月24日第6版）考察了金代养济院、惠民司、普济院等慈善救济机构设置的时间、主要职责和赈济措施等,论述了金代民间慈善事业的发展。汪悦《辽、金朝慈善活动研究》(西南大学硕士学位论文,2013年)认为金朝的慈善思想融合了儒释道的慈善观念,慈善活动体现出与两宋慈善的相似性,较辽朝更为发达,具有维护社会安定与安全的功能。

关于金代各民族的家族、家庭问题研究。刘晓飞《金代汉族家庭形态研究》(吉林大学博士学位论文,2013年)对金代汉族家庭的基本形态、家庭成员的地位与关系、家庭收支与经济管理,以及家庭宗教信仰与家庭教育等进行了研究,认为尽管金代汉人与女真族长期杂居、通婚,难免沾染"胡风",但其汉民族中根深蒂固的纲常伦理无本质改变。周峰《金代聂宗家族两方碑铭考释》(《辽金史论集》2013年第十三辑)对宋末金初山东莘县聂宗、聂训父子两方碑志进行了考释,论述了北宋末金初聂氏家族作为当地农村社会的乡绅代表,在战乱不断和女真统治者横征暴敛下日渐衰落的过程。王新英《再论金代涿州时氏家族》(《北方文物》2013年第2期)通过考察石刻所记辽金两代时氏家族成员仕宦和婚姻情况,发现以时立爱为代表的涿州时氏家族并未因其个人政治地位的提升而一蹴成为世家大族。苗霖霖《辽、金时期渤海遗民高氏家族考述》[《北华大学学报》(社会科学版)2013年第3期]认为高氏家族并非以渤海为郡望的汉人高氏家族,而是由渤海国入辽、仕金的渤海右姓高氏家族及其后裔。刘晓溪《完颜希尹家族新证》(《东北史地》2013年第6期)梳理了完颜希尹墓地出土的碑碣和文献资料,进一步分析和厘清了完颜希尹家族的谱系。吴垚《金朝后妃家族徒单氏研究》(哈尔滨师范大学硕士学位论文,2013年)分析了徒单氏家族对金朝政治、军事、文化发展所产生的重要影响,认为徒单部族由兴转衰是历史发展的必然结果。杨忠谦《文学视野下的金代谱牒文化述论》(《民族文学研究》2013年第5期)从文学的角度论述了金代谱牒文化具有保持原来家谱撰写传统、以碑存史、多元化、文人化、学术化等特征。

关于金代帝王将相与后妃研究。景爱《历史上的金兀术》(中国社会科学出版社2013年版)记述了金兀术一生成长的历程,既有治军治国对金朝的贡献,也有在金宋战场上勇敢善战、纵兵杀掠和战败北归。刘浦江《金世宗名字考略》(《北大史学》2013年第十八辑)认为金世宗女真语小字乌禄,一译忽辣马;汉名完颜褒,字彦举;大定十四年更名为完颜雍。杨雪《金代后妃研究》(山东大学硕士学位论文,2013年)考察了金代世婚制、皇后的出身、后妃的教育、后宫礼仪制度,认为金代后妃体制建设沿袭了唐宋之制,但在后妃人选方面则坚持了女真民族的世婚制。彭赞超《蒲察通与金朝政治》(《黑龙江史志》2013年第19期)通过对蒲察通在熙宗、海陵、世宗和章宗四朝的活动入手,分析蒲察通对四朝政治、军事起到的影响。此外,还有孙业超《金熙宗略评》(山东大学硕士学位论文,2013年),吴东铭《海陵王完颜亮的"黑白"人生》(《百科知识》2013年第21期),俞豁然、肖忠纯《金世宗"潜邸"旧臣对世宗、章宗二朝的影响——以世宗即位辽阳为中心》(《通化师范学院学报》2013年第3期）等。

利用考古学资料研究金代社会生活与习俗越来越受学者们重视。杨树森《辽宋金时期交通体制的变化和南北水陆交通发展概况》（《辽金史论集》2013年第十三辑）考察了辽金时期北方地区的陆路交通线与宋代南方的水路交通网络，论述了交通体制变化给城市建设、商业发展、邮驿事业及社会治安方面带来的新变化，认为这一变化从地理上将南北联结为一个整体。王明荪《辽金元时期的角抵》（《辽金史论集》第十三辑）通过对文献与考古壁画资料的研究，提出辽金元时期角抵是朝廷各种公私宴会、节庆的表演节目，认为角抵在汉族与北方民族中都有长远传统。李清泉《"一堂家庆"的新意象——宋金时期的墓主夫妇像与唐宋墓葬风气之变》（《美术学报》2013年第2期）以宋金时期墓主夫妇对坐像表现模式的成因与意义问题为讨论焦点，透视唐末以迄于宋金之际墓葬艺术的风气变动，因当时地上影堂影响而导致墓葬装饰的享堂化趋向。曾分良《金代家具的形制研究》（《艺术研究》2013年第2期）以绘画和考古文物为研究对象，分析了几类家具的形制、样式与做工，认为金代家具大量以高坐具为主，反映了中国家具由低坐具向高坐具迅速普及的基本状况。谷莉《宋辽夏金时期摩羯纹装饰与造型考》（《文艺研究》2013年第12期）叙述宋辽金三代摩羯纹的装饰与造型，指出在多元背景和多民族艺术的交流中使宋辽夏金摩羯纹的载体和造型更加丰富多彩，较前代有世俗化、民族化的发展趋势。王丽颖《中国北方地区宋金墓葬中宴饮图装饰研究》（山西大学硕士学位论文，2013年）选取北方地区宋金时代墓葬中的宴饮图进行分区研究，探讨了宴饮图在宋金时代墓葬装饰中盛行的原因，以及宴饮图背后所反映的社会饮食习惯、家居的装饰摆设现状。闫丽娟《试论宋辽金元时期"妇人启门图"》（山西大学硕士学位论文，2013年）采用分区和分期的方法对"妇人启门图"的载体及主要要素进行研究，将"妇人启门图"的发展轨迹划分为四个时期，认为金中期到后期是它发展的顶峰，并融入了民族特色而自成一派。樊睿《宋辽金墓葬中的启门图研究》（南京艺术学院硕士学位论文，2013年）对启门图按宋辽金三代的中心区域予以归纳，认为启门图因复古思想与平民礼教而起，大致形成了宋辽两种文化模式，在发展过程中由一种拓展空间的视觉形式转变为程式化和装饰化，最终在元代随墓葬装饰的整体衰落而一同消亡。谷莉、谷芳《宋辽金虎纹枕考》（《兰台世界》第30期）阐释了宋辽金虎纹枕的各自特征，提出宋辽金时期的虎纹枕延续了早期人们以虎为枕辟邪、借以瑞祥的愿望，反映出中原汉文化对北方民族的影响。邢志向《对山西闻喜寺底金墓出土的伎乐砖雕分析研究》（《音乐大观》2013年第12期）对出土的伎乐砖雕上的人物形象、衣冠服饰、乐舞、弹奏乐器等方面进行分析，推断其属于西凉乐特色的一种舞蹈，具有中原汉文化和西方文化的双重特点。朱向东、佟雅茹《晋南金元戏台视听功能浅析》（《华中建筑》2013年第3期）以晋南侯马金墓中的戏台模型和现存元代戏台为例，探析了金元时期人们如何通过改进戏台的建筑形式、观演关系等来改善视听效果。

关于女真人社会生活研究。夏宇旭先后发表两篇文章《金代女真人食用蔬菜瓜果刍议》(《满语研究》2013年第2期)考察了金代女真人食用的蔬菜、瓜果的种类，指出受地域气候、土壤、水文等环境因素的限制，女真人食用的蔬菜瓜果品种颇具地域特色和民族特色，女真人有些蔬菜瓜果的食用和保存方法对今天东北地区人们的饮食习惯依然有影响。《生态环境与金代女真人居住及交通习俗》[《吉林师范大学学报》(人文社会科学版) 2013年第6期]分析了生态环境与金代女真人居住习俗、交通习俗的关系，认为女真人住所的建筑材料、建筑样式设计，以及交通方式的选择等都与其所处的生存环境和自然资源密不可分，充分体现了生态性的特征。刘杰《金代女真人服饰的变化》[《辽宁工程技术大学学报》(社会科学版) 2013年第6期]梳理了金朝入主中原后女真人服饰由简朴渐变奢华，汉化倾向明显，并且具有严格等级性的变化过程，认为经济发展、多民族文化交流是金代女真人服饰变化的主要原因。李艳红《金代女真服饰的汉化与创新——金齐国王墓出土袍服及蔽膝形制探析》(《装饰》2013年第12期)对金齐国王墓葬出土的袍服及蔽膝的形制进行初步探析，认为女真服饰的汉化，不是被动地接受，而是主动地借鉴，是将汉文化优秀元素与本民族的传统相结合，将汉化作为创新的动力进行全新的设计。张斌《治国理念对辽、金两朝击球的影响》[《内蒙古农业大学学报》(社会科学版) 2013年第1期]对击球在辽金两朝不同的发展趋势进行了探讨，认为击球是契丹人和女真人用以保持本族勇猛善战的有效运动方式。金朝的汉化政策导致女真人尚武精神的衰退以及击球运动废弛，使得女真人荒废了骑射技能，进而导致金朝的灭亡。

四 金代对外关系与民族问题研究

关于金朝与宋、辽、西夏的关系研究。陶晋生《宋辽金史论丛》(台湾联经出版事业股份有限公司2013年版)一书在南宋对金朝的和战方面，探讨了宋金名将岳飞和完颜宗弼的历史作用，并论述了金朝在中国历史上的重要性，以及金朝汉族与少数族群间的同化问题。夏宇旭《论金代契丹族官员的外交活动及作用》(《史学集刊》2013年第3期)认为金代契丹族官员以其语言和文化的优势，多次奉命出使宋、西夏、蒙古等周边政权，或接待外国使臣，他们在外交活动中为维护金朝的外交秩序和宗主国地位做出了重要贡献。孙尚武、杨浣《金夏之间的早期交涉》(《辽金史论集》2013年第十三辑)叙述了金和西夏君臣关系的确立过程，梳理了"天会议和"后金夏两国和战关系，并分析了金、夏之间保持较长时间友好局面的原因。陈玮《金人文集中石刻史料所见金夏关系考》(《古籍整理研究学刊》2013年第3期)利用金人文集中石刻史料分析了金与西夏的外交活动和完备的外交通聘制度，同时梳理了金夏征战史事，进一步论述了金夏两国自建交、破裂再到结盟的双边关系。周立志《宋金交聘的新文献〈使金复命表〉研究》(《北方文物》2013年第1期)指出此表对了解宋使入金行程、金朝职官、宗教、社会和历史地理等方面具有重要文献价值。张申《金朝外交礼仪制度研究》（安徽师范大学硕士学位论文，2013年）探讨金朝的使节派遣制度和使节借官出使的现象，认为金朝有一套完整的外交礼仪制度，存在出使借官比原官低这一特殊现象。王大鹏《宋金交聘礼仪研究》（辽宁大学硕士学位论文，2013年）梳理了宋金交聘中使节的各种接待礼仪，对国家赠予礼物和私觌进行了说明。

关于金朝民族问题研究。范恩实《论女真族群的形成与演变》（《黑龙江社会科学》2013年第3期）考察了女真族群的形成、发展与嬗变过程，认为猛安、谋克官员与部民间血缘联系解体，猛安、谋克户的阶级分化、汉人杂居乃至猛安谋克制度崩溃，促使女真族共同体最终走向瓦解。李秀莲《渤海文士高庆裔与金初贵族政治》（《佳木斯大学社会科学学报》2013年第6期）考察了高庆裔在辽、金两代的政治活动，认为金初贵族政治复杂多变，使高庆裔成了宗翰贵族政治没落的殉葬者。李玉君、何博《从金朝杖刑看女真族对中原文化的认同》（《北方文物》2013年第3期）认为金朝笞、杖二刑名异而实同，杖刑重精神惩戒体现了对儒家重视教化的认同，反映了金朝对中原文化的认同。李玉君、吴东铭、夏一博《从金代女真贵族墓葬看女真民族汉化进程》[《辽宁师范大学学报》（社会科学版）2013年第6期]认为金朝政治中心迁入中原地区后，贵族墓葬中龙、凤、云纹的使用，"堪舆"学说的运用，以及昭穆制度和"众生必死，死必归土"观念的认同等，呈现出越来越明显的汉化趋向。苑金铭《金代奚人的政治地位》[《辽宁工程技术大学学报》（社会科学版）2013年第2期]梳理了奚人在金代政治地位的发展轨迹及其变化的原因。王大光《金代东北民族政策研究》（辽宁大学硕士学位论文，2013年）将金朝在东北地区的民族政策划分为四个阶段，论述了各阶段金朝在东北地区实施的重大民族政策。王泽《碑铭所见宋元以来中原地区的民族融合》（郑州大学博士学位论文，2013年）利用河南省境内发现的宋元以来碑铭资料，论述了辽、金时期中原北部多民族杂居状态，认为民族关系的主流是相互学习、相互吸收、相互依靠、共同繁荣。

五 金代文化研究

文化的内涵十分丰富，这里主要是狭义上的文化，包括儒学、教育、文学、宗教与艺术。关于金代文化研究，近年来不仅成果数量多，而且研究领域不断拓展，成为学界研究的热点之一。王明荪《金人对北宋人物的看法》（《浙江学刊》2013年第3期）认为金人对北宋人认知及所看重的人物较侧重于文学之士，按照金人谈论程度高低依次排列为：苏轼、黄庭坚、司马光、欧阳修、王安石、范仲淹、米芾、二程子等人。于东新《民族文化融合的一种诗性表述——以金代"南渡词"为例》（《民族文学研究》2013年第3期）分析了金代"南渡词"忧愤的季世情怀、"修辞立诚"

的创作理念、清劲俊爽的审美风格，认为其原因可从"三教合一"的思想特质去把握。薛瑞兆《金代文化的渊源》[《辽宁工程技术大学学报》（社会科学版）2013年第1期]通过对文献、诗集的整理，认为金代文化是以中原传统文化为基础，融入女真、渤海、契丹等北方民族的文化，由中原、燕云、东北及西北的各族人民共同创造。金代地域文化研究是近年出现的学术研究增长点，张国庆围绕辽金时期沈阳地域文化连续发表两篇文章，《辽金时期辽沈地区民族文化的交流与融合》（《辽金史论集》2013年第十三辑）考察了辽金统治者对定居在辽沈地区的燕赵居民所实行的"因俗而治"管理方式的形成过程，认为经过汉、渤海、契丹、女真等民族及其文化在这里相互交流，互相影响，最终产生了颇具时代特色与地域特色的辽沈文化。《辽金元时期沈阳地域文化特征刍论》[《辽宁大学学报》（哲学社会科学版）2013年第2期]从城建文化、儒家文化、宗教文化和艺术文化四个方面探讨了辽金元时期沈阳地域文化之特征。凌瑜《金代墓壁画所题联语小考》（《中华文史论丛》2013年第3期）介绍了山西省长子县小关村金代墓壁画所题联、诗，认为所题联语最迟在两宋之交即已问世，并已演变成格言俗语，后为宋元诗、词、曲所化用，影响较大。冯娟娟《金代西京文化研究》（渤海大学硕士学位论文，2013年）分析了金代西京文化发展的基础和多民族性的地域特点。江鸿、王丽娟《内蒙古地区辽金元时期信息传播方式考证》（《大众文艺》2013年第19期）梳理了辽金元时期内蒙古地区图像传播、文字传播、驿站转播等为主要途径的传播方式，并分析了其方式、特点与影响。

关于金代儒学研究。康宇《论金代经学的建树与特质》（《中国哲学史》2013年第4期）梳理了金代经学的产生、发展的历史过程，阐述了金代经学在经学史上取得的造诣，并归纳了金代经学所特有的三个特质。刘辉相继发表两篇文章，《金代儒学特质》（《社会科学战线》2013年第6期）从尚中意识、经世致用、批判精神三个方面阐释了儒学在金朝所特有的精神气质；《金代的女真人与儒家思想文化》[《东北师大学报》（哲学社会科学版）2013年第3期]认为儒学是金代统治者"致治"的指导思想，女真教育与科举皆以儒学为主要内容，伦理观念表现出明显的儒学化倾向，但女真人对儒学的学术研究尚停留在较浅的层面，对于形上层面和本体层面、心性层面的内容涉及甚少。杨珩《金代儒学的"拿来主义"》（《北方论丛》2013年第6期）从女真民族的角度探讨了金代儒学"拿来主义"的内涵和兼收并蓄、经世致用、三教合一的思想文化特征。周春健《〈孟子辨惑〉的撰作流传与王若虚的解经学》（《西夏研究》2013年第3期）由《孟子辨惑》归纳出王若虚独特的学术取向。莫斌《尚中意识是金代儒家哲学的重要特征》（《中国社会科学报》2013年7月22日第B04版）认为尚中意识是金代儒家哲学的重要特征，具体表现为儒家学者汉宋兼采的治学理路。

关于金代教育研究。兰婷《金代汉族地方官学教育》（《社会科学战线》2013年第9期）以府、州、县学三级地方儒学学校为研究对象，从金代汉族地方官学的设置、教学内容、教学管理、教育经费、学官、教育特点等方面对金代汉族地方官学教育进行了较为全面的论述。该文认为金代汉族地方官学教育具有比较完善的体系，但其普及程度尚不及宋朝。兰婷、王亚萍《金代文教政策的确立与实施》[《东北师大学报》（哲学社会科学版）2013年第1期]一文从"尊孔崇儒"和"发展女真文化"两方面对金代文教政策的确立、实施及其成效进行了阐述。李玉君《金代宗室教育与历史文化认同》(《辽金史论集》2013年第十三辑)认为金代宗室子弟在文学以及史学等领域取得了可观的成就。封立《金朝统治时期的甘肃教育》(《甘肃教育》2013年第22期)考察了金朝甘肃地区府学、节镇学和防御州学的发展状况，认为金朝甘肃地区教育已由宋代蕃学的临时性、民族性逐步趋向正规和成熟，为元以后甘肃教育的发展奠定了基础。

关于金代文学研究成果颇为丰厚，王庆生编著《金代文学编年史》上、下（中华书局2013年版），该书包括除佛道诗词以外的全部可编年作品、文人交往、文学论争、作家群活动等文学资料，以及与文学发展相关的各类艺术资料，旁及宗教与社会风俗。该书用编年方式，全方位展示了有金一代文学的演绎发展历程。胡传志《宋金文学的交融与演进》（北京大学出版社2013年版）一书，将宋辽金文学联系起来，内容包括宋辽金文学关系总论、对立之初由南入北的文人及其创作、金人入宋及宋人的反应、外交活动的文学考察、南宋文献入金及其影响、金代其他涉宋与入宋之作，重在加强南宋文学与金代文学中间薄弱环节的研究。胡正伟发表两篇论文，《以唐、宋诗接受为核心的金元诗坛风貌及其价值发微》[《内蒙古社会科学》（汉文版）2013年第6期]分析了唐、宋诗在金元时期的接受情况，归结了金元时期诗歌接受思潮的价值判断。《金元时期唐、宋诗接受思潮探赜——以若干诗歌选本为核心》（《江西社会科学》2013年第12期）选取宋金元时期的三部诗歌选本，分析了诗歌背后的时代思潮。沈文雪《金代后期传统派与创新派诗学论争及思想渊源》（《文艺评论》2013年第8期）考察了传统派与创新派形成的地域性特征与诗学观念，探究了处于社会变动和社会思潮活跃期，学术思想对两派诗学观念产生的根本性影响，以及两派诗学不同的价值取向对后世诗学的深远影响。王永《金代骈文新论：兼与于景祥先生商榷》（《民族文学研究》2013年第4期）关于金代骈文发展分期，提出"四期说"，认为宋人降表不应作为金代骈文的研究对象，金初皇室不是骈文的直接作者，评价金代骈文成就应着眼其文体功能的变迁和现实状况。王辉斌《金代诗人的乐府观与乐府批评》（《民族文学研究》2013年第6期）认为金代初、中期诗人在乐府诗创作方面，受北宋诗人的影响而以新乐府为主。后期诗人更倾向于对古乐府的创作，且体现出了某种程度的革新意识。注重社会现实与民生疾苦是金代乐府诗的共同特点。王定勇《金代寿词的文化阐释》（《民族文学研究》2013年第1期）认为金代寿词数量丰富，意象独特，摆脱了寿词以功名、富贵、长生为主的套路，受到苏学流播、贱老之俗、全真教熏染等北方独特文化土壤的影响，形成了"华实相扶"的北派风格。杜书瀛《唐宋金元文论"衰落""隆起"辨》[《陕西师范大学学报》（哲学社会科学版）2013年第2期]反驳了日本学者关于中国文论"衰落于唐宋金元"的说法，认为中国文论发展至唐宋金元，不是"衰落"而是"隆起"。延保全、王琳《两宋行人对金词创作的影响》[《山西师大学报》（社会科学版）2013年第6期]叙述了两宋行人对金初词坛的贡献，认为南宋行人的"使金词"对金后期词坛有一定的影响，甚至可以延伸到金遗民词人的创作。赵阳《从女真崛起到王朝挽歌——金代宗室词选评》（《北方文学》2013年第11期）将金代的宗室词分为三个发展时期，论述了宗室词的词作、风格，分析其具有的鲜明时代特色。任建国、狄宝心《金代文学学苏的特点与意义》[《山西大同学院学报》（社会科学版）2013年第3期]，从金代文学的特色成就和金人选择吸收中原文化的心理特征两方面探讨苏学北盛的重要意义，认为这是以女真统治文化为主导的北方文化与中原传统文化双向交流的产物。此外还有胡梅仙《"苏学盛于北"与金词的发展历程》[《长安大学学报》（社会科学版）2013年第1期]，张小侠《金初文学之陶渊明接受——以宇文虚中、蔡松年为中心》（《长春师范学院学报》2013年第3期），于东新、石迎丽《论金代文学对陶渊明的接受——以蔡松年为例》[《九江学院学报》（社会科学版）2013年第1期]，刘福燕、延保全《金代南渡诗人对陶渊明接受摭析》[《西北农林科技大学学报》（社会科学版）2013年第1期]，李素珍、温斌《由杨万里接送金使诗看其华夷观的表现形式》（《黑龙江史志》2013年第1期），曹志翔《浅析金代初期民族文化政策对金代文学创作的影响》（《濮阳职业技术学院学报》2013年第6期），刘成群《中州文献之传与金源文派之正——金元"文统"儒士之研究》（《人文杂志》2013年第10期），周敏《金代苏轼诗词的传播方式研究》（沈阳师范大学硕士学位论文，2013年），范晓婧《宋辽金民间歌谣研究》（南京师范大学硕士学位论文，2013年），于东新、高彦《金代词人传记及年谱文献提要》（《图书馆学研究》2013年第17期）等多篇论文。

  关于元好问研究始终是金代文学研究中的重点。师莹《元好问〈中州集〉重申"国朝文派"的意义与内涵》（《民族文学研究》2013年第5期）认为元好问在《中州集》"蔡珪小传"中重申"国朝文派"的概念具有多重意义，一方面展现了金朝对自身所创造的文化遗产的自豪与自信，另一方面反映了元好问对金代文学特征及其发展规律有意识的总结和概括。刘福燕、延保全《元好问、严羽宋诗持论考察》[《兰州大学学报》（社会科学版）2013年第1期]分析了元好问和严羽宋诗持论之异同，论述了两人宋诗持论差异成因。狄宝心《元好问文编年考》（《晋阳学刊》2013年第2期）经考证发现施国祁、李光廷、缪钺三人存在对元好问作年未编、误编的情况，对三人未编、误编的元好问的28篇文章进行了系统考察，并确定了其明确作年。张静《〈中州集〉版本及流传考述》[《江苏大学学报》（社会科学版）2013年第6期]将《中州集》的版本按刊刻时间顺序依次进行了介绍。李世忠《元好问对苏轼词的接受》(《贵州文史丛刊》2013年第2期)通过对元好问词的语汇、用典、词韵等方面分析,认为他几乎对苏轼词进行了全面接受,反映了金元时期南北文化融合的大势。罗争鸣《宋金元时期道教与诗歌研究的回顾与思考(2005—2012)》(《贵州社会科学》2013年第6期)回顾了2005—2012年两宋道教与诗歌、金元道教与文学的研究状况及取得的成果,并提出在研究范围、方式方法上仍存在一些值得反思的地方。此外还有段少华《元好问诗歌对陶渊明的接受》(《忻州师范学院学报》2013年第1期),文爽《论元好问〈秋望赋〉的"诗学"特征——从元好问诗与文的审美差异谈起》[《太原师范学院学报》(社会科学版)2013年第4期],张静《明代元好问诗歌的接受与传播》[《辽宁工程技术大学学报》(社会科学版)2013年第1期],权雪琴《试论元好问对杜甫诗歌理论的继承和发展》(《鸡西大学学报》2013年第8期),乔芳《再论遗山碑志文的史料学价值——以"元妃干政"与"权臣误国"为例》(《文艺评论》2013年第12期),孙宏哲《金人之元好问研究文献辑录》(《图书馆学研究》2013年第22期),于东新、张丽红《对宋词"有偏斜度的超越":从遗山词看金词》[《北方民族大学学报》(哲学社会科学版)2013年第6期]等多篇文章。

关于金代其他文学家的研究主要是各大专院校的学位论文。樊运景《金末元初杨弘道交游考论》(《民族文学研究》2013年第4期)通过考察杨氏在金末、南宋及北归三个时期的交游,分析其文学创作所以形成的内涵与特征,探究了他在不同时期、不同地域的精神风貌、思想性格与心理特点,还原了一个真实的金末元初士人的精神面貌。任雪《李俊民词中的隐逸情怀》(《太原大学学报》2013年第4期)探讨了李俊民的生平、其词中隐逸情怀的表现,并分析了隐逸情怀产生的原因。段亚婷《李俊民及其词作研究》(山西师范大学硕士学位论文,2013年)对李俊民家世渊源、任职、辞官隐居、生平交游等进行考证,分析了其词作内容和艺术特征,认为李俊民在深切感受宗社家国沦亡之后,最终选择了苏轼通达乐观的生活态度。刘丽媛《李俊民〈庄靖集〉律诗注释与研究》(河北师范大学硕士学位论文,2013年)考察了《庄靖集》每类诗歌的情感和特色,分析了其创作的多元因素。董慧《金代吴激诗词研究》(辽宁师范大学硕士学位论文,2013年)考察了吴激的生平、作品流传情况,分析了其诗词的艺术特色,探究了苏轼、吴激词风的传承关系。刘岩《王若虚美学思想研究》(内蒙古大学硕士学位论文,2013年)系统阐述了王若虚"以意为主""天全自得""形神兼备"的美学主张,分析了王若虚美学思想的因素和成就,并指出了其中的不足。郭丽琴《赵秉文纪行诗研究》(山西师范大学硕士学位论文,2013年)考察了赵秉文纪行诗的诗歌内容和艺术特征,认为其具有思想包容、文化深厚、艺术灵活的特点。

近年一些学者开始关注民族文学和地域文学与艺术的研究。刘达科《论金代渤海文学》[《江苏大学学报》(社会科学版)2013年第2期]认为渤海民族文学在金代的复兴,主要体现在政治、文化两个方面,出现了李、张、高、王四大文学家族。

王庭筠代表当时渤海文学的最高水平。渤海民族文学是古代多元一体、优势互补的文学格局中的有机组成部分。窦雪《金代渤海文学研究》（内蒙古民族大学硕士学位论文，2013年）讨论了渤海"国朝文派"代表人物刘仲尹、李献能等人的文学创作，认为渤海文学有力地支撑了金源文学艺术的发展，提高了女真王朝的文学品位。夏宇旭《略论金代契丹人的文学与绘画成就》（《黑龙江民族丛刊》2013年第5期）论述了金代契丹人的文学成就与绘画成就，及其对金代多元文化产生的影响。马天夫《辽金时期女真渔猎生活的考古学研究》（吉林大学硕士学位论文，2013年）对辽、金女真人的遗址和墓葬中出土的与渔猎生活相关的用具进行了梳理和考古学分析，讨论了辽、金女真人渔猎生活的特点及两代女真人渔猎生活间的传承和改变。孔远征《金代女真皇族文学研究》（内蒙古民族大学硕士学位论文，2013年）将女真皇族文学划分为草创期、过渡期、发展期和高峰期，分析了每个发展阶段的特点，论述了女真皇族文学在中国文学史上的地位和作用。赵蕾《金代女真族"春水"玉的艺术设计风格研究》（北京服装学院硕士学位论文，2013年）论述了金早、晚期的"春水"玉材质、雕刻技法、艺术设计风格及种类，认为其中体现了女真民族的性格和精神信仰。沈超《金代文学地理形态与文人群体的文化认同》（浙江师范大学硕士学位论文，2013年）对有籍贯可考的317位金代文学家进行了统计，概括出金代文学家籍贯总体呈现出不平衡性和高聚集性的特征，认为随文人任职、贬谪、避乱、隐居等不同的流向，金代前期、中期和后期形成了三个不同的文学亚中心。程琳《浅论辽金元北方民族的汉文创作》[《赤峰学院学报》（汉文哲学社会科学版）2013年第9期]考察了北方民族的汉文创作过程、发展特点和文化内涵，认为北方民族既希望接受汉文化，又不想完全被汉文化吞噬。张建坤《金元时期山东词人入声韵分部问题新考》（《唐山师范学院学报》2013年第1期）认为金元山东词人入声韵应该分为月帖部、药铎部、屋烛部、昔职部、质物部等五部。李亚楠《金元安阳地区文学研究》（山西大学硕士学位论文，2013年）对安阳地区的金元作家生平做了初步的考证，论述了由于安阳地区战略位置变化而引起的文人特点变化。张建坤《金代山西古体诗用韵研究》[《河南科技大学学报》（社会科学版）2013年第2期]从音韵的角度，整理了金代山西古体诗诗韵的三个特点和实际语音情况。于为《辽金诗歌中东北服饰词语文化研究》（《长春师范学院学报》2013年第7期）分析了辽金时期东北诗歌中的服饰词语构词与词义引申的文化特点，试图展现这一时期东北地区独特的文化面貌。孙青《金代河北的字书、韵书编纂研究》（河北大学硕士学位论文，2013年）对金代河北五部字书、韵书编者故里等进行了考证，论述了金代河北字书、韵书编纂繁荣局面的多方面成因，以及河北籍学者在金代字书、韵书编纂中的贡献。此外，还有仲维波连续撰文探讨黑龙江伊春地区金代历史文化问题《伊春暨金少屯地域金代历史文化研究新说》（《黑龙江史志》第4、6、8、10、12期），聂立申《金朝文人的泰山情怀管窥》（《泰山学院学报》2013年第2期）等。

关于金代宗教研究。李洪权《金元之际全真教的社会救济活动》(《社会科学战线》2013年第6期)从钱粮赈济、行医施药和符箓疗疾三个方面考察了金元之际全真教的社会救济活动，同时指出全真教是宗教组织，仅能局部缓解百姓困厄，不能真正脱民于水火。徐效慧《从康泰真墓碑看金末元初全真道教在辽西的传播》[《渤海大学学报》(哲学社会科学版)2013年第6期]根据碑文所述康泰真在辽西地区修身传道的事迹，分析了当时全真道教在辽西地区的传播状况，并探究了全真道教在辽西地区广泛传播的原因。时培富《金代全真道士词用典探论》(吉林大学硕士学位论文，2013年)划分了金代道士词的用典类型，探讨了其内在特征、隐喻功能，以及文学、哲学和宗教意义。王文文《王处一全真思想研究》(南京大学硕士学位论文，2013年)分析了王处一全真思想的特质及其传承，认为其全真思想中哲学思想是基础与核心，社会思想是推广与具体应用。虞晨《王喆及其词作研究》(陕西师范大学硕士学位论文，2013年)对王喆词作的思想内容和艺术特征进行了分析，认为其对金元词坛论道之风以及元杂剧具有深刻影响。刘通《金元全真教女冠的入道原因》(《乐山师范学院学报》2013年第7期)从金元国家政策、全真教内领袖平等对待女性、女性的自身等方面，分析了金元全真教女冠入道的原因。李静杰《陕北宋金石窟题记内容分析》(《敦煌研究》2013年第3期)将陕北宋金石窟施主划分为家族、结社、军人、军民施主四种类型，分析了石窟开凿的背景与各类石窟的特点、宗教功能，并论述了石窟的住持与住持对寺院的经营。李珍梅、李杲、王宇超《从大同辽金时期的建筑遗存看佛教的特征》[《山西大同学院学报》(社会科学版)2013年第2期]分析了寺院格局、佛塔类型和佛像供奉等情况，认为辽金时期佛教已变成颇具中国本土特色的外来宗教文化。崔红芬《金朝遗僧善柔考略——以〈奉圣州法云寺柔和尚塔铭〉为中心》(《辽金史论集》2013年第十三辑)考证了金末蒙元初善柔大师及其活动，认为他对金末蒙元初期佛教延续传播和奉圣州佛教的兴盛起到了积极作用。王红娟《金代梁山千佛洞研究》(西北民族大学硕士学位论文，2013年)考察了梁山千佛洞及其与周边地区石窟寺关系，认为梁山千佛洞属于宋金时期陕北石窟群，进一步指出金代文殊信仰传播及影响极为广泛。此外，还有郑永华《房山石经与历代王朝》(《北京观察》2013年第5期)，马垒《龙泉雾金代武德将军尊胜经幢考》(《东北史地》2013年第1期)等。

关于金代医学科技研究。刘新发、李廷保、井小会《基于数据挖掘金代名医李东垣治疗脾胃病用药思路探讨》(《中医研究》2013年第10期)通过对金代名医李东垣所撰《脾胃论》的中医复方进行数据统计分析，探究了他的用药规律。于新春、孙昊《略论金代医药与疾病治疗》(《兰台世界》2013年第33期)考察了金朝境内的药材种类，论证了金代医家治疗常见疾病的独到之处，以及医疗理论及方剂对后世的影响。李雄飞、郭琼《首都图书馆藏明嘉靖刻本〈儒门事亲〉考》(《中国典籍与文化》2013年第2期)介绍了金代著名医家张从正的医说及所撰的《儒门事亲》，考述了麻九畴、常用晦、常德、赵君玉为该书流传做出的突出贡献，认为此四人是张从正的学术传人。邓树平《辽金时期医疗器械的发现与研究》（《社会科学战线》2013年第4期）考察了出土的辽金时期4件医用手术器械的用途，认为在灭辽、宋的过程中内地的医护人员和医疗器械以及相应的医疗机构，开始逐渐地出现于"金源内地"。李玉君《金代的科技成就及其历史地位》（《中国社会科学报》2013年3月27日第A06版）梳理了金代科学技术在医学、天文历法、数学、火药、冶金、建筑、手工业等方面所取得的成就，并简要分析了金代科学技术取得成就的原因。

六　金代历史地理与文物考古研究

金史研究长期以来都保持着历史与考古相结合的特点，较为突出地表现在历史地理研究领域。王禹浪《金初乌古迪烈统军司统军司地望新考》（《哈尔滨学院学报》2013年第6期）将文献记载、考古发现及实地勘察相结合，对嫩江上游流域的金代古城进行考察，认为金初乌古迪烈统军司统军司的治所当在今黑龙江省嫩江县的伊拉哈古城，嫩江上游即是金代乌古迪烈部的游牧地。孙文政、祁丽《蒲与路故城的考古学观察》（《东北史地》2013年第4期）分析了蒲与路故城的建筑形制、特点，推断该城最晚当为魏晋南北朝时期的豆莫娄国人所建，金代为了统治需要加以修复利用。才大泉《金代阿城古道》（《黑龙江史志》2013年第11期）考察了金上京通向东北各地和中原地区的驿道、民间道路、水路和漕运等的发展状况。周系皋《北京建都从宣南开始》（《北京档案》2013年第10期）认为金中都城大部分在今宣南地区，提出金天德五年（1153）建立中都始自宣南。王天蛟《齐齐哈尔地名及城市沿革》（《理论观察》2013年第5期）认为齐齐哈尔在金代被称为"庞葛"，庞葛城内有砖瓦建筑衙署，是嫩江流域的中心城市。齐齐哈尔城市的形成和发展源于金代。

关于金界壕、古城址研究。长海《岭北金界壕修筑时代初析》（《草原文物》2013年第1期）利用历史文献、考古遗址和高科技探测仪器获得的数据对岭北金界壕的位置、走向和构筑特点进行了介绍，推断这段界壕属于金代界壕的早期类型。丹达尔《金界壕沿线边堡的类型学研究》（内蒙古师范大学硕士学位论文，2013年）根据金界壕岭北线、漠南线、岭南线、主线界壕的早晚发展顺序及沿线边堡的形制差异，对每条界壕沿线边堡进行类型学研究，进而将早晚期修筑的边堡加以区分。王禹浪、刘加明《嫩江的称谓、流域范围及其辽金古城研究综述》（《哈尔滨学院学报》2013年第4期）对嫩江流域的地理位置、范围及其主要支流进行了考证，并分类整理了嫩江流域辽金时期古城的研究成果。王禹浪、郝冰、刘加明《嫩江流域辽金古城的分布与初步研究》（《哈尔滨学院学报》2013年第7期）在之前研究的基础上，进一步梳理了嫩江流域辽金古城的空间分布，划分为八个区域，提出五个主要特征。聂晶《宾县古城遗址简况》（《黑龙江史志》2013年第4期）介绍了宾县17处金代古城遗址中比较有名的古城，认为宾县境内古城数量多、建制完备，表明这里在金代已相当繁盛。赵微《黑龙江省哈尔滨市方正县黑河口古城遗址调查》(《黑龙江史志》2013年第21期)介绍了黑河口古城遗址的地理位置及历史背景，对遗址的现状及出土的文物进行了描述。赵立波《集宁路城址布局的考古学探索》[《河北师范大学学报》(哲学社会科学版)2013年第1期]对金代集宁县和元代集宁路城址布局进行考古学考察，结合文献典籍的有关记载，展现出金代集宁县升为元代集宁路的过程，并分析了城垣改建的原因。

关于金代墓葬发掘与研究。内蒙古自治区文物考古研究所《察右前旗巴音镇二台沟金元时期墓葬发掘简报》(《草原文物》2013年第1期)对墓葬的地理位置、墓葬形制、随葬遗物进行了考察，认为6座墓皆为平民墓葬，但并非同一时期，遗址延续时间较短，其时代大约是金末元初。临夏回族自治州博物馆《和政县张家庄金代砖雕墓清理简报》(《陇右文博》2013年第2期)对砖雕墓的历史沿革与位置、墓葬形制、墓室装饰、人骨和随葬品进行考察，初步推断该墓为金代早期墓葬。廊坊市文物管理处《廊坊市晓廊坊小区金代墓群发掘简报》(《文物春秋》2013年第3期)通过分析墓葬形制、出土器物，对墓主的身份、葬俗、廊坊及周边地区金代墓葬特点，以及墓群年代上限进行了初步判定。王俊、闫震《山西省晋中发现金代正大五年墓》(《中国国家博物馆馆刊》2013年第10期)通过对墓葬形制、随葬器物的分析，认为墓主人下葬时间在金正大五年六月，为金末元初普通士民阶层墓葬，部分随葬品可成为金末元初墓葬断代的标准器。田多《晋南地区宋金纪年墓对比研究》(《北京教育学院学报》2013年第4期)通过对比晋南地区宋金两代纪年墓的墓葬形制、墓葬装饰、随葬品等方面的承袭与变化，认为晋南地区宋金纪年墓的特点是一脉相承的，并未因朝代更迭而受到太大的文化冲击。闫晓英《山西长治地区金代墓室壁画研究》(山西大学硕士学位论文，2013年)介绍了长治地区的金代墓室壁画，通过比较研究认为长治地区的金代墓室壁画在内容和布局上对前代墓室壁画进行了取舍和加工，在艺术风格上呈现出极强的世俗性特征。沈磊、宋守杰、王凯《新郑龙湖发现一批金代元代时期墓葬》(《郑州日报》2013年4月24日第15版)报道了新郑龙湖发掘的金元时期的9座墓葬及1座陶窑的基本情况。

关于金代碑刻墓志研究。倪彬《金代张守仁墓志考》(《文物春秋》2013年第3期)考察了志文中所反映的金初签军制度的实行情况，且以张守仁为例，具体探讨了汉人签军的境遇。王兴华、张幼辉、郭俊峰《山东济南发现两合刘豫伪齐时期墓志》(《中国国家博物馆馆刊》2013年第10期)考察了傅谅夫妇墓志，二人为刘豫的妹妹和妹夫，其墓志的出土弥补了相关史籍的空缺，也为研究济南地区行政区划的变迁提供了新的史料。王新英《金代〈徐方墓志铭〉考释》(《东北史地》2013年第5期)认为墓志中有关宋末金初军事、政治、官制、地理及莱州徐氏家族等方面的重要信息，可补《金史》之缺失，具有较高的史料价值。王久宇《金源郡王神道碑述略》(《北方文物》2013年第1期)介绍了金源郡王完颜希尹碑、完颜娄室碑、完颜斡鲁碑、完颜忠四通神道碑的基本状况,认为金源郡王神道碑在历史研究、书法研究、旅游文化等方面具有特殊的价值。

关于出土和传世的金代瓷器研究。陈永婷、彭善国《试述内蒙古、辽宁辽金元时期的烧瓷窑炉》(《北方文物》2013年第2期)对内蒙古、辽宁出土的7处陶瓷窑址中两个窑址的窑炉结构和窑炉技术进行分析,认为内蒙古、辽宁地区的烧瓷窑炉以馒头窑为主,可能曾使用过龙窑,窑炉技术已相当成熟。董健丽《论金代介休窑及相关问题》(《华夏考古》2013年第4期)以故宫所藏的百余片金代介休窑址标本分析了其烧造种类、产品独特之处及介休窑与周边窑口的关系。韩国李喜宽《汝州张公巷窑的年代与性质问题探析》(《故宫博物院院刊》2013年第3期)认为张公巷窑是建立于金代后期的一座官窑,最终随金朝的灭亡而消失。付艳华、刘米兰《廊坊市晓廊坊小区金代墓葬出土瓷器研究》(《中国文物报》2013年11月6日第5版)通过对出土瓷器特征及烧造工艺等方面研究,推断此处金代墓群出土瓷器应是金代北京龙泉务窑产品。赵铮、司树美《馆藏黑釉双系凸线纹罐窑口考》(《文物鉴定与鉴赏》2013年第7期)通过将鹤壁窑与淄博窑两个窑口同类器物在釉色、窑变、凸线纹制作工艺等方面进行对比,初步认定山东省聊城市博物馆馆藏的黑釉双系凸线纹罐为金代鹤壁窑烧造的精品。高秀华《吉林永平寺庙址出土彩绘颜料及工艺研究》(《北方文物》2013年第3期)运用扫描电镜、能谱仪、X射线衍射仪、电子显微镜等科学仪器对吉林省白城永平遗址出土的彩绘制作材质及工艺进行研究,得出该遗址的两种地仗结构以及显色物相的成分,为金代彩绘材质及工艺研究积累了必要的框架数据。孙传波《旅顺博物馆藏三彩枕时代及窑址初探》(《收藏家》2013年第1期)对旅顺博物馆收藏6件三彩和黄绿釉枕所属窑址与年代分别重新判定,并对唐、宋及金三彩器的发展及时代特征进行了分析与归纳。孙传波《金元时期红绿彩瓷发展脉络及时代特征初探》(《收藏家》2013年第11期)介绍了学界关于红绿彩瓷创烧于金代的观点,认为红绿彩最早出现于磁州窑,具有工细规整、红彩勾勒的典型特征,随后在河南、山西等地普及。

关于出土与传世金代铜镜与其他文物研究。蔡航《金代仿古铜镜研究》(陕西师范大学硕士学位论文,2013年)梳理了金代仿古铜镜的流行时间、类型特征与数量特征,认为金代仿古铜镜是在铜禁政策、文化特色等背景下出现的一种特殊的社会现象。朱长余《金东北三路出土铜镜研究》(中央民族大学硕士学位论文,2013年)考察了金代东北的上京、东京、咸平三路出土铜镜的形制、纹饰及检验刻记,发现除了部分延续了汉唐以来铜镜形制上的特点外,细节处更多是融入了金代自己的特色,并达到了汉唐以来另一个铜镜制作的高峰。李建华《金代铜神兽铭文镜考》(《民生周刊》2013年第8期)对馆藏金代铜镜铭文、造镜时间、监造镜部门、监造者的官衔、姓氏等进行分析,认为金代有严格的制镜制度,并指出"上元日"是陕西东运司官造局承安年间的开镜日。尤洪才《金代铜镜两个问题的探讨》(《黑龙江史志》2013年第3期)介绍了金代铜镜刻记与铸款的时代性与阶段性,并分析了不同时期铜镜种类及特点。于婷《装饰图案与阿城金代铜坐龙及双鱼镜造型纹样特征研究》(哈尔滨理工大学硕士学位论文,2013年)分析了阿城出土的铜坐龙和双鱼镜造型的纹样特征,并进一步探析了金代社会的经济、宗教、文化的变化。杨海鹏《从建筑构件角度谈金代铜坐龙的功用》(《东北史地》2013年第4期)从建筑构件的角度入手,结合《营造法式》中具体建筑构件的解读及式样图例,分析了金代铜坐龙、石坐龙的形制特点与具体功用。吴敬《金代玉器发现与研究述评》(《宋史研究论丛》2013年第十四辑)梳理了建国以来考古发现的金代女真族玉器,介绍了目前考古学研究中较有代表性的观点,并在此基础上提出了未来的研究方向。

七 金代古籍、版本整理、史学史研究与学术动态

金代古籍整理一直是金史研究的薄弱环节,2013年度不仅有新专著出版,而且相关研究论文也多有新意。顾宏义、李文整理标校《金元日记丛编》(上海书店出版社2013年版),该书共收金人日记2种、元人日记7种(其中1种仅有序文见存),合计9种。各种日记以撰者的生卒年月为序编排,酌收有关序跋、题记等。金元时期是古代日记发展的转折期,这一时期的日记体著作不多,传世者更少,故其学术价值更高。李鸣飞《〈金史·选举志〉铨选用词考释》(《史学集刊》2013年第3期)通过对《金史》和金代传记资料的爬梳,对比唐、宋、元铨选制度,对《金史·选举志》中出现的八组铨选用词进行了考释。赵梅春《王鹗〈汝南遗事〉成书年代辨》[《郑州大学学报》(哲学社会科学版)2013年第5期]认为学界将王鹗记录金哀宗迁都蔡州城后之军政大事的"目录"误以为是《汝南遗事》。根据王鹗《汝南遗事·总论》与杨奂《读〈汝南遗事〉》诗的考察,该文推断《汝南遗事》成书于金朝灭亡以后,约在金亡后至元宪宗五年之间。孙建权《关于张棣〈金虏图经〉的几个问题》(《文献》2013年第2期)发现《金虏图经》的记事下限在金朝明昌三年,认为张棣是南宋"绍熙中"而非"淳熙中"归明人,张棣归宋的时间在绍熙三年或其后不久。霍艳芳《略论金代实录的编纂》(《档案学通讯》2013年第2期)经过对编修机构、资料来源、材料取舍等问题的分析,认为金代实录在组织编修队伍、重视用口述档案佐证档案资料和以正、反事迹相结合凸显主体思想的做法,对于今天档案文献的编纂工作来说仍具有借鉴意义。周阿根《〈全辽金文〉校点补正》(《江海学刊》2013年第6期)对《全辽金文》中存在的两例可商之处作了分析补正。葛娜《元好问诗集版本研究》(山西大学硕士学位论文,2013年)将"元好问诗集"从最初之形成、刊行直到清代所见本的各种不同版本进行了全面搜集、整理和比较研究,初步梳理出各种版本之间的关系。

关于金朝史学史研究。杨翼骧编著《增订中国史学史资料编年》（宋辽金卷）（商务印书馆2013年版），杨翼骧先生的弟子乔治忠、朱红斌对宋辽金时期史学史资料编年进行了大量的修订和增补。吴凤霞《〈金史〉论赞的内涵与意旨剖析》（《史学月刊》2013年第7期）将《金史》论赞142则分类进行分析，认为这些论赞集中反映了元代史官对金代历史的认识，并表达了他们的政治追求与价值取向。赵永春《宋人出使辽金"语录"的史学价值》[《淮阴师范学院学报》（哲学社会科学版）2013年第3期]分析了宋人出使辽金"语录"的撰述特点。指出"语录"兼采地理志、行记、传记、杂史、故事等各种文体之优点，所记之事皆具有实录性质，可信度很高。程妮娜《张博泉先生与辽金史研究》[《淮阴师范学院学报》（哲学社会科学版）2013年第3期]梳理了张博泉先生在辽金史、民族史、地方史方面的独到见解及重要观点，对张先生对金朝断代史研究的开创性贡献进行了高度评价，认为张先生在长期研究积淀中升华而成的"中华一体"理论对新世纪辽金史研究具有理论指导意义。孙洪宇《日本学者三上次男的〈金代女真研究〉》（黑龙江大学硕士学位论文，2013年）对《金代女真研究》的作者、写作背景、写作特点、主要内容、主要观点及研究方法进行了研究，并对其学术地位和影响做出了综合评述。

关于金史研究学术动态。李华瑞《2012年辽宋西夏金元经济史研究述评》（《中国史研究动态》2013年第5期）将2012年发表的辽宋西夏金元经济史研究的相关著作、论文划分为农业、手工业、商业及城市市场等几大领域，并进行了评介，指出社会经济史研究在辽宋西夏金元史总体研究上仍显不足。景爱《新世纪初年的辽金史研究》（《东北史地》2013年第1期）梳理了2001—2010年的十年间辽金史研究在考古发现、文献与文物整理研究、专题史研究、地域性辽金史研究等方面取得的显著成绩。沙志辉《近年来金史研究综述》（《黑河学刊》2013年第10期）梳理了近五年中金史在政治制度、经济史、文化史、社会史等方面的研究状况。王蓉贵《二〇一一年宋辽夏金文化研究论著目录》（《宋代文化研究》2013年第二十辑）整理了2011年出版的与宋、辽、夏、金文化方面有关的著作及论文。

2013年度发表的相关书评主要有：刘杰《读宋德金先生〈一本书读懂辽金〉》（《北方文物》2013年第4期）归纳了该书的四大特点，并给予较高评价。查洪德《辽金元诗歌的研究成就与未来的任务》[《北京大学学报》（哲学社会科学版）2013年第6期]梳理了《中国诗歌通史》（辽金元卷）取得的主要成就，指出辽金元诗歌研究所面临的艰巨任务，其研究依然任重而道远。刘城《第一部全面深入研究金代散文的力作——评王永的〈金代散文研究〉》（《民族文学研究》2013年第3期）认为该书对金代散文的文献及文学艺术进行了系统研究，弥补了金代文学研究的薄弱环节。书评还有刘肃勇《勾稽爬梳 精深研究——评〈金代商业经济研究〉》（《东北史地》2013年第6期），汪超《王辉斌教授〈宋金元诗通论〉平议》（《重庆第二师范学院学报》2013年第1期）等。

八 金史研究的新特点与不足

2013年度金史研究的状况反映了近年来金史研究的新特点,主要体现在研究人员结构的变化、研究领域的拓展及研究方法的多样化。

近年金史研究队伍出现年轻化的趋向,而且研究者分布的省份也有扩展。上文介绍的成果中大专院校的博士后出站报告和博士、硕士论文共有45篇,其中博士后出站报告1篇(吉林大学),博士学位论文3篇(吉林大学、河北大学、郑州大学),硕士学位论文41篇,吉林大学、山西大学各4篇,山东大学、陕西师范大学、内蒙古大学、内蒙古师范大学、内蒙古民族大学、辽宁大学、渤海大学、山西师范大学各2篇,南京大学、中央民族大学、宁夏大学、河北大学、黑龙江大学、西南大学、南京师范大学、浙江师范大学、安徽师范大学、哈尔滨师范大学、辽宁师范大学、沈阳师范大学、河北师范大学、西北民族大学、哈尔滨理工大学、南京艺术学院、北京服装学院各1篇。上述各类学术论文的作者分布于全国28所大专院校,值得注意的是,与以往相比南方院校有所增加。这表明上述大专院校有从事金史研究或研究范围涉及金史研究的教授、副教授等一批学者,他们培养出来的硕士、博士和博士后人员为金史研究队伍提供了较高质量的后备军,而且近几年在国内各类涉及金史研究的学术会议上,一批中青年学者已经崭露头角,他们为金史研究注入了生机勃勃的有生力量。

21世纪以来"地方史""社会史"成为历史学一个新的增长点,在发展市场经济的社会形势下,各级地方政府积极支持学者们追溯本地历史,挖掘地域文化,撰写地方史,这在客观上促进了金代地域史、地域文化研究的发展。地域政治、经济、文化各个领域都有成果发表,尤其是地域文化(文学)研究成果较多,而且呈方兴未艾之势。金朝社会史研究的发展一方面与国内社会史研究热潮有关,一方面也与地方史的发展有关。金朝是女真人为统治者的多民族北方王朝,王朝史本身就具有区域史的特征,金朝各民族的家族、家庭、家谱、婚姻、丧葬、衣食住行各种习俗既有民族性特点,又有各族相似的地域特点。随着金史研究的深入,参与这一研究领域的学者从历史学、文学到考古学,如今又有从事艺术、自然科学的学者加入,必将推进新领域金史研究日益向纵深发展。

金史研究方法历来具有历史学与考古学相结合的特点,以往主要用于历史地理研究领域。2013年度金史研究反映了近年来历史学与考古学二重证据法已经运用到金代政治、经济、文化各个领域,这不仅可以弥补金史研究史料缺乏的不足,而且揭示了金朝历史各个方面的真实状况。由于不同领域学者开始涉足金史研究,而且中青年学者注重引进其他社会科学和自然科学的理论与方法,交叉学科研究方法越来越多地运用于金史研究。尽管目前大部分成果所表现的研究方法还处于较为表层阶段,但这对促进金史研究的深入和细化无疑是值得提倡的研究方法。

尽管2013年度金史研究取得了较多的成果，但我们同样看到其中能够引起国内外学术界广泛关注的重要成果寥寥无几。现有成果存在一个较明显的不足，即对老问题或者对学界有通识的问题进行新研究时，往往是资料更多样些、丰富些，或者是变换一下研究视角，或者是语言新潮些，但结论却没有明显的突破，也没有得出创新程度较大的学术认识，这是金史研究的学者们必须引起重视，并且要下大力气进行改变的现象。此外，金代经济史、制度史、社会群体等方面的细化深入研究比较薄弱，各研究领域都有进一步拓展的空间。从前面介绍的成果中可以看到一些中青年学者的学位论文在努力探索较为薄弱的学术领域，而且围绕一个专题发表系列文章，在不断深化和丰富研究内容，相信不久会有一批高质量的金史研究著作问世，将会迎来金史研究的学术春天！

20世纪以来辽代汉官研究述评

蒋金玲

辽朝（916—1125）是由中国北方少数民族契丹族建立的政权，立国二百余年，与北宋南北对峙，在中国历史上，辽朝具有前承隋唐、后启金元的重要历史地位。辽朝是汉人与契丹人联合执政的政权，此"汉人"，主要指汉族官员，或者，更进一步说，是指汉族世家大族。汉人借由从政取得政治力量，跻身官僚阶层，其作为契丹最高统治者与被统治汉人间桥梁的地位远比在汉族王朝吃重，在辽朝统一中国北方并巩固和维护其统治的过程中，汉族官员，尤其是汉官世家，成为契丹统治者倚重的对象，深刻地影响辽代历史发展。深入研究辽代汉官群体，不仅能充实辽代政治史、民族史研究的内容，填补其中的某些空白，还对深入认识辽代在中国历史上的地位，把握中华多元一体格局的形成过程，具有重要意义。辽代汉人数量占全国人口总数的六七成，《辽史》列传中汉人的数量却不到两成，汉官研究史料之匮乏可见一斑。得益于层出不穷的考古新发现，20世纪以来的辽代汉官研究蔚为大观，本文拟对截至2013年底前发表的有关辽代汉族官员的研究成果做一综述，由于跟本专题密切相关的专著只有两部，故行文中不区分专著和论文成果，而是根据成果内容从四个方面加以综合论述。

一 以汉族官员为重要考察对象的辽朝职官制度研究

国内外以汉族官员为重要考察对象的辽朝职官制度研究成果颇为丰硕。王曾瑜《辽朝官员的实职和虚衔初探》（《文史》第34辑，中华书局1992年版）以唐、五代、宋、金等官制做参照，对辽朝的阶、勋、散官、爵、封、功臣号、宪衔，特别是对"官"的实职与虚衔，做了详细梳理与考证，揭示了辽朝官制对唐、五代旧制的承袭及变异，厘清了史料记载的诸多错讹。杨军《辽朝南面官研究——以碑刻资料为中心》（《史学集刊》2013年第3期）由辽代碑刻所载官员的结衔入手，证明辽朝南面官的结衔总计包括功臣号、职、阶、官等10个方面的内容，职是实职，官代表品级，其他皆为虚衔。官员在职、阶、官、勋四个方面的升迁并不同步，但官与职大致存在对应关系。辽代南面朝官机构比较精简，并未实行三省六部制，南面朝官的主要权力机构为枢密院和中书省。

辽朝宰相中,握有实际相权的是枢密院,这一点学界已达成共识,而关于南面宰相的职官构成分歧较大,讨论焦点主要集中在平章事、参知政事等中书省官员上。李锡厚《辽代宰相制度的演变》(《民族研究》1987年第4期)、《关于辽朝的参知政事》(《北方文物》1990年第3期)认为辽朝南面宰相为南院枢密使、大丞相、中书令(政事令)及参知政事(重熙十二年之后)。唐统天《辽代宰相制度的研究》(《东北地方史研究》1992年第1期)认为汉宰相平章事及中书省官员是虚衔、加官,但又不同于一般的加官,它是"宰相"资格与品级的标志。杨军《辽代的宰相与使相》(《学习与探索》2012年第2期)认为辽代的南面宰相群体包括南枢密使、南枢密副使,侍中、中书令(政事令)、尚书令,大丞相、左丞相、右丞相,中书侍郎平章事、门下侍郎平章事和参知政事平章事。杨若薇则认为辽代南面官只有同中书门下平章事才是宰相(见杨若薇《契丹王朝政治军事制度研究》,中国社会科学出版社1991年版,第147—152页)。何天明《辽代汉人枢密院探论》(《社会科学辑刊》1999年第5期)、《辽代中书省若干问题探讨》[《内蒙古师大学报》(哲学社会科学版)1992年第2期]认为辽代存在三个枢密院,其中南面官系统的是汉人枢密院,并指出中书省也属南面宰相机构,其权力虽然有限,但并非虚设。王滔韬《辽朝南面宰相制度研究》(《社会科学辑刊》2002年第4期)认为只有中书侍郎、同中书门下平章事(简称平章事)和门下侍郎、同中书门下平章事,才是辽朝南面官的宰相,前者可以简称中书相,后者可以简称门下相。诸贤的争锋对于厘清汉族官僚集团在辽代政权中的地位和作用大有裨益。

其他论文。唐统天《辽代汉官的散阶制》(《社会科学辑刊》1988年第3期)考证辽代没有武散阶之制,其文官散阶与唐制完全一样。何天明《辽代翰林院探讨》[《内蒙古大学学报》(哲学社会科学版)1991年第2期]对辽代翰林院的职官构成、职掌等进行了探讨,在此机构任职者包括很多汉官。蒋金玲《辽代南面财赋机构考》(《求索》2012年第3期)认为辽代南面财赋机构由南枢密院户房、五京计司、三州钱帛司及地方各专门经济机构共同组成,在此机构任职者多为汉人。陈晓伟《辽朝文官阶制再探——以新近出土的〈梁颖墓志铭〉为中心》(《辽金历史与考古国际学术研讨会论文集》,辽宁教育出版社2012年版)则以梁颖的官阶为主线,利用辽代石刻所载官员迁转历官,梳理出辽朝文官品秩四十余阶。

有关汉人入仕的选官制度方面的考察成果也比较丰硕。关树东《辽朝的选官制度与社会结构》[《10—13世纪中国文化的碰撞与融合》,上海人民出版社2006年版]深入考察了世选、科举、荫补、吏员出职、军功劳效入仕、荐举、纳资补官等多种入仕方式,并探讨了辽朝的选官制度与社会结构的关系。张志勇《辽朝选任官吏的方式考述》[《辽宁工程技术大学学报》(社会科学版)2004年第2期]综合探讨了辽朝官吏的诸种选拔制度,对与汉人有关的各种入仕途径均有所论述。蒋金玲

《辽代荫补制度考》(《史学集刊》2010年第2期)则较系统地考察了辽代荫补的类型、范围，荫补入仕者的官职迁转及政治前景等，指出辽代荫补制度促成了辽代汉族世家大族与契丹贵族的联合，对巩固辽朝统治具有积极意义。唐统天《辽代仕进补议》(《社会科学辑刊》1990年第3期)则主要考察了内官进身、以荫入仕两种入仕途径。

科举为辽代汉人两大入仕途径之一，目前学界已有研究成果多围绕科举制度的运行程序展开，也有一些学者从入仕方式的角度研究科举。如李桂芝《辽朝进士杂考》(《学习与探索》2009年第2期)对史籍中记载不详、不全或不确定的进士进行了还原。高福顺《辽朝"进士"称谓考辨》(《史学集刊》2009年第1期)、《辽朝举进士、业进士考》(《北方文物》2010年第3期)、《辽朝礼部贡院与知贡举考论》(《考试研究》2011年第2期)等文分别对辽代与"进士"身份相关的各种称谓、知贡举的官员进行了考证，指出知贡举者常由较高儒学水准、深得统治者信任、并具有较高级官职的官员来充任。其他文章，如杨树藩《辽金贡举制度》(《宋史研究集》第7辑，台北"中华丛书编审委员会"1974年版)对辽代进士的初授官职稍有论及。张希清《辽宋科举制度比较研究》(《10—13世纪中国文化的碰撞与融合》，上海人民出版社2006年版)一文，从六个方面比较了辽宋两朝的科举制度时，认为宋朝进士及第释褐授官比辽朝优渥得多。杨若薇《辽朝科举制度的几个问题》(《史学月刊》1989年第2期)指出圣宗朝以后的汉人重要官僚大都是进士出身，但并未进行详细论证。

国外学界在此领域研究成果最为突出的为日本学者岛田正郎，其一系列文章，如《辽朝鞫狱官考》(《法律论丛》1963年36卷4号)、《辽朝林牙、翰林考》(《法律论丛》1963年36卷5号)、《辽朝监察官考》(《法律论丛》1964年38卷4号)、《辽朝宰相考》(《法律论丛》1967年40卷6号)等，均有涉及汉官。在汉人入仕途径方面，松田光次《辽朝科举制度考》(《龙谷史坛》1977年第77号)与高井康典行《辽朝科举与辟召》(程妮娜译，《史学集刊》2009年第1期)均为代表性成果，后者论证了前人较少注意的"辟召"，认为辽朝前半期有许多汉人由辟召途径成为地方官，辽朝后半期确立科举制度之后，朝廷通过任命新取进士为地方官，辟召任官的现象明显减少。

二 汉官与契丹政权关系研究

关于汉官与契丹政权关系的研究是国内外辽史学界的另一重点所在。早在1943年，魏洪祯《契丹之兴国灭国与汉人》(《学思》1943年第3卷第2期)一文就探讨了辽代汉人对于辽政权兴国与灭亡息息相关的作用。王民信《辽汉人赐姓研究》(台湾《政治大学边政研究所年报》1978年第9期)对有功汉官获赐契丹姓氏的情况进行了统计和分析。张国庆《论辽代初期的"腹心部"与智囊团》(《社会科学战线》2002年第1期)则强调汉官智囊团对契丹新生政权的奠基之功,认为从整个汉官群体来看,在辽代前期的半个世纪里,契丹统治者对汉族官员更大程度上是加以限制的利用,谈不上重用。也有学者关注汉官个人对辽政权的作用,如李桂芝《辽景宗即位考实》(《学习与探索》2006年第6期)强调了韩匡嗣、高勋对景宗即位所起的作用;王瑞来《超越:一个"贰臣"的贡献——索隐历史尘埃中的细节》(《邓广铭教授百年诞辰纪念论文集(1907—2007)》,中华书局2008年版)一文,则侧重探讨王继忠对于澶渊之盟缔结的历史作用。王德朋《辽代汉族士人心态探析》(《史学集刊》2003年第2期)、刘达科《辽朝汉族文人心态透视》[《江苏大学学报》(社会科学版)2006年第6期]则就汉族士人对辽政权由抗拒到合作的心态演变进行了分析。

另外,刘士儒《汉官治辽简论》[《西北第二民族学院学报》(哲学社会科学版)1990年第3期]、阎玉启《辽朝的汉族官吏与士人》(《史学评林》1982年1—2期)、郑毅《辽朝汉族官僚地主状况初探》[《四平师院学报》(哲学社会科学版)1983年第1期]、苗泼《辽代汉官研究》(《松州学刊》1994年第3期)、王成国《略论辽朝统治下的汉人》(《社会科学辑刊》1997年第5期)、刘春玲《论汉人官僚集团在辽政权中的作用》(《阴山学刊》2002年第2期)、冯小琴《辽代政权中的汉族官僚集团》(《甘肃高师学报》2004年第6期)等文也综合考察了汉官群体对于耶律氏建国、治国、兴国的贡献。

韩国学界在此领域的研究主要集中在20世纪七八十年代,代表人物有金渭显、崔益柱、徐炳国等。金渭显《辽代汉人俘降集团的形成及其对契丹经济的影响》(《车文燮博士华甲纪念论丛》1989年)主要考察辽代汉官的来源及其对辽朝经济的作用。崔益柱《辽的建国与汉人》(《史学论志》1977年第4、5辑合刊)、《辽太祖、太宗时代的汉人官僚》(《大丘史学》1978年第15、16辑合刊)、《辽景宗、圣宗时代汉人官僚势力的发展及其存在形态——以高勋、韩德让为中心》(《人文研究》1988年第10卷第1期)等文,重点考察了不同时期的汉官在辽廷中的作用。徐炳国的博士论文《辽朝对汉族的统治》(东国大学博士学位论文,1984年)再次显示了韩国学界对此领域的高度关注。

日本学界较多关注辽朝对汉人的移民迁徙,如田村实造《辽代的移民政策和城市州县制的建立》(《满蒙史论丛》第3辑,日满文化协会刊,1940年12月),岛田正郎《辽朝治下的汉人迁徙问题》(《历史学研究》1939年第67号)、《辽朝移民政策刍论》(《史学杂志》1942年第53编第2号)、《辽代迁徙汉人的经济生活》(《内陆亚细亚》1941年第1号)三文,以及高井康典行《辽朝对燕云十六州的统治和藩镇体制》(《早稻田大学纪要》,《哲学史学卷》1995年第21号)与山田美穗《辽朝对汉民族的统治——以辽朝的经济政策为中心》(《奈良史》2000年第18号)等文,均是此领域的重要成果。

欧美国家，魏特夫（Karl Wittfogel）与冯家昇合著《中国社会史——辽（907—1125）》（美国哲学学会1949年版），是西方第一部全面系统研究辽代历史的专著，其第七、八、十四部分，分别对汉人的社会组织、汉人世家大族、汉人入仕途径及汉官功用等进行了论述。傅海波与崔瑞德《剑桥中国辽西夏金元史》（史卫民等译，中国社会科学出版社1998年版）在描述辽代历史进程时对玉田韩氏家族以及王继忠等汉官的历史功绩有所涉及。

三 关于辽代汉人世家大族的研究

国内外学界对辽代汉官的研究成果，尤其聚集于以玉田韩氏为首的汉人世家大族。王善军《世家大族与辽代社会》（人民出版社2008年版）一书对包括汉人世家大族在内的辽代各世家大族的仕宦情况、政治地位、经济势力、文化及教育等进行了深入研究。其他较具代表性的论文成果基本分布于三个方面：

其一是对汉人世家大族世系的证补。近人对辽代汉官世系的考察肇始于对《辽史》的补正。1936年，罗继祖先生因《辽史》中"汉臣有传者仅二十余人，漏略滋多"，于是采撷"《辽史》纪传、石刻，佐以《金史》、《续资治通鉴长编》、《高丽史》诸书，下逮元人文集"，编成《辽汉臣世系年表》1卷（《愿学斋丛刊》本，1936年），"凡得族三十有九，得姓二十有五"，补正了辽代二十五姓、三十九族汉臣的世系、官职等情况。王民信《辽史韩知古传及其世系证补》（《契丹史论丛》，台湾学海出版社1973年版）、李桂芝《〈辽史·韩知古传〉校补》（《中国边疆民族研究》第1辑，中央民族大学出版社2008年版）等文，均对玉田韩氏家族世系进行了证补。蒋金玲《路振〈乘轺录〉所记"韩氏子"考辨》（《北方文物》2010年第2期）一文，结合当时最新公布的墓志对宋人路振《乘轺录》中关于萧后与韩德让生有"韩氏子"之记载进行了辨析，认为此"韩氏子"乃是韩德让侄孙耶律宗福（滌鲁）。政协巴林左旗委员会编《大辽韩知古家族》（内蒙古人民出版社2002年版）一书对韩知古家族世系也有所考察，并汇总了韩知古后人新近出土的墓志、壁画等资料。齐心《辽代〈汉臣世系表〉补正——略论辽金幽燕地区韩延徽族世系》（《首都博物馆丛刊》1982年第2辑）一文，则在补正罗继祖《辽汉臣世系年表》的基础上制成"辽金韩氏家族十代谱族表"，对安次韩氏韩延徽家族世系进行了详细考证。

日本学界对汉人世家大族的谱系证补也主要集中于玉田韩氏家族，如松田光次《辽朝汉人官僚小考——韩知古家族系谱及其事迹》（《小野胜年博士颂寿纪念东方学论集》1982年12月）对韩知古家族世系及主要事迹进行了考证；乌拉熙春《辽代韩知古家族考——纪念金启孮先生逝世一周年》（《立命馆文学》2005年第591号）与

《韩知古家族世系考》(《爱新觉罗乌拉熙春女真契丹学研究》,日本松香堂书店2009年版)两文,则主要借助契丹文字解读韩知古家族的世系与仕宦。

其二是对汉人世家大族成员墓志的考释。陈述、向南、盖之庸等前贤在汉人碑志辑录、考注方面的贡献暂且不表,仅就汉人世家大族个人墓志而言,玉田韩氏家族的墓志考释最为丰富。刘凤翥在此领域有突出成果,独撰或合撰了《契丹小字〈韩高十墓志〉考释》(《揖芬集——张政烺先生九十华诞纪念文集》,社会科学文献出版社2002年版)、《辽代韩匡嗣与其家人三墓志铭考释》(《中国文化研究所学报》2000年第9期)、《契丹小字〈韩敌烈墓志铭〉考释》(《民族语文》2002年第6期)、《辽代萧乌卢本等三人的墓志铭考释》(《文史》2004年第2辑)、《辽代〈韩德昌墓志铭〉和〈耶律(韩)高十墓志铭〉考释》(《国学研究》第15卷)、《辽代〈耶律隆祐墓志铭〉和〈耶律贵墓志铭〉考释》(《文史》2006年第4期)、《契丹小字〈萧特每·阔哥驸马第二夫人韩氏墓志铭〉考释》(《10—13世纪中国文化的碰撞与融合》,上海人民出版社2006年版)等7篇文章,为学界深入研究玉田韩氏家族提供了史料保证。其他文章,如葛华廷《韩匡嗣墓志及其相关的几个问题》(《北方文物》1997年第3期),王利华、王青煜《辽〈耶律宗福墓志〉校勘补述》(《辽金历史与考古》2011年第3辑),以及李云、吴学俍《辽代〈韩仆射墓志铭〉揭秘》(《唐山政协》2012年第3期)等,也对玉田韩氏家族墓志发表了重要见解。

学界有关耿崇美家族的墓志考释成果也较为丰富,如朱子方《辽代耿氏三墓志考释》(《辽宁第一师范学院学报》1978年第3期)、罗继祖《读"辽代耿氏三墓志考释"》[《沈阳师范学院学报》(社会科学版)1979年第1、2期合刊]、徐基《辽耿氏墓志考略》(《考古学集刊》1983年第3集)、郝维彬《辽"故圣宗皇帝淑仪赠寂善大师墓志铭"考释》(《内蒙古文物考古文集》1997年第2辑)、张力《辽〈耿崇美墓志考〉》(《辽宁省博物馆馆刊》2006年第1辑)等,均为学界深入研究提供了便利。

此外,对安次韩氏家族成员墓志进行考证的有齐心《金代韩诚墓志考》(《考古》1984年第8期)、鲁琪《北京出土辽韩资道墓志》(《文物资料丛刊》1978年第2辑)、孙勐《北京出土金代东平县君韩氏墓志考释》(《中国历史文物》2008年第4期)等。对张俭家族墓志进行考释的有齐心《北京出土辽张嗣甫墓志考》(《考古》1983年第11期)与《金张岐墓志考——兼论张氏族系》(《北京考古集成》第6册,北京出版社2000年版),陈述《跋北京出土辽张俭墓志铭》(《文史》1981年第12辑)、黄秀纯《辽代张俭墓志考》(《考古》1980年第5期)。另外还有许多散见的墓志考释,如薛景平、冯永谦《辽代梁援墓志考》(《北方文物》1986年第2期)、齐心《辽丁氏两方墓志考》(《考古》1988年第7期)、杨卫东《辽朝梁颖墓志铭考释》(《文史》2011年第1辑)等,不一一赘举。

其三是对汉人世家大族与辽政权关系的探讨。台湾学者在此领域研究成就较为突出，如王明荪《略论辽代的汉人集团》（《宋辽金史论文稿》，台湾明文书局1981年版）通过考察汉人官僚在辽代各阶段的中央宰辅、方镇中的人数升降，探讨汉官集团在契丹政权中的地位变迁，指出在辽代中期之后汉官地位逐渐升高，辽的开科取士，标志着"汉人集团的官僚乃正常地形成"，参与辽中央决策的汉人也随之逐渐增多。萧启庆《汉人世家与边族政权——以辽朝燕京五大家族为中心》（《宋史研究集》第27辑，台北"国立编译馆"1997年版）考述了辽朝燕京"四姓五家"——韩知古家族、韩延徽家族、刘怦家族、马人望家族、赵思温家族的历史背景及其对辽朝建国的贡献，世家大族与契丹贵族的政治婚姻以及彼此之间的政治联姻，进而分析汉人世家与辽政权的共生关系。蒋金玲《辽代汉族进士家世考》（《社会科学战线》2012年第7期）指出，从已知的汉族进士出身来看，官宦家庭子弟登第之比率远高于布衣子弟，这证明辽朝科举制度的重要作用在于为汉官子弟增加了一条入仕途径。蒋金玲另一文《辽代汉人的入仕与迁转》（《中国史研究》2013年第3期）则在考察以科举进身与荫补入仕汉人的初授官职与官职迁转的基础上，指出家世对汉官个人仕途影响明显，这既是受契丹世选制与唐末五代藩镇旧制理念影响的结果，也是契丹统治者倚用汉人世家大族来加强汉地统治、支撑皇权的必然产物。齐伟《辽代耿崇美家族的婚姻与政治》（《东北史地》2011年第5期）则通过对耿崇美家族的婚姻关系的考察，指出辽代汉官集团之间的婚姻同盟易受政治环境的左右。

学界对玉田韩氏家族与契丹政权关系的研究成果尤为丰硕，其中较早且影响较为深远的成果首选罗继祖《辽承天后与韩德让》（《吉林大学学报》1962年第3期），此文充分肯定了韩德让的政绩，并指出韩德让与承天太后是公开的夫妻关系。李锡厚《试论辽代玉田韩氏家族的历史地位》（《宋辽金史论丛》1985年第1辑）考察了玉田韩氏家族地位的变化，认为作为"皇族"的韩德让与承天太后结为事实上的夫妻，同时，指出韩知古为阿保机建立和巩固契丹王朝做出的重要贡献。李锡厚《辽朝汉族地主与契丹权贵的封建化》（《中国社会科学院历史研究所学刊》2004年第3集）则对辽朝五京以韩、刘、马、赵等汉族世家大族的经济情况进行了研究，再次重申了玉田韩氏在辽代历史中的重要地位。葛华廷《浅说辽代名相韩德让——兼就韩德让与萧绰的关系与李锡厚先生商榷》（《北方文物》2005年第2期）则认为萧、韩是一种长期"私通"关系。宿白《独乐寺观音阁与蓟州玉田韩家》（《文物》1985年第7期）在详细考察韩氏家族世系表、事迹系年表的基础上，探讨了玉田韩氏与契丹皇室、后族的密切关系，指出独乐寺即韩氏家寺，与韩氏家族兴衰紧密相连。王玉亭《从辽代韩知古家族墓志看韩氏家族契丹化的问题》（《北方文物》2008年第1期）与《辽代韩德昌及其子嗣职官述略——兼论玉田韩第五代权势问题》（《北方文物》2009年第3期）两文，结合最新出土墓志，分别论述了玉田韩氏家族的契丹化以及到了第五代其家族仍呈强势状态的问题。另外，齐伟《辽代的皇权争夺与玉田韩氏家族》(《辽金历史与考古》2011年第3辑)、王成国《论辽朝的二韩》(《东北地方史研究》1985年第4期)、房广顺《辽代汉官制度的演变——兼评韩德让》[《辽宁大学学报》(哲学社会科学版)1984年第3期]等文也对韩氏家族与辽代政权的共生关系有所研究。

四 辽代汉官文化建树的研究

汉族、契丹族是辽国内两大民族,终辽一代,由于契丹统治者竭力保持本民族的尚武特性,辽代文化繁荣则主要倚赖汉人。

首先,辽代儒学的发展有赖于汉官的集体努力。孟广耀是辽代儒学研究的集大成者,其《儒家文化——辽皇朝之魂》(哈尔滨出版社1994年版)一书由15篇论文组成,其中关于汉官的有《辽代汉族儒士群体的形成及历史地位辨析》《汉族儒士"华夷之辩"观念的淡化乃至消失》《汉族儒士友好南朝的传统》《儒士政治责任感和文化使命感两大传统》等6篇,充分论证了辽代汉官在儒学方面的成就。武玉环《辽代儒学的发展及其历史作用》(《吉林大学社会科学学报》1996年第5期)论证了辽代儒学的发展历程及其对辽政权的积极作用,认为辽代无论官学还是私学,都以儒家经典为授课教材,故汉官在辽代推行教育的过程就是儒家文化在辽国传播、普及的过程。

其次,辽朝教育的发展也跟汉官的努力分不开。陈述《辽朝教育史论证》(《辽金史论集》1987年第1辑)考察了辽朝的学校教育、科举取士、贵族教育、民间文化技艺教育、寺院教育等,其教育实施者包括很多汉官,辽朝设学养士基本采用中原规制,辽朝的教育、科举和儒学,保存并发扬了中原传统文化知识。高福顺《辽代上京地区官学教育发展探析》(《黑龙江民族丛刊》2007年第2期)、《辽朝文教政策之影响》(《史学月刊》2007年第11期)、《尊孔崇儒 华夷同风——辽朝文教政策的确立及其特点》(《学习与探索》2008年第5期)等7篇论文,对辽代教育进行了系统、深入研究,充分肯定了汉官对辽代教育的贡献。张国庆《辽代辽海地区的学校教育与儒学》[《辽宁工程技术大学学报》(哲学社会科学版)2012年第3期]认为辽代辽海地区的学校教育和儒学等均得以快速发展,这其中,很多以儒学见长的汉族官员立下卓著功勋。其他论文还有李文泽《辽代的官方教育与科举制度研究》[《四川大学学报》(哲学社会科学版)1999年第4期]、顾宏义《辽代儒学传播与教育的发展》[《华东师范大学学报》(教育科学版)1998年第3期]等。在韩国学界,金渭显《契丹的进士试》(《明知大论文集》1982年第13辑)、《契丹教育与科举制度考》(《明知大论文集》1986年第17辑)两文,也考察了与汉人有关的教育与科举制度。

最后,辽代汉官在文学、史学方面也成就斐然。1934年,吴梅著《辽金元文学史》（商务印书馆 1934 年版）是现代学者最早对辽代文学成就进行论述的著作，书中对辽代的"文家""诗家"进行了考证。这些文家、诗家中自然有不少汉官。陈述《全辽文》（中华书局 1982 年版），蒋祖怡、张涤云《全辽诗话》（岳麓书社 1992 年版）等对包括汉官在内的辽人的文作进行了辑录。蒋金玲《汉族士人在辽代文坛的地位》（《贵州社会科学》2012 年第 9 期）认为辽代虽于北、南面各设文翰机构，但发挥主要功效的文翰机构却为翰林院，在翰林院内任职者大多为汉人，汉族士人是辽代文坛的主力军。另外，张晶《辽金元诗歌史论》（吉林教育出版社 1995 年版）与黄震云《辽代文学史》（中国社会科学出版社 1999 年版）对辽代诗、文、史学等方面成就都有论及，这些成就的创作者包括不少汉官。

在史学成就方面，杨树森《辽代史学述略》（《辽金史论集》1987 年第 3 辑）与朱子方《辽朝史官考》（《史学史研究》1990 年第 4 期）、《辽朝的历史学家及其史学思想》（《辽海文物学刊》1995 年第 1 期）均对辽代的史馆、史官、史家等进行了详细考证。蒋金玲《辽代史官补考》（《辽金历史与考古国际学术研讨会论文集》，辽宁教育出版社 2012 年版）则对前贤成果进行了补充，指出已知的辽代史官中，八九成为汉人，汉人史官对辽代的史学发展起着主要作用。另外，吴怀祺《辽代史学和辽代社会》（《史学史研究》1995 年第 4 期）与吴凤霞《辽金元史学研究》（中国社会科学出版社 2009 年版）在论述辽代史学时也介绍了汉族史官的成就。

综上所述，20 世纪以来，国内外学界对辽代汉族官僚群体已经进行了不少有益的探索，研究成绩卓著，揭示出汉官的诸多面貌，但也显示出研究中的某些偏向和不足，譬如国外部分学者受特定史观局限，其研究成果或有失客观。而国内学者偏重研究汉官的政治功用，却鲜有人系统考察汉官在辽代儒学北渐、社会教化、民族融合等方面的作用，对汉官的群体特征及政治地位变迁的研究也不够充分。承前启后、继往开来是史学研究者的责任所系，我们应在前贤研究的基础上，立足填补空白或加强薄弱环节的尝试，共同把辽史研究推向更深入、更广阔的研究视阈。

近30年来辽代科举制度研究综述

郝艾利

辽代科举制度研究在以往辽代历史研究中长期被忽视，研究方向比较零散、简略，也不够深入。改革开放以降，辽代科举制度研究越来越系统化，同时还出版了较多的学术论文以及学术著作。本文拟以辽代科举制度的形成、目的、思想、内容、特点、影响等诸方面对辽代科举制度做一综述，期冀为学界提供科举制度研究之面貌。

一 辽代科举制度的雏形

辽代科举制度的形成经历了从局部到全国范围内的过程，科举取士什么时候开始实行，在学术界引起了很大的争议。史料对其进行了记载，如《辽史·室昉传》记载室昉于"会同初，登进士第，为卢龙巡捕官"。北宋《儒林公议》也记载："契丹既有幽、蓟及雁门以北，亦开举选，以收士人"。以上两条史料可以看出辽代科举取士在会同初年，主要在燕云十六州地区实行。最早对此作出研究的是清朝史家厉鹗，他认为辽朝的科举制度开始于景宗、圣宗之前，但具体时间不可考证[①]。改革开放以后，对于科举取士的时间问题，学者们进行了深入研究，提出了不同的观点。杨若薇认为在会同初年，辽代在以汉族为主的燕云十六州地区就实行了科举取士[②]。都兴智《有关辽代科举制度的几个问题》[③]、李文泽《辽代的官方教育与科举制度研究》[④]等，也对辽代科举取士进行了探讨，认为其在辽太宗时期开始。张希清在《辽宋科举制度比较研究》一文中也涉及这个问题[⑤]。而黄震云认为"辽太祖末年或许已经施行科举制度"[⑥]。目前大部分学者认为辽代科举取士在辽太宗时期已经开始。

[①] （清）厉鹗：《辽史拾遗》卷16《补选举志》引《易水志》，《丛书集成初编》，商务印书馆1936年版，第331页。
[②] 杨若薇：《辽朝科举制度的几个问题》，《史学月刊》1989年第2期。
[③] 都兴智：《有关辽代科举的几个问题》，《北方文物》1991年第2期。
[④] 李文泽：《辽代的官方教育与科举制度研究》，《四川大学学报》（哲学社会科学版）1999年第4期。
[⑤] 张希清：《辽宋科举制度比较研究》，载张希清、田浩等主编《10—13世纪中国文化的碰撞与融合》，上海人民出版社2006年版，第85—87页。
[⑥] 黄震云：《辽代文史新探》，中国社会科学出版社1999年版，第161页。

辽代的科举取士向全国范围内推行，众多学者认为是在辽圣宗时期。武玉环《辽制研究》[1]一文中对其进行了阐述。高福顺也有涉及这方面的研究，认为"在辽圣宗统和六年，科举制度由南京局部地区推向全国，成为全国范围的制度"[2]。

综上所述，辽代科举制度的创立时间公认为是在辽太宗时期。科举取士在全国范围内的实行是在辽圣宗时期，并开始逐步走向制度化。

二 辽代科举制度的目的及思想

辽代是我国北方少数民族建立的政权。辽太宗时期，后晋石敬瑭割让燕云十六州地区，为了巩固政权，维护统治，缓和民族矛盾，笼络汉族士大夫，辽朝开设科举制度，培养人才。之后经过辽代统治者的不断努力，辽代科举制度逐渐在全国范围内展开。黄凤岐认为，"辽代贡举是为了笼络汉人地主阶级参加政权，加强并巩固辽朝统治而设"[3]。高福顺在《辽朝初期科举制度述论》中指出，辽代科举制度的设立与当时辽代的政治经济形势有密切关系，是为了缓和汉族和北方少数民族的矛盾，稳定社会统治秩序，不断招揽汉族知识分子。[4] 辽代科举制度以儒家思想为主导，辽代历朝君主基本上都崇儒尊孔。李文泽认为，对儒家思想的尊崇与辽代统治者深受汉族儒家知识分子的影响有密切的关联。之后辽代统治者对传统儒学表现得越来越重视，开始了对孔庙的祭祀，还亲自到学校讲筵，同时组织翻译整理经典的儒学书籍。[5] 科举取士的地位得到很大的提高，这个观点被学术界广泛的认可。

综上所述，关于辽代科举制度目的及思想的研究结论比较统一，是为了巩固统治，缓和民族矛盾，有利于拓宽辽代的统治基础，促进北方地区社会政治经济文化的发展，引领历史时尚发展的潮流。

三 辽代科举制度的内容

随着辽王朝的发展，汉文化的影响不断加深。辽代科举制度不断完善，实施的范围逐步扩大到全国。内容不断充实完善，主要表现在考试生源、考试程序、考试科目等方面。

---

[1] 武玉环：《辽制研究》，吉林大学出版社 2001 年版，第 198 页。
[2] 高福顺：《辽朝科举制度的发展演变》，《东北史地》2009 年第 3 期。
[3] 黄凤岐：《论辽朝的教育与科举》，《社会科学辑刊》1997 年第 4 期。
[4] 高福顺：《辽朝初期科举制度述论》，《科举学论丛》2008 年第 1 辑。
[5] 李文泽：《辽代的官方教育与科举制度研究》，《四川大学学报》（哲学社会科学版）1999 年第 4 期。

(一) 考试生源

辽代科举考试的生源主要来源于三个方面，即中央官学、地方官学和私学教育。这与辽代的教育形式密切相关。

1. 中央官学

辽朝中央官学主要是指辽朝统治区域内的最高学府，即国子学和五京学。中史官学广泛传播了中原儒家文化，为辽朝科举考试培养出了大批人才。

国子学 辽初在中央设立国子监。国子监又称国子学，是辽统治区域内的高等学府，是科举取士生源主要来源之一。根据《辽史》卷47《百官志三》记述"上京国子监，太祖置"，而"国子监"中又有"国子学"的记载。[①] 高福顺《辽代科举考试生源述论》讨论了关于国子学生源问题。[②] 关于中京国子学的存在与否，在辽代史料中得到考证举步维艰，留下了很大的研究空间。国子学的设立有利于辽代统治者培养大量治世人才，吸收儒家文化，加强统治。

五京学 五京学有临潢府的上京学、大定府的中京学、析津府的南京学、辽阳府的东京学、大同府的西京学五部分构成，是指在五个不同的地区所设立的中央官学。

对于上京学的设立时间，由于史料匮乏，在学术界探讨较少。仅了解到在上京地区不仅设置了国子学，还设立了上京学。高福顺认为辽代上京学的生源相对于国子学的生源存在较大的差异，他还推论"上京学应与南京学的设置年代同时或稍后，但绝不会早于南京学的设置"[③]。关于这方面的内容，研究领域仍存在广泛的空间。

辽太宗统治时期，设立了南京学。南京学的影响和作用十分深远，对读书的生徒吸引力越来越大，因此人数逐渐增多。到辽圣宗时期，迫不及待地请求扩建南京学。南京学的设立有利于推动南京地区大力发展官学教育，为辽代统治培养大批优秀人才奠定了基础。关于辽代东京学的探讨，桑秋杰与高福顺认为，辽代在东京地区设立了相对较为完整的官学教育体系，但并不是在整个东京地区设立，因此地区间的文化程度差异较大，导致东京地区官学教育发展相对不平衡。[④]

辽道宗时期相继在大定府设立中京学，大同府设立西京学。辽代中京学的设立在辽代教育中起着不可磨灭的作用。辽代中京学的设立有利于中原地区领先的儒家文化向北方少数民族地区不断传播。关于对辽代西京学问题的研究，杜成辉指出"辽王朝在西京大同设立国子监、西京学及州学、县学等各类教育机构，促进了辽代西京文

---

① 《辽史》卷47《百官志三》，中华书局1974年标点本，第788页。
② 高福顺：《辽代科举考试生源述论》，载陈文新、余来明主编《科举文献整理与研究——第八届科举制与科举学国际学术研讨会论文集》，武汉大学出版社2013年版，第52页。
③ 高福顺：《辽代上京地区官学教育发展探析》，《黑龙江民族丛刊》2007年第2期。
④ 桑秋杰、高福顺：《辽朝东京地区官学教育发展探析》，《东北师大学报》（哲学社会科学版）2008年第3期。

化教育事业的蓬勃发展"①。高福顺在《辽朝西京地区官学教育发展探析》一文中对西京学进行了专门论述。②

由于对碑刻资料、考古资料的不断发掘，学术界对五京学的探讨比较透彻，对五个地区分别进行了深入的研究。五京学的设立对儒家文化在北方少数民族地区的传播起着重要的作用。

2. 地方官学

辽代在地方建立了属于自己的一套官学教育体系，统治者在地方设置了府学、州学、县学等官学，包括上京州学，中京府、州学，南京州学，东京府、州学，西州府学，都设有博士、助教进行管理。而有关县学的内容，史料的记载比较匮乏。但有关记载论述在辽代末期，辽代地方官学仍推行县学、庙学的建立。李文泽发表的《辽代的官方教育与科举制度研究》一文涉及地方官学，认为地方官学并不是在辽初就有的，而是根据地方的政治需要而设置的。③高福顺认为，"在中京学之下，辽朝在中京地区还署置有府学，如兴中府学"④。同时，高福顺对南京地方官学也进行了详细论述。⑤

对于辽代的地方官学，学术界对其进行专门的研究少之又少。由于史料的匮乏，目前，几乎没有关于辽代地方官学的论文著作出现，留下很大的研究空间。辽代统治者对地方官学十分重视，其为辽王朝培养了大量的人才，有利于巩固政权。同时，辽朝地方官学教育取得了重大的功绩，影响深远。

3. 私学教育

辽代私学发展比较活跃，主要原因可以概括为两点，一是由于官学的设立不能充分满足各族人民的要求；二是辽朝统治阶级也热衷于汉文化，为辽代的私学教育发展提供了条件。私学教育主要有家传教育、私塾教育、讲学教育三个方面，不仅契丹平民和汉人设立了私学，学习和研究先进的儒家文化，而且辽代统治者也设有私学，加强对皇子的教育，关于这方面的研究可以参考高福顺《辽朝私学教育初探》⑥等文章。

综上所述，学术界对辽代科举的考试生源研究比较深入，在各方面都有涉及。但进行专门性的研究论文很少，研究空间比较大。辽朝历代统治者都十分重视科举取士的生源，为辽代科举制度的发展创造了比较宽松的社会环境。范寿琨的《辽朝的学校教育和科举》⑦对其各方面进行了探讨。黄凤岐对官学、私学等进行了详细的论述。⑧张

---

① 杜成辉：《辽代西京文化教育的发展》，《大同职业技术学院学报》2000年第4期。
② 高福顺：《辽朝西京地区官学教育发展探析》，《黑龙江民族丛刊》2007年第6期。
③ 李文泽：《辽代的官方教育与科举制度研究》，《四川大学学报》（哲学社会科学版）1999年第4期。
④ 高福顺：《辽朝中京地区官学教育发展探析》，《黑龙江民族丛刊》2008年第5期。
⑤ 高福顺：《辽朝南京地区官学教育发展探析》，《社会科学战线》2008年第1期。
⑥ 高福顺：《辽朝私学教育初探》，《求是学刊》2010年第4期。
⑦ 范寿琨：《辽朝的学校教育和科举》，《北方民族》1991年第1期。
⑧ 黄凤岐：《论辽朝的教育与科举》，《社会科学辑刊》1997年第4期。

国庆指出辽代统治时期,在辽海地区官学和私学是同时开设。① 李向东对辽代的官学、私学也进行了简单的叙述。② 这些文章充分表明了辽代统治阶级对科举取士的重视,使中原儒家文化在北方少数民族地区得到大规模地传播,为中华一统奠定了坚实的基础。

(二)考试对象

辽代科举考试对象在科举制度中占有重要地位。在燕云十六州地区,科举制度率先实行,主要是针对汉族士大夫,同时也有渤海士人。随着科举制度作用的不断扩大,其对象范围扩展到北方少数民族地区。

在科举制度实行初期,主要是燕云十六州地区的汉族士大夫参加科举取士,如室昉、宋琪等人。之后,在辽代五京地区都有汉族士大夫应举,比如张俭、姚景行、吴昊、马人望、史洵直等人。辽代科举制度的逐步完善,在全国范围内广泛推行,从而应试对象的范围也在逐步扩大,开始适用于渤海士人,但禁止契丹本民族参加考试。

随着契丹社会的进步和封建化的加深,儒家文化的影响越来越大,部分契丹人企图冲破束缚,私自参加了科举取士,以耶律蒲鲁③为典型代表,这时已经阻挡不了北方少数民族学习汉文化,取得功名的强烈愿望。史料第一次有明确记载的是,少数民族士人郑恪冲破束缚参加考试,获取进士及第,并授予官职。④

后来参加科举考试的人数越来越多,辽代统治者对其进行了限制,规定"诏医卜、屠贩、奴隶及倍父母或犯事逃亡者,不得举进士。"⑤ 辽末时期,商贾禁止参加科举考试。

综上所述,对于辽代科举考试的对象,在学术界有了基本的论述。但有关的论文相对较少,高福顺在《辽朝科举应试对象述论》一文中进行了详细的论述。⑥ 随着考古资料、碑刻资料的不断发现,专门性的研究依然存在很大空间。

(三)考试程序

有关辽代的科举考试程序在学术界有很大争议,主要归纳为两种观点,即四试说和三试说,最大的争议在于府试是否存在。关于四试说,主要以武玉环为代表,认为"辽代科举考试的程序,要经过乡、府、省、殿四级。"之后,武玉环发表的《辽代

---

① 张国庆:《辽代辽海地区的学校教育与儒学》,《辽宁工程技术大学学报》(社会科学版)2012 年第 3 期。
② 李向东:《浅析辽代的官学、私学及科举制度》,《内蒙古教育》(职教版)2014 年第 6 期。
③ 《辽史》卷 89《耶律蒲鲁传》,中华书局 1974 年标点本,第 1351 页。
④ 陈述辑注:《全辽文》卷 9,中华书局 1982 年版,第 236 页。
⑤ 《辽史》卷 20《兴宗纪三》,中华书局 1974 年标点本,第 241 页。
⑥ 高福顺:《辽朝科举应试对象述论》,《科举学论丛》2011 年第 1 辑。

科举制度探析》中再次深入研究了这一观点。① 周怀宇认为，辽代科举考试主要经过四级程序，有乡试、府试、省试，后又添加了殿试。② 李文泽③、乔卫平④等学者也赞同这个观点。关于三试说，主要以朱子方为代表，他在《辽代进士题名录》中认为辽代科举考试程序只有三试，没有府试。⑤ 都兴智《有关辽代科举的几个问题》一文也论述了这个观点。⑥ 与这个观点类似的学者还有袁世贵⑦等。

有关辽代科举的史料相对较少，导致在科举考试程序方面引发了很大争议。就府试的存在问题，高福顺进行了专门的研究，发表了相关论文⑧。对于殿试出现的时间，之前学者们有不同的观点，但到目前为止，学术界主要认为是在辽圣宗时期。总之，对于辽代科举考试程序的研究，鲜少出现专门性的学术著作和论文，有很大的研究空间。

（四）考试科目

对于辽代考试科目，学者们进行了广泛的研究。《辽史》关于考试科目的记载很少，在《契丹国志》卷23《试士科制》记载："程文分两科，曰诗赋，曰经义，魁各分焉。……圣宗时，止以词赋、法律取士，词赋为正科，法律为杂科。"⑨ 这说明辽代科举的考试科目为诗赋、经义，但是都兴智认为"《辽史》和已发现的碑文资料都证明，辽自始至终也未设经义科"⑩。而学术界大部分学者认为经义科是一直存在的。早在1932年，陈东原在《辽金元之科举与教育》一文中就对其进行了简单的论述。⑪ 众多学者把考试科目分为常举应试科目和制举应试科目。

1. 常举应试科目

根据对史料的掌握，常举应试科目分为进士科、明经科、律学科。

进士科基本沿袭发展了唐朝的科举制度，以词赋为主，在辽代科举制度中有着不可代替的地位。关于明经科，登第者少之又少，最早记述以明经科取得功名的是知识分子刘操。但辽代统治者非常重视明经士人，辽圣宗对明经士人的选拔、使用非常看

---

① 武玉环：《辽代科举制度探析》，载鲍海春、王禹浪主编《东北历史地理论丛》，哈尔滨出版社2002年，第431页。
② 周怀宇：《辽王朝的科举制考察述论》，《安徽史学》1997年第4期。
③ 李文泽：《辽代的官方教育与科举制度研究》，《四川大学学报》（哲学社会科学版）1999年第4期。
④ 李国均、王炳照主编：《中国教育制度通史》（第3卷·宋辽金元），山东教育出版社2000年版，第449页。
⑤ 朱子方：《辽代进士题名录》，《黑龙江文物丛刊》1983年第4期。
⑥ 都兴智：《有关辽代科举的几个问题》，《北方文物》1991年第2期。
⑦ 袁世贵、张文军：《浅谈辽金元三朝的科举制度》，载《首都博物馆丛刊》（第十一辑），地质出版社1997年版，第47页。
⑧ 高福顺：《辽朝科举考试中的府试》，《学习与探索》2012年第10期。
⑨ 《契丹国志》卷23《试士科制》，上海古籍出版社1985年标点本，第227页。
⑩ 都兴智：《有关辽代科举的几个问题》，《北方文物》1991年第2期。
⑪ 陈东原：《辽金元之科举与教育》，《学风》1932年第10期。

重,这种重视是史无前例的。对明经科的重视还表现在辽代统治者对儒家文化的态度,以及对研读儒家经史的士大夫的特别招揽。明经科的科举取士持续到辽末。律学科,也被称为"乡贡律学",但有关史料记载较少。杨若薇[①]、武玉环[②]等学者对这方面的内容进行了详细的论述。

对于常举应试科目的探讨,在学术界形成了主流的观点,但鲜少有专门性的论文专著。这一政策的实施具有一定的灵活性,可使各族知识分子根据自己的爱好和兴趣进行选择,有利于国家培养专门性的人才和各类学术文化的发展。

2. 制举应试科目

制举科是辽代皇帝为了适应政治的需要,在全国范围内招揽特殊的政治人才,随时设立考试科目,以选拔人才的一种方式。制举科目包括很多方面,主要有直言科、贤良科等。制举科考试招揽人才没有固定时间,由皇帝临时下诏书决定,而且面向全国范围内招收学生。知识分子都可以参加考试,考试一般分为口试和笔试两项。之后又增加了相对较难的考核内容,要提前上交篇幅十万字的文章。周怀宇对制举应试科目总结了三方面的特征。[③]

学术界对于制举应试科目进行了较为深入的研究,但是随着考古资料的不断发掘,给研究领域提供了更为广泛的空间。

综上所述,学者们对于辽代考试科目进行了深入的研究,其中高福顺对辽代考试科目进行了专门的探讨[④],但是关于这方面的论文著作仍很少。

(五)考试录取

辽代科举考试录取士人是分等级的,而且在不同时期录取的人数规模是不同的,开科年限也没有定期。随考古资料、碑刻资料的不断发掘,学术界对其进行了较为深入的研究。

1. 录取等级

辽代科举考试录取士人等级分为甲、乙、丙三个等级。

辽代科举取士第一等为甲科,甲科又分为三个等级。第一甲以张俭、梁援为代表。张俭在辽圣宗统和年间,考试取得了进士甲科,被任命为官。[⑤] 梁援在辽道宗清宁五年参加科举考试,获得了甲科之首。[⑥] 第二甲有明确记载的有赵徽,第三甲有郑恪。

---

① 杨若薇:《辽朝科举制度的几个问题》,《史学月刊》1989 年第 2 期。
② 武玉环:《辽代科举制度探析》,载鲍海春、王禹浪主编《东北历史地理论丛》,哈尔滨出版社 2002 年版,第 433 页。
③ 周怀宇:《辽王朝的科举制考察述论》,《安徽史学》1997 年第 4 期。
④ 高福顺:《辽朝科举考试应试科目述论》,《辽宁工程技术大学学报》(社会科学版)2010 年第 5 期。
⑤ 《辽史》卷 80《张俭传》,中华书局 1974 年标点本,第 1278 页。
⑥ 向南:《辽代石刻文编》,河北教育出版社 1995 年版,第 520 页。

辽代科举取士第二等为乙科,在史料中对乙科士人有确切的记载,如姚景行、张绩、杨晳等人,但乙科中进士的人数是不确定的。

辽代科举取士第三等为丙科,丙科中进士的人数在考证中是相对较少的。由于史料匮乏,目前比较确定的是王师儒和范承吉两人。同时,丙科录取的规模目前无法查考。

对于辽代科举考试录取等级,在学术界研究较少,但考古、碑刻资料的发掘给这一专题提供了广泛的研究空间。

2. 录取规模

辽代科举开科的放进士的年限是相对比较混乱的,没有定期,几乎找不到其规律性,导致其录取规模是不同的。

辽代科举开科的年限基本以圣宗时期为界,之前放进士的年限基本上是一年一次,但录取规模相对较少,这与当时的政治经济情况有一定的关系。之后为两年一次,但同时也有连续开科放进士的年份,这是很少见的。另外开科放进士的年限有四年一次的。我们可以看出辽代科举开科放进士的年限大体上是有规律可循的,放进士两年一次和四年一次。而朱子方在《辽代进士题名录》一文中提到重熙后,大概是三年一次。① 一直到辽末,辽代开科放进士的年限是杂乱无章的。但辽代科举考试的录取规模是不断扩大的,由小到大,后趋于鼎盛的状态,到了辽末,科举取士的人数扩大,不得不出现控制政策。高井康典行《辽朝科举与辟召》中用表呈现了进士数量的变化。② 高福顺在《辽朝科举考试录取规模述论》一文对科举考试录取规模从不同时期进行了详细的阐述,结合内外因素分析了其发展的原因。③

另外,对于辽代科举考试录取进士的研究。朱子方从姓名、籍贯、登第时间、历任官职、资料来源等方面,对190名进士进行了总结。④ 李桂芝在《辽朝进士杂考》一文中从进士登第时间、进士名字、疑似进士、似是而非者等四个方面进行了详细的探讨。⑤ 高福顺在《辽朝进士题名录及说明》中对进士进行了系统的整理,从姓名、籍贯、具体内容、资料来源等方面阐述了175名进士的信息,还对部分进士进行了说明或考辨。⑥

随着辽代科举制度的发展演变,对进士的称谓是不同的。对进士称谓的探讨,高福顺进行了专门的研究,在《辽朝"进士"称谓考辨》中从乡贡进士、前进士与殿进士两方面讨论了进士的称谓。⑦ 高福顺、陶莎《辽朝举进士、业进士考》也对其进

---

① 朱子方:《辽代题名录》,《黑龙江文物丛刊》1983年第4期。
② [日]高井康典行著,程妮娜译:《辽朝科举与辟召》,《史学集刊》2009年第1期。
③ 高福顺:《辽朝科举考试录取规模述论》,《内蒙古社会科学》(汉文版)2010年第4期。
④ 朱子方:《辽代进士题名录》,《黑龙江文物丛刊》1983年第4期。
⑤ 李桂芝:《辽朝进士杂考》,《学习与探索》2009年第2期。
⑥ 高福顺:《辽朝进士名录及说明》,《科举学论丛》2009年第2辑。
⑦ 高福顺:《辽朝"进士"称谓考辨》,《史学集刊》2009年第1期。

行了研究。①

四 辽代科举制度的特点

辽代的科举制度是沿袭唐宋科举取士发展而来的，具有自身的民族特点。首先，辽代科举取士具有承上启下的作用。朱子方、黄凤岐《辽朝科举制度述论》一文涉及辽代科举制度与唐宋科举取士的关系。② 顾宏义认为，辽代科举制度为元朝以后国家的统一提供了条件。③ 其次，辽朝的科举制度保留本民族的特点，同时具有多样性，而且区域之间发展相对不平衡，存在很多不公平的现象，导致各个区域的文化水平有很大差异。辽代科举取士初期仅在燕云十六州地区实行，为了保持本民族的尚武骑射传统，辽代统治者不允许契丹本民族参加科举考试，《辽史》记载"国制无契丹试进士之条，闻于上，以庶箴（耶律蒲鲁之父）擅令子就科目，鞭之二百。"④ 花文凤、郭瑞《辽代科举体制下少数民族教育公平问题及解决策略——兼议对解决当今少数民族教育公平问题的启示》一文中提到了其不公平的问题、解决策略，以及对我国当今解决少数民族教育公平问题的启示。⑤ 到后期辽代科举制度显现出不平等，并具有阶级性，如辽兴宗时期，"诏医卜、屠贩、奴隶及倍父母或犯事逃亡者，不得举进士。"⑥ 周怀宇认为辽代科举制度具有突出的种姓特征和阶级限制。⑦ 对于辽代科举制度的特点，学者们提及很少，高福顺在《辽朝初期科举制度述论》⑧ 和《辽朝科举制度发展演变的基本特征》⑨ 两篇文章中分别提到科举取士初创时期、发展时期的特征。

五 辽代科举制度的影响

辽代科举制度的影响表现在各方面，专家学者们对这些方面的研究比较多。

从积极方面来看，辽代科举制度有利于儒家文化的交流与普及，提高少数民族素质，为辽代培养了大批人才，推动了契丹文明的发展，具体表现在：

其一，促使辽代的统治构架、政权人事结构发生了显著变化，使大批汉族士大夫

---

① 高福顺、陶莎：《辽朝举进士、业进士考》，《北方文物》2010年第3期。
② 朱子方、黄凤岐：《辽代科举制度述论》，载陈述主编《辽金史论集》（第三辑），书目文献出版社1987年版，第59页。
③ 顾宏义：《辽代儒学传播与教育的发展》，《华东师范大学学报》（教育科学版）1998年第3期。
④ 《辽史》卷89《耶律蒲鲁传》，中华书局1974年标点本，第1351页。
⑤ 花文凤、郭瑞：《辽代科举体制下少数民族教育公平问题及解决策略——兼议对解决当今少数民族教育公平问题的启示》，《昆明理工大学学报》（社会科学版）2009年第12期。
⑥ 《辽史》卷20《兴宗纪三》，中华书局1974年标点本，第241页。
⑦ 周怀宇：《辽王朝的科举制考察述论》，《安徽史学》1997年第4期。
⑧ 高福顺：《辽朝初期科举制度述论》，《科举学论丛》2008年第1辑。
⑨ 高福顺：《辽朝科举制度发展演变的基本特征》，《东北史地》2012年第3期。

进入官僚机构，有利于改变辽代原有官僚机构的人员组成，提高官员的文化素养，推行以儒家文化治国的方略，加强了辽代统治者对汉人、契丹人和北方部族的统治。黄凤岐在这方面进行了简单的论述。[①] 蒋金玲在《汉族士人在辽代文坛的地位》一文中也证实了这一点。[②]

其二，督促更多士人学习儒家文化，走上仕途道路，促使契丹民族的儒家文化水平整体提高，满足了辽代统治者培养大批人才的需要，更促进了社会文化教育事业的发展。武玉环在其《辽代科举制度探析》中，深入探讨了科举制度的积极作用。[③] 同时，这一制度对元代产生了重大影响，为后世北方少数民族政权沿袭科举制度奠定了较为坚实的基础。

其三，极大地促进了契丹社会经济文化的发展，缩小了北方少数民族地区与汉族聚居地区的文化差距，促进了民族的融合。顾宏义涉及这方面的研究，进行了探讨。[④]

其四，促进了契丹文明的发展，并具有自己的特色，所创造的辽代文明是我国一笔宝贵的财富，为研究契丹文明提供大量的史料。李文泽从辽代教育的角度对其进行了评价，认为"辽代的建筑、音乐、雕刻、绘画、服饰等艺术，流传至今还是极其珍贵的历史瑰宝"[⑤]。

最后，杨若薇《辽朝科举制度的几个问题》一文对科举在辽朝的地位和影响进行了较为详细的论述。[⑥] 高福顺认为辽代科举的影响在于为辽代的统治机构招揽了大量人才，有利于在北方少数民族地区儒家文化的普遍传播，推进了北方少数民族各部族文化素质的提高。[⑦]

从消极方面来看，其一，辽代教育的实行，在地域上有很大的不平衡性，导致各个区域的文化水平有很大差异，在一定程度上制约了契丹文化的发展。其二，辽代科举制度沿袭唐宋的制度，设立的科目与汉人相同，鲜少有自己的特色，没有设立有关契丹文字的科目，导致契丹大、小字没有广泛的流传下来，是契丹文化发展的一大缺憾，使契丹文化不能全部在后世显现。高福顺认为，辽代科举制度具有地域不平衡和相对滞后的局限性。[⑧] 对于辽代科举制度的多方面影响，陈程程在《浅论辽代科举制

---

① 黄凤岐：《论辽朝的教育与科举》，《社会科学辑刊》1997年第4期。
② 蒋金玲：《汉族士人在辽代文坛的地位》，《贵州社会科学》2012年第9期。
③ 武玉环：《辽代科举制度探析》，载鲍海春、王禹浪主编《东北历史地理论丛》，哈尔滨出版社2002年版，第435—436页。
④ 顾宏义：《辽代儒学传播与教育的发展》，《华东师范大学学报》（教育科学版）1998年第3期。
⑤ 李文泽：《辽代的官方教育与科举制度研究》，《四川大学学报》（哲学社会科学版）1999年第4期。
⑥ 杨若薇：《辽朝科举制度的几个问题》，《史学月刊》1989年第2期。
⑦ 高福顺：《辽朝科举制度研究》，博士学位论文，吉林大学，2008年，第198—200页。
⑧ 同上书，第205—210页。

度》中进行了综合性的论述。①

六 结论

综上所述,改革开放以来,辽代科举制度的研究取得了丰硕的成果,涌现出大量的优秀著作和论文,其研究的深度与广度也较之以往有所加强,但仍存在一些不足。首先,研究停留在表面层次,缺乏系统、深入的研究。虽然有高福顺等学者对辽代科举制度的发展演变、录取规模等专题进行了较为深入的研究,但辽代科举制度研究中的空白之处仍很多,同时,学者也未能将辽代科举制度的研究融入辽代整体研究中去,至今为止没有深入全面的有关辽代科举的著作问世。其次,文献、碑刻资料引用不足。《辽史》成书仓促,文献缺略严重,这就需要利用出土的碑铭石刻文字和考古资料进行补充,但是现阶段学者在研究辽代科举时对碑刻文字资料的利用还很少,即便使用,准确性的掌握也十分有限。最后,研究方法单一。学者在研究辽代科举制度时,只使用历史研究这一种方法,未能综合运用社会学、人口学、考古学等研究方法,同时,也未能从文学、艺术等其他学科的角度,对辽代科举制度进行深入、细致的研究。

---

① 陈程程:《浅论辽代科举制度》,《金田》(励志)2012年第8期。

21世纪中国西夏学研究新趋势

彭向前　尤丽娅

进入21世纪以来,在通过国际西夏学界共同努力而使西夏文文献基本能够解读的前提下,随着世界各地收藏的大批西夏文献陆续刊布,加上电子文本的广泛使用和计算机技术的发达,中国的西夏学研究获得前所未有的发展契机,呈现出一派繁荣景象,近年来研究成果不断打破历史纪录,屡创新高。总体上来看,21世纪中国西夏学研究出现四大新的趋势:西夏文献陆续得到刊布、西夏文献解读渐趋规范、西夏史研究领域不断拓展、西夏佛教研究得到长足的发展等。关于后者,读者可以参看《新世纪初国内西夏佛教研究的回顾与展望》[①]一文,兹不赘述。

一　世界五大藏地西夏文献陆续得到刊布

在21世纪初,中国对国内西夏文献进行了最大规模的编辑整理。自科兹洛夫从黑水城掘走大批西夏文献后,中国西夏文献不断出土。1917年宁夏灵武县出土两大箱西夏文经卷,除一部分为地方官吏所瓜分,大部分后来运抵北京,收藏于当时的北京图书馆(今国家图书馆)。1949年以后,甘肃的敦煌、武威,内蒙古的黑水城、绿城,宁夏的贺兰县宏佛塔、贺兰山口的方塔,以及陕西等地又陆续发现和收藏不少西夏文献。这些分藏在全国各地的西夏文献,约在10000面以上,既有写本、刻本,也有现存世界最早的木活字印本和泥活字印本。既有西夏文,也有汉文、藏文。内容除大量佛经外,还包括多种世俗文献,具有很高的学术价值和文物价值。为了把国内分藏于各地的大批西夏文献汇集在一起,便于专家、学者们使用,由宁夏大学西夏学研究院牵头,联合国家图书馆、中国社会科学院西夏文化研究中心、甘肃省古籍整理编译中心、内蒙古博物院等20多个单位,历时6年,最终完成17卷20巨册《中国藏

[①] 杨富学、张海娟:《新世纪初国内西夏佛教研究的回顾与展望》,载杜建录主编《西夏学》第6辑,上海古籍出版社2010年版。该文从西夏佛教文献、西夏印经与版本、西夏佛教史、西夏与周边佛教关系、西夏石窟艺术与考古等五个方面,就21世纪初国内西夏佛教研究的状况进行了述论,同时展望了西夏研究发展的前景,并指出若干亟待改进与完善之处。

西夏文献》。① 这是继《俄藏黑水城文献》之后，西夏文献整理出版中的又一重大举措。大型系列文献丛书《中国藏西夏文献》的出版，确立起西夏故地中国在西夏文献收藏与研究中应有的国际地位。

《俄藏黑水城文献》在跨入21世纪后继续得到出版。原本打算自第12册以后，开始收录西夏文佛教文献及其他民族文字文献，一大批西夏社会文书的发现打破了这一出版计划。出版者将西夏文世俗文献增加3册，即第12册至第14册为西夏文世俗文献中的社会文书部分。第14册除收录社会文书外，还对第7册至第14册所收全部西夏文世俗文献作了叙录，最后还为有年款的上述文献汇编了年表。② 西夏文佛教文献部分，从第15册起于2012年开始出版，到2013年已出到第22册。③

《英藏黑水城文献》由北方民族大学（前身为西北第二民族学院）、英国国家图书馆、上海古籍出版社合作出版，共5册。前4册于2005年出版。第5册除继续完成之前剩余的全部编号外，还编写了包括全套丛书内容的《叙录》，于2010年出版。④

北方民族大学还与上海古籍出版社联合出版《法藏法藏敦煌西夏文文献》1册。⑤

武宇林、荒川慎太郎主编的《日本藏西夏文文献》，分上、下两册，于2011年出版。⑥

此外，宁夏大学西夏学研究院、内蒙古自治区考古研究所、甘肃古籍文献整理编译中心合作出版《中国藏黑水城汉文文献》10册。⑦

俄、中、英、法、日五大藏地的西夏文献资料的相继出版，极大地方便了研究者对分藏世界各地的丰富的西夏文献的利用，为21世纪西夏学研究在中国进入繁荣期奠定了坚实的资料基础。

---

① 宁夏大学西夏学研究院、中国国家图书馆、甘肃省古籍文献整理编译中心编《中国藏西夏文献》20册，甘肃人民出版社、敦煌文艺出版社2005—2007年版。
② 俄罗斯科学院东方研究所、中国社会科学院民族学与人类学研究所、上海古籍出版社编《俄藏黑水城文献》第12册，上海古籍出版社2006年版；第13册，上海古籍出版社2007年版；第14册，上海古籍出版社2011年版。
③ 俄罗斯科学院东方研究所、中国社会科学院民族学与人类学所、上海古籍出版社编《俄藏黑水城文献》第15册—20册，上海古籍出版社2012年版；第21册，上海古籍出版社2013年10月；第22册，上海古籍出版社2013年12月。
④ 西北第二民族学院、英国国家图书馆、上海古籍出版社编：《英藏黑水城文献》第4册，上海古籍出版社2005年版；北方民族大学、英国国家图书馆、上海古籍出版社编：《英藏黑水城文献》第5册，上海古籍出版社2010年版。
⑤ 西北第二民族学院、上海古籍出版社编：《法藏敦煌西夏文文献》，上海古籍出版社2007年版。
⑥ 武宇林、荒川慎太郎主编：《日本藏西夏文文献》（上、下），中华书局2011年版。
⑦ 宁夏大学西夏学研究院、内蒙古自治区考古研究所、甘肃古籍文献整理编译中心编：《中国藏黑水城汉文文献》10册，国家图书馆出版社2008年版。

二　西夏文献的解读模式渐趋规范

西夏学的开展必须立足于文献研究，尤其是西夏文献的译释。西夏字和汉字的简单置换，是一个世纪前人们出于迫不得已而采用的解读办法，如今对西夏文献的解读已渐趋规范，学界普遍采取"四行加一注"的模式。具体的做法是：第一行为西夏文献原文；第二行为西夏字拟音；第三行为逐字对译，对译的基本单位是词而不是字；第四行为汉语意译。汉译文之后是注释，注释偏重于与汉文不能形成字面对应的西夏词语、译音词和语法词等，主要是交代为什么这样翻译的理由。以 Инв. No. 6738 西夏文《孟子》第 13 页第 4 行的一句话为例：

𗧯𘞌 𗥤𗭴，𗋽𘃡，𘊳𘋢𗿒𗢳[1]𘊝。
dzju śjij go□r gji dźjar tja be lhji khu gji sju
古世君子过者日月食如
古世君子，过者，如日月食。

[1] 𗿒𗢳，𗿒即"罗睺"，𗢳有"遮掩"义。𗿒𗢳，字面义为"罗睺掩"，对译"日月之食"的"食"字。藏文的日食和月食分别写作 nyi vdzin 和 zla vdzin，字面义分别为"日擒"和"月擒"，本于印度传说。西夏文"𘊳𘋢𗿒𗢳（日月罗睺掩）"，在构词理据上与之相同，这表明西夏在天文历法方面深受佛教发源地印度的影响，这种影响是以吐蕃为跳板实现的。

聂鸿音先生认为理想的解读还应该包括两个方面：第一，对于翻译作品，我们必须揭示这个译本的来源并准确地描述其翻译过程，包括那些没有保留下标题的残片；第二，对于西夏原创作品，我们必须给出通顺流畅的汉译文，并参照相关文献对其中涉及的历史文化因素予以正确的反映。①

近年来对西夏文文献的研究，多集中在用西夏文翻译的汉文典籍上。② 学者们选

---

① 聂鸿音：《西夏文献：解读的理想和理想的解读》，《中国社会科学院院报》2006 年 9 月 28 日第 6 版。
② 用西夏文翻译的汉文典籍，简称"夏译汉籍"，包括译自汉文的儒经《论语》《孟子》《孟子传》《孝经》，兵书《孙子兵法三家注》《六韬》《黄石公三略》《将苑》，史书《十二国》《类林》《贞观政要》，童蒙读本《经史杂抄》，以及西夏人依据汉文典籍编译而成的《新集慈孝传》《德行集》等。这方面的研究成果，专著如聂鸿音《西夏文〈德行集〉研究》，甘肃文化出版社 2002 年版；《西夏文〈新集慈孝传〉研究》，宁夏人民出版社 2009 年版。彭向前《西夏文〈孟子〉整理研究》，上海古籍出版社 2012 年版。论文包括孙颖新《〈十二国〉的西夏文译本》，《民族语文》2003 年第 6 期；宋璐璐《西夏译本中的两篇〈六韬〉佚文》，《宁夏社会科学》2004 年第 1 期；钟焓《〈黄石公三略〉西夏译本正文的文献特征》，《民族研究》2005 年第 6 期；胡若飞《俄藏西夏文草书〈孝经传〉正文译考》，《宁夏大学学报》（人文社会科学版）2006 年第 5 期，等等。

择夏译汉籍作为突破口，是因为在返译的过程中有原文可资参照，从而使得研究工作有据可依。有着坚实基础的汉文译本无疑有利于总结西夏语中复杂的语言现象，对西夏文汉译的规范化将起进一步的推动作用。

新近出版的史金波先生《西夏文教程》是国内外第一部西夏文教程，主要论述了西夏文字构造、西夏语音、词汇、语法，并附各种类型西夏文文献解读实例。① 聂鸿音先生《西夏文献论稿》是其多年研究成果的结晶，全书分中原儒家经典的西夏译本考释，西夏文献所反映的典章制度考证，兵家、道家、医学文献研究，西夏原创诗文研究，西夏佛经考证等方面，对其中有代表性的文献进行了录文、注释、汉译和研究，挖掘出不少反映西夏历史真相的史料。② 二书对探索解读西夏文献的门径具有示范意义。

研读西夏文献的过程，是一个无止境的探索过程，当前的解读规则也有需要进一步完善的地方。如西夏文中有不少动词趋向前缀：

	完成体	未完成体
向上方	𗁅·a	𗁅·jij
向下方	𗁅 nja	𗁅 njij
向近方	𗁅 kji	𗁅 kjij
向远方	𗁅 wji	𗁅 wjij
离心方	𗁅 dja	𗁅 djij
向心方	𗁅 dji	𗁅 djij
不定方	𗁅 rjir	𗁅 rjijr

因为在汉语中没有与之对应的字，在对译时一律用"△"之类抽象的符号来表示，完全看不出这些西夏字在语法功能上的区别。这种标注符号，随着研究的深入和细化，注定是要被改进的。法国学者向柏霖先生已在这方面做了尝试，他使用一套特定的字母和数字组合来标注西夏虚字的语法功能，这里提到的第一组趋向前缀和第二组趋向前缀分别用 Dir1. 和 Dir2. 表示。③

今后对西夏文献解读模式的完善，或可从成熟的中国古代佛经译场组织中吸取有

---

① 史金波：《西夏文教程》，社会科学文献出版社 2013 年版。
② 聂鸿音：《西夏文献论稿》，上海古籍出版社 2012 年版。
③ Guillaume Jacques, *Textes tangoutes I*, *Nouveau recueil sur l'amour parental et la piété filiale*, Lincom Europa. 2007，p. 5.

益的经验①，采取分工合作的办法，把熟悉西夏文、藏文、古代汉语、西夏历史、中国古代典章制度、佛学等方面的专家聚集起来，让他们各司其职，各展所长，集众人之力，一定能够大大提高西夏文献的解读质量。

三 西夏史研究领域的拓展

大批西夏文献相继公之于世，使得西夏史研究者能够取用新材料研究新问题。对已发现的西夏文献做史学上的阐释，成为近年来西夏学研究领域新的生长点。这主要表现在西夏法律文献研究和西夏社会文书研究两个方面。

以西夏综合性法典《天盛改旧新定律令》（简称《天盛律令》）和《新法》为例。《天盛律令》是中国历史上第一部用少数民族文字印行的法典，也是少数民族政权所修法典中唯一保存下来的一部，全书20卷，分150门，1461条，共计20余万言，内容涉及西夏社会的刑法、民法、经济法、财政法、军事法、行政法、宗教与禁卫法，以及西夏司法制度等各个方面，是一部诸法合体的综合性法典，内容十分丰富。20世纪80年代，俄罗斯西夏学家克恰诺夫率先把《天盛律令》从西夏文翻译出来②，之后在俄译本的基础上，汉译本于世纪之交公开出版③，使中国学者第一次能够读懂这部法典，并引起学界高度重视。利用其中的新资料研究西夏法律、社会的著作和论文不断出现。进入21世纪后，以《天盛律令》为研究对象的专著有好几部，其中杜建录先生的《〈天盛律令〉与西夏法制研究》④，堪称对西夏法制进行全面、系统研究的力作。此外，仅文章标题冠以《天盛律令》的专文就有20多篇，涵盖西夏社会的方方面面。有些文章探讨了西夏社会的经济，包括手工业、商业和畜牧业。⑤ 有些文章与西夏的税收有关，如官库收支等。⑥ 有些文章涉及西夏社会阶层，包括皇族、妇女、寺院依附人口。⑦ 有些文章与西夏政治有关，如行政区划、官员俸

---

① 宋代的译场分为九部：第一译主、第二证义、第三证文、第四书字梵学僧、第五笔受、第六缀文、第七参译、第八刊定、第九润文官（《大正新修大藏经》第49册，志磐《佛祖统纪》卷43）。

② Е. И. Кычанов, Изменённый и заново утверждённый кодекс девиза царствования Небесное процветание（1149—1169），"Наука"，1988—1989.

③ 史金波、聂鸿音、白滨译注：《天盛改旧新定律令》，法律出版社2000年版。

④ 杜建录：《〈天盛律令〉与西夏法制研究》，宁夏人民出版社2005年版。

⑤ 杜建录：《〈天盛律令〉所记的西夏手工业》，《固原师专学报》2000年第1期。张玉海：《从〈天盛律令〉看西夏榷禁制度》，《宁夏社会科学》2000年第1期。姜歆：《西夏〈天盛律令〉厩牧律考》，《宁夏社会科学》2005年第1期。

⑥ 董昊宇、董雅慧：《从〈天盛律令〉看西夏官库的收支》，《承德民族师专学报》2011年第4期。姜莉：《从〈天盛律令〉看西夏的税法》，《贵州民族学院学报》（哲学社会科学版）2009年第2期。

⑦ 陈玮：《从〈天盛律令〉看西夏皇族》，《西夏研究》2010年第2期。李娜：《论西夏妇女的经济地位——以〈天盛律令〉为中心》，《忻州师范学院学报》2010年第1期。崔红芬、文志勇：《西夏寺院依附人口初探——以〈天盛律令〉为中心》，《西夏研究》2013年第1期。

禄、档案管理。① 有些文章是研究西夏宗教的②，也有探讨西夏民族关系的③，等等。《新法》是西夏晚期面对内忧外患，为调整社会矛盾而对《天盛律令》所做的修订，以《亥年新法》为主，有多种写本。近年来对《新法》的译释和研究也开始为学界所关注④，这将有助于我们了解西夏法律阶段性的演变，并加深我们对西夏晚期社会状况的认识。当然，相关论著也并非无可指摘，由于部分译文有误，或由于译文语意晦涩，不懂西夏文的学者理解有偏差，大多具有程度不等的瑕疵，但毕竟为学界提供了不少新的内容，在一个时期内推动了西夏历史社会的研究。

西夏社会文书主要是在对已经出土的西夏文献进行整理、修复的过程中发现的。在俄罗斯东方研究所藏西夏文献中发现1500余号⑤，前文已述，这批西夏社会文书现为《俄藏黑水城文献》所收录。在中国国家图书馆藏西夏文献中发现数十种新的文献残页，共有170多纸⑥，现为《中国藏西夏文献》⑦所收录。此外还有一些零星发现。西夏社会文书在数量上要远大于敦煌社会文书，而且种类丰富。众所周知，有关西夏社会状况的记录很少，特别是反映西夏基层社会经济的资料更为寥寥，这使得西夏社会文书显得特别重要，它们在很大程度上可以弥补史籍的不足，深化对西夏社会的认识。杜建录先生、史金波先生率先对西夏社会文书展开大规模研究，并在2010年出版《西夏社会文书研究》一书。该书对文书所涉及的诸多历史问题进行了探讨，包括户籍、农业租税、借贷、扑买、榷场税收、军抄等方面，填补了西夏社会研究内容上的诸多空白。如著者通过对4件西夏文草书户籍文书的译释，首次展示出西夏户籍的面貌。从中我们可以了解到西夏黑水城地区的家庭类型、人口姓名、男女比例、民族聚居、婚姻状况，以及不同家庭土地、畜物的占有状况。还可以证实西夏番、汉民族互相通婚，并存在一夫多妻和姑舅表婚现象。著者还结合西夏法典《天盛律令》探讨了西夏乡里组织，揭示出西夏户籍和军抄的密切关系，并证明西夏有

---

① 杨蕤：《〈天盛律令·司序行文门〉与西夏政区刍议》，《中国史研究》2007年第4期。张玉海：《西夏官吏"禄食"标准管窥——以〈天盛律令〉为中心》，《宁夏社会科学》2012年第5期。尚世东：《从〈天盛律令〉看西夏档案的类型和管理》，《档案》2001年第2期。

② 崔红芬：《〈天盛律令〉与西夏佛教》，《宗教学研究》2005年第2期。姜歆：《西夏法典〈天盛律令〉佛道法考》，《宁夏师范学院学报》2009年第4期。

③ 孙伯君：《〈天盛律令〉中的"契丹"和"女直"》，《东北史地》2011年第2期。

④ 文志勇：《俄藏黑水城文献〈亥年新法〉第2549、5369号残卷译释》，《宁夏师范学院学报》2009年第1期。贾常业：《西夏法律文献〈新法〉第一译释》，《宁夏社会科学》2009年第4期。梁松涛、袁利：《黑水城出土西夏文〈亥年新法〉卷十二考释》，《宁夏师范学院学报》2013年第2期等。

⑤ 杜建录、史金波：《西夏社会文书研究》，上海古籍出版社2010年版，第70页。案俄藏佛经函套中仍有大批社会文书尚未整理。现有函套约数百个，有些函套开裂后只留底层，但至少也能揭出两面文献，完整的函套可以揭出10余面文献。这些社会文书多为西夏文草书，也有楷书，偶尔也可见到汉文。

⑥ 同上书，第166页。

⑦ 宁夏大学西夏学研究院、中国国家图书馆、甘肃省古籍文献整理编译中心编《中国藏西夏文献》（20册），甘肃人民出版社、敦煌文艺出版社2005—2007年版。

及时申报、三年修订一次的完善的户籍编制制度。[①] 再如通过对新发现的部分草书西夏文租税文书的译释和研究表明，西夏黑水城地区有以耕地多少缴纳农业税的固定税制，缴纳杂粮和小麦的比例为 4∶1，每亩缴纳粮食地租为 1.25 升；西夏的"庸"和有地区特点的"草"也以耕地多少负担，农户的租、庸、草账逐户登记，以迁溜为单位统计造册；西夏农户还有负担较重的人头税。[②]

值得注意的是，西夏社会文书多为草书，西夏法律文献也有不少以草书写就。西夏文草书辨识更加困难，一直罕有人涉足。当前国内外具备西夏文草书文献释读能力的人屈指可数，只有以史金波先生为代表的少数几个人。期盼有人早日编出一本《西夏文草书大字典》，以嘉惠学林，扭转现状，促进相关研究。

毋庸讳言，中国的西夏学研究在新世纪初取得重大成绩的同时，还存在一些问题，对此我们应该有清醒的认识。较之于西方学者，语言、文字一直是中国学人的弱项。当前中国西夏学界，能够直接从西夏文文献中挖掘第一手资料的文章不是太多，培养精通西夏文、具有多种治学手段的西夏学人才，是今后西夏学进一步发展的关键。此外，西夏学因出土文献散见于世界各地而成为一门国际性的学科，不少西夏文献研究是用英语、俄语、日语等语言发表的，为及时了解国际西夏学领域最新研究动态，提高研究者的外语水平也是十分必要的。尽管存在着这样或那样的不足，但可以预见，中国西夏学研究的未来将会随着新资料的利用、研究队伍的不断壮大而取得更加丰硕的成果，从而为国际西夏学研究做出更大的贡献。

[①] 杜建录、史金波：《西夏社会文书研究》，上海古籍出版社 2010 年版，第 70—86 页。
[②] 同上书，第 92—115 页。

21世纪以来西夏文文献整理与考释研究综述

荣智润

20世纪初,大批西夏文文献出土于内蒙古自治区额济纳旗黑水城遗址、甘肃省的敦煌莫高窟、武威张义乡小西沟和缠山亥母寺山洞、宁夏回族自治区灵武县、贺兰山拜寺口双塔等寺庙遗址中。在西夏学研究中西夏文文献起着重要的作用,已经发现的西夏文文献中佛经文献的数量最多,占全部西夏文文献的90%以上。目前国外收藏的西夏文文献大部分是佛经文献,收藏国家主要有俄、英、法、德、瑞典等,俄罗斯科学院东方学研究所圣彼得堡分所收藏的文献数量较大,种类较多。在英、法、德、瑞典等国家收藏的大部分为残片。国内收藏西夏文佛经文献最多的是国家图书馆,在国家博物馆、故宫博物院、北京大学图书馆、甘肃博物馆、武威市博物馆、宁夏博物馆、宁夏回族自治区文物考古研究所、内蒙古自治区文物考古研究所,陕西省图书馆、西安市文管处等也有收藏。

进入21世纪以来,西夏文佛经文献的整理研究成果十分丰硕,其中关于西夏文佛经文献而发表考释论文有100多篇,西夏文世俗文献研究的文章有120多篇。本文将2000年以来对西夏文文献研究的文章进行简单的介绍,从西夏文佛经文献的考释和世俗文献两个大方面进行分别论述,世俗文献中又分为法律和社会文书、西夏字书研究、医学著作、夏译汉籍四类按照论文发表的时间先后顺序进行说明。

一 西夏文佛经文献的考释

21世纪初期学界对西夏文佛经文献的研究不多,只有聂鸿音、孙昌盛、孙伯君等人的关于佛经考释文章,从2007年起西夏文佛经文献的研究开始繁荣,大批学者开始关注西夏文佛经文献并进行研究考证。

聂鸿音《西夏佛教术语的来源》(《固原师专学报》2002年第2期)一文,对《金刚般若波罗蜜多经》中"金刚"一词、《佛说瞻婆"比丘"经》中"比丘"一词等诸多西夏文佛经中的佛教术语进行考证,认为西夏文的佛经译本使用了两套不同的词汇;《明刻本西夏文〈高王观世音经〉补议》(《宁夏社会科学》2003年第2期)对北京故宫博物院藏明刻西夏文《高王观世音经》进行考证,认为其印经发起者为明朝永乐年间的国师云丹嘉措，经卷实刻于明宣德五年；《西夏文〈过去庄严劫千佛名经〉发愿文中的两个年号》(《固原师专学报》2004年第5期)，考证西夏文《过去庄严劫千佛名经》发愿文里一段话，认出了里面的"景祐"和"福圣承道"两个年号，解决了这段文字的汉译问题。

孙昌盛《西夏文佛经〈吉祥遍至口和本续〉题记译考》(《西藏研究》2004年第2期)，对1991年在宁夏贺兰山腹地的西夏佛塔出土的《吉祥遍至口和本续》等经中的7册题记进行考释，检索出其中涉及的吐蕃人名在藏文文献中的对应名字，对西夏人翻译吐蕃人名的方法进行了考证，并认为其中几册佛经是藏传佛教经典，在西夏后期由吐蕃僧人传入；《西夏文藏传〈般若心经〉研究》(《民族语文》2005年第2期)，首次全文公布了译自藏文的西夏译本《摩诃般若波罗蜜多心经》，对全文作了详细的解读和注释，提出佛经里面存在逐字对译的藏式词语；《西夏译本〈持诵佛母般若多心经要门〉述略》(《宁夏社会科学》2005年第2期)对《摩诃般若波罗蜜多心经》的念诵法《持诵佛母般若多心经要门》进行了句读整理，为西夏文佛经文献补充了新的资料；《德藏吐鲁番所出西夏文〈郁伽长者问经〉残片考》(《宁夏社会科学》2005年第5期)考释现收藏于德国柏林民俗博物馆出土于吐鲁番的一份佛经残片，确定其为《郁伽长者问经》的一部分，印制于西夏晚期，并证明了当时回鹘与西夏佛教交往的史实。

林英津《简论西夏语译〈胜相顶尊惣持功能依经录〉》(《西夏学》2006年第1辑)介绍了傅斯年图书馆收藏的西夏语译《胜相顶尊惣持功能依经录》，从语言转译和诠释经典的立场对这部佛经进行考释，也介绍了《尊胜经》《圣妙吉祥真实名经》等同一批收藏的西夏文佛经。戴忠沛《法藏西夏文〈占察善恶业报经〉残片考》(《宁夏社会科学》2006年第4期)，介绍了一件1908年伯希和在敦煌发现的西夏文残片，考证其为《占察善恶业报经》卷1，为已刊布的西夏文文献目录补充了一份新的西夏文佛经文献。段玉泉《管主八施印〈河西字大藏经〉新探》(《西夏学》2006年第1辑)对3件内容相同的西夏文佛经发愿文藏品进行考证，重新探索管主八施印《河西字大藏经》的一些问题。释淳法、聂鸿音《昆明一担斋所藏"药师琉璃光佛会"版画考》(《固原师专学报》2006年第1期)，介绍了云南昆明圆通寺一担斋所藏的佛经卷首的版画《药师琉璃佛会》，考证版画题记上的国师为智昭国师德慧，并认为该版画为明代以后的复制本。

[俄]索罗宁著，聂鸿音译《西夏佛教著作〈唐昌国师二十五问答〉初探》(《西夏学》2007年第2辑)、聂鸿音译公布了俄藏的西夏文佛教著作《唐昌国师住光殿众舍中时众人问佛理二十五问答》，对全文进行了译释。孙伯君《北京大学图书馆所藏〈华严经〉卷42残片考》(《西夏学》2007年第2辑)，对北京大学图书馆所藏的西夏文佛经《华严经》残片作了考释和论证，认为其和国家图书馆所收藏的《华严经》不是由同一版印施的。段玉泉《甘藏西夏文〈圣胜慧到彼岸功德宝集偈〉

考释》(《西夏学》2007年第2辑)考察了《中国藏西夏文献》中3个关于《圣胜慧到彼岸功德宝集偈》佛经的残片,考证此3个残件均为《圣胜慧到彼岸功德宝集偈》的残片。杨志高《考古研究所所藏西夏文佛经残片考补》(《民族语文》2007年第6期),介绍中国社会科学院考古研究所收藏的5个西夏文佛经残片,对其中保存相对完整的前3件残片进行解读,考证后2件残片分别来自《大方广菩萨文殊师利根本仪轨经》卷13和《仁王护国般若波罗蜜多经》卷2。黄延军《内蒙古博物馆藏西夏文〈瑜伽集要焰口施食仪〉残片考》(《西夏学》2007年第2辑)对内蒙古博物馆收藏的1件西夏文佛经残片进行考释,考证残片后半部分为《瑜伽集要焰口施食仪》的西夏文译本,认为成书于元代。段玉泉《西夏文〈自在大悲心〉、〈胜相顶尊〉后序发愿文研究》(《宁夏社会科学》2007年第5期)翻译考证了西夏文《自在大悲心》和《胜相顶尊》后序发愿文,认为西夏文本是汉文本的节译本,并对夏、汉文献转译的一些语言问题进行了研究。聂鸿音《英藏西夏文〈海龙王经〉考补》(《宁夏社会科学》2007年第1期),对英藏西夏转译本《佛为海龙五说法印经》进行全文考释并补足缺字。杨志高《中国藏西夏文〈菩萨地持经〉残卷九考补》(《西夏学》2007年第2辑),介绍了中国藏西夏文《菩萨地持经》并对其进行全文的解读。聂鸿音《中国国家图书馆藏西夏文〈频那夜迦经〉考补》[《西南民族大学学报》(人文社会科学版)2007年第6期],对《频那夜迦经》现存部分进行翻译,并纠正其在20世纪被误认为是《大悲经》的错误。还指出元代刊刻的河西字《大藏经》存在版端经题与正文不符的现象,认为《频那夜迦经》版端经题"大悲经"是宋法护译《佛说大悲空智金刚大教王仪轨经》的省称。黄延军《中国国家图书馆藏西夏译北凉本〈金光明经〉残片考》(《宁夏社会科学》2007年第2期)对国家图书馆收藏的两件西夏文佛经残片进行考释,认为这两个佛经残片为西夏转译的北凉昙无谶汉译本《金光明经》,为西夏佛教史研究补充了新的材料。彭向前《中国藏西夏文〈大智度论〉卷第四考补》(《西夏学》2007年第2辑)对中国藏西夏文《大智度论》第4卷进行解读,对残缺的字进行考补。戴忠沛《莫高窟北区出土西夏文残片补考》(《西夏学》2007年第2辑),对《中国藏西夏文献》(甘肃编)中的6片佛经残页作了详细考释,考证其内容来源于5份佛经。

孙伯君《〈吉祥遍至口合本续〉中的梵文陀罗尼复原及其西夏字标音》(《西夏学》2008年第3辑)指出孙昌盛在研究《吉祥遍至口合本续》中的两处不足之处,对卷4中的西夏字音写的梵文陀罗尼进行重新复原,并重新给出西夏字的汉字标音,对《真实相应大本续》中相应陀罗尼的藏文进行转写。段玉泉《西夏文〈胜相顶尊总持功能依经录〉再研究》(《宁夏社会科学》2008年第5期)在林英津《西夏语译〈尊胜经〉释文》基础上,进一步对英藏、内蒙古藏西夏文本进行梳理,认为西夏文本《尊胜经》至少有9个不同的版本,通过对题记和语言材料的对勘,推论《尊胜经》的西夏文译本和汉译本自藏文本翻译而来。杨志高《英藏西夏文〈慈悲道场忏罪法〉误定之重考》(《宁夏社会科学》2008年第2期)对《英藏黑水城文献》第4册中被定名为《金刚般若波罗蜜经》的10件西夏文残片进行了重新考察,指出其名应为《慈悲道场忏罪法》,通过英藏本和国图本的勘同,对其进行考补和释读,探讨了版本关系。崔红芬《英藏西夏文〈圣胜慧到彼岸功德宝集偈〉残叶考》(《宁夏师范学院学报》2008年第1期)通过对英藏西夏文佛经残叶的考释,发现其内容为《圣胜慧到彼岸功德宝集偈》之《称赞品第九》《受持功德品第十》等内容,考证其译自藏文本。段玉泉《中国藏西夏文文献未定名残卷考补》(《西夏学》2008年第3辑)取《中国藏西夏文献》中未定名的相关《圣胜慧到彼岸功德宝集偈》《圣观自在大悲心总持功能依经录》及《胜相顶尊总持功能依经录》的残片进行考证,为学界提供了宝贵的研究资料。

孙伯君《黑水城出土西夏文〈佛说圣大乘三归依经〉译释》(《兰州学刊》2009年第7期)首次公布了西夏文德慧译本《佛说圣大乘三归依经》,并提供全文考释,通过与汉文本对勘可知该西夏文本是依照汉文本而译,对西夏字词的用法有了更深入的了解。杨志高《俄藏本和印度出版的西夏文〈慈悲道场忏罪法〉叙考》(《图书馆理论与实践》2009年第12期)结合以往对西夏文《慈悲道场忏罪法》的研究成果,对俄藏本进行了考证性的专题叙录,还对印度出版的同名经进行了考证,探究其版本问题。段玉泉《甘博藏西夏文〈自在大悲心经〉写本残叶考》[《宁夏大学学报》(人文社会科学版)2009年第2期]对甘肃博物馆藏西夏文写本残叶《自在大悲心经》进行释读考证,发现其为藏传佛典《圣观自在大悲心总持功能依经录》的一部分,对其内容进行了考证。许生根《日本藏西夏文刊本〈大方广佛华严经〉考略》(《宁夏社会科学》2009年第4期)对日本藏的《大方广佛华严经》实地考察,对比不同版本,作了初步的探讨。聂鸿音《西夏文〈阿弥陀经发愿文〉考释》(《宁夏社会科学》2009年第5期)俄藏的两件西夏文残叶拼配成一篇《阿弥陀经发愿文》,对其作了翻译和考证。杨志高《西夏文〈慈悲道场忏罪法〉卷二残叶研究》(《民族语文》2009年第1期)根据印度刊布的两片西夏文残叶补出西夏文译本《慈悲道场忏罪法》卷2部分,为学界补充了研究资料。段玉泉《西夏文〈圣胜慧到彼岸功德宝集偈〉考论》(《西夏学》2009年第4辑)对俄藏黑水城出土的《圣胜慧到彼岸功德宝集偈》部分作了考察,并将文献中漏判的几件文献进行了逐一考证。聂鸿音《西夏文〈无垢净光总持后序〉考释》(《兰州学刊》2009年第7期)翻译和考证了俄藏西夏文《无垢净光总持》卷末残存的"后序",指出当年西夏人翻译经文和撰写后序参考的是宋代施护的汉译本;《乾祐二十年〈弥勒上生经御制发愿文〉的夏汉对勘研究》(《西夏学》2009年第4辑)对《观弥勒菩萨上生兜率天经发愿文》进行了完整的译释。崔红芬《英藏西夏文〈华严经普贤行愿品〉残叶释读》(《文献》2009年第2期)对英藏黑水城文献中曾被定名为"佛经"的西夏文刻本残叶进行考证,认为其是《华严经普贤行愿品》的西夏文转译本,并对其内容进行考释。武宇林

《日本东京大学所藏西夏文〈大智度论〉残片研究述评》[《北方民族大学学报》(哲学社会科学版) 2009 年第 1 期]介绍了日本学者荒川慎太郎关于对西夏文《大智度论》残片的考释和研究的论文，高度评价了荒川先生的文章。

聂鸿音《〈十一面神咒心经〉的西夏译本》(《西夏研究》2010 年第 1 期)对俄藏的西夏文译本《十一面神咒心经》进行考证，指出其带有元代版刻特征，对佛经进行全文解读并对其残缺部分进行构拟。李杨《保定西夏文经幢〈尊胜陀罗尼〉的复原与研究》(《宁夏社会科学》2010 年第 3 期)在对照黑水城出土的纸本《尊胜陀罗尼》的基础上，对保定经幢进行了复原和解读，探讨了保定本与黑水城纸本以及居庸关石刻本的传承关系。聂鸿音《俄藏西夏本〈拔济苦难陀罗尼经〉》(《西夏学》2010 年第 6 辑)对俄藏西夏本《拔济苦难陀罗尼经》进行翻译和校注，对卷尾发愿文作了考证，指出该佛经的刊印的具体时间和目的。王培培《俄藏西夏文〈佛说八大人觉经〉考》(《西夏研究》2010 年第 2 期)首次对译自汉译本的俄藏西夏文《佛说八大人觉经》进行全文解读翻译；《俄藏西夏文〈维摩诘经〉残卷考补》(《西夏学》2010 年第 5 辑)对俄藏西夏文《维摩诘所说经》中一些没有题记的经折装刻本残叶进行考证，确定其为西夏仁宗时期的校译本。黄延军《法藏敦煌西夏文文献考补》(《西夏研究》2010 年第 2 期)考证了法藏敦煌西夏文文献中的两个残片，指出它们分别来自《圣六字增寿大明陀罗尼经》和《瑜伽集要焰口施食仪》。段玉泉《甘藏西夏文〈佛说解百生冤结陀罗尼经〉考释》(《西夏研究》2010 年第 4 期)对《中国藏西夏文献》刊布的两件名为《佛说百寿怨结解陀罗尼经》的佛教文献残卷进行考证，将该文献定名为《佛说解百生冤结陀罗尼经》，并发现这两件残卷可以缀合成一部完整的经文。孙伯君《黑水城出土西夏文〈佛说最上意陀罗尼经〉残片考释》(《宁夏社会科学》2010 年第 1 期)首次公布了俄藏西夏文残片的残存经文录文，通过汉文译本的对照认为西夏文本乃根据施护汉文本所译。聂鸿音《〈仁王经〉的西夏译本》(《民族研究》2010 年第 3 期)考证俄藏西夏文《仁王护国般若波罗蜜多经》分属两个不同译本，文中首次公布了校译本的一则发愿文和题记，对其进行翻译和考释。于光建、黎大祥《武威市博物馆藏西夏文〈维摩诘所说经〉上集残叶考释》(《西夏研究》2010 年第 4 期)对武威市博物馆藏的西夏文佛经残叶进行考释，纠正了《中国藏西夏文献》等著作将其归入《维摩诘所说经》下集的错误，认为该佛经是《维摩诘所说经》上集《菩萨品第四》之部分内容。段玉泉《西夏藏传〈尊胜经〉的夏汉藏对勘研究》(《西夏学》2010 年第 5 辑)对同期、同题的夏、汉、藏文本《圣相顶尊总持功能依经录》进行跨语言对勘研究考证，推论出西夏语《胜相顶尊总持功能依经录》由藏文本翻译而来。杨志高《西夏文〈慈悲道场忏罪法〉第七卷两个残品的补证译释》[《西南民族大学学报》(人文社科版) 2010 年第 4 期]对国图藏西夏译本《慈悲道场忏罪法》中卷 1 中第十五、第十六品的残叶进行翻译，并尝试对其缺失进行补证。孙伯君《西夏文〈修华严奥旨妄尽还源观〉考释》(《西夏学》2010 年第 6 辑）对俄藏的两部西夏文编号残经进行考释，确定其为唐代法藏所述《修华严奥旨妄尽还源观》，并进行了全文翻译。李晓明《英藏黑水城西夏文〈佛说佛母出生三法藏般若波罗蜜多经〉残页考释》（《西夏研究》2010 年第 4 期）对英藏黑水城文献的一份西夏文佛经残叶进行释读考证，认为其为西夏文《佛说佛母出生三法藏般若波罗蜜多经》。［俄］索罗宁《白云释子〈三观九门〉初探》（《西夏学》2011 年第 8 辑）对西夏文《三观九门》进行翻译考释，对其主要内容、作者、佛教思想特色进行分析研究。

聂鸿音《西夏文〈禅源诸诠集都序〉译证》（上、下）（《西夏研究》2011 年第 1、2 期）对西夏文刻本《禅源诸诠集都序》进行全文校录和译释，使汉文本的讹误得以补正；《华严"三偈"考》（《西夏学》2011 年第 8 辑），考释了西夏译本《华严法界观门通玄记》卷尾的一段讲疏，指出作为其解说对象的"三偈"是来自异本。孙伯君《黑水城出土西夏文〈大手印定引导略文〉考释》（《西夏研究》2011 年第 4 期）对尚未刊布的俄藏西夏文 Инв. No. 0875 号文献进行解读，并认为其为《大手印定引导略文》；《西夏文〈正行集〉考释》（《宁夏社会科学》2011 年第 1 期）提供了西夏文《正行集》的全部录文和翻译，认为 Инв. No. 146 号文献是根据白云宗祖师清觉《正行集》的某个略注本译成，该归入佛教著作类；《元代白云宗译刊西夏文文献综考》（《文献》2011 年第 2 期）纠正了学界的一种错误观点，即认为俄藏黑水城文献中凡用西夏文写成的佛经都是西夏时期的作品，还指出《河西藏》中有很多西夏文佛经的译者是元代白云宗的西夏裔僧侣；《元刊〈河西藏〉考补》（《民族研究》2011 年第 2 期）综合了西夏文《过去庄严劫千佛名经》发愿文和《普宁藏》所收汉文发愿文，并参照碑铭资料，对元刊《河西藏》进行了补充梳理；《西夏文〈妙法莲华心经〉考释》（《西夏学》2011 年第 8 辑）刊布了俄藏西夏文《妙法莲华心经》的录文，并做出翻译为西夏佛教史及西夏语研究提供了珍贵的资料；《〈佛说阿弥陀经〉的西夏译本》（《西夏研究》2011 年第 1 期）对俄藏的 8 个编号的西夏文本《佛说阿弥陀经》进行了比较和介绍。林英津的《西夏语译〈尊胜经〉释文》（《西夏学》2011 年第 8 辑）比较了《尊胜经》的夏汉译本的不同，指出西夏故地流传的汉文本《尊胜经》与《大正藏》所收的为异本异译。

段玉泉《武威亥母洞遗址出土的两件西夏文献考释》（《西夏学》2011 年第 8 辑）对武威亥母洞出土的《大白伞盖陀罗尼经》以及一组陀罗尼经的汇编作了考释；《英藏西夏文献中的一幅版画及发愿文考证》（《宁夏社会科学》2011 年第 3 期）对英藏 Or. 12380—3197 号西夏文献进行考证，认为前两叶为西夏文《佛说圣大乘三皈依经》某刻本的一幅说法图，后两叶为该经的发愿文残留部分。胡进杉《西夏文〈七功德谭〉及〈佛说止息贼难经〉译注》（《西夏学》2011 年第 8 辑）对俄藏文献《七功德谭》及《佛说止息贼难经》进行翻译，并分别与汉、藏本逐字对勘校注。

王培培《俄藏西夏文〈佛说诸佛经〉考释》（《宁夏社会科学》2011 年第 6 期）

对俄藏西夏文《佛说诸佛经》进行了全文译释，并列出汉文施护译本的原文，指出夏译本在翻译时都与施护译本保持一致；《英藏西夏文〈维摩诘经〉考释》（《宁夏社会科学》2011年第3期）对已出版《英藏黑水城文献》中的3片《维摩诘经》残片进行了汉文翻译。文志勇、崔红芬《英藏西夏文残叶考补》（《宁夏社会科学》2011年第2期）对英国国家图书馆藏的几件西夏文佛经残叶进行考释，指出其内容出处并纠正刊布者定名的错误。彭海涛《黑水城所出八件佛经残片定名及复原》（《西夏学》2011年第8辑）对黑水城出土的原定名为佛经残叶的8件文书给出了准确定名。[日]荒川慎太郎在《内蒙古文物所收藏的西夏文陀罗尼残片考》（《西夏学》2011年第8辑）中对内蒙古自治区文物考古研究所收藏的一些陀罗尼断片进行语言学角度的介绍和探讨。于光建、徐玉萍《武威博物馆藏6721号西夏文佛经定名新考》（《西夏学》2011年第8辑）将武威博物馆文物档案和《中国藏西夏文献》等定名为《佛说佛名经》的6721号文献翻译研究，认定该经为《佛说决定毗尼经》残件。于光建、黎大祥《武威博物馆藏6746号西夏文佛经〈圣胜慧到彼岸功德宝集偈〉考释》（《敦煌研究》2011年第5期）对该件佛经进行了重新论述，并且对学界在研究该经中出现的失误予以纠正。崔红芬《武威博物馆藏西夏文〈金刚经〉及赞颂残经译释研究》（《西夏学》2011年第8辑）对武威市博物馆藏武威新华乡亥母洞寺遗址出土的一批西夏文经卷进行考释，认为其中一些残片定名为《金刚般若波罗蜜经》欠妥。梁继红、陆文娟《武威藏西夏文〈志公大师十二时歌注解〉考释》（《西夏学》2011年第8辑）对《志公大师十二时歌注解》进行了全文释读，并且对其价值进行探讨。孙颖新《西夏文〈佛说斋经〉译证》（《西夏研究》2011年第1期）对俄藏西夏本《佛说斋经》残叶进行了翻译校注，并指出文献中对诸天寿命计算方法有误。刘景云《西夏文〈十界心图注〉考》（《西夏学》2011年第8辑）对俄藏西夏文版画《十界心》进行考释，指出此版刻对研究天台宗"十界唯心"的传承和西夏佛教发展有很大参考价值。韩潇锐《英藏黑水城出土〈大手印引定〉残片考》（《西夏学》2011年第8辑），对英藏黑水城出土西夏文残片作了全文释读，认为其应改名为《大手印引定》。王龙《英藏黑水城文献〈法华经〉残叶考释》（《西夏学》2011年第8辑）对英藏编号为Or. 12380—3193的西夏文佛经残叶进行了考释，判定其出处并且对英藏《妙法莲华经》残叶及其版本进行了梳理。邹仁迪《英藏西夏文〈大般涅槃经〉写本残叶考》（《西夏学》2011年第8辑）对一份英藏佛经残叶进行释读，认为其为西夏文手抄《大般涅槃经》的一部分。惠宏《英藏西夏文〈金光明最胜王经〉残叶考》（《西夏研究》2011年第4期）对英藏黑水城文献中的多件西夏文《金光明最胜王经》残叶进行考释，指出这一译本与义净译本有所不同。李晓明《英藏西夏文〈七宝华踏佛陀罗尼经〉的误定与考证》（《西夏学》2011年第8辑）对《英藏黑水城文献》中误定为《七宝华踏佛陀罗尼经》的西夏文佛经残叶进行重新定名。

安娅《西夏文藏传〈守护大千国土经〉研究》(中国社会科学院研究生院博士学位论文，2011年)采用"五行对译法"对夏译藏传《守护大千国土经》进行了全文解读，探讨了夏译藏文佛经的翻译原则。胡进杉《武威市博物馆藏西夏文〈佛说百寿怨结解陀罗尼经〉及其残页考述》(《宁夏社会科学》2012年第1期)对武威博物馆藏的两件西夏文《佛说百寿怨结解陀罗尼经》残叶进行考证，与段玉泉《甘藏西夏文〈佛说解百生冤结陀罗尼经〉考释》(《西夏研究》2010年第4期)文中观点一致，认为两件残片原由一件断裂开来的，并对全文进行了释读。杨志高《〈慈悲道场忏法〉西夏译本卷一〈断疑第二〉译注》(《宁夏师范学院学报》2012年第5期)对国图藏的夏译汉文刻本《慈悲道场忏法》卷一《断疑第二》进行了校录和译释。孙伯君《〈无垢净光总持〉的西夏文译本》(《宁夏社会科学》2012年第6期)通过解读俄藏的黑水城西夏文文献《无垢净光总持》，梳理了与之相关的几种存世夏汉译本之间关系。杜建录、于光建《敦煌研究院藏0669西夏文〈金刚般若波罗蜜多经〉考释》(《敦煌研究》2012年第6期)，对敦煌研究院藏西夏文《金刚般若波罗蜜多经》进行翻译、缀合和断代，复原了西夏文《金刚经》的完整修持仪轨，并与汉文本进行对比。孙伯君、韩潇锐《黑水城出土西夏文〈西方净土十疑论〉略注本考释》(《宁夏社会科学》2012年第2期)刊布了俄藏黑水城西夏文《西方净土十疑论》略注本的录文，指出此本是根据宋代沙门澄彧的《净土十疑论注》翻译而成，并进行了全文翻译和注释。梁继红、寇宗东《景泰藏西夏文〈金光明最胜王经〉考释》(《宁夏师范学院学报》2012年第4期)，对景泰出土的西夏文《金光明最胜王经》及流传序残叶进行了初步的考释研究。韩潇锐《西夏文〈大宝积经·普明菩萨会〉研究》(中国社会科学院研究生院硕士学位论文，2012年)对《大宝积经》中的第四十三会《普明菩萨会》进行研究，刊布和解读了西夏译本的存世部分。孙颖新《西夏文〈大乘无量寿经〉考释》(《宁夏社会科学》2012年第1期)对俄藏西夏文《大乘无量寿经》残卷作了翻译和校注，指出西夏本与现存两种汉译本有所差异。张瑞敏《西夏文〈添品妙法莲花经〉(卷二)译释》(陕西师范大学硕士学位论文，2012年)对国图藏西夏文《添品妙法莲华经》(卷二)进行全文释读，总结其中出现的佛教术语，并对其翻译方式进行归纳。段玉泉《西夏文〈尊者圣妙吉祥之智慧觉增上总持〉考释》(《西夏研究》2012年第3期)对3件藏于不同地方的西夏文《尊者圣妙吉祥之智慧觉增上总持》分别进行研究考释。高振超《西夏文〈经律异相〉(卷十五)考释》(陕西师范大学硕士学位论文，2012年)对中国藏西夏文文献《经律异相》(卷十五)作了详细的介绍与考释。杜建录、于光建《武威藏西夏文〈志公大师十二时歌〉译释》(《西夏研究》2013年第2期)对武威藏西夏文写本《志公大师十二时歌》进行译释，认为该文献不是志公的著作。孙颖新《西夏本〈佛说疗痔病经〉释读》(《宁夏社会科学》2013年第5期)对俄藏西夏文《佛说疗痔病经》作了翻译和校注。孙伯君《鲜演大师〈华严经玄谈决择记〉的西夏文译本》

(《西夏研究》2013年第1期）对俄藏黑水城文献7211号佛经进行考释，指出该编号现存的两张残片中的一叶为辽代鲜演大师《华严经玄谈决择记》的西夏文译本。

二 西夏文世俗文献的考释

（一）法律和社会文书

近年来对西夏法律文献的研究主要涉及《天盛律令》和《亥年新法》两部西夏文法典，西夏文社会文书的研究主要关注一些土地买卖契约和军事文书。王元林《〈西夏光定未年借谷物契〉考释》（《敦煌研究》2002年第2期）对俄藏的西夏文契约《西夏光定未年（1223）耶和小狗山借谷物契》进行了考释，对契约年代、内容、格式作了考证。史金波《西夏户籍初探——4件西夏文草书户籍文书译释研究》（《民族研究》2004年第5期）对新发现的4件西夏文草书户籍文书进行译释，首次展示出了西夏户籍的面貌，对西夏户籍制度有一定研究。文志勇《〈天盛律令〉卷一译释及西夏法律中的"十恶罪"》（《宁夏师范学院学报》2010年第5期）对俄藏的《天盛律令》卷一重新进行了翻译和注释，纠正了译本中的错误，并将这部法典与唐宋法典进行比较。［俄］克恰诺夫著，王培培译《黑水城所出1224年的西夏文书》（《西夏学》2011年第8辑）对俄藏的一份西夏文文书进行全文释读，指出该文书是黑水城守将给西夏皇帝的奏表。潘洁《〈天盛改旧新定律令·催缴租门〉一段西夏文缀合》（《宁夏社会科学》2012年第6期）指出在西夏文《天盛改旧新定律令·催缴租门》中的一段关于土地税税额和交纳时间的内容错置在了《春开渠事门》，并将这段西夏文缀合、对译，并且归位。史金波《黑水城出土西夏文卖地契研究》（《历史研究》2012年第2期）公布了新发现的11件西夏文草书土地买卖契约，指出该文献中的内容补充了西夏法典《天盛律令》中关于水利管理的规定，并对西夏契约的形式风格做了一定研究。王荣飞《甘肃省博物馆藏〈天庆寅年"七五会"集款单〉再研究》（宁夏社会科学2013年第5期），文中对甘肃藏的西夏文行草书文书《天庆寅年"七五会"集款单》重新进行释读，认为文献中的"七五日"与佛教的八识有关，指出该文献是当时民间宗教会社用于集款的集款单。梁松涛、袁利《黑水城出土西夏文〈亥年新法〉卷十二考释》（《宁夏师范学院学报》2013年第2期）将西夏文法典《亥年新法》卷十二进行了录文和考释，并结合西夏文法典《天盛改旧新定律令》对西夏内宫制度进行探讨，还根据不同版本的《亥年新法》，对原文献进行考补。［日］佐藤贵保著，冯培红、王蕾译《西夏末期黑水城的状况——从两件西夏文文书谈起》（《敦煌学辑刊》2013年第1期）对两件俄藏的西夏文文书做了释读，对当时黑水城内的社会和自然环境的状况进行了研究。周峰《西夏文〈亥年新法·第三〉译释与研究》（中国社会科学院研究生院博士学位论文，2013年）对西夏文法典

《亥年新法》第三卷进行了全文的译释，并且与西夏的法典《天盛律令》和汉文法典《唐律疏议》进行对比研究，又将西夏和辽金的盗窃法一起比较研究，对西夏的法律有了更进一步的认识。史金波《英国国家图书馆藏西夏文军籍文书考释》（《文献》2013年第3期）对英藏的3件西夏文军籍文书做了翻译和考证，总结了黑水城出土军籍文书的特点。

（二）医学著作

学界对西夏文医药方的研究主要集中在2010年以后，其中梁松涛做了大量的研究考释工作，成果显著，段玉泉、聂鸿音也有几篇关于西夏文医药方的考释文章。聂鸿音《俄藏4167号西夏文〈明堂灸经〉残叶考》（《民族语文》2009年第4期）对俄藏的西夏文残叶进行考释，指出西夏人翻译的原本是《黄帝明堂灸经》的注释本，更接近北宋官方修的《太平圣惠方》卷一百，文章考探了西夏文医学著作的研究门径；《西夏译本〈明堂灸经〉初探》（《文献》2009年第3期）通过对文献的考释译出《明堂灸经第一》《益身灸经卷上》等，并再次指出该份西夏文文献是译自汉文本《黄帝明堂灸经》。吴国圣《俄藏黑水城出土西夏文药方〈三棱煎丸〉之解读考释》（《西夏学》2010年第5辑）对俄藏的一份西夏文药方进行了考释，重现了八百多年前的汉医药方，并对药方的立方方义进行分析。梁松涛《俄藏 Инв. No. 911 号医书第14—2页药方考释——兼论西夏文医药文献的来源及特点》（《西夏学》2011年第8辑）对俄藏黑水城的一份西夏文医书进行考释，认为该药方是治疗湿热恶痢及祛痛消滞的"芍药檗皮丸"，指出其中的药来源于金代刘完素的《宣明论方》。汤晓龙、张如青、刘景云、丁媛《俄藏黑水城西夏文医药文献"治偏头疾方"破释探析》（《河南中医》2011年第12期），对该文献进行释读，探讨该药方的主治功效及用法特色。惠宏、段玉泉《西夏文医方"消风散"考释》（《西夏学》2011年第8辑）对俄藏黑水城的一份西夏文文献进行考释，结合中医文献，认为西夏文"消风散"受金代医学影响，与金代张从正《儒门事亲》同名药方有联系。

惠宏、段玉泉《黑水城出土西夏文医方芍药柏皮丸考释》（《敦煌研究》2012年第2期）对一份西夏文药方进行考释，结合中医文献中的"芍药柏皮丸"的不同记载对该文献进行解读，确定该药方与金代医学家刘完素的"守真芍药柏皮丸"相同。惠宏《黑水城出土西夏文药方"豆蔻香莲丸"释读》（《西夏学》2011年第7辑）对俄藏黑水城的一份西夏文医药方进行考释，释读出"豆蔻香莲丸"，并对该药方进行探讨。梁松涛《俄藏黑水城出土西夏文"五倍丸方"考释》（《西夏研究》2012年第1期）对俄藏黑水城的一份西夏文医书进行考释，认为此方是用于治疗"风毒攻眼、并内外障、止冷泪"的药方，其底本源于《圣济总录》；《俄藏黑水城文献4384西夏文古医方考》（《中医文献杂志》2012年第1期）首次对俄藏黑水城文献编号为 Инв. No. 4384 的西夏文药方进行翻译，认为此方是治疗偏头病方，所依据的底本为某种已佚汉文医方;《俄藏黑水城医药文献 4894 号所载"五补丸"方考释》(《宁夏师范学院学报》2012 年第 1 期) 考证译释了俄藏编号为 Инв. No.4894 的一份西夏文医书,认为此方是补虚益气之方,可能来源于《太平惠民和剂局方》卷 5 之"五补丸"方;《黑水城出土三则偏头痛西夏文古医方考释》(《河北中医》2012 年第 3 期) 对俄藏黑水城文献中的三则西夏文药方进行考释,认为均为治疗偏头痛的吹鼻方,认为其与中原的医药典籍有关。《黑水城出土 4384 (9—8) 与 4894 号缀合西夏文医方考释》(《宁夏社会科学》2012 年第 2 期) 对俄藏黑水城文献编号为 Инв. No.4384 和俄藏编号为 Инв. No.4894 的两份西夏文医书相缀合,进行释读考释,发现存三则药方,并对药方的内容和来源进行了考证;《黑水城出土 4979 号一则西夏文医方考释兼论西夏文医药文献的价值》(《辽宁中医药大学学报》2012 年第 8 期) 首次对俄藏编号为 Инв. No.4979 的一份西夏文医书进行释读和考证,认为此药方是治疗男性痿病之方,翻译底本应该是已佚的唐本《千金方》;《黑水城出土二则齿科病方考述》(《中医药文化》2012 年第 4 期) 对黑水城出土的编号 Инв. No.911 中两则西夏文药方进行翻译释读,认为这两则药方是治疗牙疼、牙龈出血的药方,一个为含漱方,另一个为擦牙方,并指出二方的汉文翻译底本已经佚失。梁松涛《黑水城出土西夏文古方"黄耆丸"考述》(《贵阳中医学院学报》2012 年第 5 期)、《黑水城出土西夏文古医方"人参半夏散"考述》(《时珍国医国药》2012 年第 7 期)、《黑水城出土西夏文古医方"天雄散"考述》(《云南中医学院学报》2012 年第 2 期)、《黑水城出土西夏文古佚医方"萆薢丸"考》(《山东中医药大学学报》2012 年第 6 期)、《黑水城出土西夏文三则治疗肠风泻血方考述》(《河南中医》2012 年第 6 期)、《黑水城出土西夏文文献古方还阳丹考述》(《南京中医药大学学报》2012 年第 2 期)、《黑水城出土西夏文五则治疗眼疾古方考》(《山西中医学院学报》2012 年第 4 期)、《黑水城出土一则西夏文"治口疮"古方考证》(《贵阳中医学院学报》2012 年第 4 期),文中皆对西夏文药方进行了详细的考释和研究。

(三) 西夏字书研究

在存世的西夏文文献中保留了一些西夏文的字书,像《文海宝韵》《同音》《番汉合时掌中珠》等珍贵的文献,学界对这些字书研究的文章也很多。史金波《〈文海宝韵〉序言、题款译考》(《宁夏社会科学》2001 年第 4 期),用写本《文海宝韵》中的序言和卷末题款残片补充了刻本的缺失,做了考释研究,探讨《文海宝韵》的成书时间和内容特点,并与《五音切韵》的序进行比较讨论。张竹梅《从〈番汉合时掌中珠〉看西夏语七品正齿音的音值构拟》[《江苏大学学报》(社会科学版) 2002 年第 1 期] 及《从〈番汉合时掌中珠〉看西夏语有无舌上音》[《江苏大学学报》(社会科学版) 2003 年第 3 期],两篇文章中对西夏文《番汉合时掌中珠》中西夏语发音进行研究。李范文《西夏文〈同音〉与〈同义〉比较研究》[《西北第二民族学院学报》（哲学社会科学版）2003年第2期］，根据原始西夏文文献资料《同音》和《同义》结合现存的相关版本与相关资料从字数、内容等方面对二者进行客观论证分析并比较异同。李范文《〈文海宝韵〉再研究》［《西北第二民族学院学报》（哲学社会科学版）2004年第4期］对《文海宝韵》中反映的问题进行了重新考证，对该书的内容及《文海杂类》等进行了研究和分析。韩小忙《〈文海宝韵〉丙种本内容辑校》（《西夏学》2006年第1辑），将俄藏黑水城西夏文韵书《五音切韵》的丁种本中的碎片辑成《文海宝韵》丙种本，并对其内容做了辑校研究；《西夏文韵书〈同音〉残片的整理》（《西夏研究》2011年第3期）对分藏于世界各地的《同音》西夏文残片进行了集中的整理，校证了俄藏《同音》的乙种本的缺失、错误；《刻本〈同义〉残片的发现及其学术价值》（《宁夏社会科学》2009年第4期），从英藏黑水城文献中分离出若干刻本《同义》残片，对俄藏《同义》写本进行了补充。贾常业《西夏词典的注字及构字特点》（《宁夏社会科学》2007年第5期）对俄藏黑水城西夏文字书《同音》《文海宝韵》等文献进行注字、字形结构上的分析对比，探讨了西夏文字字形构造及声、韵、义的组成。戴忠沛《五份新见藏文注音西夏文残片校释》（《宁夏社会科学》2009年第6期）刊布了2份俄藏黑水城和3份英藏藏文注音西夏文残片，并对其进行了详细考释研究。景永时《西夏文字书〈同音〉的版本及相关问题》（《宁夏社会科学》2012年第6期）根据所能掌握的西夏文字书《同音》文献的相关资料，对《同音》的版本问题进行了新的考证，纠正了以往不准确的说法，指出了将俄藏各号《同音》文献拼合成各种本的欠妥之处，并对如何进行版本判定的方法进行了探讨。

（四）夏译汉籍

孙颖新、宋璐璐《俄藏4429号西夏文〈类林〉残页考》（《宁夏社会科学》2001年第1期）对俄藏4429号西夏文《类林》残叶进行考证，对《类林》卷九后的两则故事来源进行了考察。孙伯君《苏轼〈富郑公神道碑〉的西夏译文》（《宁夏社会科学》2002年第4期）指出在西夏文《德行集》中一段未被解读的文字是来源于苏轼的《富郑公神道碑》，并提供这段文字的汉文译文。聂鸿音《西夏本〈经史杂抄〉初探》（《宁夏社会科学》2002年第3期）介绍了一部杂抄汉文古书中的文句而译成西夏文的小书，指出西夏文《经史杂抄》的编译水平十分低下。孙颖新《〈十二国〉的西夏文译本》（《民族语文》2003年第6期）对已佚汉文史书的西夏文译本《十二国》进行释读，并为此前未能解读的《十二国》篇章寻找原始出处。聂鸿音《西夏文〈五更转〉残叶考》（《宁夏社会科学》2003年第5期）对俄藏西夏《五更转》残叶进行考释，指出这是发表的第一件西夏民间俗曲。聂鸿音《西夏文〈贤智集序〉考释》（《固原师专学报》2003年第5期）介绍了俄藏的西夏文小书《贤智者》，对这份文献的序言和全书的撰写者作了考释。聂鸿音《西夏译〈诗〉考》

(《文学遗产》2003年第4期）从西夏典籍中辑录出西夏人翻译的《诗经》文句二十六则并且加以考察正误，指出当时西夏人对《诗经》都有不同程度的误解。宋璐璐《西夏译本中的两篇〈六韬〉佚文》（《宁夏社会科学》2004年第1期）指出俄藏黑水城西夏文译本《六韬》中有两段文字不见于存世的汉文本，介绍了聂鸿音根据西夏文译文构拟了汉文原文，认为这两段汉文原见于《通典》和《太平御览》。钟焓《〈黄石公三略〉西夏译本正文的文献特征》（《民族研究》2005年第6期）对俄藏黑水城文献中《黄石公三略》的西夏译本正文的文献性质进行了考察，对文献现存部分进行解读，并对其版本问题进行了探讨；《〈黄石公三略〉西夏本注释与〈长短经〉本注释的比较研究》（《宁夏社会科学》2006年第1期）对西夏文译本《黄石公三略》的一部分注释来源进行了考察，并同《长短经》中所保留的《三略》古注做了对比，对其古注进行研究。胡若飞《俄藏西夏文草书〈孝经传〉序及篇目译考》（《宁夏社会科学》2005年第5期）考释了西夏文草书《孝经传》的序言和现存篇目，结合现有研究成果进行研究；《俄藏西夏文草书〈孝经传〉正文译考》[《宁夏大学学报》（人文社会科学版）2006年第5期]对文章中18章正文进行译考，指出西夏译本是汉文的节译本。段玉泉《黑水城文献〈资治通鉴纲目〉残页》[《宁夏大学学报》（人文社会科学版）2006年第3期]、聂鸿音《吕注〈孝经〉考》（《中华文史论丛》2007年第2期）都对西夏文文献的原文进行了翻译和考释。贾常业《西夏文译本〈六韬〉解读》（《西夏研究》2011年第2期）对西夏文献进行全文的点校、解读，反映了夏译本《六韬》及汉籍古本的概貌；《夏译本〈论语全解〉〈孝经传〉中的避讳字》（《宁夏社会科学》2011年第4期）对夏译本《论语全解》和《孝经传》中发现的9个避讳字进行了分析研究。王荣飞、景永时《俄、英藏西夏文译〈贞观政要〉的版本关系》（《宁夏社会科学》2012年第4期），王荣飞《英藏西夏文译〈贞观政要〉初探》（《宁夏社会科学》2012年第2期），王荣飞《英藏西夏文译〈贞观政要〉研究》（北方民族大学硕士学位论文，2013年），这三篇论文对西夏文《贞观政要》的版本问题和内容做了详细的介绍，尤其是对文献的缀合为学界研究《贞观政要》提供了一份珍贵的资料。聂鸿音《西夏本〈太宗择要〉初探》（《宁夏师范学院学报》2012年第2期）对俄藏5875号西夏文写本进行了考释，认为其汉文底本是唐宋官宦阶层的童蒙读物。

（五）西夏文原著

聂鸿音《西夏文〈天下共乐歌〉〈劝世歌〉考释》（《宁夏社会科学》2000年第3期）介绍了俄藏黑水城文献中的两首西夏宫廷诗，提供了录文和汉文的译文，并确定了两诗写成的具体时间。聂鸿音《关于西夏文〈月月乐诗〉》（《固原师专学报》2002年第5期）对俄藏的西夏文诗集《月月乐诗》进行了考释，介绍了此诗的来历和基本体例。梁松涛、杨富学《〈圣威平夷歌〉中所见西夏与克烈和亲事小考》

(《内蒙古社会科学》2008年第6期)对西夏文诗歌《圣威平夷歌》进行考证,指出其中关于西夏与克烈部和亲史事的记载补充了汉文史料之缺失。梁松涛《西夏文〈敕牌赞歌〉考释》(《宁夏社会科学》2008年第3期)对西夏文诗歌《敕牌赞歌》进行了解读,并对诗歌中关于西夏牌符的材质、形状等问题进行了考证。黄延军《西夏文〈经史杂抄〉考源》(《民族研究》2009年第2期)对文献进行了解读,并且指出此书主要依据敦煌汉文文献《新集文词九经抄》编译而来。梁松涛《西夏文〈宫廷诗集〉版本考》(《宁夏社会科学》2011年第4期)及《西夏文〈宫廷诗集〉用典分析》(《西夏研究》2011年第3期)通过对西夏文《宫廷诗集》的考释,对文献的版本和其中引用汉民族典故的问题做了一系列的探讨。

西夏服饰研究综述

任怀晟

西夏服饰研究从20世纪六七十年代逐步被国内外学者重视，它涉及历史、宗教、种族、政治、经济、军事、地理等诸多方面。自19世纪初西夏学发轫到20世纪50年代，国内外西夏学研究主要集中在西夏文解读、西夏史认识方面。这些认识也是西夏服饰研究得以开展的基础。

一 19世纪初至20世纪上半叶国内西夏学研究

1810年张澍在甘肃武威清应寺发现西夏李乾顺于天祐民安五年（1094）所立《凉州凉州重修护国寺感应塔碑》，断定碑阴书体为西夏国书，另一位清代学者鹤龄首次释读了《妙法莲花经》的西夏文经名与卷数名。自此中国进入了西夏历史和西夏文字研究的新阶段。在随后的200年中，许多专家学者致力于西夏文、文献、文物的探索，将西夏学的研究不断深入、推广。进入20世纪，中国学者罗氏父子，即罗振玉、罗福成、罗福苌三人对于西夏佛经，西夏文字构成、文法、发音、西夏辞典、西夏纪年进行了研究。除罗氏父子外，戴锡章在西夏编年史、邓隆（1884—1938）对西夏文佛经和感应塔碑释读方面都进行了探索。[①] 继罗氏父子之后，从1930—1933年，王静如先生的《西夏研究》（1—3辑），其主要部分是佛经的对译考释，并涉及党项与西夏的历史、语言、国名、佛经雕版、官印等诸多领域。1929年秋，北京图书馆购得宁夏发现的西夏文佛经百卷，刊出《西夏文专号》以资纪念，其中收录国内外西夏学者撰写的西夏历史、语言文字、文物考古、文献目录、佛经等论著资料约40种。早期西夏学研究随机性较强，这与发现、发掘出的西夏文物文献资料的匮乏有关，但是这些前期的成果有力地推动了新中国成立后研究的进行。

二 20世纪下半叶以后国内西夏服饰研究

20世纪50年代初，西安曹颖僧的《西夏文史荟存》、四川大学吴天墀的《西夏

---

① 贾敬颜：《西夏学研究的回顾与展望——兼评〈文海研究〉》，《历史研究》1986年第1期。

史稿》(1955年完成，1963年修改定稿，15年后出版)，这两部著作都未对服饰进行专题研究。20世纪60年代敦煌文物研究所和中国科学院民族研究所对莫高窟、榆林窟的西夏洞窟进行首次专项调查，并且国家为王静如先生配备研究助手、招收研究生，这都说明西夏学研究得到国家层面的重视。

随着国家对西夏研究的重视，从20世纪50年代末开始，国内西夏图像资料的发掘、发现成果不断面世。1957年，中国古典艺术出版社出版的《敦煌艺术画库(4)榆林窟》和《敦煌艺术画库(13)敦煌壁画·西夏、元》，是最早介绍西夏壁画的出版物。之后有陈炳应《西夏文物研究》(宁夏人民出版社1985年版)、《中国美术全集·绘画编15·敦煌壁画》(下)(上海人民美术出版社1985年版)，张元林《安西榆林窟》(四川教育出版社1995年版)、《安西榆林窟》(新疆大学出版社1997年版)、《中国石窟·安西榆林窟》(文物出版社、日本平凡社1997年版)，樊锦诗《安西榆林窟》(甘肃人民出版社1999年版)，静安《甘肃安西榆林窟壁画》(重庆出版社1999年版)，韩小忙《西夏王陵》(甘肃文化出版社1995年版)，许成、杜玉冰编著《西夏陵：中国田野考古报告》(东方出版社1995年版)，张宝玺编《武威西夏木版画》(甘肃人民美术出版社2001年版)，宁夏文物考古研究所编著《闽宁村西夏墓地》(科学出版社2004年版)，中国国家博物馆、宁夏回族自治区文化厅编《大夏寻踪：西夏文物辑萃》(中国社会科学出版社2004年版)，宁夏文物考古研究所编著《拜寺沟西夏方塔》(文物出版社2005年版)，宁夏文物考古所编著《山嘴沟西夏石窟》(文物出版社2006年版)，施爱民《文殊山石窟万佛洞西夏壁画》(《文物世界》2003年第1期)。目前国内最全面的西夏文物成果是史金波先生主持的国家社会科学基金重点委托项目"西夏文献文物研究"中的《西夏文物》(待出版)，该书对迄今为止国内发现的西夏文物进行了全面整理，对断代、定名、真伪进行再次论证，是目前国内最翔实的西夏文物资料集。

近30年来，国内西夏文文献的研究得到突飞猛进的发展。史金波、白滨、黄振华的《文海研究》(中国社会科学出版社1983年版)，(西夏)骨勒茂才撰，黄振华、聂鸿音、史金波整理《番汉合时掌中珠》(宁夏人民出版社1989年版)，史金波、黄振华、聂鸿音《类林研究》(宁夏人民出版社1993年版)，陈炳应汉译《西夏谚语——新集锦成对谚语》(山西人民出版社1993年版)，陈炳应《贞观玉镜将研究》(宁夏人民出版社1995年版)，[俄]E.I.克恰诺夫、李范文、罗矛昆著《圣义立海研究》(宁夏人民出版社1995年版)，史金波、魏同贤、克恰诺夫主编《俄藏黑水城文献》(上海古籍出版社1996—2007年版)，史金波、聂鸿音、白滨译注《天盛改旧新定律令》(法律出版社2000年版)，宁夏社会科学院编《中国国家图书馆藏西夏文献》4卷(上海古籍出版社2005—2006年版)，西北第二民族学院、英国国家图书馆、上海古籍出版社编《英藏黑水城文献》4卷(上海古籍出版社2005年版)，史金波、陈育宁主编《中国藏西夏文献》5编20卷(敦煌文艺出版社、甘肃人民出版社、上海古籍出版社2005—2007年版），［法］李伟、郭恩编《法藏敦煌西夏文献》（上海古籍出版社2006版）。这些文献或提供了西夏服饰状况的记载，或提供了经卷版画等直观图像资料。由于西夏文解读的推进，文献中大量西夏服饰的新内容被发现，这促使西夏服饰研究提升到新的层次。

新中国成立后，在西夏图像资料的发掘、发现及西夏文研究基础上，西夏服饰研究取得许多成果。1964年，由中国科学院民族研究所和敦煌文物研究所共同组成的敦煌洞窟西夏调查研究小组，对莫高窟、榆林窟的西夏洞窟重新进行系统考察。调查研究小组由常书鸿先生和王静如先生主持，北京大学宿白先生任顾问，敦煌所书记、常书鸿所长夫人李承仙任秘书长。民族所史金波、白滨，敦煌文物研究所万庚育、刘玉权、李侦伯，甘肃省博物馆陈炳应参加。这是一次由艺术研究部门与民族研究部门联合进行的开创性合作考察。[①] 考察结束后，由于"文革"动乱，工作停顿。直到1978年以后，随着大量西夏文物文献的发现、研究和解读成果的发表，国内西夏研究进入新的历史阶段。大量文献、文物资料的刊发使西夏服饰研究的开展成为可能。王静如先生《敦煌莫高窟和安西榆林窟中的西夏壁画》（《文物》1980年第9期）是国内西夏洞窟壁画服饰研究的开端。该文依据北京大学宿白先生和敦煌文物研究所万庚育、刘玉权的研究成果，探讨了西夏工农业生产的壁画《犁耕图》《踏碓图》《酿酒图》和《锻铁图》中人物画的发式和服饰，以及《国师像》和《唐僧取经图》等。

随后，国内学界逐步加强了对西夏服饰的关注。20世纪80—90年代，服饰研究虽未被作为专著的一个章节进行专题论述，但已经在相关论述中注意到服饰研究是西夏学的重要部分。史金波《西夏文化》（吉林教育出版社1986年版）是第一部全面系统论述西夏文化的专著，其中服饰的内容虽然着墨不多，但是根据当时最新考古发现和文献解读的成果对部分服饰做了研究介绍。漆侠《中国经济通史·辽夏金经济卷》（经济日报出版社1998年版）在论述西夏服饰时显示出对汉文文献的驾轻就熟，书中将西夏服饰与中原服饰的关系做了介绍。

21世纪以来，西夏文物研究专著中服饰已上升为重要专题，论证方法更加科学、系统性更强。陈高华、徐吉军主编《中国服饰通史》（宁波出版社2002年版）第八编《辽金西夏时期服饰》中的第三章《西夏服饰》为史金波先生所著，文中利用西夏文、汉文文献解读的成果系统全面地描述西夏服饰的状况，是迄今对西夏服饰研究最全面、最深入的著作。[②] 该章共分四节：第一节《服饰制度》，以"党项族早期的服饰""建国后的服饰制度""中后期的服饰制度"为标题，论述了西夏党项族服饰

[①] 史金波：《我的西夏研究之路》，《中国哲学社会科学发展历程回忆》（政法社会卷），中国社会科学出版社2014年版，第201页。

[②] 陈高华、徐吉军主编：《中国服饰通史》，宁波出版社2002年版，第380—394页。

的发展，西夏建国初期、中后期服饰制度的形成和不同。第二节《服饰形式和穿着方法》，以"皇帝和后妃的服饰""贵族、官员及其眷属的服饰""平民的服饰""僧人的服饰"为标题，分别举例论述了西夏皇帝、皇妃、贵族、官员及眷属、平民、僧人的服饰样式、色彩和穿着方法。第三节《发式、冠饰与鞋袜》，以"男子秃发和披发""发式和冠饰""饰物和化妆""鞋和袜"为标题，分别举例论述了西夏党项族男子的秃发和披发，皇帝和皇后的冠饰，贵族的发式和冠饰，平民的发式和冠饰，僧人的发型和冠饰，西夏党项族妇女的饰品和化妆方法，西夏党项族的靴、鞋、袜的种类和样式。第四节《婚服、丧服和军服》，以"婚服""丧服""军服"为标题，在婚服、丧服小节中，依照西夏风俗和法律规范，列举文献论证西夏党项族在婚嫁、丧葬时必须穿着的服饰。在军服小节中，列举文献论证了西夏将士军人所穿的征袍、战披和铠甲。该章约 2.5 万字，列举了大量的西夏文文献资料、黑水城发现的西夏绘画艺术品、敦煌石窟西夏供养人画像、甘肃河西西夏墓葬中出土的实物。

韩小忙、孙昌盛、陈悦欣《西夏美术史》（文物出版社 2001 年版）收采了大量的相关史料，显示出很强的资料控制能力。全书按照绘画、雕塑、书法、官印、工艺美术、建筑进行分类。纺织服饰部分在第六章中的第一至三节，分别对纺织材料、印染、服饰做了论述。棉毛麻采用文献记载描述，文物断代论证较少。丝织品叙述比较严谨，文献与文物直观描述与其他同类书籍相似，大量篇幅用在西夏面料组织结构内容的表述上，颇得纺织工程学研究方法风貌。印染、染料论述侧重传统文献整理，染料、工艺介绍不能秉承织组织结构学的风格，似缺乏相应的技术工艺专家支持所致。服饰部分文献引用准确，但是文物部分描述失误较多。例如，第 248—250 页凡未戴冠者均髡发，显然与事实不符，榆林 29 窟赵讹玉身后、国师像身后持长杆仆从都是额顶帕首的形象，难辨髡发痕迹。幞头在宋代形式演化繁多，软硬幞头、多种面料都存在，非完全等同于隋唐初定名时期样式。文中"袍"解释为"有表里袖的长衫"，"长衫"在服饰史中是一专用名词。特别是该书 253 页将西夏妇女描述为"头梳尖桃型髻、交领褙子"。首先，髻是头发，不是外边的包裹物或者覆盖物，西夏妇女的头发在莲蕾冠（目前冠名无据可考，暂以型定名）内，不可能确定发髻形状。其次，宋时女性所穿褙子基本造型是对襟、开衩起于腋下的，所以西夏莲蕾冠妇女所穿"交领褙子"的说法是错误的。

此外，黄能馥《中国服饰通史》（中国纺织出版社 2007 年版）利用部分章节对西夏服饰研究的成果进行了介绍。高春明《西夏服饰艺术》（上海古籍出版社 2009 年版）对西夏服饰进行了分类介绍，文中主要引用西夏学者的研究成果，并选用唐、五代、宋、辽、金文献文物与西夏服饰进行类比介绍。杜建录、史金波《西夏社会文书研究》（上下册）（上海古籍出版社 2012 年版）上册对西夏社会文书进行分析研究，其中涉及许多服饰内容，如皮毡、马毯、川纱、捍纱、絁子等，第九章《西夏军抄文书初探》中描述了正军、辅主、负担的装备，为西夏军队服装的研究提供了可靠的史料。陈育宁、汤晓芳《西夏艺术史》（上海三联书店2010年版），资料丰富，体系完整。作者于前人整理基础上收集整合，无论洞窟、遗址、馆藏，涵盖国内、国外，其中工艺美术部分更将驳杂琐碎的众多西夏服饰艺术品有序含纳其中，搭建成内容丰富的西夏服饰艺术体系。

目前，西夏服饰研究专著中史金波先生《西夏社会》（上下册）（上海人民出版社2007年版）在下册第十五章就西夏社会服饰制度的分期，各阶层服饰的状况，首服、首饰、足衣等配饰和婚丧军服进行了论述。该书选取契约文书、生产图画、人物图像、壁画佛像、图书书影、佛经卷册、石雕泥塑、金属铸造、纺织用品等图版，并利用汉文和西夏文文献资料、考古资料，同时注意将西夏文文献和汉文文献相结合，全方位地探讨西夏服饰文化。该书服饰部分在论述文辞和选用观点方面较为谨慎，尽可能避免疏漏和争议，研究成果可靠。

这个时期相关论文成果有：霍升平、胡迅雷、李大同《西夏谚语初探——兼与陈炳应同志商榷》[《宁夏大学学报》（社会科学版）1986年第3期]，该文认为"红脸是泛指党项人"并不确切。聂鸿音、史金波《西夏文本〈碎金〉研究》[《宁夏大学学报》（社会科学版）1995年第2期]，该文对西夏文《碎金》进行了汉译，其中大量记录了西夏的服饰品类，对西夏服饰的研究提供了可靠的素材。孙昌盛《方塔出土丝织品与西夏丝织水平》（《中外文化交流》1998年第5期）介绍了西夏的绢、锦、纱、罗、绫、绮的组织结构和其中的特色品种，以及西夏制造业的组织机构情况。尚世东、郑春生《试论西夏官服制度及其对外来文化因素的整合》（《宁夏社会科学》2000年第3期）主要通过对宋辽史籍和《天盛改旧新定律令》中的文献进行梳理，整理出西夏皇帝、官吏、命妇、民庶、僧道的服饰规定，以及外来文化对西夏服饰制度形成的影响。谢继胜《黑水城西夏唐卡中的释迦牟尼佛像考》（《宁夏社会科学》2002年第1期）文中对黑水城出土的释迦牟尼、菩萨、金刚、妙音女等服饰情况有比较详细的描述，并重点阐述了这些图像与印度波罗艺术的联系，以及对于这些图像断代的考虑，而对于僧侣服饰的论述处于次要部分。汤开建《西夏"秃发"考》（《西北民族研究》2003年第2期）对元昊秃发令前党项"辫发""披发""秃发""髡发"的情况进行解释，认为元昊颁布秃发令是为了恢复鲜卑习俗，使境内各民族认同鲜卑党项，为重建党项——鲜卑系统新王朝做准备。孙昌盛《西夏服饰研究》（《民族研究》2006年第6期）分为三部分。第一部分论述西夏服饰制度，主要是对宋辽史籍和史金波等译注的《天盛改旧新定律令》中关于服饰规定的文献进行介绍。第二部分分析西夏服饰的特点，其中男子服饰分为冠帽和衣裳两类。孙氏将西夏官服分为朝服、便服两类，并将妇女服饰分为头饰和衣服两类进行论述。其中榆林窟第29窟西壁女供养人外衣为褙子的说法应该有误。褙子应该为腋下开衩、对襟的长外衣，而榆林窟第29窟西壁女供养人外衣腰部开衩、交领，明显不符合褙子的特点。第三部分探讨唐、宋、辽、金、吐蕃服饰对西夏服饰的影响，主要通过对唐、宋、辽、金、吐蕃服饰文献中与西夏服饰相似的部分进行介绍，探索它们与西夏的关系。谢静《敦煌石窟中西夏供养人服饰研究》（《敦煌研究》2007年第3期）对西夏服饰资料进行整理描述。谢静、谢生保《敦煌石窟中回鹘、西夏供养人服饰辨析》（《敦煌研究》2007年第4期）对西夏帝后、官员、贵妇的服饰进行了研究，得出西夏服饰虽受回鹘影响，但不同于回鹘服饰的结论。石小英《西夏平民服饰浅谈——以ДХ.02822〈杂集时要用字〉为中心》（《宁夏社会科学》2007年第3期）利用西夏文献ДХ.02822《杂集时要用字》所提供的历史信息，对平民衣装分质料、头衣、体衣、足衣、颜色等几类进行讨论。赵天英、杨富学《从朝贡和榷场贸易看西夏物产》[《西北民族大学学报》（哲学社会科学版）2009年第4期]介绍了西夏的毛褐、毡毯、百头帐、锦绮、夏国刀剑这些榷场交易的物品，还介绍了夏金榷场贸易文书所见的各种丝织品。张先堂《瓜州东千佛洞第5窟西夏供养人初探》（《敦煌学辑刊》2011年第4期）对东千佛洞第5窟59条题记、81身供养人画像进行了考察，并对石窟供养人画像题记所反映出的石窟营造者的姓氏、身份、官职等信息进行解读分析。陈育宁、汤晓芳《山嘴沟西夏壁画探析》（《西夏学》2006年第1辑）对山嘴沟西夏禅僧窟中20余身佛教人物，包括佛、佛母、观音、罗汉、护法金刚、高僧等的服饰特点进行描绘，论述了其绘画技法及藏传佛教对于西夏佛教图像的影响。

  目前关于西夏服饰研究的论文仍以服饰图像的描述、文献的整理为多，但是汤开建、陈育宁等先生的论文中已显示出他们希望借助目前丰富的西夏文献、文物资料在西夏服饰研究中探求其背后蕴藏的社会信息。

三　国外西夏服饰研究

  国外对于西夏学的研究主要有西夏文字的认识、文献的解读、西夏社会、文书、碑刻、佛经等的理解认识。国外西夏文物研究主要由苏联学者开展，20世纪60年代以后，苏联出现了戈尔芭切娃、克恰诺夫、索夫洛诺夫（苏敏）、格列克、卡津、孟列夫、克平、捷连吉耶夫·卡坦斯基、科洛科罗夫、鲁勃、列斯尼钦科夫等一批专家学者，他们研究重点逐步从语言文字转向对西夏历史、文化、政治、军事、经济、地理、宗教、风俗、服饰等多领域、全方位的研究[①]，其中服饰方面捷连吉耶夫·卡坦斯基和萨玛秀克的研究成果比较显著。

  捷连吉耶夫·卡坦斯基《西夏物质文化》（崔红芬、文志勇译，民族出版社2006年版），该书第一章服饰中分为衣料、男装、女装、童装、头饰、鞋类、特殊服饰（宗教人士与皇帝）、奢华品、卫生用品、发式等几节论述西夏服饰面貌，其优点在于视角广博，采用从远东到西亚广大地区的同时期服饰进行类比研究，另外能够从西

[①] 刘建丽：《20世纪国内外西夏学研究综述》，《甘肃社会科学》2005年第1期。

夏文的字义和文字构成分析服饰名词的含义与文物之间的对应关系。但是，其遗憾在于不能用古代服饰名词进行表述，对于服饰的结构、演化不甚明了，对于服饰的断代作用没有发挥。卡坦斯基的另一本著作《西夏书籍业》（王克孝、景永时译，宁夏人民出版社2000年版）对黑水城出土印刷品的载体材料、颜料、装帧技法、绘画内容等进行了研究论述。书中第三章《西夏书籍的装帧艺术》和第六章《11—13世纪的西夏文献——黑城遗书》中对黑水城出土印刷品中的人、神服饰做了描述，论述比较简要。爱尔米塔什博物馆的萨玛秀克长期从事西夏绘画艺术研究，她的著作《黑水城出土12—14世纪佛教绘画》（俄罗斯国立艾尔米塔什出版社2006年版）介绍了黑水城出土的绘画作品，为西夏服饰的研究提供给了图像素材。遗憾的是，该书在图像的定名研究方面存在某些失误。萨氏有三篇关于服饰方面的重要论文：《黑城出土绘画作品中的历史人物——事实与假说》《西夏绘画中供养人的含义和功能》《西夏王朝的艺术》[①]，这三篇论文对部分疑似西夏帝王像、西夏僧侣和供养人的服饰进行了研究，并通过服饰对这些人物的身份进行推测。此外，金雅声、［俄］谢苗诺夫主编《俄罗斯国立艾尔米塔什博物馆藏黑水城艺术品》（上海古籍出版社2012年版）、［俄］米哈依·彼奥特洛夫斯基《丝路上消失的王国：西夏黑水城的佛教艺术》（意大利米兰爱利克塔出版公司1993年版；中译本由台湾历史博物馆1997年出版，许洋主译）也对西夏黑水城出土的艺术品进行了介绍，表述的观点与萨玛秀克基本一致。

从18世纪初《凉州重修护国寺感应塔碑》的发现至今，特别是20世纪中后期以来，由于西夏文献资料与考古文物的不断公布，为西夏服饰的研究奠定了基础。西夏学者与服饰史学者共同努力、不断发掘西夏服饰的新内容，这些前期工作为更加全面深入地展示西夏服饰面貌做出了贡献。

---

① 景永时编：《西夏语言与绘画研究论集》，宁夏人民出版社2008年版，第138—262页。

西夏皇族研究综述*

陈 玮

有夏二百年，在以党项各宗族贵族为主体的西夏统治集团中，皇族嵬名氏家族无疑居于中心地位。在西夏帝制政体下，西夏皇族作为统治者集团精英的核心组成部分与西夏王朝的国运紧密地联系在一起，休戚与共。在西夏社会中，西夏皇族无疑是一个特殊的复杂的社会群体，这一群体在西夏国家历史发展的不同阶段所扮演的角色一方面说明了皇族本身与国家政权的关系，另一方面又展示了皇族本身作为一个宗族的支分叶布、断续升沉、世业家风。当前国内外学界对西夏皇族的研究主要集中于对西夏皇族族源族属的考辨、唐五代党项拓跋氏、夏州李氏家族成员的墓志考释、崛兴历程，以及对西夏皇帝、宗室的综合研究等几个方面。现将这些研究梳理并分述如下：

一 对西夏皇族的民族族源族属的考辨

对西夏皇族的民族族源和族属的考辨主要有：唐嘉弘《关于西夏拓跋氏的族属问题》[①]《论西夏拓跋氏、甲绒、吐蕃和羌人的族源关系》[②]《再论西夏拓跋氏的族属问题》[③]，吴天墀《论党项族拓跋族族属及西夏国名》[④]，汤开建《关于西夏拓跋氏族源的几个问题》[⑤]，周新华《西夏皇族拓跋氏族属辩证》[⑥]，邓如萍 Who are the Tangut? Remark on Tangut Ethnogenesis and the Ethnonym Tangut[⑦]，陈炳应《西夏文物研

---

* 本文获2012年教育部博士研究生学术新人奖资助。
① 唐嘉弘：《关于西夏拓跋氏的族属问题》，《四川大学学报》（社会科学版）1955年第2期。
② 唐嘉弘：《论西夏拓跋氏、甲绒、吐蕃和羌人的族源关系》，载《中国古代民族研究》，青海人民出版社1987年版。
③ 唐嘉弘：《再论西夏拓跋氏的族属问题》，载白滨等编《中国民族史研究》（第二辑），中央民族学院出版社1989年版。
④ 吴天墀：《论党项族拓跋族族属及西夏国名》，《西北史地》1986年第1期。
⑤ 汤开建：《关于西夏拓跋氏族源的几个问题》，《中国史研究》1986年第4期；修订版见《党项西夏史探微》，台湾允晨文化实业股份有限公司，2005年版，第8—30页。
⑥ 周新华：《西夏皇族拓跋氏族属辨证》，载《宁夏古迹新探》，宁夏人民出版社2002年版。
⑦ Dunnell, R. W. "Who are the Tangut? Remarks on Tangut Ethnogenesis and the Ethnonym Tangut", *Journal of Asian History*, 18, No. 1, 1984.

究》①，周伟洲《唐代党项》②《早期党项史研究》③，史金波《西夏境内民族考》④《西夏社会》⑤，李范文《再论西夏党项族的来源与变迁》⑥《西夏通史》⑦，张云《党项名义与族源考证》⑧等。

　　唐嘉弘、吴天墀、汤开建、周新华、邓如萍均认为西夏皇族拓跋氏源出鲜卑拓跋氏。其中唐嘉弘认为李元昊为拓跋赤辞后裔，而拓跋赤辞属于鲜卑族系。吐谷浑的拓跋氏源于北魏拓跋氏，而党项羌中的拓跋部即吐谷浑的拓跋氏。吴天墀认为西夏王室祖先拓跋守寂在《元和姓纂》中被记为鲜卑族。拓跋氏在党项族中形成的统治地位与吐谷浑慕容氏、西秦乞伏氏、南凉秃发氏等鲜卑政权在羌族地区立国类似。在党项内部有统治族拓跋氏与被统治族羌人的区分，同时西夏风俗多沿袭北方民族，而且党项拓跋氏"弭药"之称号源于北朝鲜卑贵族之命名"弭药"及"弭俄突"。明代《河西译语》中的党项语有大量阿尔泰语系成分。因此，西夏皇族拓跋氏源出鲜卑拓跋氏。汤开建援引唐、辽、宋、元、明、清五朝史籍论证党项拓跋氏源于鲜卑拓跋氏，还考察了拓跋鲜卑流入羌族部落的过程及党项拓跋氏与羌族的关系，指出党项拓跋部长期受羌文化影响，因此逐渐羌化。另外克恰诺夫认为党项拓跋部可能自源于拓跋鲜卑的秃发鲜卑分离出来。⑨

　　陈炳应、周伟洲、史金波、李范文、张云则认为西夏王室本为羌系。陈炳应指出西夏诗歌、谚语的"弥药皇储代代传""取姓嵬名后裔传"反映了西夏皇族出于党项人弥药。史籍记载府州折氏为党项羌，但其家族碑刻则称其为北魏拓跋氏后裔，这与李元昊假托北魏后裔同出一辙。西夏忠武王庙中的神像被"羊首豨冠"反映了西夏王族对羊的崇拜，正说明其出于羌系。周伟洲对吴天墀、汤开建的观点进行了全面质疑，他以新出唐《拓跋守寂墓志》所记载的拓跋守寂远祖为"弥""出自三苗，盖姜姓之别"力证党项拓跋氏出于西羌。史金波认为党项语属汉藏语系藏缅语族，而一般操藏缅语族语言的民族属羌系民族，而包括西夏王族嵬名氏（拓跋氏）的番族都把番语视为自己的民族语言。他在《西夏社会》中进一步指出"以西夏文和汉文史料分析，从番族的生活地域、历史发展、迁徙经过、语言、习俗综合考察，认为包括

---

① 陈炳应：《西夏文物研究》，宁夏人民出版社1985年版。
② 周伟洲：《唐代党项》，广西师范大学出版社2006年版。
③ 周伟洲：《早期党项史研究》，中国社会科学出版社2004年版。
④ 史金波：《西夏境内民族考》，载蔡美彪主编《庆祝王钟翰先生八十寿辰学术论文集》，辽宁大学出版社1993年版。
⑤ 史金波：《西夏社会》，上海人民出版社2007年版。
⑥ 李范文：《再论西夏党项族的来源与变迁》，载李范文主编《首届西夏学国际学术会议论文集》，宁夏人民出版社1998年版，第1—23页。
⑦ 李范文主编：《西夏通史》，宁夏人民出版社、人民出版社2005年版。
⑧ 张云：《党项名义与族源考证》，《中国藏学》1996年第2期。
⑨ Е. Н. Кычанов. История Тангчгкого Государства, Санкт—Петербург: Санкт—Петербургского государственного университета, 2008, стр. 35—44.

拓跋氏在内的番族主要是党项羌的后裔是有根据的。有人认为西夏皇族和党项族不属同一民族。在西夏文资料中西夏嵬名氏自认为是番族，对番族的认同感非常明显，也没有发现番族内统治者与被统治者有不同民族来源的迹象。"① 李范文力辩唐嘉弘、汤开建的观点，他在《西夏通史》中进一步指出："西夏文《杂字》和西夏人撰写的汉文《杂字》，把西夏皇姓嵬名（㦎㦎）列入番姓首位。而鲜卑拓跋氏在汉文《杂字》中称昔壁氏。用西夏文译成的唐代类书《类林》中，鲜卑的西夏译文为㦎㦎，即汉文《杂字》番姓之昔壁。在唐代就已融入番族的鲜卑人以昔壁为姓，而西夏皇族姓嵬名而未姓昔壁，这证明党项拓跋氏并不是鲜卑拓跋氏。"② 张云则认为吐蕃与党项的族源有密切的血缘关系，党项与藏史传说中的董氏部落有关，并从藏语中考证了早期党项八部的音译原型。

20世纪末陕北《拓跋赤辞墓志》的出土基本上可以为这项讨论画上句号。《拓跋守寂墓志》云拓跋守寂"出自三苗，盖姜姓之别。"③《通典》卷189《边防五·西戎一·序略》曰："西羌出自三苗，盖姜姓也。"④ 另外据《全唐文》卷16《赠拓跋思泰特进制》，拓跋守寂之父拓跋思泰为"党项大首领故右监门卫将军员外置同正员使持工节溰等一十二州诸军事兼静边州都督仍充防御部落使。"⑤《旧唐书·党项羌传》云"党项羌，在古析支之地，汉西羌之别种也。"⑥ 因此拓跋氏出于西羌无疑。

二 对唐、五代党项拓跋氏和夏州李氏家族的研究

对唐、五代党项拓跋氏和夏州李氏家族的研究主要集中于对拓跋氏、李氏家族人物墓志的考释及探讨李氏家族与夏州地方政权的关系，主要有邓辉、白庆元《内蒙古乌审旗发现的五代至北宋夏州拓跋部李氏家族墓志铭考释》⑦，周伟洲《陕北出土三方唐五代党项拓跋氏墓志考释——兼论党项拓跋氏之族源问题》⑧《早期党项拓跋氏世系考辨》⑨，王富春《唐党项族首领拓跋守寂墓志考释》⑩，乔建军《榆林唐拓跋

---

① 史金波：《西夏社会》，上海人民出版社2007年版，第27—28页。
② 李范文主编：《西夏通史》，宁夏人民出版社、人民出版社2005年版，第46页。
③ 宁夏大学西夏学研究院、中国国家图书馆、甘肃省古籍文献整理编译中心编：《中国藏西夏文献》第十八卷《金石编·碑石·题记》，甘肃人民出版社、敦煌文艺出版社2007年版，第24页。
④ 《通典》卷189《边防五·西戎一·序略》，中华书局1988年标点本，第5125页。
⑤ 《全唐文》卷16，中华书局1983年影印本，第195页。
⑥ 《旧唐书》卷198，中华书局1975年标点本，第5290页。
⑦ 邓辉、白庆元：《内蒙古乌审旗发现的五代至北宋夏州拓跋部李氏家族墓志铭考释》，《唐研究》2002年第8卷。
⑧ 周伟洲：《陕北出土三方唐五代党项拓跋氏墓志考释——兼论党项拓跋氏之族源问题》，《民族研究》2004年第6期。
⑨ 周伟洲：《早期党项拓跋氏世系考辨》，《西夏研究》2010年第1期。
⑩ 王富春：《唐党项首领拓跋守寂墓志考释》，《考古与文物》2004年第3期。

守寂墓及墓志》①，杜建录、白庆元、杨满忠、贺吉德《宋代党项拓跋部大首领李光睿墓志铭考释》②，杜建录《夏州拓跋部的几个问题——新出土唐五代宋初夏州拓跋部政权墓志铭考释》③，牛达生《拓跋思恭卒年考——唐代〈白敬立墓志铭〉考释之一》④，陈玮《后周绥州刺史李彝谨墓志铭考释》⑤《后晋绥州刺史李仁宝墓志铭考释》⑥。

上列论著以考证李氏家族的具体世系居多，如邓辉、白庆元考证《李彝谨墓志》《李继筠墓志》所记"韩王"为虢王李仁福，称其为"韩王"是避后周郭氏之讳，又考证《李彝谨墓志》中的"思□"为拓跋思恭。周伟洲则通过考释《拓跋守寂墓志》《李仁宝墓志》《破丑氏夫人墓志》讨论了党项拓跋氏的族源、迁徙、世系及党项羁縻州静边州都督府所在地等问题。他所考列的早期党项拓跋氏世系表是目前最详备的隋至北宋初年党项拓跋氏、李氏家族世系表。他还考证《全唐文》所载《授李成庆夏州节度使制》中的李成庆为继拓跋思恭之后的第二任定难军节度使，李成庆与拓跋思恭、拓跋思谏、拓跋思孝为父子、叔侄关系。⑦ 杜建录则考证了《李光睿墓志》中所记载的"夏州管内蕃部越名都指挥使"这一职官的内涵和李光睿时期定难军的内政与外交。他还通过考释墓志指出拓跋家族的婚姻为蕃汉混杂、一夫多妻，还具有姑表婚的特点。

陈玮则指出从《李彝谨墓志》所载李彝谨祖父李重建所任官职可以看到，中唐以后夏州党项与灵州党项在政治上的密切联系。李彝谨及其诸子在定难军的属州绥州所担任的自刺史以下的各种仕职，表明了定难军节度使李氏家族对辖内诸州的世袭性领有和政治支配权。他还考证李彝殷被后周赐予铁券，李光睿故后由司天监占定吉凶，确定朝廷的举哀日期。这种制度还延续至李德明时期。他还指出《李仁宝墓志》的行文集中体现了夏州李氏家族的门第阀阅意识，也体现了夏州李氏对其所属诸州统治的合法性渊源有自。李仁宝退隐后的生活反映了夏州李氏家族的高度汉化及经济实力。另外杨浣《五代拓跋部世系与婚姻考论》⑧ 结合汉文典籍和墓志铭初步讨论了夏州李氏家族的婚姻关系。吴天墀则认为拓跋赤辞之侄拓跋思头可能为静边州都督拓跋

---

① 乔建军：《榆林唐拓跋守寂墓及墓志》，《西夏研究》2006年第3辑。
② 杜建录、白庆元、杨满忠、贺吉德：《宋代党项拓跋部大首领李光睿墓志铭考释》，《西夏学》2006年第1辑。
③ 杜建录：《夏州拓跋部的几个问题——新出土唐五代宋初夏州拓跋部政权墓志铭考释》，《西夏研究》2013年第1期。
④ 牛达生：《拓跋思恭卒年考——唐代〈白敬立墓志铭〉考释之一》，载聂鸿音、孙伯君编《中国多文字时代的历史文献研究》，社会科学文献出版社2010年版，第427—435页。
⑤ 陈玮：《后周绥州刺史李彝谨墓志铭考释》，《西夏学》2010年第5辑。
⑥ 陈玮：《后晋绥州刺史李仁宝墓志铭考释》，《西夏学》2014年第11辑。
⑦ 周伟洲：《早期党项史研究》，中国社会科学出版社2004年版，第104—106页。
⑧ 杨浣：《五代拓跋部世系与婚姻考论》，《宁夏社会科学》2005年第1期。

思泰。[①]

日本学者多以李氏家族与夏州地方政权的关系为视角展开研究,如冈崎精郎《五代期における夏州政权の展开》[②]、岩崎力《唐最晚期のタングートの动向——西夏建国前史の再检讨(三)》[③]。岩文以《拓跋李氏のフ延路进出(フは阜に鹿)》《拓跋李氏势力の消长》两节重新审视了由李氏家族执政的夏州政权在唐末五代的发展及其与李茂贞等中原割据势力的关系。另外岩崎力在《西夏建国とタングート诸部族》[④] 中指出李氏(嵬名氏)家族在西夏建国时期为党项各部族之"盟主",并对李氏家族于党项诸部族的影响进行了考察。

三 对西夏皇帝的研究

对西夏皇帝的研究主要有:白滨《元昊传》[⑤],李范文《西夏皇帝称号考》[⑥],史金波《西夏名号杂考》[⑦],徐庄《试论李继迁的历史作用》[⑧],顾吉辰《李继迁卒年辩证》[⑨],吴天墀《关于李继迁的卒年问题——对〈李继迁卒年辩证〉一文的商榷》[⑩],汤开建《李继迁卒年再辩证》[⑪],钟焓《失败的僭伪者与成功的开国之君——以三位北族人物传奇性事迹为中心》[⑫],吴光耀《为李继迁辩》《西夏赵德明卒年小考》《略论夏国创建人——赵元昊》[⑬],李蔚《略论李德明》《论李继迁》《关于元昊若干问题的探讨》[⑭],陈育宁《评李元昊在西夏建立过程中的作用》[⑮],薛正昌《略论李元

---

① 吴天墀:《西夏史稿》(增订本),四川人民出版社1982年版,第15页。
② [日]冈崎精郎:《五代期における夏州政权の展开》,《东方学》1954年第9号。
③ [日]岩崎力:《唐最晚期のタングートの动向——西夏建国前史の再检讨(三)》,《中央大学人文科学研究所人文研究纪要》2003年第48号。
④ [日]岩崎力:《西夏建国とタングート诸部族》,《中央大学人文科学研究所人文研究纪要》1990年第14号。
⑤ 白滨:《元昊传》,吉林教育出版社1988年版。
⑥ 李范文:《西夏皇帝称号考》,载《西夏研究论集》,宁夏人民出版社1983年版,第76—99页。
⑦ 史金波:《西夏名号杂考》,《中央民族学院学报》1986年第4期。
⑧ 徐庄:《试论李继迁的历史作用》,《宁夏大学学报》(社会科学版)1981年第4期。
⑨ 顾吉辰:《李继迁卒年辩证》,《宁夏大学学报》(社会科学版)1981年第4期。
⑩ 吴天墀:《关于李继迁的卒年问题——对〈李继迁卒年辩证〉一文的商榷》,《宁夏大学学报》(社会科学版)1982年第2期。
⑪ 汤开建:《李继迁卒年再辩证》,《宁夏大学学报》(社会科学版)1982年第2期。
⑫ 钟焓:《失败的僭伪者与成功的开国之君——以三位北族人物传奇性事迹为中心》,《历史研究》2012年第4期。
⑬ 吴光耀:《为李继迁辩》,《宁夏社会科学》1983年第3期;《西夏赵德明卒年小考》,《西北史地》1984年第1期;《略论夏国创建人——赵元昊》,《青海民族学院学报》(社会科学版)1984年第3期。
⑭ 李蔚:《略论李德明》,《兰州大学学报》(社会科学版)1988年第1期;《论李继迁》,《西北民族研究》1994年第1期;《关于元昊若干问题的探讨》,《宁夏大学学报》(社会科学版)1996年第1期。
⑮ 陈育宁:《评李元昊在西夏建立过程中的作用》,《宁夏社会科学》1988年第2期。

昊》①，吴小强《评李元昊》②，陆宁《元昊定制浅析》③，刘华、杨孝峰《元昊营建天都行宫的意图及其遗址考》④，汪家华《真宗赐李继迁姓名考》《论李继迁受封》⑤，孙昌盛《西夏六号陵陵主考》⑥，罗矛昆《西夏仁宗李仁孝》⑦，彭向前《谅祚改制考论》《西夏皇帝生日之谜》⑧，崔红芬、文志勇《西夏皇帝尊号考略》⑨，梁松涛《"圣明皇帝"为西夏仁宗考》⑩，黎大祥、于光建《夏神宗遵顼生于凉州考》⑪。

　　白滨概述了李元昊的一生，强调了李元昊作为卓越的政治家、军事家及其在创建西夏国家过程中的丰功伟业，并指出李元昊的统一与战争给原来封建经济和文化高度发展的一些地区带来了落后与不利的因素。李范文根据西夏帝陵出土的西夏文、汉文残碑、西夏文佛经序跋、传世西夏碑铭，结合汉文史料考证了西夏帝号中风角城皇帝、面壁城皇帝、明城皇帝、白城皇帝、护城皇帝、珠城皇帝、永平皇帝、仁净皇帝、大明皇帝。他在《西夏陵墓出土残碑粹编》中还考证了西夏帝陵二号陵陵主为夏仁宗仁孝、八号陵陵主为夏神宗遵顼。⑫ 史金波分析了西夏皇帝姓氏嵬名的西夏语含义及构成，指出李元昊自称之"兀卒"为西夏语皇帝之义。徐庄、吴光耀指出李继迁抗宋具有反对民族压迫的正义性，加速了党项族封建化的进程。顾吉辰、吴天墀、汤开建则对李继迁的卒年进行了热烈讨论。钟焓通过分析西夏文《夏圣根赞歌》和藏文史籍《红史》所记载的李继迁称帝故事，指出李继迁被神化为西夏王朝的开国者。在《夏圣根赞歌》中，李继迁被塑造为天圣子与龙的后裔，在《红史》中则被塑造为山神或龙神之子。

　　吴光耀考证了李德明的卒年，认为元昊在建国上效法汉制，经济上加强与中原的经济联系，文化上也学习汉族的优秀文化，对宋战争带有自卫性和阶级剥削性。李蔚指出李德明为西夏立国的奠基人，其与辽、宋和好，保境安民，进击河西，有利于党项民族的进步和西夏社会的发展。他认为李继迁初步统一党项诸部、重建夏州政权，发展农业、兴修水利，以及对宋贸易对于党项族的所独立和党项社会的发展，起到了

---

① 薛正昌：《略论李元昊》，《甘肃社会科学》1996年第1期。
② 吴小强：《评李元昊》，《广州师院学报》（社会科学版）2000年第1期。
③ 陆宁：《元昊定制浅析》，《西北民族学院学报》（哲社版）2000年第4期。
④ 刘华、杨孝峰：《元昊营建天都行宫的意图及其遗址考》，《宁夏社会科学》2000年第2期。
⑤ 汪家华：《真宗赐李继迁姓名考》，《井冈山师范学院学报》（哲学社会科学版）2004年增刊；《论李继迁受封》，《衡阳师范学院学报》2006年第4期。
⑥ 孙昌盛：《西夏六号陵陵主考》，《西夏研究》2012年第3期。
⑦ 罗矛昆：《西夏仁宗李仁孝》，《西北民族论丛》1984年第1期。
⑧ 彭向前：《谅祚改制考论》，《内蒙古社会科学》（汉文版）2008年第4期；《西夏皇帝生日之谜》，《西夏研究》2012年第1期。
⑨ 崔红芬、文志勇：《西夏皇帝尊号考略》，《宁夏大学学报》（人文社会科学版）2006年第5期。
⑩ 梁松涛：《"圣明皇帝"为西夏仁宗考》，《敦煌学辑刊》2008年第1期。
⑪ 黎大祥、于光建：《夏神宗遵顼生于凉州考》，吴天墀教授百年诞辰国际学术研讨会论文，四川，2012年，第216—218页。
⑫ 宁夏博物馆发掘整理，李范文编释：《西夏陵墓出土残碑粹编》，文物出版社1984年版，第3—7页。

积极的促进作用。李蔚还分析了元昊建国的必然性，认为元昊统治时期统治阶级的内部斗争反映了皇权集中与部落首领分权的矛盾。陈育宁指出李元昊在吸收汉族先进经济文化、推动党项社会发展等方面，以及他在建国称帝过程中所表现出的政治军事才干，对于西夏的建立和长久存在起到了重要作用。薛正昌认为李元昊对于西夏文化的形成和发展做出了卓越贡献。吴小强认为李元昊建国代表了党项奴隶主贵族阶级的愿望和利益。陆宁指出元昊定制是"外蕃内汉"的封建化改革。刘华、杨孝峰分析了李元昊营建天都行宫的目的。汪家华考证了宋真宗赐李继迁姓名的时间及参加草制的宋廷官员。孙昌盛考证西夏六号陵陵主为李德明。

罗矛昆认为夏仁宗仁孝提倡文治顺应历史潮流，但削弱了党项人崇实尚武的民族精神，使西夏走向衰落。彭向前认为夏毅宗谅祚改制仿唐色彩浓厚，还考证了西夏五位皇帝的双重诞节。崔红芬、文志勇考证了西夏皇帝元昊、谅祚、秉常、乾顺、仁孝的尊号，指出这些尊号是西夏封建化高度成熟的表现。梁松涛考证黑水城出土的西夏文《宫廷诗集》出现的"圣明皇帝"为夏仁宗仁孝尊号。黎大祥、于光建考证夏神宗遵顼生于凉州。彭向前考证蒙元史料所记西夏皇帝为李王乃孛王之误，孛王乃西夏皇帝自称，借自回鹘语"佛"。[①] 苏航考证了李王在波斯文《史集》中的对音。[②]

另外，伍纯初认为西夏王族姓氏的更改反映了西夏政权与中原政权势力的消长，是党项羌、西夏与汉民族文化交流、封建化的历史。[③] 史金波研究了西夏皇室与敦煌莫高窟的关系，认为莫高窟大规模修建是西夏皇室所为。[④] 刘兴亮指出西夏皇室的婚姻以党项族的内部婚为主，与汉、吐蕃、契丹有着广泛的婚姻关系，具有礼制婚俗与原始婚俗并存、婚姻的多元化与等级性并重、政治色彩极强等特点。[⑤] 日本学者中嶋敏讨论了李元昊与野利氏家族的政治关系，分析了西夏君主权的特性。[⑥] 冈崎精郎分析了李元昊实行秃发令的政治原因。[⑦] 中嶋一郎对西夏皇帝及其国内政治也进行了研究。[⑧] 俄罗斯学者克恰诺夫《西夏国史纲》[⑨] 在论述元昊、谅祚、秉常、乾顺、仁孝时期的西夏政治形势和战争形势时，不同程度地提到了西夏皇族。克平 Tangut

---

[①] 彭向前：《西夏"李王"为"孛王"试说》，《宁夏师范学院学报》2008年第4期。
[②] 苏航：《西夏史札记三则》，载中国社会科学院民族学与人类学研究所编《薪火相传——史金波先生70寿辰西夏学国际学术研讨会论文集》，中国社会科学出版社2012年版，第98—104页。
[③] 伍纯初：《从西夏王族的姓氏变化看其与中原政权的关系》，《天中学刊》2004年第4期。
[④] 史金波：《西夏皇室和敦煌莫高窟刍议》，《西夏学》2009年第4辑。
[⑤] 刘光亮：《论西夏皇室婚姻的几个问题》，《西夏研究》2011年第4期。
[⑥] [日] 中嶋敏：《東洋史學論集—宋代史研究とその周邊》，日本汲古书院1988年版，第435—445页。
[⑦] [日] 冈崎精郎：《西夏の李元昊と禿髪令》，《东方学》1959年第19号。
[⑧] [日] 中嶋一郎：《西夏国主の研究》，《龍从大学大学院文学研究紀要》人文科学1987年第8号。
[⑨] Е. Н. Кычанов. Оуерк истории Тагутского государсва, Иэдательство Иаука, Москва, 1969.

(Xi Xia) Degrees of Mourning①依据《天盛律令》间接提到了西夏皇族的丧服制度。邓如萍梳理了佛教与西夏君主政治的关系，指出元昊的独立宣言暗含了对北魏崇佛传统的继承。②

从上可见，对西夏皇帝的研究主要分为两种类型，一是集中对一些在西夏历史上具有特殊功绩的皇帝给予述评，如李继迁、李德明、李元昊、李仁孝；二是对西夏皇帝的尊号、生日或者陵墓、出生地进行考证。前者除钟焓利用西夏文《夏圣根赞歌》及藏文史籍对李继迁神性形塑的过程进行研究外，大都为利用传世汉文史料对政治事件的研究，属于传统政治史的范畴。后者大都从番汉对译出发，广泛利用各类材料进行细致的考据。

四 对西夏宗室的研究

对西夏宗室的研究主要有陈玮《从〈天盛律令〉看西夏皇族》③《西夏皇族研究》④，日本学者藤井彰一郎《党项人嵬名の家系に关する一考察》⑤、孟楠《略论元代的嵬名及其家族》⑥，陆宁《唐兀人嵬名家族研究》⑦。陈玮对西夏皇族的封爵爵称、授受、等级、任官系统进行了考述，对西夏皇族政治特权、法律特权进行归纳研究，分析了西夏皇族的内争及其与后族的权力斗争。对西夏皇族的教育形式、内涵及其家族风尚进行了详细讨论，考察了西夏皇族的礼仪及丧葬；对西夏皇族的信仰类型进行涵括，分析其在宗教实践活动中的权力结构。还对西夏皇族的经济收入、经济分层及婚姻生活进行了研究，强调了作为皇权辅翼的西夏皇族其政治生活、文化生活、经济生活、婚姻生活的阶级特点，以及皇族社会生活与皇权的互动。藤井彰一郎、孟楠、陆宁则考察了嵬名嵬罕的家族世系及其家族婚姻圈。另外李范文在《西夏陵墓出土残碑粹释》针对一些宗室，如越王嵬名仁友、梁国正献王嵬名安惠进行了考证。⑧

由于西夏帝陵仍在继续出土西夏文与汉文残碑，《俄藏黑水城文献》也在陆

---

① Ksenia Borisovna Keeping, "Tangut (Xi xia) Degrees of Mourning", Linguistics of the Tibeto-Burman Area, 14: 2, 1991.
② Ruth W. Dunnell, *The Great State of White and High: Buddhism and State Formation in eleventh-century Xia*, Honolulu: University of Hawaii Press, 1996.
③ 陈玮:《从〈天盛律令〉看西夏皇族》,《西夏研究》2010 年第 2 期。
④ 陈玮:《西夏皇族研究》, 硕士学位论文, 宁夏大学, 2011 年。
⑤ [日] 藤井彰一郎:《党项人嵬名の家系に关する一考察》,《立命馆东洋史学》1996 年第 19 号。
⑥ 孟楠:《略论元代的嵬名及其家族》,《内蒙古大学学报》(人文社会科学版) 2003 年第 3 期。
⑦ 陆宁:《唐兀人嵬名家族研究》,《宁夏大学学报》(人文社会科学版) 2007 年第 6 期。
⑧ 宁夏博物馆发掘整理, 李范文编释:《西夏陵墓出土残碑粹编》, 文物出版社 1984 年版, 第 9—11 页。

续公布，一些关于西夏宗室的新材料，如嵬名瓦的宗教诗歌将对西夏宗室的信仰研究提供了重要参考。在西夏末期出现的两次政变均由出镇地方的宗室王发动，发动政变的具体原因及西夏宗室与皇室在文化上、政治生活中的互动也有待深入探讨。

第二篇

会议述评与论文提要

海内外学者研讨契丹辽代都城和帝陵考古发现

汪 盈 马东启

为推进东亚地区10—12世纪诸王朝都城和帝王陵考古的比较研究，为有效保护和利用以辽上京和辽祖陵遗址为代表的辽代历史和文化提供学术资料，2013年8月22—25日，"十至十二世纪东亚都城和帝陵考古与契丹辽文化国际学术研讨会"在内蒙古自治区赤峰市巴林左旗举行。会议由中国社会科学院考古研究所和内蒙古自治区文物考古研究所主办，赤峰市文化局和文物局协办，巴林左旗旗委和人民政府承办。来自中国、日本、韩国、俄罗斯、蒙古国、加拿大等国各著名高校和考古科研机构的70余名学者（其中17名外国学者），以辽上京和辽代祖陵遗址为中心议题，就东亚地区的都城遗址和帝王陵墓等考古发掘和研究成果，进行了广泛且深入的报告和研讨。

会议开幕式由中国社会科学院考古研究所汉唐考古研究室副主任、辽上京考古队队长董新林主持，并作会议主旨介绍。中国社会科学院考古研究所副所长白云翔，巴林左旗人民政府旗长高希华，契丹女真辽金史学会会长、中国社会科学院中国社会科学杂志社宋德金，国家文物局专家组成员、中国考古学会常务理事、中国社会科学院考古研究所徐光冀，日本东北学院大学教授佐川正敏等领导和专家出席开幕式并致辞。出席开幕式在主席台就座的考古单位领导和专家还有中国社会科学院学部委员、民族学与人类学研究所研究员史金波，中国社会科学院民族学与人类学研究所刘凤翥，中国考古学会理事、中国社会科学院考古研究所汉唐考古研究室主任朱岩石，中国考古学会副秘书长、北京大学考古文博学院副院长杭侃，中国考古学会常务理事、陕西省考古研究院原院长焦南峰，内蒙古自治区文物考古研究所所长陈永志。赤峰市领导有副市长梁淑琴、赤峰学院党委书记高金祥、赤峰市文物局副局长陶建英。巴林左旗领导有旗委书记王玉树、旗长高希华、旗人大常委会主任赵国新、旗协主席王庆虎、常务副旗长鲍爱民、宣传部部长房敏等。

内蒙古自治区巴林左旗的辽上京遗址和辽祖陵遗址，现已入选《中国世界文化遗产预备名单》。辽上京是辽代营建最早、最为重要的都城。辽上京遗址是我国目前保存状况最好的古代都城遗址之一。辽祖陵是辽代第一个皇帝耶律阿保机及其皇后的陵寝之地，开启辽代帝陵的规制。近十年来，中国社会科学院考古研究所和内蒙古自治区文物考古研究所组成的联合考古队在辽上京遗址和辽祖陵遗址进行了有计划的考古调查和发掘，成果丰硕，推进了对辽上京城址形制布局和辽祖陵陵寝制度的研究，为辽代城址和陵墓考古研究提供了重要的基础材料，引起了国内外学者的高度关注。

在都城和城址方面，蒙古国、俄国和日本学者对蒙古国境内的辽代城址进行综合考古和研究，丰富了辽代城址考古的资料。中韩学者分别就北宋开封城、扬州城和高丽开京城等进行了专题研究。同时，与辽代都城密切相关的渤海都城、元中都和元上都的考古研究成果，无疑将辽代城址纳入到更大的时空框架内，有利于较为准确地把握辽代都城在中国古代都城发展中的重要地位。

在帝陵考古方面，几位中国学者将辽代五处帝陵遗址进行了较为全面的考古成果的报道。这是首次集中公布五处辽代帝陵的考古资料，将会极大地推进辽代帝陵陵寝制度的考古和历史学研究。另外，几位学者对汉、西夏、金等帝陵进行了考古调查与专题研究，这些都有助于将辽代帝陵纳入中国古代帝陵演变序列之中。同样，韩国和日本学者关于高丽王陵和墓葬，以及日本10—12世纪陵墓研究成果的报告，丰富了与会学者的学术视野，有利于推进整个东亚地区中世纪考古学的进步。

此外，围绕考古学与契丹辽文化的议题，中外学者就辽代制瓦技术、辽代典型窑址特点、辽代佛教图像及其信仰、契丹人的体质人类学研究、辽时期的中外交流等方面展开了专题研究与探讨。

据本次会议组织者之一，中国社会科学院考古研究所内蒙古第二工作队队长董新林研究员介绍，此次国际学术研讨会的主旨，以契丹辽代都城和帝陵考古发现和研究为主要议题，通过东亚地区的诸多都城和帝王陵墓考古发现的比较研究，将10—12世纪的契丹辽文化纳入更为广阔的研究视野中，进而探讨契丹辽代历史文化的形成、发展演变、交流融合的动态过程，推进中世纪东亚地区考古学的发展。本次研讨会邀请的代表，大多都是工作在田野考古第一线的学者。提交报告多为最新的考古调查、发掘及研究成果，内容丰富，专业性强，得到了与会代表的高度评价。本次会议为中外考古学者搭建了展现考古新成果的舞台，增进了中外学者的切磋和交流，很好地达到了预期目的。与会的外国学者制作了中文PPT，有些外国专家用中文讲演，既方便了中国学者的学习和聆听，同时也能较准确地表达学者本身的考古成果，取得了很好的沟通交流效果。

闭幕式由内蒙古自治区文物考古研究所所长陈永志主持，董新林作会议总结。会后，与会学者考察了辽上京遗址、辽祖陵遗址、辽庆州城遗址等，参观了辽上京博物馆、巴林右旗博物馆和赤峰市博物馆等。

"十至十二世纪东亚都城和帝陵考古与契丹辽文化国际学术研讨会"论文提要

辽上京和辽中京之政治地位

  契丹民族自公元378年最初见于史乘。经过500多年的发展，乘唐末之乱，终于在907年建立了时称契丹时称辽的王朝。在建立王朝前后，北方汉地的一些汉人为了躲避战乱，多逃亡契丹。契丹人也经常进入汉区掳掠人口和财物。例如，公元902年，耶律阿保机"以兵四十万伐河东代北，攻下九郡，获生口九万五千，驼、马、牛、羊不可胜纪"（《辽史》卷1《太祖本纪上》）。自动逃来和俘虏的人口中既有一般平民百姓，也有知识分子，例如辽代开国功臣康默记、韩知古、韩延徽、耿崇美等。耶律阿保机对于罗致来的汉人知识分子持开放的态度，予以重用。耶律阿保机就是在这一批汉臣的影响下，一方面修建"汉城"，设立头下军州，安置平民百姓，另一方面按着中原模式于神册三年（918）二月定"城皇都"。"皇都"是辽上京早期名称。《辽史》和辽代碑刻中往往以"西楼"代指上京。"西楼"不是"西边之楼"的意思，而是音译的上京所在地的契丹语地名。

  辽朝的上京与中原地区的首都不同。汉人地区的首都是全国政治中心，皇帝经常住在首都内。辽代的情况则不然，由于契丹族是游牧民族，从上到下都过着"畜牧畋渔以食，皮毛以衣，转徙随时，车马为家"的生活，皇帝也不例外。通检《辽史》，辽代皇帝"还都""还上京"的历史记载可谓吉光片羽。一年四季，除了出兵打仗之外，皇帝都在四时捺钵中生活，在捺钵处理政务。"此乃契丹民族生活之本色，有辽一代之大法，其君臣日常活动在此，其国政之中心机构在此。"（傅乐焕：《辽史丛考》，中华书局1984年版，第37页）

  辽代的政治中心不在首都而在捺钵（契丹语音译，意为"行在所"）。因此，辽代九个皇帝，没有一个死在首都。除了辽太宗之外，其他新皇帝即位也不在首都。究其原因是他们平时不住在首都。辽代的首都从某种程度上成了摆设。到了辽朝中晚期，辽上京成了流放犯人和处死犯人的地方，而且流放的和处死的竟然都是皇室成员。例如，辽圣宗的齐天皇后就是重熙元年（1032）在上京被弑。又例如辽道宗的太子耶律濬也是被押送到上京囚禁，接着在上京被杀。上京竟然成了天高皇帝远，可以背着皇帝随便暗杀皇室成员的地方。

统和二十年（1002）十二月，奚王府五帐六节度献七金山土河川地。统和二十五年（1007）正月，就在七金山土河川地建中京。辽中京的地位远比上京重要一些。中京建成后，皇帝驻跸中京的次数比上京多。从统和二十五年（1007）至太平九年（1029）的二十二年间，辽圣宗驻跸上京6次，驻跸中京12次，驻跸中京的次数比驻跸上京多一倍。中京的规模也比上京大。辽代中晚期的一些重大典礼是在中京举行而不在上京举行。

辽上京虽然看似摆设，但绝不是可有可无的事物。这是游牧文化和农耕文化互相碰撞的结果，标志着游牧的契丹人对汉文化的一种学习和吸收，同时又是对契丹王朝境内汉人的一种笼络和安抚。在汉人看来没有首都的王朝总不像个王朝的样子，有了首都才符合王朝的规范。辽代皇帝也有时在上京和中京接待宋的使臣。辽朝的四时捺钵和辽上京的修建是契丹王朝统治者"以国制治契丹，以汉制待汉人"（《辽史》卷45《百官志一》）一国两制的重要组成部分，把"两元政治"的统治策略运用到炉火纯青的地步。

（刘凤翥）

2011—2012年辽上京城址考古新发现

辽上京位于内蒙古自治区巴林左旗林东镇东南，是辽代营建最早、地位最高的都城。城址平面略呈"日"字形，由皇城（北）和汉城（南）两部分组成，总面积约5平方千米，是我国目前保存状况最好的古代都城遗址之一。从2011年开始，中国社会科学院考古研究所内蒙古第二工作队和内蒙古自治区文物考古研究所组成辽上京考古队，正式开始对辽上京遗址进行有计划的考古工作。2011年对城址进行了全面的考古调查和地面遗迹测绘，并对皇城西门遗址进行了考古发掘。2012年对皇城制高点西山坡遗址进行了大规模考古清理。2013年，开始对城址进行全面钻探，同时对重要街道及街边周边建筑遗址进行发掘。三年以来的考古工作，增进了对辽上京城布局和沿革的认识，为研究辽代考古、历史及中国古代都城的发展提供了重要的实物资料。

（汪 盈）

金上京的考古学研究——历程、现状与思考

黑龙江中下游的广阔区域，是古代肃慎族系民族集团长期活动的历史舞台。公元12世纪，女真族崛起于北方地区，建立了统一的王朝政权——金。金上京城不仅是统一王朝政权的象征，也是体现北方渔猎民族发展进程的物化标志，在中国古代都城的发展史上具有重要的地位和历史意义。

金朝营建了两大都城——上京和中都。作为金代的早期都城，上京城的实际使用时间并不很长，但上京城的遗址却是我国古代历史时期的都城遗址中保存完好的一座。金上京遗址在1982年由国务院公布为全国重点文物保护单位，2012年9月又由国家文物局批准列入《中国世界文化遗产预备名录》。对于这样一座保存较好的大遗址，长期以来却处于未被完整认知的状态。

对金上京故城的调查研究已有百余年历史，但对金上京城却只做过少量的考古工作，缺少考古学视角下的宏观研究。该文通过对有关金上京的文献记述、考古过程及相关研究进行较为全面的梳理和比对研究，正确认识金上京研究的现状和存在的问题，理清思路，将有助于推进对金上京城兴废建制及历史沿革等学术研究，并为当前大遗址保护提供重要依据和学术支撑，进一步加强人们对金源历史文化内涵的科学认识。

制订合理的考古计划，开展系统的考古工作，是金上京研究的重要基础。未来要着眼于三个方面的工作：1. 加强科学考古工作开展，及时刊布工作研究成果。2. 加强多学科多领域的合作研究。3. 正确处理考古发掘、研究与保护的关系。

（赵永军）

辽代祖陵陵园考古发现和研究

辽代祖陵是辽代第一个皇帝耶律阿保机及其皇后的陵寝之地，建于天显二年（927），位于中国内蒙古自治区巴林左旗查干哈达苏木石房子嘎查西北的山谷内，东南约5里处为其奉陵邑祖州城。

2003—2004年，中国社会科学院考古研究所内蒙古第二工作队对祖陵陵园及其附近相关遗存进行了较为全面的调查，取得了重要收获。以此为基础，在国家文物局的大力支持下，2007年起，中国社会科学院考古研究所和内蒙古自治区文物考古研究所联合组成祖陵考古队，对陵园内1号陪葬墓和陵外龟趺山"太祖纪功碑楼"基址进行了抢救性清理；2008年又对陵园内"甲组建筑基址"进行了抢救性发掘；2009年对陵园陵门址和三处主要建筑基址进行了试掘，并对陵园内进行了全面的钻探；2010年发掘陵园黑龙门遗址和4号建筑基址。这些考古发掘新成果，受到国际学术界的广泛关注。

关于辽代陵墓埋葬制度的文献记载十分简单，因此，考古学调查和发掘资料成为我们认识辽代陵寝埋葬制度的最重要依据。通过调查和发掘，对祖陵陵寝制度获得了一些阶段性的新认识。这些认识与《辽史·地理志》所载"太祖陵凿山为殿，曰明殿。殿南岭有膳堂，以备时祭。门曰黑龙。东偏有圣踪殿，立碑述太祖游猎之事。殿东有楼，立碑以纪太祖创业之功"基本相合。

祖陵陵园布局承袭了汉唐陵寝制度的部分精髓，也具有自己的特色。这种陵园布局为辽怀陵所承继，代表了辽代早期陵园布局的模式。辽代陵寝制度应在中国古代陵寝制度研究中占有较为重要的一席之地。

（董新林）

辽代皇陵制度的影响

辽代皇陵具有鲜明的民族性和地域性特征，对金、明、清帝陵有明显的影响。

辽陵的墓穴（玄宫）一般都建在山坡上，大都是朝南而偏东，选群山环拱之地，背靠高山，借正前方山口为陵园门户。这种卜葬方式不同于汉、唐、北宋，但后来的金、明、清诸陵却与之相仿。汉、唐、宋等朝皇陵的宫城（上宫）都是模仿都城或宫城，城门四开，平面为纵横垂直的十字轴线。辽陵主体建筑布局是单轴线，明清皇陵与之相同。从辽代开始，帝陵碑制也得到了进一步的发展。辽陵玄宫为多室之制，庆州三陵玄宫结构均为七室结构，前、中、后三个南北纵向相连的主室，前、中两室东西两侧各有一个耳室；历年发掘的辽祖陵、怀陵、乾陵、庆陵陪葬墓也均为多室结构，佐证了帝陵制度。辽圣宗、兴宗、道宗三帝既葬之后，各陵所依之山亦皆赐以佳名。陵名与山名并出，是辽代皇陵特色之一。这种陵墓与陵墓所凭依之山并尊的做法在金明两代得到继承，并最终发展成为制度。自东汉"上陵礼"推行以来，皇陵上的政治礼仪性祭祀活动渐被重视，进而成为国家祀典不可缺少的一部分；而皇帝亲祭先陵者也越来越多，但直到辽代才开始走向常态化、制度化。

中国古代帝王陵墓制度的演变序列，绝不是唐—宋—明等"正统"王朝的简单直线式传递，包括契丹人在内的北方少数民族对于帝王陵墓制度的最后定型起了很大的作用。在上述诸方面，辽陵对于明清皇陵的影响可能更大一些。

（刘　毅）

辽代首都的形制变化和历史背景——上京临潢府和中京大定府

辽朝从建国以后逐渐地扩大，有两个首都，即上京临潢府和中京大定府。

上京是辽朝创建以来的首都，中京是建国之后不久开始建设的，辽朝后半时期以后，辽朝皇帝更多逗留在中京，接见外国的使节，终于成为实际上的首都。但是，到中京建设以后，在上京仍然也实行重要的仪礼，其重要性也还没消失。

从城市的形状和基址的位置等状态来看，在中心部分的上京皇城最初朝着东方而建设。这就是说，建设开始的时候，中心线是东西方向的。这类事实并不奇怪，辽朝成立以前在北亚地区兴起的突厥、回鹘的都城，也不少有以东方为正面的例子。《辽史》记载，作为契丹族的旧俗，君长朝东方而坐。但应该注意到，在上京皇城的中央部分附近也有东西对称的基址遗迹。还有，后期建设的中京基本上是南北方向的中心线。

按这些情形，从辽初的上京到后期的中京，都城构造发生很大变化。作为这个历史背景，北亚的游牧民族主导建设的辽朝，建国以后起用汉人，逐渐地采用中华制度而建立礼制。在朝鲜、日本等东亚诸民族的都城构造，也是与中华世界差不多的。但是，在细微部分中，各民族的特色显现出来。

辽朝尽力加强与周边诸国的外交。在1004年的澶渊之盟以后，辽宋关系越来越好。因此国家之间的外交重要度比军事更突出了。从这些事实来看，作为将本国的繁荣和实力来展示的舞台，或者作为将外交和仪礼举行的地方，将上京或者中京等首都必要性日渐突现出来。

（武田和哉　日本大谷大学）

辽、宋、西夏、金、元、明代都城制瓦技术的演变和改革

制瓦的成形技术可以分为泥条盘筑法和明代《天工开物》中所刊的泥板围筑法。前者在长江以北的华北和北亚地区辽、北宋、西夏、金代以前一直使用过。后者在江南南朝末期之后开始使用，而在长江以南最晚隋唐代之前广泛使用，朝鲜半岛百济和倭国（日本）也深受其影响。该文作者已经提出过元代之后在长江之北也开始使用泥板围筑法的看法，推断其理由是元灭亡南宋过程把包括官方的大量制瓦工匠带回到大都等北方的新建设现场，而元朝营缮部门也逐渐接受南宋的制瓦技术。

该文作者还提出过滴水瓦的广泛使用也是元代开始的看法。首先金和高丽之文化交流下接受高丽的方形滴水瓦和其技术，然后西夏参考着金的滴水瓦和北宋的装饰脊用的三角形瓦新制作三角形滴水瓦，而在王陵等使用。蒙古灭亡西夏和分裂后，元逐渐废弃青掍瓦等宋之前传统制度，而采用带釉滴水瓦作为宫殿和佛寺等高级建筑屋顶之装饰。

辽代之后北方各个朝代参考和改良宋和高丽的传统制瓦技术，特别是元建立新的制瓦技术。

（佐川正敏　日本东北学院大学）

北京房山金陵的考古发现与初步研究

北京市房山区大房山麓的金陵是中国历史上为数不多的少数民族皇陵，也是北京地区年代最早、规模最大的帝王陵。经过金海陵王（完颜亮）、世宗、章宗、卫绍王、宣宗五世60年营建，形成面积约60平方千米的大型皇家陵寝。

2001年春，北京市文物研究所对金陵遗址进行了全面的考古调查，2002年6月，对金陵遗址进行了考古勘察和试掘。

金陵主陵区在房山区周口店镇龙门口村北的九龙山，占地面积约6.5万平方米。陵区以神道为中轴线，两侧对称布局，由石桥、神道、石踏道、台址（鹊台、乳台）、东西大殿、陵墙、陵寝等结构组成。

在太祖陵西南第4块台地，发现5座陪葬墓。其中两座未被扰动的墓室，四壁石条垒砌，外壁涂抹白灰，室内底部放置石棺床，木棺已朽，肢骨散乱。出土铜把铁剑、石枕、磁州窑龙凤罐及金"泰和"铜钱等遗物。还采集到了大量的文物遗存，包括雕刻精美的汉白玉双龙石栏板、雕花纹石台阶、汉白玉斗拱、高大的石座龙，以及龙首鸱吻、迦陵频伽、妙音鸟等珍贵文物。

（郭京宁）

辽朝中西交通路线上的契丹都城

11世纪之时，中亚谋夫（Marv）人马卫集（Sharaf al-Zamān Tāhir Marvazi）曾记载了一条著名的辽朝中西交通路线，其云自沙州（今甘肃省敦煌市）东行二月抵达Khātūn-san，再行一月至Ūtkin，复行一月抵契丹都城Ūjam。米诺尔斯基将Khātūn-san勘同为可敦墓，相当于漠北或河西的可敦城，白玉东先生在此基础上将Khātūn-san比定为漠北可敦城（今蒙古国布尔根省喀鲁哈河下游南侧青托罗盖古城），亦即辽镇州。钟焓先生则指出Khātūn-san实为可敦墓（今内蒙古自治区呼和浩特之昭君墓），用以代指辽丰州，其说甚是。问题在于米诺尔斯基将Ūtkin考订为郁督军山（ötükän，今蒙古国杭爱山）或辽之武定军（奉圣州，今河北省张家口市涿鹿县），复将契丹都城Ūjam比定为辽上京（今内蒙古自治区赤峰市巴林左旗）。白玉东、钟焓均认为Ūtkin为郁督军山。笔者则认为Ūtkin实为辽上京，这一词汇源自契丹语。契丹文中"上京"一词的音值为*Urkiŋ，与Ūtkin相近，而且从里程而言，丰州至上京恰为一个月行程。至于Ūjam，描述的应当辽帝之斡鲁朵，这与马卫集关于Ūjam的叙述完全吻合。正是由于辽朝的政治中心在捺钵（斡鲁朵）之中，造成了中亚人误认为辽帝的斡鲁朵就是都城。从里程而言，契丹皇帝当时可能就卓帐于辽南京附近，Ūjam或许就是幽州（辽南京旧称）的音讹。

（康　鹏）

契丹人体质人类学研究有关成果

该文介绍蒙古国近年来对契丹—辽代考古学研究成果，并对契丹人的人种特征进行了综合研究。蒙古国发现的契丹人人骨资料匮乏，导致契丹人体质人类学的研究还不够深入。该文对内蒙古境内发现的28例颅骨标本进行分析研究，通过人骨学和形态学研究表明古代契丹人在人种特征方面属于蒙古人种的北亚和东亚类型。同时，对古代契丹人、元代人标本及现代人的体质特征进行了对比研究，结果显示古代契丹人与元代内蒙古地区的居民和现代朝鲜人的体质特征比较接近。

(德·图门　蒙古国国立大学社会学学院考古与人类学系)

10—12世纪韩半岛的佛教文化和大陆的文化要因

10—12世纪的韩半岛属于高丽时期，从历史编年看，属于中世纪。高丽初期与宋、辽有密切的关系，后期与蒙古有关系。高丽以佛教为国教，因此许多寺院当时都属于国家体制，由国家建立和维持的。与之相应的，寺院的建造样式及规模也自然与国家制度有密不可分的关系。因此，在这一时期，以教学为主佛教向禅宗、密教等多种多样的与王权有关的佛教思想发展。

高丽时代的佛教在初期都是以都城和都城外廓为中心教学伽蓝与密教伽蓝的形态来维持的，相比较而言，虽然禅宗思想已被引入，但能真正概括表现韩国佛教史的伽蓝样式还是在12世纪左右。不管是佛教思想的引入，还是禅宗伽蓝样式的引入，虽都都被认为是受从大陆引入的新佛教的影响，但是高丽前期佛教文化样式与辽代佛教文化在外形上找不出太多的关联。只是在10世纪前后，东亚地区盛行的刊印大藏经的文化现象同时也出现在高丽，此时是受到了辽代大藏经的密切的影响。这是为了守卫国土，用大藏经来表现守卫国土的护国佛教思想的时代。

因此，谈到高丽佛教与辽朝的关联时，与单从佛教外形（伽蓝或是材料）变化相比，思想产物方面更能找到与之的相关性。

高丽中期，即11—12世纪时，这种大陆的影响已融入高丽社会的内部，并发展为多种多样的独具特色的高丽佛教。此后的高丽末期是在与元朝的关联下维持的时期，这个时期虽然很短，但由于受元朝干涉的影响，所以可以看出受元朝影响的文化要素（佛教的服饰、瓦当材料的变化）等考古遗物明显。这是与之前时期有差异之处。

总的来看，10—12世纪的高丽佛教注重于引入大陆佛教文化中的思想要素，并将其发展，这点与后期在同元朝的关系下的文化要素有差异。

(崔兑先　韩国中央僧伽大学)

辽代白衣观音像研究

观音随众生之根气应化示现来度众生，白衣观音就是观音的应身之一。据《大毗卢遮那成佛经疏》云，白衣观音是观音母，也就是莲花部主。此类白衣观音像从唐五代开始制作，其高髻上常覆盖白色面纱，形象高洁、优雅，成为信徒虔诚信奉的对象。10世纪初，辽国的契丹人开始熟知白衣观音，而后辽代皇室和民间都普遍崇信白衣观音，且皇室常在木叶山的菩萨堂祭祀白衣观音，并尊为家神。木叶山是契丹人的发源地，被视为族人的圣山，因此在木叶山供奉异宗教的信仰对象是极为引人注目的。而契丹人的固有信仰是萨满巫俗，他们供奉白衣观音的方式体现出萨满巫俗与密宗习俗的交融复合。基于这一点，研究辽代白衣观音像有其独特的价值。学界对契丹人信仰和木叶山崇拜研究较多，可对于辽代契丹人供奉的白衣观音像的造像，以及他们祭祀白衣观音的仪式关注甚少。该文作者认为这两点是辽代白衣观音研究中的核心问题。但由于以往资料匮乏，学界对此尚未有充分研究。该文主要围绕辽代白衣观音像的造型进行分析。首先根据史料文献梳理辽代白衣观音信仰的形成和发展过程，其次对现存辽代白衣观音像实物进行分类，并分析不同类型观音像的特征及对高丽白衣观音像的影响。

（成叙永）

从辽代的定光佛舍利信仰看宋辽佛教的差异

宋、辽境内均存在定光佛舍利的信仰，但是两地定光佛信仰的内涵不同。辽境的定光佛信仰延续以往过去佛的信仰，常与释迦舍利信仰联系在一起。但是，宋境的定光佛舍利常作为单独信奉的对象，且与宋初的政教关系密切相连，甚至认为太祖即定光佛的后身。在南方的客家人聚居区，也崇奉定光佛。分析宋、辽定光佛信仰的不同，有助于我们认识辽朝佛教的内涵。

（杭　侃）

世界文化遗产——元上都

元上都故城遗址地处蒙古高原南部，是中国北方草原地带保存最为完整、规模最大的草原都城遗址。元上都遗址分为城址与墓葬区两大部分。其中城址由宫城、皇城、外城和关厢四大部分组成。宫城呈长方形，东西宽570米，南北长620米，现存城墙高约5米。宫城四角建有角楼，现存的主要建筑大安阁、穆清阁、洪禧殿、水晶殿、香殿、宣文阁、睿思阁、仁春阁的遗迹清晰可辨。皇城呈正方形，每边长1400米，四角有高大的角楼台基，乾元寺、大龙光华严寺、孔庙和道观等宗教建筑分布其中。外城呈L型，宽800米，内边总长2800米，外边长4400米，现存高约5米。外城大体上分为两部分。北部是皇家园林区，称为"北苑"，当时这里有"高榆矮柳，金莲紫菊"，是皇家豢养珍禽异兽、培植奇花异草和举行小型射猎活动场所，著名的"棕毛殿"就建在这里，也是举行"诈马宴"的所在；西部是"西苑"（也叫禁苑），内有忽必烈汗所建的行殿，是皇帝的避暑地。上都城的东、西、南、北都有关厢。东关长约1000米，为觐见皇帝的宗王和使团居住的帐房区；西关长约100米为羊、马、牛市和商业区；南关长约 600 米，为酒肆、客栈和店铺林立的繁华商贸区；北关则建有驻扎军队的兵营。外城为正方形，每墙皆长 2220 米。外城城墙均为夯土构筑，无马面、角楼等军事性附属设施。外城分为南北两部，中间以一条横贯东西的道路划分。元上都现存有 13 门。其中宫城 3 门，分别为东、西、南"丁"字三街相对的东华门、西华门和御天门；皇城 6 门，南门同御天门直对，应为明德门，北门与外城北墙东侧门直对，应为史所载之复仁门，皇城 6 座城门均建有瓮城；外城 4 门，北墙 2 门，西墙正中 1 门，南墙与明德门对应 1 门，外城 4 座城门也分别建有瓮城。

城外四处关厢遗址均保存有大量建筑和纵横交错的街道，关厢面积与元上都城址面积相近。特别是西关和东关有的大型院落的边长约在百米以上。这些建筑遗迹分为粮仓、大型院落、小型民居和临街店铺等几大类。建筑布局整齐划一。可辨识的西关广积仓南北长 290 米，东西宽 150 米，分前后两院，内各有对称的"四合院"式的房屋建筑。在西关发现的东西向主干街道两侧，有成排的临街店铺遗迹，此类建筑均连有后院及成排的住房。有的大院内房屋成排整齐分布，属于客栈馆舍之类。元代诗人有"西关轮舆多似雨，东关帐房乱如云"的赞叹。东关因地近皇城，地势空旷，遗迹较少，为王公贵族觐见皇帝之处，也是帐幕云集之所。南关遗址为酒肆、客栈一类的建筑遗存。元代诗人有"滦水桥边御道西，酒旗闲挂暮檐低""滦河美酒斗十斤，下马饮酒不计钱"的诗句，描述的当是上都城南明德门外南关酒肆的情形。《元史》载，元上都有卫戍虎贲军 4 千人，在北关外，发现了建筑规模较大的并列的两处驻军院落遗址，东侧院落南北长 227 米，东西宽 130 米，后院为整齐的成排住房，前院则纵向分为两个独立的院落，似为指挥、管理所在地和日常生活区域。元上都的"四关"是元上都城址的重要组成部分。

另外，在元上都城址外围还保存有一系列附属文物遗存，主要有铁幡竿渠遗址、羊群庙祭祀遗址、砧子山墓葬区、卧牛石墓葬区、一棵树墓葬区、东凉亭（白城子）遗址等。

由于元上都遗址建在地势开阔的金莲川草原之上，高大的城墙，鳞次栉比的宫殿基址，构成了草原地带深邃悠远、规模宏大的文化景观。元上都遗址所呈现出来的完整的城市布局，真实地体现着中国传统城市建筑风格。以中轴线区划街道、以功能排列建筑的设计理念，天圆地方、前厅后殿的建筑特点，是中国传统的汉文化与游牧文化完美结合的都城建设典范。元上都遗址出土的文物，既有象征着中原农耕民族传统文化的陶瓷器，也有代表着漠北游牧民族草原文化的石刻偶像，充分地体现了农耕文化与草原文化完美的结合。元上都的城市设计理念，科学合理，至今都具有较强的借鉴意义。所以，元上都遗址可以说是农耕文明与草原文明的结晶体，是充分展示中华文化精粹的历史文化遗存。

（陈永志）

元中都内城建筑遗迹的考古勘察与复原研究
——兼探汉地城市与草原城市规划思想的相互影响

元中都遗址位于今河北省张北县西北约 15 千米处，是蒙元四都中修建最晚的都城。元中都是草原游牧族群国家两京制和多京制的延续，也是其建立者元武宗个人政治意志的体现，其作为都城的年代尽管十分短暂，但却是蒙元四都中唯一没有受到前代都城和宫殿约束所规划建设的都城，都城毁弃后也没有受到后代城市的干扰和破坏，为我们保留下了最能反映蒙元都城规划思想的城址样本。该文以 2012 年出版的《元中都：1998—2003 年发掘报告》（上、下）和该文作者的实地勘探为基础，对元中都内城布局及其反映的城市规划思想进行了三个层面的探讨。

首先，根据《南村辍耕录》《故宫遗录》等文献与朱启钤、傅熹年等学者的复原研究，元中都内城建筑遗迹的空间分布特征与元大都三座宫殿大内宫殿、隆福宫和兴圣宫的布局规律相符，它们在面阔方向上分为东、中、西三路，进深方向又有南、北之别。据此，可以复原元中都内城现存建筑遗迹所反映的城市布局，并推测内城空白地带或未实施的规划内容。

其次，元中都内城中路南侧是内城等级最高、规模最大的建筑群所在。它以工字殿址为中心，东西对称，通过对中路南侧东半部分建筑遗迹的初步钻探所掌握的夯土台基形制，内城中路南侧建筑群的布局与元大都三座宫殿相同位置的建筑群布局具有一定的相似性。它由坐落于内城中心台基之上、由正殿—柱廊—寝殿与两夹—香阁构成的工字型大殿，分列中心台基东、西两侧的东、西暖（燠）殿，分列中心台基南面东、西两侧的东、西楼及位于中心台基北侧的后殿组成。

元中都内城中路南侧的建筑遗址位置对厘清既往元大都宫殿复原研究中存在的一些疑问有所裨益，如东、西暖殿很有可能并不位于工字大殿所在的中心台基之上，而是独立于中心台基、东西对称布置。

最后，与元大都三座宫殿相较，元中都内城中路南侧的建筑布局也有一定的特殊性。具体来说，东西楼阁、东西暖殿和后殿的数量是元大都同类型建筑数量的二或四倍。元中都内城中路南侧所体现的以主殿为中心、环绕四周对称布置数座次级宫殿的特点，与哈剌和林万安宫、阿鲁科尔沁旗白城内城、沈阳故宫大政殿与"十王亭"建筑群等草原城市中心建筑群布局规律颇具可比性，前者很有可能是受到草原都城规划思想影响的结果，反映了草原民族特有习俗及制度。

综上，地处农牧交界地带的元中都的内城规划，既与修建于汉地的元大都主要宫殿有异曲同工之妙，又与以哈剌和林万安宫为代表的草原城市的宫殿布局具有一定的相似性，极好地融合并反映了汉地与草原城市规划思想的精华。

（陈　筱）

第三届西夏学国际论坛暨王静如先生学术思想研讨会综述

张笑峰

2013年9月19—20日，第三届西夏学国际论坛暨王静如先生学术思想研讨会在北京召开。这次论坛由中国社会科学院西夏文化研究中心、宁夏大学西夏学研究院、中国人民大学国学院联合主办。论坛共收到来自海内外专家提交的108篇文章，共分为历史文化、西夏文字与文献、黑水城文献、考古艺术共四组对西夏学领域内若干重大问题进行了激烈的讨论，达成了许多研究共识，也为西夏学的发展提供了新的思路。下面就这次论坛中所交流的问题分为王静如学术思想、西夏历史与文献、西夏语言文字、考古、艺术五个专题进行论述。

一　王静如学术思想

2013年是王静如先生诞辰110周年，先生长期从事语言学、音韵学、历史学和民族学等领域的工作，对历史上的西夏、契丹、女真、突厥等民族的历史、语言和文字方面有许多独到见解，尤其是在西夏研究方面取得了举世瞩目的成就。史金波《纪念西夏学的开拓者和奠基者王静如先生》从王静如先生生平、科研历程入手，对先生中西贯通的研究方法、认真执着的治学精神进行了总结。刘凤翥的《王静如先生对契丹文字的学术贡献》据先生发表的《辽道宗及宣懿皇后契丹国字哀册初探》《契丹国字再释》《兴隆出土金代契丹文墓志铭解》三篇文章对其从研究契丹语言特点入手，提出契丹小字是由原字拼成，释出第一批契丹小字字义并对词尾推测的贡献进行了概括，并将先生释读的契丹字表订正后附于文末。孙宏开《回忆与王静如先生学术交往的几件事情》主要从西夏语中的一些问题及西夏语与羌语支语言的关系、华夷译语中的西番译语两个问题回忆了与王先生的学术交往。薛正昌《王静如先生和他的〈西夏研究〉——纪念王静如先生诞辰110周年》从编辑出版的视角对其《西夏研究》三辑的刊布内容、版式、装帧等问题进行了梳理。林英津《王静如先生在史语所与启蒙我学术论证的王静如先生》梳理了王先生1929到1935年在中研院工作的资料，对王先生的论著在作者音韵学习上的引导也进行了论述。

二 西夏历史与文献

在这次研讨会上，西夏历史与文献研究的文章比重较大，这与近十几年来《俄藏黑水城文献》《中国藏西夏文献》《中国藏黑水城汉文文献》等文献相继出版为学界提供了充分的研究材料息息相关。

其中西夏历史方面，研究主要包括党项族源、西夏与周边关系、法律制度、社会问题等。汤开建《隋唐五代宋初党项拓跋部世次嬗递考》即依据新出土的党项拓跋部首领的墓志，并结合以往的唐宋文献，对李继迁叛宋以前拓跋部世次进行了考证。木仕华《弭药（Mi-nyag）新考》以党项羌人自称"弭药"为例，考其语源及内涵和外延的伸缩置换历程，兼及其历史文化背景的研究。高建国《府州折氏族源、改姓新证》据2012年府谷县所出折惟正、折克禧墓志中"折屈氏"记载，确证府州折氏族源为鲜卑，并根据其中折氏于贞观时改单姓的记载，进一步讨论了折掘氏改姓折氏的时间问题。苗霖霖《党项鲜卑关系再探讨》通过对鲜卑山与大鲜卑山、吐谷浑与党项关系、党项中鲜卑部落的讨论，认为党项族是以鲜卑部为统治中心，羌族部落为主体的民族。

周峰《张宁墓志所见唐朝与党项的战争》通过对唐代张宁墓志的考释，揭橥了一场发生在唐穆宗长庆二年由夏绥银宥节度使李祐主导的对南山党项部的战争。张宁墓志将南山党项部出现的时间提前了20余年，是目前可见最早的关于南山党项部的记载。陈德洋《试论金宣宗时期的金夏之战》对蒙古军进攻下的金夏战争的概况、原因、危害进行了分析。石坚军《蒙古经略西夏诸役新考》对蒙古经略西夏诸役进行了详考，并根据成吉思汗灭金平宋战略，论述了蒙古军自黑水城迂回包抄中兴府平定西夏"斡服"战略与灭夏之役性质。

李华瑞《〈天盛律令〉修纂新探》认为比较《天盛律令》与唐宋法律制度的异同，不能局限于与《唐律疏议》《宋刑统》比较，而是更多的与当时实际立法文献比较，如《庆元条法事类》。同时，李先生认为《天盛律令》与《庆元条法事类》的内容、形式较为相似，也存在一些细节上的区别，因此不能说形成了中原政权与少数民族政权两个相对独立的法律编纂形式。许伟伟《〈法则〉卷九诸司职考》通过对《法则》卷九相关西夏文译释，结合《天盛律令》及相关西夏文献，对御前衙门官、前内侍司、内宿司、阁门司、帐下、巫提点、宝器库、殿前司、御护勇士等司职进行分类考证。尤桦《西夏时期察军略论》以西夏兵书《贞观玉镜将》中关于军事监督方面的法律条文为依据，着重分析察军的职能、职权和西夏监察职官的特性，探讨其在西夏监军制度等方面的重要意义。翟丽萍《西夏官阶制度初探》依据《天盛律令》《官阶封号表》等文献，从12品官及杂官、西夏官阶特点、授予及御印三个方面来考察西夏的官阶制度。姜歆《论西夏的起诉制度》对西夏起诉制度进行梳理，并对这一制度的原则和特点进行了总结。魏淑霞《西夏官吏贪赃刍议》以《天盛律令》中反映西夏官吏贪赃条款为研究基础，对西夏官吏贪赃的手段、西夏对官吏贪赃的惩治及预防进行探讨。李玉君、何博《金朝法制文化中的慎刑思想析论》从金朝法制对慎刑思想的承袭和贯彻入手，对女真族在法制上对中原法制文化的吸收与借鉴进行剖析。

杨浣《藏、蒙史籍所载西夏故事溯源两则》认为藏、蒙史籍所载西夏故事若干情节借自他族传说，《红史》中大雕、黄牛哺育西夏开国君主成长一事应该是汉籍所载北亚民族祖先"狼生说"的变形，《蒙古源流》中西夏末代皇帝死时情景则与各族文献所载佛史上一些高僧被冤斩之后脖颈流乳的传说同出一辙。苏航《波斯文〈史集〉部族志唐古特部分阅读札记两则》对《史集》中西夏主称号"失都儿忽"、唐古特地区称号"合申"进行了梳理，并讨论了"合申"（河西）与白高、唐古特等词汇的关系。张琰玲《党项与西夏女性人物汇考》对史籍文献及当代研究著述中所见136名党项与西夏女性进行整理，在此基础上对党项西夏女性的社会地位、社会关系进行探讨。邓文韬《元代西夏遗民进士补考》在弥补、校正前人成果的基础上，对西夏遗民进士的出身、仕途等问题进行了研究。

［俄］索罗宁《西夏"华严信仰"与"圆教"》认为西夏佛教基于辽代"圆教"信仰，源于晚唐华严思想，并对西夏汉传佛教系统进行构拟。陈玮《西夏天王信仰研究》通过对黑水城出土密宗仪轨中西夏天王信仰、西夏版画和卷轴画中的天王信仰、西夏石窟壁画及唐卡中天王形象的讨论，进一步对西夏天王信仰的地区、阶层进行了分析。魏文《西夏国师惠照考》通过《最胜上乐集本续显释记》等八部惠照翻译的密法文献，考察了惠照在西夏传播藏传密法中的关键作用。公维章《西夏时期的三十五佛信仰》通过对西夏三十五佛信仰的考察，并结合西夏之前的礼忏之法，认为西夏发展了中古时期的三十五佛信仰。

另外，还有高仁《细腰胡芦诸寨的修筑与明珠、灭藏、康奴等族的就抚》、崔玉谦《熙宁初年甘谷城垦田争议考述》、周永杰《北宋淮安镇道里及其地位》、问王刚《西夏龙州考》、赵生泉《西夏文教育钩沉》、保宏彪《从西夏年号看西夏文化的阶段性》等。

西夏文献研究方面，这次会议上提交了大量西夏文文献的解读文章。史金波《黑水城出土西夏文众会条约（社条）研究》对两件众会契约作了翻译、注释，并分析了其形式和内容，论述了立约时间、具体条款及其特点，这两件文书提供了中国古代新的社邑资料，表明西夏时期社会基层存在民间互助的结社组织。同时与敦煌文书中的社条进行比较，指出其注重简明、实用，弱化了伦理纲常说教，增添了多民族内容。孙伯君《〈大乘要道密集〉与西夏文本关系再探》认为西夏文本与汉文本有千丝万缕的联系，反映了西夏与元代的藏传密教之间有很深的渊源，不能只根据西夏文本的题名就判断汉文本可能最早是西夏时期翻译的，西夏文本与同名汉文本可能并非出自同一传承体系，即西夏时期传行的萨迦派、噶举派部分教法或许与元代的传承体系颇有不同。景永时《〈番汉合时掌中珠〉俄藏编号内容复原与版本考证》通过对其原编号内容复原，对其原叙录数据统计和页码误读等予以纠正，并对书叶进行合拼、调整及版本的考证。孙继民《俄藏黑水城 TK27P 西夏文佛经背裱补字纸残片性质辨析——西夏乾祐年间材植文书再研究之二》通过对裱纸残片重新录文、研究，认为前两个残件为西夏材植文书残片，后一件为佛经残片。彭向前《俄藏 Инв. No. 8085 西夏历日目验记》对该西夏历日文献作了目验，纠正了前人对该件文书的一些错误认识，认为其装帧为缝缋装，而非蝴蝶装，连续 88 年，而非 86 年，并非原封不动照搬北宋历日，在朔日、节气对比上有时与之相差一、二日，对复原西夏历谱及促进西夏纪年研究有重要意义。梁松涛《黑水城出土 Инв. No. 4794 号西夏文法典新译及考释》对 4794 号法典进行了录文、考释及翻译，认为此法典内容有关西夏礼仪，一定程度上反映了西夏晚期政治秩序及社会运转规范，体现了西夏以礼制法、以法护礼的原则，为进一步研究西夏法律及礼仪制度提供了新史料。佟建荣《西夏蕃姓订正》依据出土文献及多种资料互比，对已有蕃姓解读中所见误识、误译、漏译等问题进行订正。罗海山《卖地契？还是卖地帐？——"嵬名法宝达卖地文书"考辨》通过与卖地帐比较，认为该文书具备卖地人姓名、土地概况、要约邀请等卖地帐特征，应为卖地帐，并对该文书的发现意义及其中取问亲邻现象进行了讨论。梁继红《武威乾定酉年增纳草捆文书初探》从形制特点和内容分析，认为该文书是一式两份的西夏农户缴纳草捆的凭据。文献内容与西夏法典中的记载互为补充和印证，是研究西夏官方文书和社会经济的重要文献和实物资料。于光建《西夏文〈乾定戌年罤斡善典驴契约草稿〉初探》通过对该契约的释读，结合其他西夏契约文献，认为西夏时期在签订正式契约之前，一般要起草一份草稿，并对西夏寺院经济收入的重要来源借贷典当经济、凉州地区物价上涨及其西夏西部商贸中心地位进行了讨论。王龙《西夏文献〈法则卷八·为婚门〉考释——兼论西夏社会末期婚姻法的特点》选取《法则》卷八"为婚门"作为研究对象，通过释读并与《天盛律令·为婚门》对比来探讨西夏社会末期婚姻法的特点。荣智润《西夏文〈谨算〉所载图例初探》对俄藏西夏文《谨算》第一、第二页中的图进行了考释，对该图内容特点、用词顺序进行了分析，并与同时期占星术进行了对比研究。李晓明《英藏西夏文〈孙子兵法〉考释》通过对两份英藏西夏文《孙子兵法》释录，与俄藏夏译本进行比较，并对其内容、特征进行了分析。陈瑞青《黑水城所出西夏马料文书补释》对黑水城所出西夏马料文书进行了重新整理，对文书中存在的错简问题予以纠正，并通过文书中职官、日期等断定其为西夏时期的文书。

聂鸿音《〈西夏佛经序跋译注〉导言》从研究史的回顾、西夏的译经和礼佛、西夏佛经序跋的语言文学风格三方面，对《西夏佛经序跋译注》一书从存世西夏文献里搜集佛经序跋、对其翻译注释及所实践模拟西夏文学风格翻译手法等方面进行了介绍。胡玉冰《十七种清及近代重要汉文西夏文献解题》选取《西夏国志》《西夏书》三种和《西夏地理考》《西夏事略》《西夏书事》《西夏纪事本末》《西夏地图》《西夏地形图》《凉州府志备考·西夏纪年》《西夏姓氏录》《西夏志略》《西夏文缀》《西夏文存》及其《外编》《西夏艺文志》《宋史·夏国传集注》解题。赵彦龙《西夏官府文书档案研究的几个问题》通过对西夏官府文书档案的整理，对其版本价值、文书制度等内容进行了讨论。许生根《英国收藏的黑水城文献文物考察报告》对英国国家图书馆收藏的黑水城文物文献概况及研究现状进行了介绍。刘广瑞《日本藏西夏汉文世俗文书初探》对日本所藏西夏汉文文献进行了统计和介绍，并对天理图书馆所藏西夏汉文世俗文书进行了整理和研究。汤君《敦煌、黑水城、龙泉驿文献中的土地买卖契约研究》将三种文献中土地买卖契约文书进行对比，梳理其在形式、内容、法律精神上的异同，对比发现其中各自蕴含的丰富社会、经济、司法信息。

沈卫荣《"演揲儿法残卷三种"与西夏所传藏传密教》认为西夏时代所有无上瑜伽部的本续当都已经有了汉译或西夏译本，甚至它们的主要注释本也都已经有了相应的汉译和西夏文译本；萨迦派所传承"道果法"修习早在西夏时代就已经广泛传习，这进一步确认了蒙古人皈依藏传密教确有其西夏背景。杨志高《〈经律异相〉的经录入藏和西夏文本的翻译雕印》分别对《经律异相》现存隋唐宋的经录、作者、元代西夏文重刊、与"河西字大藏经"的关系进行了讨论。崔红芬《英藏西夏文〈大宝积经〉译释研究》讨论了九件西夏文《大宝积经》残经，认为是秉常时期竺法护、曼陀罗仙、菩提流志和实叉难陀等人所翻译。孙飞鹏《〈华严经〉卷十一夏汉文本对勘研究》通过西夏文本与各种汉文本《大方广佛华严经》卷十一的对比校勘，探讨了西夏文《华严经》译经、校经所据的汉文底本及各种版本《华严经》之间的关系。段玉泉《一批新见的额济纳旗绿城出土西夏文献》对《中国藏黑水城民族文字文献》中首次公布之《金刚般若波罗蜜多经》《圣观自在大悲心总持功德依经录》《十二宫吉祥偈》作了介绍。另外，还有 Yulia Mylnikova《西夏文〈大般若波罗蜜多经〉函号补释》，张笑峰、王颖《英藏西夏文〈圣胜慧到彼岸功德宝集偈·魔行品〉考》，赵天英《俄藏 Инв. No. 78 + 2315 号西夏文〈观弥勒菩萨上生兜率天经〉探讨》，高辉《武威博物馆〈维摩诘所说经下卷〉及其他几部残经的缀合》、何金兰《甘肃省博藏西夏文〈观弥勒菩萨上生兜率天经〉释译》，罗曼《法国法兰西学院汉学研究所所藏西夏文"大方广佛华严经第四十一卷"的论文介绍"十种事"的例子》，宋坤《俄藏黑水城所出两件〈多闻天王修习仪轨〉缀合及复原》，柴冰《西夏〈首楞严经〉文本考辨》等。

此次研讨会还提交有数篇黑水城元代文书解读的文章。杜建录《中国藏黑水城出土汉文借钱契研究》通过对中国藏六件钱钞借贷契约的重新录文校勘，对黑水城出土元代借钱契格式及相关问题做补正与讨论。潘洁《试论黑水城出土勘合文书》从文书性质、字号、半印、比对勘验等四方面，推断《广积仓支黄米文书》为半印勘合，参照《明太祖实录》对左半字号与右半字号进行了解释。张笑峰《黑水城文书中的宁肃王》对黑水城元代文书所载阿黑不花、撒昔、亦怜真实监三位宁肃王的在位时间进行考证，并进一步对宁肃王谱系、封藩问题进行了探讨。还有朱建路《黑水城文献〈麦足朵立只答站户案卷〉再研究》、杜立晖《黑水城文献所见元代的税使司》、张重艳《元代诉讼中的当事人和证人》等文。

对黑水城所出文献版本讨论的文章有杨金山《〈文酒清话〉若干问题辨析》、付燕《黑水城文献〈刘知远诸宫调〉创作时期及作者考辨》、李冰《黑水城出土汉文刻本TK172〈六壬课秘诀〉考释》等。

三 西夏语言文字

林英津《论西夏语的䑕 lju^1"流"及其相关问题》讨论了英藏西夏文本《孙子兵法》中汉语借词"流"䑕 lju^1 与"水因地之下，则可漂石"的对应关系，并对"流"的语义徵性与句法结构、西夏语䑕 lju^1 与䑕 rar^2 的关系、夏汉对译语料解读译注的一般性原则进行讨论。张珮琪《论西夏语的来去动词》利用分布法及计量分析法对西夏语的䑕 lja^1 "来"、䑕 $ljij^2$ "来"、䑕 sji^1 "去"、䑕 sji^2 "去"趋向范畴中出现的系统性对立状态进行研究，认为其主要原因在于䑕与䑕功能的转移，即其人称呼应对立发生动摇。从分析看，西夏语来去动词的分化与虚化仍处于进行式，两组动词的同义单位会走向分化或消除不得而知，以来去动词虚化作为趋向范畴的主要语法形式则会持续下去。因为趋向前缀转向体功能的承载，于是语言只好利用其他方式来表达趋向意义。贾常业《西夏文字中的汉语借词》依据学界公认的汉语借词、《五音切韵》划分、文献考证中所依据语言事实，将西夏文字中390个汉语借词按照第一至九品声类及三十六字母的次序排列。刘景云《西夏文"䑕䑕金刚杵"考》从语音、造字法角度对汉语词汇"金刚杵"译成西夏文"䑕䑕"，三个音节转成两个音节的原因进行了研究。另外，还有孙宏开《西夏语前鼻冠音的新认识》、荒川慎太郎《基于语序研究基础上的西夏语动词再分析》。

四 考古

陈育宁、汤晓芳《西夏佛经版画中的建筑图像及特点》通过对西夏佛经版画中的建筑图像研究，认为其建筑特点一方面传承中原的建筑伦理和布局，另一方面受到佛教影响，尤其是藏传密宗建筑影响。牛达生《另成体系的西夏陵屋顶装饰构件》依据西夏屋顶装饰构件特点，探讨其名称及与佛教关系，以及所体现的西夏文化内涵，从而证明其为有别于中原另成体系的屋顶装饰系统。张雯《略论党项民族葬俗在西夏建国后的延续与演化——闽宁村西夏墓地与西夏陵的比较研究》认为闽宁村党项墓的布局、建筑特点与丧葬方式反映出党项民族的文化传统和习俗。虽然闽宁村墓地是西夏建国前后建造的，它的一些形制特点被保留在西夏中期的西夏王陵中，这表现出西夏皇帝在墓葬方面对党项族习俗的重视。西夏陵墓结构中也有特点与闽宁村党项墓不同之处，体现出党项民族建国后的演化，当时的社会机制、文化影响，以及与建陵者不同的目的和追求。岳键《西夏三号陵献殿形制的探讨与试复原》依据田野考古报告，对西夏三号陵献殿"天方地圆"的建筑形制进行模拟推演与试复原，认为其颠覆了中国传统的"天圆地方"建筑理念，是西夏礼制改革"标新立异"的点睛之作。黎大祥《西夏凉州护国寺历史变迁述论》依据文献和碑刻资料全面梳理了护国寺及感应塔的历史沿革发展及寺院建筑概况。赵天英、闫惠群《罕见的西夏铜烙印考》对甘肃静宁县博物馆所藏一方西夏烙印的形制特点进行了介绍，并与《天盛律令》中烙印使用规定进行比较，进一步探讨西夏登记注册、实体烙印相结合的畜牧业管理制度。黎李《略论甘肃馆藏西夏瓷器上的文字》在对甘肃省内馆藏西夏瓷器整理的基础上，对馆藏西夏瓷器的概况及总体特征进行简要分析，对瓷器上文字进行整理、摘录、说明，对其进行对比、辨析。另外，还有张宝玺《张掖大佛寺西夏涅槃像考释》，张振华、黎树科《甘肃武威境内新发现的西夏时期寺庙遗址》《甘肃民勤境内西夏时期古城遗址》，于光建、张振华、黎大祥《甘肃永昌县花大门藏传佛教石刻塔群遗址考论》，孙寿龄《武威发现西夏覆钵式喇嘛塔石刻造像》，党菊红、党寿山《西夏西凉府署大堂》，崔云胜《从张掖几处西夏历史遗迹看西夏文化对后世的影响》等文。

五　艺术

胡进杉《西夏刻本〈妙法莲华经〉扉画赏析》通过对《俄藏黑水城文献》所收《妙法莲华经》扉画书影内容和特色的分析，认为其留白疏朗，主题明显，线条浑厚雄强，不仅装饰了佛经，宣扬了佛法，其图绘对了解当时居民风貌亦起到重要作用。赖天兵《江南抑或西夏——金刚上师胆八与白云宗主道安题款〈普宁藏〉扉画的年代、内容与图本》一文，从该扉画的布局与内容、扉画右二折绘"大万寿寺修造校勘大藏经"的疑点、扉画的结构与图像来源问题三方面进行了讨论。李伟《〈六十四卦图歌〉中的西夏卜筮巫乐文化》结合西夏卜筮巫乐文化，对《六十四卦图歌》中的测字法，"借事喻卦"《颂》《赞》《歌》和西夏人原始宗教信仰，以及巫文化的关系作了探讨。韩冬梅《略谈武威出土西夏唐卡的文化艺术价值》对武威亥母洞石窟出土的三幅西夏时期唐卡的内容、文化艺术价值进行了讨论。

王艳云《西夏晚期经变画中的世俗倾向》认为作为敦煌经变遗响时期的西夏经变改变了唐宋以来经变的传统模式，场面规模、情节人物、装饰渲染锐减的同时，西方净土变中建筑界画优美、空间布局疏密有致，建筑人物比例适中，展示出西夏经变艺术在构图、线描、敷彩等技法上的成熟和完善，为敦煌经变发展奏响最后华丽的乐章。孙达《榆林窟第29窟壁画之审美特征及宗教特征及宗教观念初探》认为榆林第29窟壁画的绘画手法同其他西夏壁画有相通之处，然其艺术表现力则更为突出，较之其他西夏意味更为浓郁，壁画所蕴含药师信仰、净土信仰及观音信仰，反映出该地区之宗教观念。史伟《东千佛洞西夏壁画中的药师佛及其审美意蕴》对东千佛洞西夏壁画中药师佛形象进行了探源，并进一步对壁画中药师佛美学艺术风格及其审美意蕴进行了研究。章治宁《瓜州石窟群壁画〈玄奘取经图〉与西夏观音信仰》从甘肃瓜州东千佛洞和榆林窟中唐玄奘取经题材的壁画入手，结合已公布的西夏文献，探讨在中原广受推崇的观音菩萨信仰在西夏民间流行的情况。

任怀晟《西夏官服研究中的几个问题》从服饰的角度分析西夏幞头帽子、武弁与抹带、冠带材质与质量的情况，对黑水城佛教绘画Kam183中官员形象、西夏武臣等级划分、山嘴沟壁画K1命名进行了讨论。吴峰天《西夏发式初探》认为西夏发式经历了纯粹自然期、"秃发令"变革期、等级有别丰富多样的成熟期三个阶段，并对剃、断、削、剪、辫及西夏发式进行了图解。魏亚丽、杨浣《西夏"东坡巾"初探》对中原东坡巾起源形制及其在西夏的传播与变化等问题作了初步探讨，认为西夏东坡巾除高度尺寸略有变化外，在纹样、边饰上也表现出强烈的民族风和装饰性，是中原和西夏服饰文化交流融合的产物。

此外，西夏文献、文化遗址数据化的相关研究有柳长青《西夏文献数据库建设研究》，叶建雄、单迪《西夏音韵数据库及其安卓平台拓展》，杨满忠《关于西夏文化遗址数据库建设》等。

总之，这次会议参会人员阵容强大。以中国社会科学院西夏文化研究中心、宁夏大学西夏学研究院、河北省社会科学院、四川师范大学等西夏、黑水城文献学术团队发展迅猛。在研究问题的领域不断扩大的同时，一些小问题上也展现出"小切口，大视野"的研究思路，不少新材料得到了运用。随着计算机数据信息发展，研究的方法也更加先进。但是，在一些研究者的论述中也存在一些问题，如国内外学术史回顾的缺失、明清二手史料的运用等，还有一些行文细节仍需端正，使得我们的研究经得起推敲。总的来说，这次西夏学国际论坛显示了近年来西夏研究取得较大发展，论文的水平亦有所提升，有利于进一步推动国际学术交流，促进西夏学科的发展。

"西夏语文献解读研究成果发表会"会议综述

段玉泉

2013年12月19—20日，"西夏语文献解读研究成果发表会"在台湾"中央研究院"语言学研究所召开，会议由该所语言结构和类型研究群组主办。会议邀请主要从事西夏语文献解读的学者，深度探讨西夏语解读过程中的问题、难点以及解读方法，共同讨论西夏语参考语法的架构。来自俄罗斯、日本及海峡两岸和香港等地区的12位学者参加了本次研讨。研讨会历经两天，就西夏语言文字研究及西夏语文献解读等诸方面论题，举办7场报告。

西夏语言文字方面的研究，以语法研究方面的报告为多。林英津作题为《再探西夏语动词的人称后缀》的报告，对西夏语动词的人称后缀提出了一些补充和新的看法，认为动词和哪个名词论元呼应，不由人称词尾决定；反之，动词或动词组并非管控人称词尾的来源，明确地说，动词和名词的呼应与人称词尾是由不同层级的语法机制管控的。池田巧（Ikeda Takumi）作题为《解读西夏文窥见其口语语法》报告，以动词"见"为例，观察宾语和动词的关系，发现宾语有时带格标志，有时不带，其中差异尚不明朗。他提出可以参照与西夏语关系密切的活的语言，如木雅语，去分析结果，验证问题，尝试克服文献研究中尚未解决的难题，借由分析出活的语言和西夏文的语法上的对应关系，来窥见其口语语法产生的背景。荒川慎太郎（Arakawa Shintaro）作 Re-analysis of the "double-prefix" in the Tangut verb phrase 报告，就西夏语中出现的双动词前缀在前人基础上作了进一步梳理和分析。张珮琪作题为《论西夏语的存在类动词》报告，以黄成龙（2013）所提出的三种结构及四项参项重新审视西夏语的存在动词，指出西夏语的存在动词依句法结构，可分为三种类型：表"处所义"动词、表"领有义"动词和表"存在义"动词。其主要区别特征为"处所方位的突显"。"有无生命"的特征也出现于存在类动词中。这些特征及其用法皆与动词本身的来源有密切关系，其中有些动词显然是经过语法化后平行发展而形成的。段玉泉作题为《西夏语的名化助词》报告，在前人基础上就六个名化助词进行了认定，并指出这六个"名物化助词"呈现出"能动"与"所动"的对立，它们在涉及动作的施动者、施动工具、原因、方式与方法，或者动作涉及的事物、物件、处所和方向等方面，承担着相应的功能。

语音方面，孙伯君作题为《西夏语声调问题再探》报告。根据最近刊布的一份音韵学材料，并通过与其他藏缅语声调衍变条件的对比分析，对与西夏语声调相关的几个问题进行了再探讨，认为西夏语只有"平""上"两调，没有"去""入"两调；文章还就字形相关、字义相同、声调只有平上之别的几组西夏字是否表记西夏语的变调现象加以探讨。

文字方面，韩小忙作题为《西夏文文献研读札记——西夏文字形辨析之一》报告。报告以现存的西夏文原始辞书作为基本材料，再以其他世俗文献为辅政，共采用23种原始文献，对以李范文先生为主的7家现当代学者所编的西夏文字典类工具书中的8个字形进行了辨正，并分析了错讹的原因。

西夏语文献解读方面，涉及草书文献的解读以及西夏语文献解读的方法、语料标注等方面内容。草书文献的解读方面，聂鸿音的《西夏本〈一切如来百字要门发愿文〉考释》，对一则草书发愿文进行了楷书转写与全文解读、标注，并给出骈体式翻译；孙颖新博士的《俄藏西夏文草书〈近住八斋戒文〉释读》，参照并利用《近住八斋戒文》的一个刻本资料，对俄藏西夏文草书《近住八斋戒文》进行解读，建立起相关文字草书与楷书的对照，尝试对西夏文草书和楷书的规律进行探讨，考证有理有据。在文献解读方法与语料标注等方面，索罗宁（Kirill Solonin）作题为《西夏文〈五部法界都序〉翻译问题》报告，对没有原文参考的《五部法界都序》作了解读示范；景永时作题为《西夏文本〈金光明经·卷九·长者子流水品〉解读札记》报告，对学术界西夏文解读的程式进行了归纳总结，对西夏文献中有原文参考的、译自其他文种的文献解读程序提出了自己的修正意见，以译自汉文的文献为例，应当采用汉文原文—西夏文译文—西夏文的汉字直译的程式，而不是相反。语料标注方面，戴忠沛作题为《莱比锡注解法在西夏文献解读的应用：以俄藏编号8363的Fr. 10（15）和Fr. 11（16）残片为例》报告，提出应以广泛应用于语言描写的"莱比锡注解法"来解读、标注西夏语文献，让来自不同领域的语言学者都能使用西夏语的语料，并结合西夏语文献的特点提出了一套明确的标注方案。

"西夏语文献解读研究成果发表会"既有理论探索，也有方式方法的探讨，更有一些难点及实际问题的解决。报告会安排紧凑、讨论激烈，是一次学术含量非常高的西夏学研讨会。

第三篇
学术动态

【刘凤翥先生在赤峰学院讲学】

　　为了弘扬历史文化，传承国学经典，赤峰学院于2013年11月举办了国家级特色专业学术讲座。第一讲于11月4日由中国社会科学院民族学与人类学研究所的刘凤翥研究员开讲。刘先生讲演题目是《赝品契丹文字墓志的"死穴"》。

　　近十年来，文物市场上出现了一大批来历不明的所谓契丹文字墓志，被分别收藏于各地的公私文博部门。刘先生根据自己50多年对辽史和契丹文字研究的经历与心得，首先讲了赝品石刻的四个发展阶段。再讲了鉴别赝品的方法。作伪者再高明，总有其不到位的地方，刘先生根据辽代契丹族男人的名字文化和横帐三父房以及国舅帐和遥辇帐的知识，指出了赝品墓志的几个"死穴"。例如，收藏于内蒙古自治区敖汉旗新州博物馆的根据《辽史·耶律玦传》伪造的《耶律玦墓志》在第2行有"孟父房鲜质可汗"字样。"鲜质可汗"是遥辇氏，其后人在辽代虽然也姓耶律，但不属于横帐孟父房、仲父房和季父房，而是属于遥辇帐。画蛇添足的"孟父房"就是敲定其为赝品的"死穴"。辽代契丹族男人的契丹语名字有"孩子名""第二个名"和"全名"之分。契丹小字名字中，结尾原字为伏、杏、出、内、当者，均是"第二个名"。伏、杏、出、内、当绝对不能用在"孩子名"的尾字处。内蒙古自治区巴林左旗契丹博物馆收藏的《萧胡睹堇墓志铭》把墓志主人的孩子名作斗祭伏。而且与他父亲同名。这也是证明其为赝品的"死穴"。又例如北京科举匾额博物馆收藏的契丹小字《萧徽哩辇·汗德墓志铭》在志盖和题目中把表示姓萧的"国舅"和表示姓耶律的"横帐"用在一个人身上，内蒙古大学收藏的《耶律廉宁墓志铭》第16行也有类似情况，令人坠入五里雾中。仅此一点就足以断定《萧徽哩辇·汗德墓志铭》和《耶律廉宁墓志铭》是无可辩驳的百分之百的赝品。

　　刘先生的报告内容丰富，条理清晰，以实例点出了赝品的"死穴"，直中赝品的要害，为广大师生们上了一节生动的识伪、辨伪课。

（张少珊）

【薪火相传，诲人不倦——刘凤翥先生在考古工地为中青年学者授课】

　　著名辽史学家、契丹文字学家刘凤翥先生在内蒙古自治区巴林左旗参加完"十至十二世纪东亚都城和帝陵考古与契丹辽文化国际学术研讨会"之后，于2013年8月26—31日，应中国社会科学院考古研究所董新林研究员之邀，在巴林左旗林东镇辽上京考古队工作站，利用晚上时间，为辽上京考古队的中青年学者作了契丹文字专题讲座，巴林左旗文物管理所等相关人员参加听课。

　　刘凤翥先生一共作了6次讲座，每次2个小时。刘先生详细介绍了契丹文字的发现和研究历程，并深入浅出地讲述了契丹小字的释读方法和研究成果，为中青年学者进行契丹小字的释读和研究奠定了良好的基础，同时也激发青年学者对契丹文字的研究热情。最后，刘凤翥先生还介绍了契丹大字的研究情况。

刘凤翥先生是目前掌握契丹文字资料最全面的学者，也是契丹文字研究的权威之一。他为契丹文字的传承一直努力不懈，诲人不倦，为学界做出了榜样。

（董新林　汪　盈）

【中央电视台大型史实纪录片《神秘的西夏》开拍】

2013年8月22日，大型历史纪录片《神秘的西夏》开机仪式在银川西夏王陵景区举行，宁夏回族自治区党委常委、宣传部部长蔡国英，中央电视台副总编辑李挺等出席开机仪式并揭幕。由此，该剧进入正式拍摄阶段。

该纪录片是自治区党委宣传部确定的2013年宁夏重大文化项目，也是中央电视台科教频道该年度的重大选题之一。该片将以历史记载和考古取证为依据，集中展示党项民族及西夏王朝辉煌的历史。该片计划拍摄11集，每集55分钟，拍摄制作周期为一年，将于2014年在中央电视台科教频道播出。

《神秘的西夏》前期文本的创作任务由宁夏大学西夏学研究院一力承担，院长、"长江学者"杜建录教授系该剧创作团队的负责人。在创作中，纪录片文本抛弃了以往单纯讲述史实或单纯做文献考察的模式，而将整个纪录片分为序曲、崛起、辉煌、政权消亡与文化再生四部分，重在展示西夏的辉煌成就和灿烂文明。序曲部分为第一集"王朝背影"，选取黑将军的宝藏、大坟的主人等故事，讲述黑水城文献之谜、西夏王陵之谜等，为全剧制造悬念，做足铺垫；崛起部分为第二、第三集"羌人归唐""龙行朔方"，展现大唐文明滋润党项成长、党项统一西北诸部历程；辉煌部分则是纪录片的主体，为四至十集"三国演义""人造天书""耕牧传国""以儒治国""暮鼓晨钟""众生百态""风雨千年"，对西夏历史进行定位并展现西夏在政治、经济、军事、文化、宗教、社会生活等的方方面面；最后一部分政权消亡与文化再生为第十一集"凤凰涅槃"，从西夏王朝的灭亡与西夏文化的延续两个方面揭示西夏文明在多元一体的中华文化中的重要意义。

该剧文本的创作吸收了一切前人研究的成果，站在西夏学界学术的前沿之上。杜建录教授曾说"对于该剧文本的创作，我们希望通过讲故事的方式来诠释历史，并建立在西夏学界多年的历史研究基础上的。"因此，该剧本摒弃了过去"西夏政治、经济、文化落后""西夏最终亡国灭种"的陈词滥调以及"西夏是宋代西北割据政权"的错误定位，而使用了西夏学界普遍认可的前沿理念：党项民族在中国文明的滋养下生根发芽，而最终建立了西夏国；西夏"西掠吐蕃""北收回鹘""东尽黄河、西界玉门，南接萧关，北控大漠"是对西北的局部统一，为元朝大统一奠定了基础，它和宋、辽（金）是三足鼎立的关系；西夏是多民族的国家，且吸收了周边各国的文明成果，融会贯通，创造出了辉煌灿烂的西夏文明；西夏灭亡只是政权的消亡，唐兀人仍在元代活跃，西夏文化更是延绵千古。

该纪录片是一部观点新颖、资料丰富、内容充实、气势宏大的优秀佳作，该片的拍摄将为观众奉上精彩的文化"大餐"，必将在观众群体中造成强烈的反响。中央电视台副总编辑李挺在与蔡国英会谈中表示，将充分利用中央电视台国际文化交流的平台，将这部纪录片推向国际。

（高　仁）

【杜建录教授入选教育部2011年度"长江学者奖励计划"特聘教授】

杜建录教授是教育部人文社科重点研究基地——宁夏大学西夏学研究院院长、史学博士、博士生导师，中国少数民族史博士点、博士后科研流动站、国家重点（培养）学科带头人，"长江学者奖励计划"特聘教授，"国家百千万人才工程"国家级人选，教育部"新世纪人才工程"人选，自治区"313"人才工程人选，享受国务院政府特贴和宁夏回族自治区政府特贴。兼任中俄人文合作委员会（副总理级）框架下研究平台——中俄西夏学联合研究所中方所长、中国社会科学院西夏文化研究中心副主任。主持完成或在研国家与省部社会科学基金重点、重大与一般课题10多项，出版《西夏经济史》、《西夏社会文书研究》（合著）、《中国藏西夏文献研究》、《党项西夏文献研究》（合著）等著作8部，主编《中国藏西夏文献》（合作）、《中国藏黑水城汉文文献》（合作）等大型著作，在《中国史研究》《中国经济史研究》《民族研究》等刊物发表论文100余篇。9项成果获教育部和省级政府优秀成果奖，其中一等奖3项。

杜建录教授在研究中强调出土文献与传世文献相结合、西夏文文献与汉文文献相结合、文献资料与实物资料相结合，积极实施西夏学重点研究基地确立的文献资料整理出版、文献资料专题研究和利用多种资料完成大型西夏历史著作的"三步走"战略，取得显著成效。他积极开展学术交流，多次应邀访问俄罗斯科学院东方文献研究所、美国哈佛大学、加拿大渥太华大学、日本早稻田大学、东京外国语大学、九州大学、韩国外国语大学、韩国中央大学、中国香港中文大学、中国香港大学、中国香港孔子学院、中国台湾"中央研究院史语所"，参加相关学术会议，报告论文或作学术演讲。

作为宁夏大学西夏学和中国少数民族史的学科带头人，杜建录教授非常重视学科建设，在学校的大力支持下，以教育部西夏学重点研究基地为平台，先后建成中国少数民族史博士点、博士后科研流动站、国家重点培育学科。他将西夏学人才培养作为自己学术生命的重要组成部分，先后培养了10多位具有博士学位的青年学术骨干，他们的研究领域涉及西夏学诸多方面，包括文献文物、历史地理、社会经济、政治制度、语言文字、绘画艺术、民族宗教等众多内容，使西夏学研究院成为名副其实的重点研究基地。

杜建录教授

长江学者奖励计划特聘教授证件

（宁夏大学西夏学研究院）

【彭向前研究员赴俄交流西夏学】

宁夏大学西夏学研究院彭向前研究员，受国家留学基金西部项目资助，以访问学者的身份，于2013年6月至12月赴俄罗斯科学院东方文献研究所（Институт восточных рукописей）访学。

东方所收藏的科兹洛夫（П. К. Козлов）藏品，为当今世界西夏文献收藏的大宗，共计有大约九千件西夏文献和数不清的残片。20世纪初，西夏学正是基于这批黑水城出土文献而建立起来的。这里曾经涌现出一批在国际上知名的西夏学专家，对西夏学的发展推动极大。

在俄方导师波波娃（И. Ф. Попова）教授（现任俄罗斯科学院东方文献研究所所长，世界著名敦煌学专家）的支持和帮助下，留俄期间，彭向前研究员不仅查阅了大量的西夏文献，还积极与俄罗斯西夏学界开展一系列学术交流活动。

西夏文草书文献和历日文献是彭向

彭向前研究员在东方所阅览室
披览西夏文献（段岩摄）

前研究员此次赴俄访学查阅的重点。编

号 Инв. No. 2627 的西夏文献是久已亡佚的北宋吕惠卿《孝经传》西夏文译本。该件用草书写就，字数集中，加上数百处朱笔校改部分，估计西夏文草字在一万个以上，有利于总结西夏草书书写规律，堪称研究西夏文草书的一把钥匙。草书字迹凌乱，较之于照片，西夏文原件上的笔锋走势更易于辨别。彭向前研究员借赴俄之机，全面搜集整理西夏文《孝经传》中的草体字形，然后排比考校，鉴别异同，最终摸索出一套行之有效的草书识别办法。未来打算在复原这部 900 年以前的古书的基础上，逐步扩大范围，编制一部《西夏文草书大字典》，以满足学界的急需。编号 Инв. No. 8085 是一件尚未刊布的西夏历日文献。通过目验，发现其装帧形式不是蝴蝶装，而是缝缋装，这对进一步整理这部文献具有重要意义。连续 88 年，而非 86 年，其跨度之长为中国古代同类出土文献所仅见。该文献并非原封不动地照搬北宋历日，在朔日、节气对比上时有一、二日之差。表中所列非九曜星宿与该月时日的对照关系，而是九曜星宿的运行周期情况，首次披露西夏历日文献中有大量长期观察行星运行的记录。参见《俄藏 Инв. No. 8085 西夏历日目验记》（《西夏学》2013 年第 9 辑）。此外，还查阅了一批西夏佛经文献和法律文献，与俄罗斯圣彼得堡大学东方系青年西夏学者尤丽娅（Ю. С. Мыльникова）博士合作发表《〈大般若波罗蜜多经〉函号补释》（《西夏学》2013 年第 9 辑）。

彭向前研究员在俄中西夏学联合研究所（尤丽娅摄）

2013 年 12 月 2—4 日，东方所举办学术年会（Ежегодная научная сессия ИВР РАН），年会的主题是"Письменное наследие Востока как основа классического Востоковедение（东方文献遗产——古典东方学之基础）"。在本次会议上，彭向前研究员宣读论文 Исследование скорописного тангутского перевода Сяо-цзин чжуань（《西夏文草书〈孝经传〉研究》）。由于西夏文草书研究是国际西夏学界的难题，是西夏学研究中的关键领域，具有前沿性、开创性，在会议上引起很大反响。回国后即发表《西夏文〈孝经传〉草书初探》（《宁夏社会科学》2014 年第 2 期）。彭向前研究员还利用自己学过俄语的优势，向俄方介绍新世纪中国在西夏学研究方面取得的巨大成就。受俄罗斯科学院东方文献研究所《东方文献》主编庞晓梅（А. П. Татьяна）之约，与尤丽娅博士合作，用俄文在该刊物上发表《新世纪中国西夏学研究》一文 Китайское тангутоведение в начале XXI века //

Письменные памятники Востока. №2（19）, осень-зима 2013. C. 257 – 265. (《东方文献》2013年秋冬卷）。同时向中方译介俄罗斯西夏学重要成果，与尤丽娅博士合作，翻译已故世界级西夏学泰斗克恰诺夫（Е. И. Кычанов）教授的文章《从〈天盛律令〉看异国人和异族人在西夏的法律地位》（杜建录、波波娃主编《〈天盛律令〉研究》，上海古籍出版社2014年版）。译自 Е. И. Кычанов, Тангутский свод законов XII в. об иноплеменниках и иноземцах // Страны и народы Востока. Вып. 22：Средняя и Центральная Азия. География, этнография, история. М., 1980. C. 137 – 146.）。此外，彭向前研究员还向俄罗斯西夏学界同仁赠送了他的新著《西夏文〈孟子〉整理研究》（上海古籍出版社2012年版）。据悉，《东方文献》拟以俄、英两种文字刊发汤君教授、尤丽娅博士合写的书评《〈西夏文《孟子》整理研究〉评介》。

在中俄战略协作伙伴关系在人文领域不断拓展的大背景下，宁夏大学西夏学研究院与俄罗斯科学院东方文献研究所联系日益密切，2010年6月双方签订"成立中俄（俄中）西夏学联合研究所协议"，先后于2010年、2011各自在本国举行了挂牌仪式。彭向前研究员此次访俄，丰富了双方在国际交流与合作方面的内容，同时也在一定程度上加深了俄方对中国西夏学界的认识。

（彭向前）

【白山·黑水·海东青——纪念金中都建都860周年特展】

为了让更多的国人了解黑龙江的历史文化、加强黑龙江省与北京市的文化交流与合作，以及纪念金中都建都860周年。2011年秋，黑龙江省博物馆与首都博物馆两馆的领导、专家依据女真族在黑龙江和北京的建都史实和历史发展脉络，黑龙江和北京分别代表了肃慎族系崛起历史的起点和终点，决定由首都博物馆和黑龙江省博物馆联合举办白山·黑水·海东青——纪念金中都建都860周年特展。此后的两年间，首都博物馆与黑龙江省文化厅、黑龙江省博物馆开始构思展览创意，并成立首都博物馆与黑龙江省博物馆联合项目组，聘请国内多位著名金史研究专家为顾问。一年中先后举行了5次大纲、设计论证会，开幕之前4个月首都博物馆即开始举行系列学术讲座，启动宣传推广活动深入交流，2013年9月17日，展览如期开幕。

此次展览的结构分为序；第一部分，远古勾痕——肃慎先民的兴起；第二部分，经营东北——海东盛国；第三部分，雄峙北方——从"金源"到中都；第四

部分，天下一统——统一多民族国家的巩固；尾声。共六个部分。

展览从包括首都博物馆、黑龙江省博物馆在内的共10家文博机构里，精心选取了221件（套）典型文物，包括金银器、玉器、瓷器、铁器、石器等多样器类，其中仅一级文物就多达45件（套）。其中黑龙江省博物馆拿出了馆藏的"家底儿"——珍贵历史文物173件套，288单件，其34件套一级文物中，不但有象征女真族民族进取精神的铜坐龙，还有从未展出过的哈尔滨新香坊金代贵族墓地出土的银骨朵、雕绶带鸟金玉耳饰、镶银边鎏金铜鞍饰，金齐国王墓出土的齐国王完颜晏手中所握的"金握"等稀世珍宝。此外，展览借展（协办）单位故宫博物院、吉林省博物院、吉林省文物考古研究所、内蒙古博物院、山西博物院、陕西省西安碑林博物馆、辽宁省旅顺博物馆、北京大葆台西汉墓博物馆、北京辽金城垣博物馆，也给予展览大力支持，将展览主题所需所藏珍贵文物参与此次展览。很多参展的东北出土金代玉器均为首次进京展出，如金代开国功臣完颜娄室墓出土的白玉荷花冠饰、完颜希尹墓出土的鹘攫鹅形玉环、吉林省扶余县西山屯墓出土的金扣白玉带等，为此展览增光添彩。

展览内容设计原则秉承了"以小见大、以点带面"策展理念，从微观事物入手揭示宏观规律，使观众更乐于接受、易于理解；吸收最新考古发掘与研究成果，依托专家顾问，确保学术严谨。运用展陈语言将高端学术课题转化为通俗展览；对学术争议不回避、不武断，客观介绍各主要观点，启发观众思考等主要原则思想。展览在形式设计上创新理念，在序厅运用多媒体试听技术辅助营造心理氛围。以无缝拼接投影重现白山黑水、云飞鹰翔的悠远意境，以兽嘶鸟鸣、流水潺潺的音效将观众带入"春水秋山"的游猎妙趣中。还以多种造型元素和文化元素比如桦树皮、兽皮等元素渲染各阶段历史特点与民族风情，让观众在欣赏文物，了解金代女真人起源、兴起、鼎盛阶段的历史的同时，留下强烈的视觉和听觉震撼。

公元1115年，女真民族在白山黑水间崛起，建立起统治我国东北和华北地区的封建王朝——大金朝。公元1153年，海陵王迁都燕京。860年之前，女真人从黑土地走向燕山脚下；860年后，印证这段历史的实物又跨越山海关，来到今天的首都北京。从1115年到1153年，从黑龙江到北京，两地在金代不同时期创造的既异彩纷呈又一脉相承的文化，早在860年前就建立起来的文化认同和纽带，以及空间与时间的逻辑联系，给广大首都观众留下了深刻印象。如此内容和规模的展览，也开创了黑龙江文博交流史上的先河。

金朝南迁，对当时及后世的中央王朝都产生了一定的影响。1153年，都城由上京迁往燕京，女真人随之南迁，女真民族变外为内、变夷为夏，这加速了女真民族和汉民族的融合。金源文化以其独具特色的音乐、舞蹈、服饰、饮食、蒸馏酿酒法等，成为中国北方民族极具生命力和创造力的文化标识，在一定意义上也可以说，这些也构成了北京文化最初的内涵和底蕴。金源文化深受中华文化影响，南迁极大地促进了中华文化与少数民族文化的融合，金源文化成为中华文化大花园中的璀璨花朵。用文物这一重要历史见证来展示两地的渊源和历史文化积淀，无疑具有重要的历史和现实意义。

在千年古都北京以文物展这种特有的陈列语言方式，阐释崛起于白山黑水间、视海东青为图腾、智慧而骁勇民族的过往。通过博物馆陈列展览交流，既弘扬了黑龙江特有的历史文化以及地域精神，进而让国内外观众更纵深地了解黑龙江，同时也进一步展示中华民族博大精深、绚丽多彩、包容兼蓄的文化特质和内涵。

2014年5月18日，由国家文物局和中国文物报社举办的全国十大精品陈列评比活动中，首都博物馆和黑龙江省博物馆联合申报的"白山·黑水·海东青——纪念金中都建都860周年特展"，在全国每年近万个陈列展览中脱颖而出，获得了全国十大精品陈列第二名的殊荣。

（杨海鹏）

第四篇
书评·书讯

关注现实　重视历史

——评李谷城遗著《辽代南京留守研究》

宋德金

手捧着新近出版的香港学者李谷城（国成）先生遗著《辽代南京留守研究》，心情沉重而无奈。这部学术书稿在出版社滞留多年才得以出版，当此书出版时，作者已经离去。作为为他联系书稿出版的我，每想到此，就感到无比愧疚。

本书是李谷城二十多年前在香港珠海书院中国文史研究所攻读硕士学位期间所作硕士论文基础上，经过补充、修改而成。其指导教师梁天锡教授是珠海学院博士，香港私立大专院校治宋史的前辈学者，长期担任香港能仁书院的宋史教席，著作等身，著作有《宋枢密院制度》《宋代祠禄制度考实》《宋宰辅研究论集》《宋宰相年表新编》《北宋传法院及其译经制度》等。梁天锡教授师从在海峡两岸负有盛名的著名学者宋晞教授，宋晞长于宋史研究，旁及史学史、方志学，其代表作品有《宋史研究论丛》《中国现代史论丛》等十余种，发表论文近百篇。宋晞为著名宋史学者陈乐素（陈垣之子）之高足。由此可见李谷城教授的师承渊源。

据作者说，之所以选择研究宋辽金史，并确定这个课题的原因，除了敬仰宋晞、梁天锡教授的宋辽金史研究造诣之深以外，同当时香港的政治环境有关。1982年到1984年，中、英通过外交途径谈判香港前途问题，并达成收回香港主权，实行港人治港的协议。作者遂联想到将来香港特别行政区最高行政长官及他们任用的背景、资格、条件、赏罚等规律、规定如何？特区与中央的关系如何？期望可以从中国几千年历史经验中得到答复和启示。作者认为，辽代南京政权转移与香港回归两者之间有许多可以类比之处，南京留守与香港"特首"的任用条件、背景、规律又有可借鉴的地方。我想不管这种类比是否精准，却充分表现了一位史学研究者对国家与乡土命运的关心。从历史经验教训中得到启迪和借鉴，服务于现实，历来是有为学者关心国家命运的体现。如抗日战争期间，许多进步学者把当时的战争比作南宋抗金，郭沫若当年发表《甲申三百年祭》等，都属于这种情况。

辽南京设置的过程，是公元936年辽太宗应后唐河东节度使石敬瑭之请，攻灭后唐，册立石敬瑭为大晋皇帝。938年，晋以燕云十六州并图籍献契丹，石敬瑭向契丹奉表称臣。契丹升幽州为南京（燕京），为辽五京之一。站在中原汉族王朝立场上，这是一个屈辱的事件，因此石敬瑭遭到千载骂名。燕云十六州并入契丹版图后，在客观上把北方游牧、中原农耕两个民族及不同生产方式联结起来，推动了这个区域、进而促进了南北方的经济文化交流和民族融合。辽南京地位的确立，是北京及北方中国历史上的一件大事。金海陵王时，将都城从金源"内地"迁往燕京，改称中都，是北京成为北方中国乃至全国政治文化中心的开端。

本书详细考证论述辽南京186年间所任用过留守之出身、任用原因、任期、功过及结局，进而探索南京留守之任用规律。本书还对与南京留守相关联的问题，如辽朝官制、契丹汉化等作了论述。书后附录作者精心编制的《新编辽南京留守表》《南京留守与辽皇室亲缘关系表》等以及附图五幅。

正如李谷城的指导老师梁天锡对硕士论文的推荐书中所说，其中第二、第三、第六章，即有关辽南京留守的任免分期、委任背景、任用规律等论述为超水准之作。特别是作者在第六章指出，辽朝南京留守任用规律有三：从汉人过渡到契丹人；从降将过渡到皇亲国戚；从频频更迭到世袭。从这些规律可以看出南京兴衰变化过程及与辽朝的关系。此论尤为深刻。作者还从地理、政治、军事三个方面，探讨南京治乱对辽朝的影响，指出南京对辽朝而言，契丹得之而兴，失之而亡。这些论断给读者以很大的启迪。

此外，作者还在以上论述的基础上，从更广泛的时空和更广阔的角度出发，进一步研究辽南京治乱得失对辽朝的影响，综述历代对燕云十六州割献之评论，分析契丹汉化的研讨成果，以及阐述"征服王朝"与"中华一体论"的争论概况，使得本书的视野更加开阔。至于书后的附录、附图，为普通读者和专业学者了解记忆与深入研究辽南京留守问题提供了方便。

通览全书，这是一本考述缜密、资料翔实、颇有见地的力著。相信它的出版，定会引起辽金史、北京史研究者的关注和兴趣，并把这个课题的研究继续引向深入。

李谷城硕士论文一直没有公开发表，后来他的主要精力投入中国近现代史教学与研究以及香港新闻史研究，因此同内地辽金史界没有任何联系，辽金史界也不知李谷城教授。我与作者本不相识，书稿是辗转从一位朋友那里送到手中的，这位朋友嘱我，无论如何要为本书的出版写几句话，我只好从命，遂为本书写了序言，聊表推荐、祝贺之意，并为辽金史界增加一位新同行而高兴，以为将来能常常在辽金史界聚会时相晤。孰料此书竟成了作者关于辽史研究的绝笔，而2009年我陪同作者在北京考察多处辽代遗址的情景历历在目，不料竟成永诀，每念及此便唏嘘不已。

李谷城著：《辽代南京留守研究》，376千字，中国社会科学出版社2013年4月第1版。

学习西夏文的一把金钥匙

——史金波先生《西夏文教程》简评

赵天英

史金波先生著《西夏文教程》（以下简称《教程》）由社会科学文献出版社于2013年9月出版。这是一本系统学习西夏文的教科书，也是西夏文及其文献基础知识的百科全书。史金波先生既是西夏学的研究者，也是西夏学教学事业的开创者。正如书中后记所记，《教程》中材料的累计已经达到半个世纪之久，而作者从事西夏学的教学工作，也有近三十年。特别是近些年，史金波先生在中国人民大学开设西夏文课程、在中国社会科学院西夏文化研究中心与宁夏大学西夏学研究院联合举办的西夏文研修班中，教学成果丰硕，所用的讲义，即是《教程》的重要基础。我学习这部著作，有以下几方面的感受。

一 承载着西夏文传承的历史使命

西夏学的发展与兴盛，离不开西夏文献的解读与研究。自张澍开启凉州护国寺感应塔碑至今二百年来，西夏学由鲜为人知的冷门学科，逐渐步入显学殿堂。期间经历了资料匮乏的探索阶段，艰难释读文字的开拓阶段，文献刊布与研究的发展阶段，至今已是文献、文物资料丰富，文字解读已逐步成熟的兴盛阶段。然而就是在这样一个阶段，真正能译释西夏文字的人仍然稀缺，与此相对的却是大量未曾系统研究过的文献资料不断出土与公布。在短时期内出土与公布这么多的新资料，这在以往学科中很少出现过。在这种情况下，史金波先生的《教程》应运而生。《教程》是历史的选择，同时它也担负起了西夏文传承的历史使命。

早在2011年4月，本着西夏文传承的历史使命，中国社会科学院西夏文化研究中心与宁夏大学西夏学研究院联合举办了西夏文研修班，由史金波先生主讲，70名来自全国各地的学员参加。当时将《教程》的书稿作为研修班的学习材料分发给大家。我作为学员之一，拿到材料后，当即囫囵吞枣地将其浏览一遍，暗暗感慨："开卷暗喜师才高，执笔方恨为学晚。"这个"为学晚"，与早先没有得心应手的学习入门教材不无关系。由中国社会科学院西夏文化研究中心与宁夏大学西夏学研究院联合举办的西夏文研修班,到 2013 年已办了三期,被誉为西夏学界的黄埔一到三期班。研修班上西夏文的教授,对许多学员的西夏文学习产生了至关重要的影响。就我自身的学习来说,通过学习班的集中学习和对《教程》的反复研读,已初步掌握了基本的西夏文词汇与语法,可以译释西夏文文献。在西夏文物调查工作中,能给新见文献定名、定性,可以准确释读文物上的西夏文字,探究西夏文物包含的信息,这都得益于研修班上学到的知识。这仅是我自己的学习经历。据我所知,参加研修班的其他成员,那些早已是西夏学界资深的学员继续为本学科作着贡献以外,部分新学员也已经掌握了西夏文的基本知识与西夏文献翻译的基本技巧。他们或释读文献,钩沉历史,或研讨文物,解读文化,有不少学术成果问世。在此后西夏学界举办的学术研讨会上,有许多西夏文献译释的文章也出自研修班的学员之手。这些学员已悄然成为西夏学界的新生力量。

由此可见,西夏文授课及《教程》对西夏文的传承起到了重要作用,担负起了西夏文传承的历史使命,同时对西夏学的学科建设也作出了贡献。

二 内容全面,注重知识性和学术性

《教程》内容全面,包括西夏文及其文献的方方面面。全书共十五讲,前三讲是西夏历史文化的背景知识。第四讲至十二讲的内容是西夏文字、语音、词汇和语法的分析与介绍。后面三讲是与文献翻译密切相关的专有名称、社会文书、草书翻译和文献断句的介绍。

《教程》在介绍西夏文字之前,分三讲内容,首先介绍西夏的社会和历史、西夏文文献、西夏文文献的版本。这三讲高屋建瓴,简明扼要,脉络清晰,使读者很快了解并掌握了有关西夏的基本知识,也能进一步激发学习的兴趣。同时掌握这些基础性的背景知识,在后面有关西夏文的学习中可以更为深刻地理解这些文字所包含的词义、语义,达到事半功倍的学习效果。

《教程》尤其注重对西夏文文献的介绍。在学习西夏文之前,对西夏文献做全面的介绍是非常必要的。近年来,大量西夏学相关文献资料得以整理出版,分散于世界各地的西夏文献资料,得以汇集、流通,文献的翻译和解读因之成为西夏学研究中的重要内容。《教程》作者在本书前言里即明确指出西夏文学习的重要目的之一便是翻译西夏文文献,强调西夏文文献翻译和解读的重要性。对各种文献资料,特别是在西夏学研究中有重要意义的《文海宝韵》《番汉合时掌中珠》和《天盛改旧新定律令》等重要文献逐一介绍,使学习者形成对西夏文文献的系统概念,有利于此后进行的文献翻译训练。作者对于文献的介绍,全面而不烦琐,简明而不空疏,在有限的篇幅内,将庞杂的内容介绍得清楚明朗;对于西夏文献的发现、收藏、种类、版本、纸张、印刷、装帧等内容都分类介绍,娓娓道来。做到这一点,是不容易的，这是作者多年的学术积累，非有深厚的学术功底不能为之。这些内容，对于学习者来说是十分必要的知识储备，为今后实际接触与解读西夏文文献打下了基础。

《教程》从第四讲至第十二讲全面介绍与分析了西夏文字的结构、西夏文语言、词汇和语法（包括词法与句法）。这部分是书中的核心内容，作者用力最勤，也最能体现该书的知识性和学术性。《教程》对西夏字的笔画结构、造字渊源、字形特点逐一分析，将西夏字按结构分为单纯字与合体字，并系统介绍造字方法。在此基础上，进一步对西夏文字的部件、偏旁、部首做分析，并从文字学的角度对汉字和西夏字做比较。整个过程由浅入深，循序渐进，层次分明，可以使读者较快地领会和理解西夏字的结构特征，并能够进一步地运用学到的知识自己独立地进行分析，从而达到记忆的目的。

对于西夏词法、句法的分析则是教材中最重要也是最精彩的内容。文字是记录语言的符号，而西夏文记录的是早已死亡的语言，并且西夏文不是表音文字，要从其中总结出语法规律是非常困难的。作者利用半个世纪研究西夏文过程中总结的经验，结合他人的研究成果，凭借对藏缅语族诸语言研究的深厚造诣和广阔的学术视角，不仅概述西夏语的基本知识，对西夏语在汉藏语系诸语言中的地位做客观的评价，并且总结出了许多西夏语法规律。从原始文献中摘录词语或引用句子来分析、类比、归纳西夏文词汇、词类、词组、句子、格和格助词、存在动词、动词前置助词、人称呼应和动词的语音转换等特殊内容，都是西夏语最有特色，也是最难掌握的知识。《教程》引领学员逐步扎实地学习、理解、掌握、运用这些不同于汉语而富有特色的西夏语言知识，使我们越来越贴近古代西夏人在留下的文献中所要表达的真正文意，因而能较为正确的解读西夏文献，达到利用这些"死"文献使西夏社会历史鲜活起来的目的。

第十三、第十四和第十五讲关于西夏专有名称、西夏文草书和西夏文翻译方面的内容。将这三讲内容以专题形式列在教材最后与这三讲内容的特殊性有关。专有名称和亲属称谓在名词里在词法上并没有特殊的意义，而作为一个特定的类属时，有着西夏文特有的形式，并且十分有趣，独立成章，便于汇总、便于类比、便于记忆。将西夏文社会文书和草书翻译设立专题是因为这一部分为学科前沿内容，也是一个研究难点，研究者较少，有必要重点而详尽的介绍。西夏文献的翻译与断句一讲是方法论问题，在学习了西夏文字语法之后，再介绍西夏文献翻译的方法和路径，就成为水到渠成、更上层楼的事情了。

三 秉承循序渐进的原则，编排科学，实用性强

《教程》的编排和各部分具体内容的编写，都遵循了循序渐进，由简到繁的原

则，将不易懂的绝学，以通俗易懂的语言和方式进行传授，易于被读者接受，实用性强。这一特性与《教程》的主要内容已经过了长期教学实践的检验有极大关系。如上文所言，《教程》的主要内容来自史金波先生常年来多种类型的教学实践，这些宝贵的教学经验为教材编排的科学性和实用性提供了经验。在西夏文研修班授课的过程中，作者就十分注意循序渐进的原则。比如，每当讲一个语法现象时，在引用的例句中会碰到别的语法现象，这时候老师就会说，先不要管它，后面会学到，这样就突出了正在学习的内容，避免混乱，也不至于使学习者望而生畏。这一点使我联想到在大学里学习俄文时遇到的情况，那时候，年轻老师每讲一个句子时，会把它里面包含的所有语法都讲一遍，让人感觉是云山雾海，我和大多数同学一样很快就"知难而退"了。这除了和我们的毅力有关系以外，和教授方法的不得当有着直接的关系。

教材的编排还十分注重实用性。比如，在文字与词汇的学习中，强调所学字词的出处，将字、词的学习与文献阅读的学习结合在一起，这种方法无论对于西夏字词的记忆还是对于西夏文献的阅读学习都是一种行之有效的方法，非常实用。此外，书中每讲一种语法，都会从原始文献中摘录例句加以分析，这些例句来源广泛，内容丰富，不仅仅体现着西夏文的语法规律，还包含着西夏的宗教哲学、人文风俗、宗法制度以及价值观等方面的知识，学习这些词句不仅是在学习西夏文字与语法，也是在零距离触摸西夏文化。搜集这些例句难度很大，都是在没有活的语言可以调查、借鉴的情况下，在有限的死文献中挖掘、整理而出的。搜罗范围十分广泛，几乎包括了目前所见的大部分西夏文文献种类。

四 科学谨慎的学术态度贯穿始终

纵观全书，科学谨慎的学术态度贯穿始终。全书中涉及的每一个字、每一个词、每一个句子都是从原始的文献中摘录而来，没有一个作者自己组的词或者造的句子，虽然作者有这个能力，并且自己多造几个同类型的句子可能对于解释语法现象更为便捷，但是本着科学谨慎的态度，作者没有这样做。不但他没有这样做，也在授课时告诫我们，不要随意地造西夏文句子，因为对于西夏文这种所记录语言业已消亡，遗留时代久远的中古时期的文字，虽然对其有了一定的了解，但绝不能说已经掌握了它，自以为无任何问题的遣词造句，可能蕴藏着未知的错误。这种科学谨慎的态度体现在全书的各项内容中，是贯穿始终的。

在对待一些学术前沿性的或者是有争议的内容时，作者的态度是兼容并蓄，客观评述。对一些重要的发现，作者都将最早的出处作为参考资料列出，以备读者深入了解，如动词前缀、不同人称的呼应和动词的变化等问题。这种对前人研究成果充分肯定，尊重学术史的科学态度，也是《教程》为后学者树立的榜样。

史金波先生本着对西夏学科发展的责任心，倾尽所有，为西夏文的学习提供了一本优秀的教材，也为西夏学术研究提供了一本具有划时代意义的学术著作。《教程》的出版以及西夏文教授活动，为西夏文的传承做出了贡献，对西夏学的学科建设和可持续发展有着深远的影响。

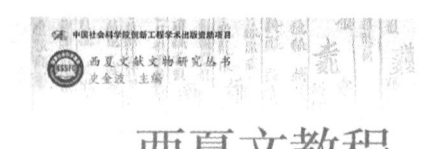

评史金波著《西夏文教程》

高 仁

史金波先生著《西夏文教程》系国家社会科学基金特别委托项目"西夏文献文物研究"的重要成果，已由社会科学文献出版社出版。该书的出版为西夏学界提供了一本优秀的西夏文学习资料。西夏文系一种创自中国中古时期西夏王朝，记录西夏党项族语言的文字。长久以来，西夏文字研究一直是西夏学界一个热门的研究方向。本书就是一把学习西夏文的金钥匙，使初涉西夏文文献者方便入门。

中国社会科学院西夏文化研究中心主任、学部委员史金波先生系我国西夏文研究的权威专家，他以毕生精力从事西夏文字、文献的研究，长达半个世纪之久。现在先生已然著作等身，是当下中国西夏学界的泰斗。本书是史先生集长期西夏文学习、研究之积累而成，但同时也是先生在长期教学实践中不断探索而来的丰硕成果。1987年，先生同意美国邓如萍教授的申请，为其讲授西夏文课程并编写了讲义，该讲义即本书的雏形。后先生多次应邀在国内外诸多大学开设西夏文课程：1999年6—8月在日本东京外国语大学开设；2007年应中国人民大学国学院院长冯其庸之邀，开设西夏文课程，2008年，于人民大学再次开设。2011年，国家社会科学基金特别委托项目"西夏文献文物研究"批准立项，先生为首席专家。为培养更多的西夏文专业人才，2011年4—5月，中国社会科学院西夏文化研究中心和宁夏大学西夏学研究院联合在宁夏大学举办西夏文研修班，由宁夏大学西夏学研究院院长杜建录教授组织，由先生讲授课程。2012年7月，宁夏大学又举办了第二届西夏文研修班，仍由先生授课。先生在多次授课的实践中，不断完善讲义，多次补充、修改，最终编写出了《西夏文教程》一书。可以说，本书的每一个字都凝结着史金波先生辛勤的汗水。

本书深入浅出、言简意赅，明白、准确地将深奥繁复的西夏文讲授给读者，结合文献，详细阐述了西夏文的字、词、句及其应用。全书分前言、正文两部分，其中正文共十五讲。

在前言中，史先生简要回顾了西夏文字创造、湮灭、解读的历程，并指出学习西夏文字的目的是深入研究党项民族及西夏王朝的语言、文字以及解读西夏文文献，以了解西夏的历史。之后先生交代了一些学习西夏文的经验，如要刻苦、认真，勤动手、勤动脑并与汉文语法相互比较，还鼓励读者树立学习西夏文的信心，体现了先生对后进学者殷殷期盼之情。

正文的前三讲是西夏学的背景知识。第一讲首先简要的交代了西夏的历史与社会；第二讲与第三讲较为详细地介绍了西夏文文献及其版本。

正文第四至第十三讲是本书的主体部分，这一部分从语言文字学的角度详细解析了西夏文。先生对西夏文的字、词、句及其用法进行了全方位的详细的阐述，涉及诸多内容，如西夏文字的构形、语音、词组、词序、语法等。本部分对西夏文中的特殊词汇及语法也进行了详细的讲解，如虚词格助词、动词前置助词、存在动词、人称呼应和动词语音转换等。本部分还对西夏文中的专有名词进行了归纳及详细讲解，有国名、民族、帝号、年号、职官名称、姓氏、人名以及亲属称谓等。可以说本部分涵盖了西夏文的方方面面。

本书的最后两讲是关于西夏文在实际应用中的操作。第十四讲介绍了西夏文草书文献——西夏文社会文书，进而讲解了西夏文草书识读的方法；第十五讲则告诉了我们如何解读西夏文文献，包括西夏文文献的翻译与断句。

通俗浅显，简单明了，这是本书最大的特点。在西夏学界，西夏文字的解读已经历近一个世纪的艰苦历程，时至今日，绝大多数西夏文字均已破解。但对于诸多的行外人士来说，西夏文文献仍有如"天书"，观之令人皱眉。长期以来西夏文之学被人称为"绝学"，其门槛之高可以想见。以往的西夏文研究著作，也常以繁复精深见长，著作中，对所研究文献中的西夏文字逐字对译、拟音，参以其他文献，考察每个字的字义、用法。通常一部西夏文著作部头极大，动辄成百上千页，对于初入西夏文之门者，完全无从下手。而本书一改以往西夏文著作的风格，而以简单、直白的形式面向读者，处处都考虑到初识西夏文者的方便。书中尽可能的摒弃了过于学术化的言辞和深奥的专用术语，而使用直白、简明、朴素的语言，平铺直叙、娓娓道来，拉近了与读者的距离。书中还大幅缩减了使用注释的频率，改变了以往西夏文研究论著引经据典的习惯，使文本看起来简洁、明朗，便于理解。本书开篇即简单介绍西夏的历史与社会，篇幅不大，却可以使初学者通过较短的时间掌握一定西夏文的背景知识。书中每一讲篇目后附有西夏文词汇或文献释读以及思考题，可使读者巩固本讲所学内容。

作为西夏文的入门读物，本书内容由简入繁，由易而难，自成体系。书中的主体部分由西夏文最基本的单位"字"而始，由字而词、由词而句、由句而篇。从"字"展开了西夏字的结构、偏旁部首、语音，从"词"展开西夏文的词类、词序与词组，由句展开了西夏文的句型、句式、语态等。在系统阐述西夏文之后，特殊词汇、专有名词等内容也接踵而至。最后，从"篇"展开了社会文书的识读与西夏文具体篇目的翻译与断句。这种循序渐进的编排，使读者从简单处着手，逐步提高，渐入佳境。

本书虽然通俗,但并不粗浅。本书不仅材料丰富,内容充实,且兼具学术的前沿性,是史金波先生研究西夏文五十余年功力的集中体现。书中使用了大量西夏文原始文献,如《同音》《文海》《掌中珠》《类林》《天盛律令》等印本书籍,还有《华严经》《悲华经》《观弥勒菩萨上生兜率天经》等佛经,几乎用到了如今学者们能够看到的所有材料。书中看似平淡的表述中,实则充分涵盖了前人诸多的研究成果。如史先生早年曾提出"西夏文字合成法构字法"体系,在学术界独树一帜,而第四讲中所讨论的西夏文字结构的内容,就是"西夏文字合成法构字法"的进一步延伸,同时还吸收了罗福苌、罗福成、克恰诺夫等提出的偏旁部首归纳法的研究成果;再如第十三讲中诸多的专有名词,也是学术界长期积累的成果。其中如西夏语中同辈的兄弟姐妹之间区分为男称和女称,非常有特点,这就是吸收了俄国(苏)学者克平的研究成果①。本书还非常贴近学术的前沿,如第十四讲中提到的西夏文社会文书,就是当下西夏学界研究的热点,这批文书绝大多数以西夏文草书写就,释读难度极大,代表了西夏文文献解读的最高水平,而史先生就是解读这批草书文献的先锋。史先生刻苦钻研,已解读了相当一部分草书文书。在这一讲中,史先生不仅全面地介绍了这批文书,还分享了许多识读西夏文草书的经验,以提携后进之士。

本书并未就西夏文而单纯讲解西夏文,而将西夏文的学习与西夏文献紧密结合,这是本书相比其他语言教程最大的不同之处。西夏文是一种"死"文字,它的作用不是人们日常的交流,而是利用它来解读文献。可以说,出土文献是西夏文的载体,而西夏文是解读文献的钥匙。因此本书在讲解西夏文的同时,就必须以文献为基础。书中的例词、例句并非史先生本人所拟造,而是全部出自于已有的西夏文文献,并在句末注明了出处;书中自第七讲起,每讲后附"西夏文文献释读"这一内容,选取部分较有代表性的原始文献,使读者学习西夏文的同时学会利用所学解读文献,以尽快达到学以致用。本书开篇在简要介绍西夏社会历史之后,即开始介绍各地收藏的西夏文文献,内容十分详尽,交代了各地收藏的西夏文文献发现情况,对现已发现的西夏文文献逐个介绍,并对它们加以归类,还交代了当前西夏文文献的整理与出版情况,最后介绍了西夏文文献的版本情况,包括西夏文文献的版本、装帧、形制、插图、函号、附件、纸张等。本书将"西夏文文献的翻译和断句"作为最后一讲,向读者讲授了解读西夏文文献的若干经验,这成为本书的最终落脚点。本书以文献的介绍而始,以文献的解读而终。这种设计就是希望读者不要单纯为学西夏文而学西夏文,以免误入歧途。

本书也有些"白璧微瑕"之处:如最后两讲主要为西夏文献的解读,其中第十

---

① [苏] 克平:《唐古特人的亲属术语》,载《西田龙雄教授还历纪念文集》,京都松花堂1988年版,第137—164页。

五讲为解读常规的西夏文文献，而第十四讲为特殊的西夏文文献（草书文献），因此二者的次序互换为佳；西夏文的创制主要参考汉文的构字方法，但西夏语中却有较多的羌语的元素，可是，本书基本为西夏文与汉文的对照，而较少涉及其藏缅语的特征。

总而言之，本书是一本优秀的西夏文教学图书，也是国内外第一部西夏文教程，具有开创性、前沿性和实用性。本书的出版大大方便了西夏学界初学西夏文字者，在西夏学界掀起了一股学习西夏文的热潮。

一部实用的西夏学研究工具书
——《党项西夏文献研究——词目索引、注释与异名对照》

佟建荣

西夏研究最早可追溯到清乾隆、嘉庆年间。鉴于没有一部纪传体的西夏史及史料的零散稀缺，学者们先后掇拾烬余，撰写出多种西夏专史，今人可见到的有张鉴的《西夏纪事本末》36卷，吴广成的《西夏书事》42卷，周春的《西夏书》15卷。民国时戴锡章又撰成《西夏纪》28卷。纵观西夏研究的历史，我们会发现西夏研究无时不伴随着文献史料的发现、整理、研究。其发端于史料的拾遗补阙，其领域的拓展、研究的深入又囿于新史料的发掘、整理，可以说文献的整理研究是党项西夏研究的重要组成部分。由宁夏大学西夏学研究院承担的教育部人文社科重点研究基地重点项目《党项西夏文献研究》，正是一部对党项西夏文献作深层次整理与研究的力作，该成果是党项西夏研究发展到一定高度的体现，更是一部准确使用党项西夏文献，深入研究党项西夏社会历史的工具书。

二十世纪八十年代，著名史学家韩荫晟先生耗三十余年心血而成的《党项与西夏资料汇编》，被誉为奠定汉文西夏文献的基石之作，其学术贡献不言而喻。转眼之间，又过三十个春秋，又有大批新资料被发现整理，现有必要也有条件将党项西夏研究再向前推进一步。

由杜建录先生主编《党项西夏文献研究——词目索引、注释与异名对照》（中华书局2011年版）正是这样一本回应西夏学研究发展要求的应时之作。该书史料搜集尽量做到竭泽而渔，范围涉及300余种正史、笔记、文集、碑刻，以及出土文献中有关党项与西夏的资料，近些年刚出版的《俄藏黑水城文献》《中国藏西夏文献》中的相关文献也在收纳之例。史料涵盖了党项西夏发展的各个历史阶段，内容包括党项与西夏及其相关的地理、人物、职官、纪年、宗族、部落、社会、民俗、物产、生态、名称术语等。在版本选择上，注重吸收最新研究成果，以点校善本为标本，同时参照不同版本，互相对比校勘，以求精准，对一些重要的史籍如《续资治通鉴长编》《诸臣奏议》等保留两种版本，以备学者查用。

《党项西夏文献研究——词目索引、注释与异名对照》资料索引，并不是简单笔画排序、页码标记，而是在对所有相关文献进行全面对比研究基础上的深层次编纂，其中包含了资料索引、词条注释、异译对照三项复杂工程。也正是这些工作才使这部著作成为一部准确使用党项西夏文献，深入研究党项西夏社会历史的工具书。

资料索引采用逐级分类编目。总体分为地理卷，人物卷，职官卷，国名、纪年与社会风俗卷，宗族卷及表等六类。其中地理卷分为西夏地名、辽宋金与西夏交界或相关的地名、隋唐党项人迁徙地、西夏遗民及其后裔生活地、其他与党项西夏相关的地名等五类；人物卷分为西夏人物、沿边蕃部人物、与党项西夏相关的周边政权人物、西夏遗民及其后裔等四类；职官卷分为西夏的机构与官名、唐五代辽宋金元对西夏的封授、隋唐五代宋金对党项的封授、宋朝对吐蕃、回鹘及其他少数民族的封授。宗族卷下分为宗族与西夏宗族部落、沿边吐蕃、回鹘等少数民族部落与族帐、羌、戎、狄、蕃（番）、弥人、夏人、西贼等名称。表分为异名对照表、年表、世袭表、帝号表、交聘表、纪年表等几类。二级目录下又根据内容性质，或按历史阶段或按政治关系或按地缘关系或按类别又作三级分类。每一级类别的区分都包含着对文献、历史的分析与认识。如对有些地名，由于历史上行政区划的变动，不同史料记载并不相同，如何归类分级，则涉及史料的分析与甄别。再如宗族部落的分类，西北党项吐蕃经过唐五代的长期交错居住、共同生活交往，至北宋初年已是"风俗相类"，将某一部族划入党项西夏宗族还是沿边蕃部，很显然涉及对这些部族族属的判定以及西北民族关系的认识。除编目分类外，具体的每一个词目也有明细的区分。传统索引一般是同一词目，列一条，该书则根据内容分别列目，不同内容，同一词目分列几条。如"小大王"，夏毅宗李谅祚和夏惠宗李秉常均称"小大王"，则分列两词目，其后分别注明为夏毅宗李谅祚还是夏惠宗李秉常之称。再如西夏"卫慕氏""梁氏"等皆如此，虽词目相同，人物不同，则分列条目，学者只需根据后面的注释便能区分出所要寻找的史料，免去了在浩瀚书籍中的茫然寻找之苦。

词条注释包含校勘、辨伪与解释等内容。汉文文献中的党项西夏名词术语，包括地名、官名、人名、族名、制度名称等，多由西夏语音译而来。同一名称，会因作者、时代不同，给出不同的对音汉字，加上传抄、雕刻过程上中的脱、衍、倒、讹等因素，使得同名异字现象很严重，即同一名称其在不同种类资料、同一资料的不同出处、不同版本中会出现多种写法。另外，由于语言文化的差异，又常常出现官名、人名、族名名称等混淆、错记等讹误。各种异译互见、讹误订正是词条标注的重要任务之一，即在注释时，通过史料的比勘，对各种译法、讹误作逐一订正，将结果于词目后注出。如人名"部曲嘉伊克"，标点本《长编》只将"嘉伊克"标为人名，"部曲"似为"嘉伊克"之身份。通过对勘，发现其与标点本《长编》中的"补细吃多巳"、影印本《长编》中的"齐特济勒"、《宋会要》中的"部细皆移"、《东都事略》中的"保细吃多巳"等实为一人。其中"部曲"又异译为"部细""保细"，"嘉伊克"又异译为"吃多巳""齐特济勒""皆移""吃多巳"等。注释中将标点中的讹误予以订正，以"又作"给出异译，最后对其身份及主要事迹予以概括总结。

表格是史料比勘结果与分析研究的集中汇总。其中的异名对照表即对史料中所见有关西夏人物、遗民、部族、职官、地名的不同译法分门别类汇总列表，注明史料出处，便于检索核查。世袭表利用结构图对西夏王室、党项与西夏大姓、西夏遗民及与西夏有密切关系的河湟吐蕃、唃厮啰、熙河包氏等重要家族（宗族）的世袭传承进行了描述。另有西夏蕃名官号、宋夏沿边堡寨兴废升降年表、西夏帝号表、西夏交聘表、西夏纪年表等。每一张表格中需要考辨或有争议的史料都以脚注的形式给出。全书最后为本书引用书目及本书笔画索引，以备学者核查、利用。

　　总之，《党项西夏文献研究——词目索引、注释与异名对照》不同于单纯的目录索引书籍，其中包含了对党项西夏史料周全的考订、校勘与深入的整理、解析，内容丰富，包罗广泛，是一部能为党项西夏历史研究提供精准资料的工具书。

西夏文物考古研究的典范之作

——读牛达生先生《西夏考古论稿》有感

于光建

2013年中秋佳节之际，由中国社会科学院西夏文化研究中心、宁夏大学西夏学研究院、中国人民大学国学院联合主办的"第三届西夏学国际学术论坛暨王静如先生学术思想研讨会"在北京中国社会科学院民族学与人类学研究所召开。会议召开之际，著名西夏文物考古研究专家牛达生先生也迎来了他八十岁的生日。著名西夏学家、学部委员史金波先生还专门为牛先生送上了生日蛋糕，与参会专家共同祝贺牛先生耋寿之喜。同时，为庆祝牛达生先生八十华诞，牛先生新著《西夏考古论稿》作为宁夏文物考古研究所丛刊之一种，由上海古籍出版社于2013年11月付梓发行，可喜可贺！

《西夏考古论稿》（以下简称《论稿》）由中国社会科学院民族学与人类学研究所著名西夏学专家白滨先生作序。全书收录牛先生论文36篇，共计40万余字。《论稿》所收论文的选题颇为广泛，对西夏文物考古研究中的重大课题几乎都有所涉及，不仅有关于西夏都城兴庆府、西夏王陵、佛塔等重要遗址方面的论文，而且有涉及近百年来、国内外西夏考古研究动态的梳理、党项与西夏碑刻的考证、造纸印刷铜器铸造技术研究、西夏货币文化等方面的论文。《论稿》的结集出版既是对牛先生八十寿辰的献礼，也是对先生40多年来坚持从事西夏文物考古工作的回顾和研究成果的总结。笔者有幸获牛先生惠赠是书，拜读之后，收获良多，受益匪浅。

正如白滨先生在序言中所说："中国的西夏学学者们，除了从浩如烟海的汉文史籍中钩稽西夏王朝的信息，或是利用已公之于世的、国外收藏的黑水城西夏文献外，对西夏故地文物遗迹遗存的考古发掘，已成为获取西夏资料的重要途径之一。"[1] 鉴于西夏文物考古在西夏学研究中的重要性，王天顺先生在《西夏学概论》中论述西夏学学科分支时提出了"西夏考古学"的概念。[2] 杨蕤先生认为，现有的西夏考古的内涵尚不足以支撑一个相对独立的学科，最重要的一点是西夏考古不具备独特的研究

---

[1] 牛达生：《西夏考古论稿·序》，上海古籍出版社2013年版。
[2] 王天顺：《西夏学概论》，甘肃文化出版社1995年版，第7页。

方法，没有独特的研究对象，"西夏考古学"只能是西夏研究的一个方面，而非学科意义上的概念。① 无论其是西夏学的分支学科，还是研究的重要方面，西夏文物考古对于丰富西夏学研究内容，推动西夏学向纵深方向发展的重要意义是毋庸置疑的。另一方面，还需强调的是，回顾目前的研究现状，尽管有关西夏遗址、文物的发现及研究成果亦很多，清理发掘简报发表了不少，但仅限于单个的遗址个体研究，缺少对西夏文物考古的综合论著。20世纪西夏文物考古的综合性专著仅有陈炳应先生的《西夏文物研究》②，史金波、白滨等先生主编的《西夏文物》③。进入21世纪以来，也只有2002年陈炳应先生的《西夏探古》④和牛达生先生2007年出版的《西夏遗迹》⑤。可以说，与西夏文献、语言文字及社会历史的研究相比较，西夏文物考古研究在整个西夏学研究中还是比较薄弱的。《西夏考古论稿》的出版则对改变这一局面有重要的意义。白滨先生在序言中称之为"一部西夏考古学的奠基之作"。

　　牛先生是著名的考古学家、西夏学家。自20世纪50年代从西北大学毕业后，就扎根在宁夏文博事业一线。在宁夏博物馆、宁夏回族自治区文物考古研究所工作的40多年中，牛先生亲自参与或主持了西夏王陵、拜寺口方塔、拜寺口双塔、磁钟口西夏窖藏等一系列重要遗址的考察、清理发掘工作，撰写了大量的考古报告、研究论文150余篇，出版专著10余部。特别对西夏的考古、钱币、活字印刷技术研究等方面取得了骄人的成果，是国内外影响力巨大的大家。这些多有创见的研究成果也为这些学科的发展奠定了坚实的基础，在西夏学、考古学界产生了深远的影响。因此也获得了中国钱币学界最高奖"金泉奖"、印刷行业的最高奖"毕昇奖"。

　　这次出版的《西夏考古论稿》从牛先生已发表的150多篇有关西夏的论文中，经过精心筛选，收录了36篇文章，其中综论3篇，文字与书法研究2篇，都城、陵寝与寺塔研究6篇，官印、铜火炮与小泥佛研究3篇，碑刻研究6篇，印刷术、书籍装帧与造纸术研究8篇，钱币与货币经济研究8篇，代表了牛达生先生40多年西夏文物考古研究的重要成就，其中的观点也是经过了时间和实践考验，被学界所认可。在选编之时，牛先生还做了认真校对、修改，进行了二次创作。

　　近30年来，新出土资料和新的研究成果层出不穷。为此，牛先生对有些章节有所增删，改写了部分段落，增补了部分配图，所有引文做了认真校核，将新的资料和研究成果吸收到《论稿》中。如，《从考古发现西夏竹笔谈起——兼论西夏主要使用传统毛笔》一文是作者未曾发表的文章，资料引用也注重最新的研究成果，该文中就注意到了2012年赵生泉先生发表的《西夏竹笔新考》的文章，并纠正了学界对武

---

① 杨蕤：《三十年来西夏考古研究述评》，《西夏研究》2014年第2期。
② 陈炳应：《西夏文物研究》，宁夏人民出版社1985年版。
③ 史金波、白滨、吴峰云主编：《西夏文物》，文物出版社1988年版。
④ 陈炳应：《西夏探古》，甘肃文化出版社2002年版。
⑤ 牛达生：《西夏遗迹》，文物出版社2007年版。

威西郊西夏墓出土的木笔插一直以来的认识误区。

此外还有《百年西夏考古》等诸文也是首次发表。特别首次发表的《自成体系的西夏陵屋顶装饰构件》一文,论文考证周详、论述严谨、资料翔实、有理有据、图文并茂,通过文献梳理、唐宋辽金西夏同类建筑构件比较找到了西夏王陵出土的屋顶装饰构件的源流,为鸱尾、鸱吻、套兽、摩羯、吼狮、金翅鸟等许多精美而重要的建筑装饰构件验身正名,解决了学术界悬而不解的疑难问题。即便是先前已发表的文章,在收入《论稿》时亦对相关内容做了必要的修订。有些是根据专题涉及删除了部分内容,如《20世纪西夏钱币的发现与研究》,原是发表在《二十世纪西夏学》中的《20世纪西夏钱币和官印研究》①,本次删除了官印部分。有些则是根据考古发现增补了作者最新研究成果。如《西夏遗址中发现的铅质"大朝通宝"》一文是在原发表于《中国钱币》1994年第4期的《铅质"大朝通宝"的发现及价值——兼论"大朝通宝"的若干问题》的基础上,做了较大幅度的增补,增加了对"大朝通宝"钱文以及背铃印文字的探讨。

传统的考古发掘报告依据考古学理论方法,往往只是描述遗址情况、出土器物,研究侧重于文化地层学、类型学的比较。通读牛先生《西夏考古论稿》,所收文章最大的特点就是多种手段、多种学科结合,考古描述与文献梳理考证并重的研究方法。论文大多都是从考古发现入手,结合文献梳理和考古学器物类型比较,辅之遗址文物照片、绘图,有些甚至借助科学技术检测手段。这种将文物考古实践、文献研究、科技检测相结合的多学科研究方法,得出的结论更加可信,更有说服力。实证研究的每篇论文中不乏许多难以寻觅的资料和图片,同时详细注明出处,使得使用者避免搜索资料之苦。文中大量的实物、壁画、绘画等图像资料,也使得原本晦涩难懂的文物考古研究文章显得更加直观、形象。如牛先生对钱币、印刷技术、造纸技术的研究就是使用了这类多重证据、多学科交叉、图文并茂的科学研究方法,其研究成果也普遍被学术界所认可,产生了较大的学术影响力。更难能可贵的是,与先前发表的论文原文比较,《论稿》中收入的许多文章,补充了不少近几年新发现的考古实物资料,修订了先前不合适的提法,体现了牛先生严谨的学风、良好的专业素养和大家风范。《论稿》为西夏学研究、文物考古研究提供了撰写论文的典范,也为我们青年学子提供了难能可贵的文物考古实践经验和理论方法指导。

尽管其中最早文章是发表于1979年,但这36篇论文考述严谨、资料翔实、方法科学、多有创见,至今读来仍有新意。部分文章是发表在内部刊物,没有公开发行。文章的结集出版,为学术界提供了极大地便利,便于学界全面掌握西夏文物考古研究学术动态。如《西方学者早期西夏学刍议》发表于《甘肃民族研究》2007年第2期,该刊物是由甘肃民族研究所主办的一份未公开发行的内部交流的连续性刊物。

---

① 杜建录:《二十世纪西夏学》,宁夏人民出版社2004年版。

《"大安宝钱"是西夏钱币》等有关西夏钱币研究的文章是发表在《内蒙古金融研究·钱币增刊》等内刊中。这些非正式发行的刊物，许多高校科研机构都未曾订阅，在知网、万方等电子期刊网上也难以查询下载。这次收入《论稿》结集出版发行，更加便利了研究西夏学的学者对这一领域研究现状的认识。

此外，附录中收录的《牛达生先生的访谈录》虽然只是一篇对牛先生的采访文稿，但仔细研读这篇访谈稿，其价值其实不亚于《论稿》中的任何一篇学术研究论文。首先，通过这次采访，牛先生通过口述形式，为我们讲解了他如何走上学术道路，如何进入西夏学研究，如何进行西夏文物考古研究的。其中讲到的有些学术研究和文物考古背后的故事更为我们活灵活现地全面展示了牛先生不为人知的学术生涯及其艰难历程。说句实在话，通读完牛先生的这部新著，如果要让我选择哪篇文章最好，我说哪篇论文都是精粹，但在所有论文中我更为喜欢这篇访谈录。因为通过这篇访谈，使我们这些青年学人认识到老一辈学界前辈当年在何等艰苦的条件下，做出了如此优秀的成果。仔细品味，其中还蕴含着对许多有志于从事学术研究的莘莘学子的殷切希望和涓涓教诲。它仿佛一部有关西夏文物考古、宁夏文物考古的纪实纪录片，让人百读不厌，回味悠长。让我深深地体会到：求学贵勤，更日日以新方有建树；待人以诚，胸怀练达诚可致远。"坐冷板凳，吃冷猪肉"这是通往学术殿堂的不二法宝。

《西夏考古论稿》尽管是一部论文集，对西夏文物考古没有做全面而系统的述论、考究，但所选文章，分专题归类，既有个案的文物探究、遗址考论，又有综合性的论述，涵盖了西夏文物考古的方方面面。其中对西夏都城、王陵、佛塔等重要遗址，建筑构件、铜火炮、碑刻等重点文物，钱币、印刷造纸技术等特色领域的研究则极为深刻，对考古学、西夏学、宁夏地方史研究等学科都有很大的参考。

总之，牛先生作为德艺双馨的大家，著作等身、荣誉无数。《论稿》是牛老在考古学、西夏学、钱币学、造纸印刷技术等多学科中所取得成就的总结和体现，其中更凝聚着牛先生40多年来亲自参与诸多西夏遗址考古发掘的心得体会。精选的论文所体现出以文物考古为基础、重视文献研究、借助多学科的研究方法也为西夏学研究提供了新的技术路径和借鉴。时至今日，80多岁高龄的牛先生，依然坚持每日学习写作的良好习惯。他"活到老学到老"、淡泊名利、笔耕不辍、为学术奋斗终生的人生信条是我们学习的榜样和今后努力的方向。

《西夏文〈孟子〉整理研究》读后

段玉泉

彭向前的《西夏文〈孟子〉整理研究》出版了，这是西夏语文献解读的又一部重要之作。全书分"导论""校读""译注"及"索引"部分。除"校读""译注"等文献整理工作外，其研究都纳入了"导论"之中，最精彩者有《西夏文〈孟子〉中的颠倒译法》《西夏文〈孟子〉中的夏汉对音字与宋代西北方音》等篇，这已经超出了一般的文献学整理范畴，而是更深入的语言学研究。

历来西夏语文献解读成果不少，解读方式也五花八门，至今难有规范。这是一个学科迈向成熟过程中的必然现象，无须过多诟病。何况出土西夏文献庞杂，涉及学科范围众多，研究人员的学术背景各有不同，对西夏文献解读的目的、服务对象以及需求也千变万化。其中最为突出者在于史学研究者与语言学研究者的需求难于调和，前者只要解读有理有据、可靠，更需要的是解读后的译文；后者强调解读过程以及语料标注，更看重西夏语言自身如何表达。因此在解读的方式上有面向史学的解读与面向语言学的解读，虽然解读者们大都在思考解读成果如何能兼顾两者，既为史学研究服务、也为语言学服务，但最终成果大多是吃力不讨好、两头受气。《西夏文〈孟子〉整理研究》的出版依惯例虽然也可能会受些气，但在兼顾史学研究与语言学研究方面确是实实在在地做出了扎实而有益的探索。

首先，扎实的文献基础性整理无论是史学还是语言学都是备受推崇的。出土西夏文献的解读，在相当长一段时间内，最为学界热衷的是一批译自汉文的典籍（或称之为"夏译汉籍"）。至 21 世纪初，大多数译自汉文的典籍（不包括佛教文献）都已经被学者们或多或少地整理研究过了一遍或多遍，唯有《孟子》未有全面识读，原因就在于，这一文献出土的西夏文本整理不易。其一是文字辨识不易。出土西夏文《孟子》全文行书抄写，虽非草书，理论上不存在辨识难度，但是若非经过长期与西夏文字文献摸爬滚打，要把这一个个的西夏文字准确无误地识录出来，并非易事。因为这里大多数文字的偏旁与笔画已经呈现出草书的趋势。例如，"𗼃（彼）"字，左偏旁"彡"二笔并作一笔，略呈"s"形；"𗥺（四）"字，左偏旁"彡"变作"叉"状；"𘓄（顺）"字，左偏旁三笔省作一笔，仅存末笔。联想到作者后来又投入到草书的研究，可能其在整理《孟子》时已经将这批偏草的偏旁烂熟于心了。其二是文献破损严重，修复错乱，文句难以卒读。《孟子》所存叶面，几乎每面都有破损，虽经修复，错叶或错行者比比皆是。实际出土应是51叶，经修复而成57叶，人为多出的6叶是将它叶残损下来的部分单独置为一叶，且置放次序严重混乱。此为错叶者，错行者更为严重。例如：修复本第4叶第1行实为原文献第3叶第7行，修复本第45叶右下角残存3行实为原文献第5、6、7行，等等。其三是原文只是个初稿，涂抹勾画较多，未及精校以及失校者不在少数。例如："城非不高"的"不"字误作"𣬛（后）"，乃"𣬛（不）"形近而误；"人之财者惠也"（𗼇𘁸𘋨𗤁𘆶𗏇𘗽）脱一"𗤁"字。《西夏文〈孟子〉整理研究》不仅对原文做出了准确的识录，而且将偏草的偏旁与楷书间的对应规律一一建立了起来，将错乱了的顺序一一调准，又将原书失校错讹之处重新加以校勘，使得原本一本残破不堪的西夏文《孟子》立马鲜活起来。

其次，严谨而又恰当的注释是提升解读成果的关键。很多汉文古籍整理一般止于校勘，而做注释者较少。但注释确实是西夏文献解读过程中必不可少的一个环节，而且解读成果的高低在很大程度上又取决于如何作注。目前的西夏文献解读成果大体有两种作注方式：一种是在西夏文本上作注，一种是在解读后的译文上作注。前者关注于西夏语文本身，更倾向于面对将来要读西夏语文献的读者；后者立足于告诉读者这一译文是如何而来的，更倾向于译文成果为学界使用。两种方式都面临一个共同性问题——于何处下注，这是西夏文献解读过程中至今未能很好解决的问题。《西夏文〈孟子〉整理研究》选择西夏文本作注，这就决定其解读成果更多倾向于向人们展示《孟子》的西夏语文本到底是怎么一回事；又选择西夏文本中与汉文不能形成字面对应的诸多地方作为下注点，这对于从他本翻译而来的西夏语文献而言，的确是最为理想的选择。西夏语文本与汉文不能形成字面对应的因素很多。有翻译方面的原因，也有文化差异，但更多是因为语言的差别。《西夏文〈孟子〉整理研究》以注释的方式很好地展现了西夏语译本与汉文本之间的不同。就翻译而言，西夏文《孟子》不少地方的翻译与汉文本并不相同，而与赵岐注相吻合，这可能是翻译者考虑《孟子》原文难以理解或不容易翻译而采取了变通的处理方式。针对这类变通的翻译，作者在解读时一一核对了赵岐注并在注释中反映了出来。例如，《孟子》卷五《滕文公章句上》："乐岁粒米狼戾，多取之而不为虐，则寡取之"句中的"乐岁"，西夏文译本字面作"丰年"，显然是依照了赵岐注中"乐岁，丰年"的解释；再如《孟子》卷六《滕文公章句下》："昔齐景公田，招虞人以旌"句中的"虞人"，西夏文译本字面作"园主"，显然也是参照了赵岐注中"虞人，守苑囿之吏也"的解释。西夏本译者对汉文原文考辨不清或理解有误，以致误译，《西夏文〈孟子〉整理研究》也做出难能可贵的解释。例如，《孟子》卷五《滕文公章句上》"齋疏之服"句，"齋"字汉文不同版本或作"齋"、或作"齊"、或作"斎"，"斎""齊"皆"齋"之误。西夏文译者未辨正误，将本应译成"丧服"的"齋"，当作了"齋"，而译为"净服"。西夏文本与汉文本之间的最大差别主要还是语言差别，因为立足于对西夏文本作注，

《西夏文〈孟子〉整理研究》的注释也因此在语言的注释方面下足了功夫。语言差别既有词汇层面的不同、也有语法方面的差异。在词汇方面，作者最显著的贡献就是揭示出了西夏语在翻译汉语并列连词或短语时采用了"颠倒"的译法，这可能是语言层面的规律、也可能是翻译手段的问题，无论原因究竟如何，这一现象的揭示对于将来解读西夏语文献或者翻译提供有益的参考。在语法注释方面，作者所下功夫尤为突出。可以说，到目前为止西夏语言研究领域的重要观点，凡在这一文献中出现相应语料的，注释都尽可能地反映了出来。在未出现系统的西夏语法学著作之前，作者将各种散见的研究成果汇集起来，使得该书对初学西夏语者而言，确实提供了大量便利。

最后，对相关语言现象的探索是该书的一个学术亮点。《西夏文〈孟子〉整理研究》对西夏语言现象的注释并不是单纯对前人研究成果的参考，而是在很大程度上融入了自己的研究与思考。以西夏语"𘞌"为例，此前只被学界看成语气助词，大致相当于汉语的"乎""焉""耶"等句末语气词，然在"夫滕，壤地褊小，将为君子焉，将为野人焉？"这一句子中，汉文的"……焉，……焉"，西夏语用"……𘞌，……𗧘"来表示，对这一现象，作者注释为选择疑问句式，类似的情况还见于"……𘞌，……𗧘"的句式。如今我们知道"𘞌"除可做句末语气词外，其更多情况下是做选择连词使用的，有时同时兼表疑问与选择。《西夏文〈孟子〉整理研究》虽未做出明确考订，但其于"选择疑问句式"的认定，已经快接近于阐明语法规律了。再如，对西夏语"𘟪"的解释，一般译"顺"，实际意思是"……的方式"。由"𗓱𗪙𗉣𗧘𘟪（王之敬师）"与"𗙼𗓱𗪙𗉣𗧘𘟪（子之敬王）"对举，可见"𘟪"与"𗧘"，语法功能相当。这一观察甚为正确。如今我们知道，这两个词语都可以加在动词之后，做名物化后缀使用，其语法功能自然相当。类似对西夏语言现象的深入观察与思考还有很多，虽然还未及语法规律的概括与总结，但这样的观察与思考在今天的西夏文献解读过程中还非常欠缺，而这样的观察与思考乃是未来西夏语文献解读、西夏语言研究的一个必不可少的环节。非但注释中不时有这些精彩之处，作者更在研究部分设置了一些语言研究的专题，例如，"西夏文《孟子》中的颠倒译法""西夏文《孟子》中的夏汉对音字与宋代西北方音"等。前者虽然也只是对一种翻译过程中出现的语言现象描述，但作者将其与藏语文献、契丹语等材料联系起来，指出这并非夏译汉籍所独有现象，而是当时中国西北诸少数民族共同的习惯。这就使得这一翻译语言现象具有了普遍意义，对其他少数民族古文字文献的释读也有一定的帮助。后者则涉及夏汉对音的研究。在夏译汉籍中保存有一大批人名、地名等音译材料，这批对音材料往往是一时一地方音的真实反映，对它们运用和处理得当，它既可以作为西夏语音构拟的外部材料，也可以作为汉语西北方音研究的重要资料。《西夏文〈孟子〉整理研究》一书主要是利用《孟子》书中的这批材料来观察宋代西北方音，其结论当然多半是印证之前的一些研究，例如声母浊音清化、鼻音分化、舌上音与正齿音合并、轻唇音产生，韵母入声韵尾 $-p$、$-t$、$-k$ 已完全消失，鼻音韵尾 $-m$、$-n$、$-ŋ$ 也在引起其前面的元音鼻化后消失等。但作者进一步指出，《孟子》书中材料的出现可以把宋代汉语西北方音的上述变化特征提前一个世纪左右。

《西夏文〈孟子〉整理研究》是作者在其博士后出站报告的基础上增补而成的。作为初次尝试的西夏文献解读成果，可能还有需要完善的地方，但其在严谨的文献整理基础之上而进行的语言点的细致观察与理性探求，实为宝贵。西夏文献解读之路还很漫长，语言研究还尤为薄弱，未来的文献解读与研究既需要文献整理的严谨，也期盼有更多语言现象的理性观察与思考。

俄藏文献整理的里程碑

——《俄藏黑水城汉文非佛教文献整理与研究》评介

潘 洁

  1996年《俄藏黑水城文献》陆续将珍藏于俄罗斯科学院的黑水城出土文书的图版公布于世，至今已有越来越多的学者利用俄藏文书开展研究，其价值也受到西夏、宋、金、元等相关领域的更高肯定。但是由于文书并不全用楷体书写，研究者对其熟悉程度参差有别等原因，直接通过图版释读文书存在困难。对这批文献系统整理的已有成果《黑水城文献汉文部分叙录》和《俄藏黑水城文献》第六册中的《叙录》，在编写形式、文书数量、准确程度等方面仍有值得商榷和改进的空间。《俄藏黑水城汉文非佛教文献整理与研究》本着内容全面、释文准确、要素齐全、格式规范的原则，重新对《俄藏黑水城文献》中非佛教汉文文献重新进行整理，意义巨大。

  该书是孙继民先生2009年承担的国家社会科学基金重点项目的研究成果，入选《国家哲学社会科学成果文库》，由国家规划办统一出版。国家规划办设立《国家哲学社会科学成果文库》是贯彻落实中央关于繁荣发展哲学社会科学精神的重要举措，是推进学术创新、引导学风建设的重要途径，也是国家表彰奖励哲学社会科学研究优秀成果的重要形式。孙先生的成果能够入选，反映了它在该领域具有相当的先进水平，体现有较高的学术价值，不仅是他个人及研究团队的荣誉，同时体现了国家对黑水城文献研究领域的重视和肯定。

  孙继民先生是黑水城文献研究领域的带头人，先后著有《唐代行军制度》《敦煌吐鲁番所出唐代军事文书初探》《唐代瀚海军文书研究》《俄藏黑水城所出〈宋西北边境军政文书〉整理与研究》等专著，发表文章近百篇，其中有《关于黑水城所出一件宋代军事文书的考释》《俄藏黑水城所出金毛克文书初探》《黑水城宋代文书所见荫补拟官程序》《西夏汉文乾祐十四年（1183）安排官文书考释及意义》《西夏汉文"南边榷场使"再研究》等论文。孙先生毕业于武汉大学，早年从事敦煌文献及隋唐史研究，后转入黑水城文献研究领域，由于特殊的背景，他更看重敦煌学对黑水城文献方面的示范作用和借鉴意义，比如孙先生提到20世纪初敦煌文书的发现不仅催生了一门新兴的学科——敦煌学，而且还深刻地改变了唐史研究。所以，围绕黑水城文献研究而形成的专门学问可以被称为"黑城学"，相比于之前学界提出的"西夏学",在研究的侧重点、学科范围等方面有所区别。

该书经过系统梳理,统计出俄藏非佛教汉文文献共189件,其中第一册收录5件,第二册收录6件,第三册收录4件,第四册收录78件,第五册收录23件,第六册收录73件。可以断定年代的文献182件,其朝代构成为:唐代1件,宋代15件,西夏72件,伪齐2件,金代10件,元代81件,清代1件。[①]全书分两大部分,第一部分为整理编。整理编是对《俄藏黑水城文献》第1—6册所有非佛教汉文文献进行文书学的整理,主要是释录和校勘,每一件文书基本包括定名、题解、录文、标点、校记和参考文献等几个方面。题解相当于叙录,有三部分,一是对文书基本情况的描述,为转述俄藏《叙录》中的原始信息,详细介绍了文书的纸张材质、版本形式、尺寸大小、存佚情况、写刻字体、择录文字等;二是对每件文书已有学术观点进行分类、概括,阐明了文书的内容、年代、价值等,便于对文书的理解;三是将目前学术界已有的相关研究成果搜集罗列,为了解文书背景资料提供文献出处。

整理篇的最大特色是将敦煌吐鲁番文书的规范应用到黑水城文献上,着重体现在文书的定名上。俄藏《叙录》的编者已经对所有文书进行了定名,但是除了个别文书,大部分或多或少有了进一步的研究,发现了之前定名中的错误或是不了解的内容,并且按照敦煌吐鲁番文书中拟题的要素,文书的定名应包括文书撰拟时代、文书撰拟主体、文书种类和事由等内容,该书在充分考虑前期成果的基础上对原拟题进行了新的定名。如俄藏第三册TK108V号文书,《叙录》中原拟题为《阴惊吉凶兆》,其他文章并无关于其定名的阐述,但是从图版来看此件文书与烧寿生钱习俗有关,并且与俄藏第五册A32号金代《佛说寿生经》及烧寿生前仪文的内容有一部分相同,所以重新按规范定名为《金烧寿生钱法事仪轨文》。俄藏第四册编号为TK248号文书,在《叙录》中原拟题为《甘肃行省宁夏路支面酒肉米钞文书》,陈高华先生在其《黑城元代站赤登记簿初探》中指出,宁夏路当为亦集乃路之误,按照敦煌吐鲁番定名的规范并参照陈先生的观点将文书重新定名为《元亦集乃路总管府在城站往来使臣支请祗应分例簿》。俄藏第六册编号为Инв. No. 315(1)号文书,在《叙录》中原拟题为《文书》,并指出本件文书为西夏写本,系西夏文刻本经折装《大方广佛华严经》卷第三十五封套裱纸。佐藤贵保、杨富学、许会玲、赵天英、杜建录、孙继民等多位学者曾对包括本件文书在内的15件俄藏、2件英藏西夏南边榷场使文书进行过研究,依据书写格式等其他信息,确定这件文书为南边榷场使文书,并将其按规范重新定名为《西夏南边榷场使神银牌安排官状为王大成等博买货物扭算收税事》。

释读准确是整理篇的另一大特色。因为每件文书的书写字体、潦草程度大不相同,有的字因为在文书的边缘残损不清,有的字草写以后笔法近似,有的双面书写墨

[①] 孙继民等:《俄藏黑水城汉文非佛教文献整理与研究》,北京师范大学出版社2013年版,第13页。

迹透印,给辨识带来了极大的困难。虽然《叙录》将大部分文书内容做了录文,但也有相当一部分只是择录或者未录,并非全文迻录。所以录文时每个字都要比对原图版重新核对,在参照已有成果的前提下,结合史料、联系前后文书、综合考量辨别,然后出校。如俄藏第四册TK248号《元亦集乃路总管府在城站往来使臣支请祗应分例簿》,第65行"嵬力豳王"中的"豳",《叙录》作"幽",据图版改为"豳","豳王"在中国藏第二册M1·0267［F116：W561］《祗应暖忽里豳王入川炒米麺札》《元史》都有记载。第六册Инв. No. 8026号《西夏裴没哩埋等物帐历残卷》,第二行"卢阿苟儿",为西夏人名,《叙录》中择录为"卢阿？儿",不识"苟"字,现依据图版补充。另外,原文书通篇没有一处句读,残损不堪,文意断断续续,很多研究性的文章,虽然已经理解文书并针对文书反映的问题作出详尽的论述,但为了避免错误,在录文时都没有标点,所以要想准确标点的难度可想而知。《俄藏黑水城汉文非佛教文献整理与研究》的编者迎难而上,解决了这些困扰大家的问题,实现了为学术界提供准确文本的初衷,体现了他们深厚的学术功底和仔细认真的学术态度。

第二部分为研究编,包括五方面内容,综合研究、宋代文献研究、西夏文献研究、金代文献研究、元代文献（附清代文献）研究,共计28篇文章。综合研究体现了孙先生广阔的视野,他并非仅仅从事研究工作,还有对这门学科所处地位和发展趋势的思考。宋代文献研究等其余四部分按照朝代划分成果,这些文章多从一件或一组文书出发,与宋、西夏、金、元等时期的史料相互印证和补充,围绕政治、经济、军

事等方面进行详尽的论述，解决了以往忽略或有待进一步发掘的重要问题。如《俄藏黑水城宋西北边境军政文书所见宋代票据再探》一文，以学术界成果颇丰的《宋西北边境军政文书》为主，研究尚无关注的宋代金汤城番兵请粮制度，《俄藏黑水城所出金毛克文书初探》首次对这件编号为 Инв. No. 4484 号的金代文书专文讨论，认为这件文书提供了金代"谋克"又可异称"毛克"的文献实证，在一定程度上印证了史籍所载金代猛安谋克内部的兵役构成，也提供了猛安谋克编成番号的新材料，反映了汉族在猛安谋克制中服兵役的形式，揭示了元明时期汉族所盛行的军户制度和垛集兵制度的滥觞。《黑城所出〈至正廿四年司吏刘融买肉面等物呈文〉考释》参照中国藏 M1·0247［F36：W6］《至正二十九年官用羊酒米酪文书》，首次把焦点集中在"破除"二字上，将其定性为报销文书，并以此作为元代报销文书的范本，同时还考证并论述了元代的堂食制度。

俄藏黑水城文献是二十世纪的又一项重要发现，从出土之日就轰动学界，但因为收藏地远隔重洋等原因曾经很难被国人看到。《俄藏黑水城文献》将图版公布，揭开了它神秘的面纱，但是囿于文书释读等方面的困扰，其价值尚未被完全发掘。该书的出版，全面地收集了所有俄藏黑水城汉文非佛教文献，修订了前期成果的错误，规范了文书整理的标准，弥补了以往研究的不足，堪称俄藏黑水城文献整理的新里程，不仅大大便利了相关领域对文书的利用，而且进一步推动了西夏、宋、辽、金、元等社会历史问题的研究。

新材料　新问题　新视角
——评《西夏与周边关系研究》

王一凡　杨浣

西夏的对外关系是西夏史研究的传统课题，已有论著众多，向来创新不易。杨富学先生及其高足陈爱峰的新作《西夏与周边关系研究》（甘肃民族出版社2013年版）在这一领域实现了不少突破，具有很好的创新性和启发性，值得关注与重视。

该书分为上中下三编。上编为《丝路与商贸往来》，主要讨论"西夏在路上丝绸之路中充当的角色和作用""西夏与周边政权的贸易"等问题。关于西夏时期的丝绸之路，作者认为应当用宋夏矛盾的视角来辩证地看待。正是因为宋夏关系的时好时坏，从而造就了丝绸之路贸易的时断时续。可以说宋夏矛盾是解释前后矛盾的西夏丝路政策的一把钥匙。结合西夏封建化进程的阶段性，作者提出西夏时期丝绸之路的主要特点"早期萧条，晚期繁盛"。这无疑是中肯之论。关于西夏与周边政权的贸易问题，作者论述较之以往成果更为详细，这主要得益于新资料的使用。如作者从《天盛改旧新定律令》找出了不少西夏对于外国商人前来贸易的优惠政策，并对早期西夏的掠夺性征税作了一个比较合理的解释，从而对西夏对丝绸之路的经营有了一个新的认识。如西夏与金朝的贸易，主要利用的是黑水城文献中的若干份榷场贸易文书。作者认为这批文书当为1142年西夏南边榷场使日常档案。它们可以帮助我们厘清西夏榷场运作的若干细节。比如"绢"和"干姜"可以在西夏南边榷场贸易中充当价值尺度；河西商户在夏金榷场贸易中的地位显得十分重要；夏金榷场贸易中的主要货物及其来源等。

中编为《宗教与文化交流》，主要讨论了西夏与回鹘、辽朝、金朝、印度之间的宗教文化交流问题。作者重点考察了"西夏与回鹘之间的宗教关系""西夏的五台山情节"和"西夏的'圣容寺'"这三个问题。稍有遗憾的是，该编对宋夏之间的宗教文化交流没有用大篇幅的笔墨进行论述，只能从《西夏的五台山信仰》这一章中窥见，不过下编的第二章《西夏境内的汉僧及其地位》在某种程度上也可以补其不足。

关于第一个问题，作者通过史料和出土文献，辑录了大量西夏与回鹘人民在各自境内相互参与各种活动的事实，认为西夏对回鹘在军事上成压倒性优势，但在文化上却是处在弱势的、被影响的地位。以西夏国师白智光为代表的回鹘僧人在《西夏文大藏经》的编制中起到了关键作用;从云童子受决经变、双头佛瑞像与供养菩萨行列等现象可以看出高昌回鹘佛教艺术在西夏的强烈影响。在论述西夏与辽金文化交流的过程中,作者特别强调了僧人在军事战略活动中的重要作用。对于西夏与印度间的佛教关系,作者通过《大夏国葬舍利碣名》《明勑赐宝觉寺碑记》《佛说大乘无量寿决定光明王如来陀罗尼经》《佛说般若波罗蜜多心经》等金石与佛教史料,揭示了印度高僧如拶也阿南捺和波罗显圣等在印度与西夏文化交流中所起到的鲜为人知的桥梁作用。

  关于西夏境内的"北五台山寺",作者统一了"大清凉寺"和"北五台山寺"的概念,并通过北五台山高僧杨智幢被封为"国师"封号确定了北五台山寺在西夏的地理位置。作者认为这不仅仅是西夏独有的现象,其他政权也有复制中原名刹的类似行为。在宋夏关系紧张的历史背景下,借助文殊菩萨特有的护国、护王的功能来稳定西夏的统治应该是五台山信仰流行的深层原因。关于西夏的"圣容寺",作者首先通过出土西夏文献《严驾西行烧香歌》对其存在给予了肯定,而后又通过文字学和音韵学的运用,加之出土文物和文献的辅助,基本确定了其所在地是在凉州的盘禾,并将其定性为皇家寺院。最后,作者通过《严驾西行烧香歌》中的蛛丝马迹,辅之以《西夏黑水桥碑》和乾隆《甘州府志》等文献,勾勒出了夏仁宗乾祐七年西巡烧香的路线,可谓考证极细,有理有据。

  该书的下编为《民族和民族关系》,主要讨论的是"党项民族""西夏对境内的汉人""西夏与沙洲回鹘"等问题。作者认为儒释的传播、农耕文明的发展和统治阶级的腐化导致了党项民族尚武精神的衰退。对于汉人问题,作者认为宋夏交战的大环境是导致西夏对境内汉人的歧视性政策和决定西夏汉僧的地位的重要因素。关于敦煌学界长年关注的西夏在沙洲的统治问题,作者充分肯定了森安孝夫氏的"1067年前西夏未有效统治沙洲说",认为《续资治通鉴长编》中的西夏"尽有河西旧地"一语仅仅是一个比较笼统的叙述方法,指的是一个过程,而不是一次行动。从"镇国王子"的回鹘身份、1037年往后16年间沙洲向宋入贡使者的民族成分和相关文献中的回鹘官职来看,1036年后的30年实际上不是西夏而是沙洲回鹘在对瓜沙地区进行有效统治。不过作者也认为森安氏以《长编》中的"沙洲北亭可汗"的"北亭"、吐鲁番出土的回鹘文木杵文(编号IB4672)中的"沙州将军"和敦煌地区石窟与新疆柏孜克里克石窟壁画的风格等为例证,并不能说明"沙洲回鹘隶属西州回鹘"。其中,作者推测"沙洲将军"可能为虚衔,并以同时代其他政权的相同情况来佐证,这一论证是很有说服力的。

  此外该编末尾还有一节讨论关于"西夏与克烈部和亲"的问题。作者通过《圣威平夷歌》所留下的蛛丝马迹,辅之以其他史料文献,最终推测出了不见于汉文史乘的1209—1211年间克烈部首领王罕之弟亦延台臣服西夏,并将幼女嫁于夏襄宗李安全的儿子这一史实。这体现出作者深厚的史学功底,令人叹服。

  该书尚有附录一节,主要收录作者的三篇文章,其中两篇为译著。在《新世纪初国内西夏佛教研究回顾与展望》中，作者充分肯定了近十年来西夏佛教的研究成果，并对未来的前景提出了自己的期望，认为未来西夏佛教的研究还是任重而道远的。而附录二、附录三的两篇译文则体现了作者治民族史所具备的外语功底。

当然该书也有一些不足之处。一是章节安排上存在不妥，上编的第二章《西夏的地理位置及其交通》插到第一章《西夏与丝绸之路关系研究之回顾》和第三章《西夏对丝绸之路的经营》之间显得有些突兀。下编的第三章《西夏人的尚武精神》应缀于第一章中第一节的《西夏境内的民族》中党项族的论述之后，单独拿出固有强调的意味，但在结构上来讲不甚完美。

二是存在一些表述错误和错别字，有些很明显是编辑之误。例如，下编第四章第五节中"若是北亭兼领沙洲，那么'沙洲'应在'北亭'之前，而非相反。"（第363页，第8、9行）这里的"之前"应为"之后"。第196页第1行"地域向连"（"向"应为"相"）。第276页脚注引杜建录《西夏经济史》的出版年份错写成3003年等。

三是个别观点应该再谨慎一些。如通过《天盛律令·禁勒门》中"他国使人和商人已出者出卖禁勒物"条下对大食、西州国减罪的判例来说明西夏对大食、西州执行了贸易优惠政策显然是不太充分的，这是因为贩卖禁勒物毕竟属于违法经济活动，乃少数人所为，不具政策意义。

然瑕不掩瑜，杨先生与其高足的这部专著全面升华了"西夏与周边关系"的相关问题的讨论，巧妙地运用了各种有价值的相关材料，给许多问题作出了令人信服的阐释。总的来看，通过文物、文献与图像资料的结合，通过政治史、经济史和文化史的结合，该书在西夏对外关系研究的若干方面的确做到了知难而进和推陈出新，相信必将引起学术界的进一步关注。

关于西夏陵的两本考古新著

——《西夏六号陵》《西夏陵》简介

杨 弋

由宁夏回族自治区文物考古研究所和西夏陵区管理处共同编著的《西夏六号陵》和西夏陵区管理处编著的《西夏陵》，分别由科学出版社和宁夏人民出版社于2013年9月、12月相继出版发行。两部著作的先后问世，为西夏陵研究增添了新的基础资料，受到西夏学研究者和爱好者的广泛关注。现将两书的内容简要介绍如下。

一 《西夏六号陵》

该书是对1972—1975年和2007—2008年两次西夏六号陵大面积勘察、发掘的考古工作报告。第一次发掘是20世纪70年代初，西夏陵的价值和大致范围被考古界认定后，经相关部门批准，宁夏博物馆开始对这处地表看似未经盗掘的帝陵进行了勘探、发掘，不仅打开了地宫还对地面其它重要遗迹也做了清理。第二次发掘是宁夏回族自治区文物考古研究所与银川西夏陵区管理处共同合作，除地宫外，对六号陵的地面遗迹进行了全面揭露。此次工作不仅是为了配合六号陵的加固保护，同时也为了弥补第一次发掘材料遗失严重，仅有简报发表这一缺憾。

该书为16开本，共450页，彩色图版221幅，黑白图版822幅。全书共十一章，先以概述的形式分别将西夏陵及六号陵的地理方位、现存状况和六号陵的两次考古情况向读者做了扼要说明，之后按照六号陵的平面布局依次对4座角台、半封闭式外城墙、两座阙台、两座碑亭、月城、陵城（含门址、角阙各4处）、1座献殿、陵台、地宫这些遗迹的地面结构和出土遗物进行了详细的介绍，用科学、严谨的数据图纸和图片资料还原了考古发掘现场，再现了文物遗址的真实面貌。在结语部分，对六号陵的建筑结构、建筑材料和墓葬形制进行了分析，并结合出土的几块残碑，重新推断了该陵陵主，作出了该陵是西夏开国皇帝李元昊之父太宗李德明之陵寝的这一重要论断。

值得一提的是，书尾所附孙昌盛先生《西夏陵陵主考》一文，否定了对西夏陵现存9座帝陵陵主归属的两种论断，认为西夏陵诸陵，既非按中原传统的角姓贯鱼葬法（即昭穆排列法），也非按"平原起冢"和"依山起冢"之别来排列，而是从部分帝陵出土残碑和陵园布局结构入手，得出新的结论：一号陵为襄宗安全康陵、二号陵为桓宗纯祐庄陵、三号陵为景宗元昊泰陵、四号陵为太祖继迁裕陵、五号陵为惠宗秉常献陵、七号陵为仁宗仁孝寿陵、八号陵为毅宗谅祚安陵、九号陵为崇宗乾顺显陵，后三主因战事未及修陵。为西夏陵陵主之争再添新的具有权威性的观点。

该书也有纰漏，所附彩版七二：1石人头，并非六号陵所出，而是三区107号陪葬墓（原编101号陪葬墓）的出土物。盖因与第一次发掘间隔时间较长，文物资料混编严重所致。然而，瑕不掩瑜，《西夏六号陵》和2007年出版的《西夏三号陵：地面遗迹发掘报告》是目前关于西夏帝陵考古的最早两部发掘报告，可谓姊妹篇。二者可以相互对比研究，对揭示西夏帝陵的陵园布局、建筑技术、建筑艺术等方面有重要意义。特别指出的是，六号陵是迄今为止西夏帝陵中唯一发掘过地宫的陵墓，其发掘报告的出版，不仅对研究西夏帝陵地宫形制结构及西夏的墓葬形制和埋葬习俗有重要作用，也有力地推进了西夏陵诸陵陵主问题的研究，具有重要的学术参考和研究价值。

二 《西夏陵》

该书16开精装，共231页，有彩色和黑白图版290幅，是一部主要反映新中国成立以来，西夏陵考古发掘成果的精美图册。

自20世纪70年代至今，经过宁夏文物工作者近40多年的不懈努力，先后对西夏陵进行了四次普查和测绘，并清理了三、六号帝陵地面建筑遗迹及六号陵地宫，发掘了4座陪葬墓、3座窑址、15座碑亭及北端建筑遗址1处，不仅出土了一批珍贵的西夏文物，也对西夏的陵寝制度、陵园布局、装饰技法、施工工艺有了初步认识和了解。《西夏陵》一书即是对上述考古成果的一次汇总。该书采用图文并茂，以图为主、文字为辅的形式，从综述、建筑篇、文化篇、考古沿革及保护、西夏博物馆藏品篇五大部分着手，并附序言、西夏拓跋氏世系表、西夏前期疆域图、西夏后期形式图。每篇前加概述，可谓以凝练的语言、丰富的图版，直观地再现了西夏璀璨的历史文化及西夏陵的建筑艺术特征和保存现状。

　　图册开篇综述了西夏王朝的历史沿革和西夏陵的选址、分布状况、陵园建筑特征及考古认定的陵墓等内容，使读者对西夏文化和西夏陵的基本情况有个全面的了解。接下来的建筑篇展现了西夏陵的主要遗存和出土的建筑构件，其中刊布的已发掘的三号陵各单位建筑的复原图，在考古界尚属首次，充分体现了西夏帝陵昔日红墙绿瓦，屋顶频伽、海狮、摩羯等瑞兽装点的恢宏气势，在我国中世纪的陵园建筑艺术中独具匠心。

　　文化篇按西夏陵出土的带字残碑、瓷器、铜器、铁器、钱币、石雕的顺序编排。西夏文字是仿汉字结构而制成的，"形体方整，类八书，而书颇重复"，是解读神秘西夏文化最直接的工具。西夏瓷器以剔、刻手法为主，器形古拙；冶金制造与同时代的宋、辽、金相比较为发达，西夏陵出土的国宝级文物鎏金铜牛反映出西夏青铜铸造工艺的高超水平，是西夏艺术品中的珍品。石雕中的力士碑座是保留下来最珍贵的党项族原生态的石刻艺术。这些艺术品造型虽简单粗放，但反映了党项民族的民风民俗及西夏人的审美情趣。

西夏陵考古沿革及保护篇，汇集了20世纪70年代宁夏老一代文物考古工作者发掘西夏陵时的场景照，还有一张民国时期宁夏省政府主席马鸿逵在西夏陵的留影，成为现今留存最早的一批西夏陵的珍贵老照片，对研究百年来西夏陵文物遗存保存的变化具有重要意义。

西夏博物馆藏品篇对以西夏皇家陵园为背景，收藏西夏历史文物、汇集西夏文化与西夏学研究的西夏博物馆中的藏品，分门别类地作了介绍。此篇中收录的贺兰县宏佛塔出土的四张绢本画，虽然在《西夏艺术》《西夏博物馆》等书中均有介绍，但多有失偏颇，尤其将原本认定的《护法力士图》厘定为《月孛图》。

总而言之，《西夏陵》的出版对研究西夏陵的考古、文物和西夏史学工作者、美术工作者及广大文物爱好者提供了一本生动、栩栩如生的图像资料，是一本难得的通俗易懂的西夏学方面的科普性读物。

2013年出版《俄藏黑水城文献》第20—22册简介

苏 航

由俄罗斯科学院东方文献研究所、中国社会科学院民族学与人类学研究所、上海古籍出版社编，史金波、魏同贤、克恰诺夫主编，上海古籍出版社出版的《俄藏黑水城文献》分别于2013年1月、9月、11月出版了第20、第21、第22三册，为学界提供了大量从前不易寓目的俄藏西夏文佛教文献图版，必将对西夏学的发展起到积极的推动作用。

西夏立国，颇重文教。元昊在称帝之前即命野利仁荣制成"番字"，除以之译写汉、藏典籍外，还在上至国家法典，下至乡里文牍的广阔范围内普遍应用。惜乎蒙古灭夏后民族变迁，文化更替，西夏文文献散失殆尽，西夏文字亦最终无人能识。20世纪初俄国探险家科兹洛夫考察队在西夏黑水城遗址（今属内蒙古自治区额济纳旗）发现了大量的西夏文文献，为真正揭开西夏文字与文化的神秘面纱奠定了材料基础。以后在黑水城和其他地区又陆续有西夏文献出土，目前这些文献分藏在俄、中、英、法、德、日及瑞典、印度等国，但其中数量最多、内容最为重要的藏品仍然是藏于圣彼得堡俄罗斯科学院东方文献研究所（原俄罗斯科学院东方研究所圣彼得堡分所）的西夏文献。

早日刊布这些文献的图版，使藏于一地、阅览不易的善本珍藏变成学者们案头随手可及的参考资料，无疑对推动西夏学研究具有重大的意义。出于这一共识，中国社会科学院民族学与人类学研究所、上海古籍出版社与俄罗斯科学院东方文献研究所于1993年开始合作编辑、出版俄藏黑水城文献。从1993年到2000年中国社会科学院民族学与人类学研究所的史金波先生带领中国专家组4次赴俄进行整理、著录和拍摄工作，带回众多珍贵文献的照片，并从1996年开始出版《俄藏黑水城文献》，陆续将这些材料公之于众。迄至2013年《俄藏黑水城文献》已出版22册，其中第1—6册收录汉文文献，第7—14册收录西夏文世俗文献，从第15册开始出版西夏文佛教文献，本文所要介绍的第20、第21、第22三册即为2013年出版的西夏文佛教文献部分的最新三册。

俄藏黑水城文献中西夏文文献最多，约占90%，目前有八千多个编号，汉文文献次之，不到10%，剩下的为少量其他民族语言文字的材料。从内容上看，相较于世俗文献而言，佛教文献又占绝大多数，尤其是西夏文佛教文献，不仅数目庞大，而且种类繁多，体裁齐备，内容丰富，兼译汉藏，保留了很多在今天的汉藏典籍中失传已久的版本的译本，为中古佛教传播史、思想史研究提供了宝贵的资料。

《俄藏黑水城文献》西夏文佛教文献部分的编辑方式与西夏文世俗文献相同，是按文献的内容，将同一部文献的不同编号集中在一起刊布，而各部文献刊出的先后顺序是先出版译自汉文的文献，后出版译自藏文的文献。而译自汉文的西夏文佛典中又分两类，一类是《赵城金藏》中收入之文献，一类是未收入之文献。前者按《赵城金藏》收录顺序排列，后者则按不同典籍的内容、性质分类编排。采用《赵城金藏》的顺序是因为西夏所译大抵以北宋《开宝藏》为底本，在《开宝藏》散佚殆尽的情况下，参考以《开宝藏》为蓝本复刻的《赵城金藏》较为适宜。《俄藏黑水城文献》第15—22册皆属于译自汉文的西夏文佛教文献，且皆为《赵城金藏》所收，故其排列顺序依从《赵城金藏》之顺序。在具体排序时除参考《赵城金藏》（北京图书馆出版社2008年版）、《中华大藏经》（中华书局1984年版）目录外，还参考了中国社会科学院世界宗教研究所佛经（《赵城金藏》）目录研究专家何梅先生的建议，对目序有所调整。在各种文献内部又按刻本、写本，继而按装帧方式，如梵夹装、卷轴装、经折装、蝴蝶装、缝绘装等，分类排列。为避免过于烦琐，同一装帧方式之下不再按版本细分，而是按卷次前后排列。

俄藏西夏文佛教文献往往版本较多，很难巨细靡遗，全部拍摄，只能择其有代表性的版本全部或部分拍摄。故《俄藏黑水城文献》刊布图版时，一般同一佛经的同一印本，选择一种较为完好的版本。同一佛经的不同写本，也选择一种或两种较为完好的刊印。若其他写本具有特色，也全部或部分选用刊出。

《赵城金藏》首列玄奘译《大般若波罗蜜多经》，故《俄藏黑水城文献》西夏文佛教文献部分亦以此经之西夏文译本为首。西夏文《大般若经》卷帙浩繁，版本纷杂，通计各版，约有2000余卷，在西夏文佛教文献中数量最多，约占三分之一，无法尽数拍摄出版，故按前述原则，择其具有代表性之版本，汇为一部。即使如此，目前所刊布之《大般若经》亦占据第15—20册第6册篇幅之多。2013年出版的第20册为《大般若波罗蜜多经》卷第365至卷第450，第21册开始部分为《大般若经》部分卷的末尾题记，共计23个号。至此，从俄罗斯拍回之《大般若经》刊布完毕。总计图版5000余幅，除缺少少量卷次外，各卷基本齐备，全面地呈现了西夏译《大般若经》的整体面貌，对于西夏文字、语言、译经方式和佛教传播史的研究具有重要的参考价值。

第21册的《大般若经》卷尾题记部分之后，刊布的是《金刚般若波罗蜜多经》，计有21个号，140幅图版。此次刊布之《金刚经》皆译自鸠摩罗什译本（《大正藏》第8册第235号、《中华大藏经》第8册第13号），正文皆分为三十二分，正文之前有佛画、序、净口业真言、发愿文、奉请八金刚、四菩萨等部分。《金刚经》三十二分托为梁昭明太子所制，敦煌文献中已有其汉文本。三十二分的划分方式前后并不完全相同，但到五代时期基本定型。西夏译本所反映的应该就是当时通行版本的面貌。汉文传世文献中，自五代至明初的三十二分本虽见于记载，但其实物几无留存。而西夏出土文献中的汉、西夏文三十二分本《金刚经》则有数十号之多，为佛教史研究补上了缺失。

此次刊布的《金刚经》中 Инв. No. 3867、4095、5382、6907 四号为克恰诺夫《西夏佛典目录》（*Каталог Тангутских Буддийских Памятников Института Востоковедения Российской Академии Наук*，Университет Киото，1999）中未收，余皆见于该目。但较诸克恰诺夫目录所录，此次刊布之图版仅为俄藏西夏文《金刚经》译本中的一部分，共涉及十多个版本，大部分版本只有一个号，有些号也只拍摄了部分页面，除 Инв. No. 101、726、731、4336 相对完整外，其余各号皆为断简残篇，故目前仍难睹俄藏《金刚经》的全貌，希望未来可以有更为全面的俄藏《金刚经》图版刊布。

《金刚经》之后是部头庞大的《大宝积经》，唐菩提流志译本（《大正藏》第 11 册第 310 号、《中华大藏经》第 8 册第 24 号）之夏译本，占据了 21 册后五分之四和 22 册开始五分之一的篇幅，共 119 个号，1123 图。原经共 120 卷，此次刊布的图版缺第 38、46、67、78、81、82、86、89、90、105、107、117 各卷，余卷具备，皆为写本，其俄藏编号除 Инв. No. 357、364、2721、3106 不见于克恰诺夫《西夏佛典目录》外，余皆隶于 97、98 两号，除少数卷两本具有以外，多数卷只有其中一个版本的照片。按照出版体例，《大宝积经》图版按卷次分排，故两本混编在一起，读者应当加以分辨。

《大宝积经》之后为鸠摩罗什译《佛说阿弥陀经》（《大正藏》第 12 册第 366 号、《中华大藏经》第 18 册第 202 号）之夏译本。此经在《赵城金藏》《中华大藏经》目录中皆不排在此处，据相关专家意见，调整排列于此。

此次刊布的《佛说阿弥陀经》共 7 号，45 图。其中 Инв. No. 6518 号未见录于克恰诺夫目录，该号仅有一拍，两个折页，右侧折页为《阿弥陀经发愿文》，左侧折页为该经末尾之《无量寿佛所说往生净土咒》。据聂鸿音先生的研究（《西夏文〈阿弥陀经发愿文〉考释》，《宁夏社会科学》2009 年第 5 期），Инв. No. 7123 号的内容可接于 6518 号右侧折页之后，为《阿弥陀经发愿文》的后半部分。此次刊布编者忽略了这一缀合成果，未能将 7123 号同时刊出，为一遗憾，俟后补遗。

Инв. No. 6761 号后半部分为《极乐净土生顺念定》，仅占一拍之半，为文献开始部分，有卷题和题记。若与《佛说阿弥陀经》拆开分排，则过于零散，且其行款格式笔迹与前面之《佛说阿弥陀经》全同，当时应同属同一文献，若拆开则不能使读者明其原貌，使其中各部文献彼此参考，故此类文献在《俄藏黑水城文献》中皆不再拆散分排，而是附排于其最初或主要文献之后。若同一号中文献种类较多，难分主次，又原属同一部文集，则单独成为一类，排在汉、藏译经之后。此外，Инв.

No. 4773、7564号皆有草书佛经残片，不能定题，亦附于各号之后，否则即难明其收藏线索，不利于内容的判定。

此后为《佛说无量寿经》卷下（Инв. No. 2309号，据曹魏康僧铠译本，参《大正藏》第12册第360号、《中华大藏经》第9册第28号）、《文殊师利所说不思议佛境界经》卷上（Инв. No. 6714号，据唐菩提流志译本，参《大正藏》第12册第340号、《中华大藏经》第9册第47号）及《大方等大集经》。《大方等大集经》所据为北凉昙无谶译本（《大正藏》第13册第397号、《中华大藏经》第10册第60号），但其实仅为部分偈颂的摘抄，并非全本。其中6682号不见于克恰诺夫目录。

该册最后为《大方广佛华严经》，译本所据为唐朝实叉难陀译《华严经》80卷本（《大正藏》第10册第279号、《中华大藏经》第12册第87号）。此次所刊布之照片为写本梵夹装，有千字文编号及西夏文页码，总计980图，缺9、11—14、18—22、27—39、61各卷，余卷皆备，但全残情况不一。

迄至22册，已出版西夏文佛教文献7000余拍，为学界提供了大量的研究资料，对于今后的西夏学研究必将产生巨大的推动作用。但在编辑的过程中编者也面临着诸多的困难，如同一号内的图版往往顺序错乱，更有的同一张图版之内，看似衔接，实则前后舛误，甚至完全不属于同一部文献，若要将其厘正、析出，需要花费大量功夫。再如虽然按照文献编号由小到大排列出版较为容易，也是很多相同出版物的共通做法，但为了纲举目张，便于读者迅速理清西夏文佛教文献的结构，《俄藏黑水城文献》西夏文佛经部分采取将同一文献归类刊出，又按《大藏经》的编排顺序排列的

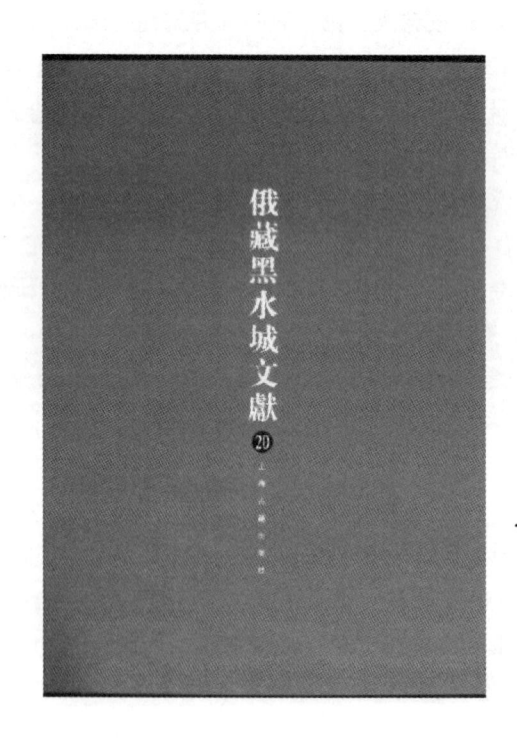

较为复杂的方式进行编辑。但这要求编者在编辑之前即对近 2000 个号，近 20000 拍的文献图版一一过目，准确定题，才能保证文献归类得当，编排合理，没有遗漏。真正做好这项工作要花费大量的时间，但为了满足学界尽快看到这批文献的迫切愿望，编辑的速度又不能放慢，所以在文献归类、编排次序、图版顺序、文献定题等方面恐怕都会有不少问题和错误，有的需要编者在以后诸册中加以补充，更多的则需要学界同人批评指正。

西夏钱币研究的扛鼎之作
——读牛达生先生《西夏钱币研究》

白秦川

牛达生先生的《西夏钱币研究》一书，2013年10月由宁夏人民出版社出版，全书280多页，约30万字，戴志强先生作序。该书是西夏钱币研究的扛鼎之作，是一部全面、系统研究西夏钱币的专著，为西夏钱币研究做出了新的贡献。

一 扛鼎之作

钱币学在中国是一门小学问，但联合国教科文组织划分的19个人文与社会科学一级学科中就有钱币学。由于历史文献的不足，西夏文在以前还是一种死文字，西夏钱币研究就显得异常困难。钱币学本来不是一门显学，而西夏钱币研究在20世纪80年代前更是一门绝学，几乎没有人涉及这一领域。牛达生先生正是在这样的背景下，毅然投入到西夏钱币研究中来的。1984年，牛先生的《西夏钱币辩证》一文在《中国钱币》发表后，引起学界轰动，被认为是西夏钱币研究的"权威文献"。此后，先生笔耕不辍，发表论文、报告等50多篇。通过对这些论文和报告的梳理、编辑和提高，形成了今天我们见到的《西夏钱币研究》一书。

戴志强先生在序中说，"牛先生从对前人著录资料的系统整理入手，以出土西夏钱币为主要依据……从对小至一枚钱币的辩证，大至西夏钱币制度和货币经济的研究，都取得了引人注目的重要成果，载誉海内外钱币界。"戴先生的评价是十分中肯和公允的。

西夏钱币文献资料极为稀少，严格地说只有一条，即在仁宗年间，始"立通济监铸钱"。对西夏钱币的著录，晚到清乾嘉以后。该书吸收了200年来前人的学术成果，更多的是先生个人的研究心得。牛先生通过研究，厘清了西夏钱币有西夏文5种、汉文13种，排除了一些伪品，也指出了一些待考品。研究了西夏铁钱，对西夏铁钱专用区的设置进行了论证。研究了西夏对钱，提出了自己的对钱概念和形成机理。研究了各地出土的"大朝通宝"，得出了西夏晚期在境内流通"大朝"钱的创见。研究了西夏白银和交钞的使用，填补了西夏无白银的空白。研究了前人对西夏钱币研究的贡献，丰富了西夏钱币学史。整理了西方学者对西夏钱币的研究，肯定了他们的成果。特别是对西夏货币经济研究有所突破，根据丰富的钱币出土资料，论证了西夏境内主要流通北宋钱币的观点。总之，该书呈献给我们的是一本立体的西夏钱币的完整图卷，是一本继往开来的西夏钱币研究的扛鼎之作。

二　甘为人梯

牛达生先生站在西夏学与钱币学的交叉点上研究西夏钱币，立意颇高。正如戴志强先生所言：牛先生"以'不湮没前人，要胜过前人'的精神，在总结前人成果的基础上"，做了大量研究工作，取得了不少成果。但他又是谦虚的，把没有解决的问题也明确指出来，给他人和后学者留下研究的空间。他在《自序》中说，"如'天授通宝''大德通宝'是否是西夏正用品钱，西夏钱币的版别和对钱问题等。还有，为什么天盛以前的'大安通宝''元德通宝'等钱币数量极少，难成规模，而到仁孝时数量骤增？为什么'天盛'钱在数量上有较大突破，而'乾祐'钱又明显减少？为什么铁钱与之相反，'乾祐'钱数量颇巨，而'天盛'钱仅为'乾祐'钱的十分之一？为何仁孝仁宗之后几代，只铸铜钱而不继续铸行铁钱？再者，内蒙古河套地区因大量出土西夏铁钱，被学界认为是西夏为对抗金而设置的铁钱流通区，而在西夏的西南，即今甘肃、青海一带与金接壤的地方，是否也是铁钱流通区呢？虽然在敦煌、武威也有少量铁钱出土，似乎还未见有人论及。再有，西夏社会的购买力，夏钱与宋钱的比值、宋夏货币理论和货币政策的比较研究，西夏钱币与西夏政治、经济、文化之间的联系等。以上种种，问题多多，都需要我们做进一步的探讨，都有待于我们进行深入研究。"

该书对西夏钱币重要文献资料进行了辑录，并指出先贤研究中的一些错误；对西夏钱币论文、资料进行全面著录，从而大大方便了其他人对西夏钱币的研究。通过问题的提出与资料提供，充分体现了牛先生甘为人梯的高贵情操，为后来者的研究能够更加深入与提高。

三　白璧微瑕

西夏钱币研究是一项巨大的工程，且是一项涉及知识面极广、极深的工程，牛先生达到的成就，已属难能可贵。但书中还是有一点失检，即西夏银锭。书中引用了三批银锭，认为是西夏银锭。其实这三批银锭，不能证明西夏铸造过银锭。武威出土银锭没有证据证明为西夏银锭，个人收藏的两枚银锭为今人所铸，银川发现的两枚，信息量更少，也没有指向西夏铸造。此瑕不掩瑜，并不影响该书的整体质量和水平。

总之，该书的出版，既是对牛先生西夏钱币研究的总结，也为我们进一步研究提供了基石。可喜可贺。

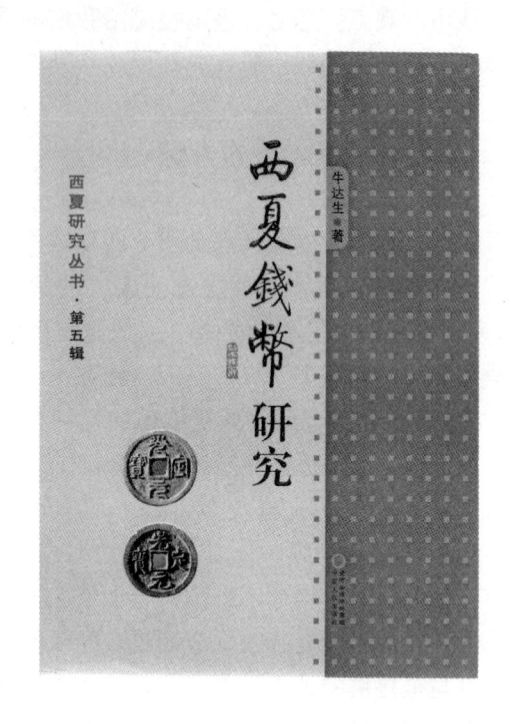

【王善军《阳都集》】

中国社会科学出版社2012年7月出版，303千字。该书是作者多年来有关辽宋史及中国社会史研究的一部文集。其中关于辽史研究方面的有《辽朝横账新考》《辽代籍没法考述》《辽代尚父考》《辽太宗皇后考》《从石刻资料看辽代世家大族与佛教的关系》《由富求贵：从归化州张氏看辽金燕云豪族的发展路径》及《20世纪以来辽金民族融合问题研究综述》等。

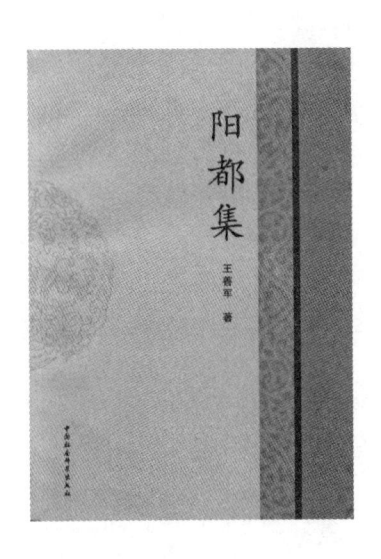

【尤李《多元文化的交融——辽代历史与文化研究》】

中国社会科学出版社2013年4月出版，302千字。该书收录作者尤李博士20篇文章，分宗教与社会、文献与历史、学术史、札记四编。大部分集中于对辽代佛教与社会之间的相互作用的分析，也有探讨辽朝的道教、儒学，或对契丹史的基本材料进行文献学分析，或从学术史的角度对前人成果进行梳理、总结和评论。书中通过对文献、石刻资料的考证和辨析，特别是考古材料的运用，结合历史学、社会学和艺术史的视角与研究方法，尝试打破朝代的断限，以长时段的眼光来审视唐五代至辽代华北地区的佛教与社会，为辽朝的文化面貌作了新的阐释，进而为深入认识契丹王朝独特的历史演变轨迹提供了一个新的视角。

【首都博物馆、黑龙江省博物馆编《白山·黑水·海东青——纪念金中都建都860周年特展》】

文物出版社2013年8月出版，195千字。该书是首都博物馆和黑龙江省博物馆于2013年为纪念金中都建都860周年联合举办特展而编辑出版的一本大型图册。前部分是几位学者有关金中都历史地位、金中都考古学研究等有关论述，后部分为两馆所藏金代文物精品图片，展示了金代各族人民为中华文明的发展所作出的重要贡献。

【刘宁主编《辽金史论集》第十三辑】

中国社会科学出版社 2013 年 6 月出版。该书是根据 2012 年第十一届中国辽金契丹女真史学术研讨会会议论文编选而成,内容包括辽代军礼、辽代移民与经济开发、辽代救灾体制、辽朝后族萧姓及宋辽关系、宋辽时期交通研究;唐代押蕃机构、契丹衔官及渤海史料等契丹、渤海相关研究;金代的政治、经济、教育、宗族,以及辽金元时期角抵、文字、文化交流等方面研究,多为近年来辽金史研究的最新成果,有助于推进辽金时期相关历史问题的研究和探讨。

【宋玉彬、阿尔杰米耶娃编著《俄罗斯滨海边疆区女真文物集粹》】

文物出版社 2013 年 3 月出版。按照现今的国土疆域划分,东北亚地区的古代文化研究具有诸多国际性学术课题的客观属性,这种属性要求研究者应该具有国际化的信息掌控能力。然而,由于获取资料途径以及阅读能力的限制,各国学者所开展的专题性学术研究,均存在一定程度的信息缺失,这种不足影响了学术认识的深度与广度。在滨海边疆区境内,经过几代俄罗斯学者的不懈努力,已经辨识出大量的渤海、女真遗存。考古学研究成果表明,该区域的渤海、女真遗存,文化内涵单纯、土著特征鲜明。

【胡传志《宋金文学的交融与演进》】

北京大学出版社 2013 年 3 月出版。宋金对峙是中国历史,也是中国文学史上的重大事件,探讨对立期的双方文学不仅关乎诸多重要作家,还关乎宋金文学大局,关乎民族文化交融、南北地域文化交融在中华民族文化形成过程中的作用。

该书努力克服正统观的潜在影响，跨越政权、地域、民族的界限，突破宋金文学研究各自独立的传统窠臼，以双方人员与文献交流为线索，重点探讨宋金文学的对立、交融及演进的进程，试图展现更加清晰的宋金文学格局。其中关于宋金外交人员的创作、伪齐文学、杨万里接送金使诗作等的探讨，拓展了空白地带和薄弱环节研究，关于完颜亮在南宋之后的传播、诚斋体传入北方、稼轩词北归过程及意义等方面的考察，深化了文学史上重要作家、重要现象的研究，关于元好问与陆游、戴复古等人诗歌的比较、《滹南诗话》与南宋诗论的关联、《续夷坚志》与《夷坚志》的异同等分析，进一步揭示出宋金文学的个性。

录文前介绍石刻出土地、保存地、形状、尺寸、作者等石刻基本信息。这种内容设计，不仅为金史研究者使用金代石刻提供了方便，也为阅读者检索和使用金代石刻提供了相关线索。

【王庆生编著《金代文学编年史》上下册】

中华书局 2013 年 3 月出版。编年范围，上起金朝开国之收国元年（1115），下讫段成已故世之至元十九年（1282）。在该书中，金入元以后约 50 年，主要关注金代遗民活动。内容包括作家生平仕履、除佛道诗词以外的全部可编年作品、文人交往、文学论争、作家群活动等文学资料，以及与文学发展相关的各类艺术资料，旁及宗教与社会风俗。用编年方式，构成"文学上立体交叉的生动情景"，全方位展示一代文学的演绎发展历程。

【王新英编《全金石刻文辑校》】

吉林文史出版社 2012 年 12 月出版，全书 700 千字。该书以石刻镌刻时间为序，以简化字照录石刻文字全文并校点，代与现代少数民族如西夏、契丹、女真、突厥、回鹘、吐蕃、达斡尔、土家、苗等民族的历史、语言和文字，以及古代生产工具史等学科的研究方面成效卓著。《王静如文集》全面、系统地收入王静如先生论文57多篇，共百余万字，分上下两册出版。他的论著中多有独到的见解，具有开拓性的价值。特别是在西夏研究方面取得了举世瞩目的成就。

【《王静如文集》上】

社会科学文献出版社2013年出版。王静如先生是已故当代中国著名语言学家、历史学家、考古学家和民族学家，西夏学主要奠基人。王先生一生在学术上涉猎广泛，造诣很高。他长期从事语言学、音韵学、历史学和民族学等领域的研究工作，在汉语音韵、秦汉史、古

第五篇

新书序跋

《辽代南京留守研究·序》

宋德金

公元 10 世纪初,由北方游牧民族契丹族建立的辽王朝统治北部中国长达二百多年。在此期间,契丹统治者对境内不同地区和民族实行所谓"以国制治契丹,以汉制待汉人"的"因俗而治"方针,即对契丹及奚人采用部族制;对渤海人实行汉化了的渤海旧制;对汉人,在收取燕云地区后,基本上沿用那里原来的统治方式而略有变通。辽朝的"因俗而治"制度,追根溯源,系从《礼记·王制》中"修其政不易其俗,齐其政不易其宜"的原则概括发展而来的。《王制》虽然出于西汉,其内容与商周礼制不尽相符,从中却能反映出我国古代政治制度和儒家政治思想。这一原则,在历史上曾被许多王朝统治者作为处理华夏—汉族同少数民族之间,"中国"同边疆地区之间关系的准则。到了辽朝,正式形成一套完整体系,取得了较好的效果,并且成为辽朝制度的一个鲜明特色。

公元 936 年,辽太宗应后唐河东节度使石敬瑭之请,攻灭后唐,册立石敬瑭为大晋皇帝。938 年,晋以燕云十六州并图籍献契丹,石敬瑭向契丹奉表称臣,称儿皇帝,尊辽太宗为父皇帝。契丹升幽州为南京(燕京)。站在中原汉族王朝立场上,这无疑是一个屈辱的事件,因此石敬瑭遭到千载骂名。燕云十六州并入契丹版图后,在客观上把北方游牧、中原农耕两个民族及不同生产方式联结起来,推动了这个区域、进而促进了南北方的经济文化交流和民族融合。

契丹收取燕云十六州后,升幽州为南京,又称燕京(今北京),为辽五京之一。辽南京地位的确立,是北京及北方中国历史上的一件大事。金海陵王时,将都城从金源"内地"迁往燕京,改称中都,是北京成为北方中国乃至全国政治文化中心的开端。

辽朝对南京的管辖和治理,是"因俗而治"政策的具体体现,而南京留守的设置,则是其卓有成效的一例。留守,本意指主力离开后留少数人员守卫城池或驻地,大约从隋唐起,始为官职。皇帝出巡或亲征时命亲王或大臣留守京城,可便宜行事,称京城留守,而陪都则常设留守,以地方行政长官兼任。辽金时,五京皆置留守,即为其地方行政长官。金人称,辽南京(燕京)"地处雄要,北倚山险,南压区夏,坐若堂隍,俯视庭宇,本地所生,人马勇劲,亡辽虽小,止以得燕,故能控制南北,坐致宋币。燕盖京都之选首也。"由此可见辽南京地位之重要,南京留守的作用,也是不言而喻的了。

近一二十年来，辽朝政治制度研究虽有进展，但对辽南京留守却无专书论述。李谷城（国成）研究员二十年前的硕士论文《辽南京留守研究》，填补了这方面的研究空白。然而，一直未能公开出版，实为憾事。事隔二十年后，谷城先生对论文几经修订补充后，形成此书。

本书一一考证论述辽南京186年间所任用过留守之出身、任用原因、任期、功过及结局，进而探索南京留守之任用规律。本书还对与南京留守相关联的问题，如辽朝官制、契丹汉化等作了论述。书后附录作者精心编制的《新编辽南京留守表》、《南京留守与辽皇室亲缘关系表》等以及附图五幅。

书中关于辽南京留守的任免分期、委任背景、任用规律的论述尤见功力。如作者指出，辽朝南京留守任用规律有三：从汉人过渡到契丹人；从降将过渡到皇亲国戚；从频频更迭到世袭。从这些规律可以看出南京兴衰变化过程及与辽朝的关系。作者还从地理、政治、军事三个方面，探讨南京治乱对辽朝的影响，指出南京对辽朝而言，契丹得之而兴，失之而亡。这些论断给读者以很大的启迪。作者还在以上论述的基础上，从更广泛的时空和更广阔的角度出发，进一步研究辽南京治乱得失对辽朝的影响，综述历代对燕云十六州割献之评论，分析契丹汉化的研讨成果，以及阐述"征服王朝"与"中华一体论"的争论概况，使得本书的视野更加开阔。至于书后的附录、附图，无疑为普通读者和专业学者了解记忆与深入研究辽南京留守问题提供了方便。

通观全书，这是一本考述缜密、资料翔实、颇有见地、填补空白的力著。相信它的出版，定会引起辽金史、北京史研究者的关注和兴趣，并把这个课题的研究继续引向深入。

我与作者本不相识，书稿是辗转从一位朋友那里送到手中的，这位朋友嘱我，无论如何要为本书的出版写几句话，聊表推荐、祝贺之意。作为辽史研究的同好，看到有新成果面世，是令人欣慰的事情，因此不揣冒昧，写了此文。

后来，我与作者也成了朋友，对他有了进一步的了解。谷城先生的研究领域广泛，辛勤笔耕，著述颇丰。在通过本课题的硕士论文答辩，获得硕士学位之后，又攻读新闻专业，并在其博士论文《香港近代报业与晚清先进人物——四个时期四位先进人物为中心》的基础上，反复修改，著成《香港中文报业发展史》，此外，谷城先生还著有《香港报业百年沧桑》《中国大陆政治术语》《中国大陆改革开放新词语》等。

谷城先生长期从事新闻工作，在启动香港回归谈判之后，由于职业的敏感，触动他想从中国历史中找到某些答案或启示，于是找到了《辽南京留守研究》的题目。本课题的现实意义就在于此。

最后，愿谷城先生一如既往地以资深新闻工作者的政治敏感去研究、观察、解读中国历史与现实，有更多的新著问世。

己丑正月于北京

《辽金史论集·序》第十三辑

宋德金

本书《辽金史论集》第十三辑同以前各辑一样，是中国辽金史学会主办的连续出版物，是以提交学会年会的论文为基础选编而成的。它从1987年创办以来，已逐渐成为发布中国辽金史研究最新成果的一个重要平台和园地，当代许多海内外辽金史研究者都在这里发表过新作。

本辑是从提交2012年哈尔滨阿城学会年会的120多篇论文中筛选出来的，共27篇。内容广泛，涉及辽金政治、经济、文化等方面。作者既有界内熟知的老年学者，也有活跃在教学、科研前沿的中青年学者，既有以辽金史为研究方向者，也有以两宋、西夏和北方民族史为研究方向而兼及辽金契丹女真史研究者。从中可以大体窥见近年辽金史研究的一些状况和动向。

长期以来辽金史研究的冷落局面，目前已经有所改变。研究者、关注者不断增加，新成果大量涌现。就论著出版数量而言，近来一年甚至超过20世纪二三十年的总和，就其深度、广度而言，有些方面也胜过以往。国家和相关地方政府对辽金历史与文化研究的关注程度及资金投入更是前所未有的，这些都有助于辽金史研究水平的提高和辽金历史知识的普及。近年，许多研究者利用辽代墓志碑刻和契丹字开展契丹辽文化研究取得可喜进展，辽代考古发掘也不断有新的信息传来，给辽金史研究带来活力。

不过，在当前辽金史研究成果成倍翻番及取得若干进展的同时，也毋庸讳言，其中引起广泛关注和具有重大突破的论著较少，征引率不高，至少与论著数量的猛增是不相匹配的。许多成果缺少对相关题目研究历史和现状的调查，对重大题目、新说缺少必要的讨论和争鸣，大家在自说自话，这些无疑都不利于研究水平的迅速提高。健康、平等的学术争鸣是推动学术研究的重要途径。我国影响最大的历史学期刊《历史研究》于20世纪50年代创刊之初，毛泽东为该刊提出"百家争鸣"的方针，后来，"百家争鸣，百花齐放"成了我国繁荣、发展学术和艺术的总政策。这一方针，至今仍是值得遵循和发扬的。

当前的辽金史研究，除对契丹字的解读和运用之外，与国际同行对话的题目较少，对海外在中国北方民族史研究中的主导理论"征服王朝"论等，国内多数学者虽不认同，却缺少有分量的论析。多数研究者对海外中国辽金史研究状况的了解也很有限。比如，反映20世纪90年代初海外研究成果的《剑桥中国史》第6卷（中文译本名为《剑桥中国辽金西夏元史》）中，辽金章节所征引、介绍的近人论著，有些是我们不易见到或不熟悉的。近二三十年来，随着改革开放和中外学术交流的增多，这种情况已有改观，特别是许多中青年研究者逐渐走出闭塞境地，但是加强对国外辽金史研究动态的关注和介绍，仍是提高我国辽金史研究水平所不可或缺的。

同某些断代相比，辽金历史文献资料不多，因此地下考古资料和契丹字、女真字的解读逐渐受到重视，并借以解决了某些问题，是令人欣慰的。但是也要看到，这些发现往往是可遇而不可求的，辽金史的基本框架还是依据现存汉文文献构建起来的，因此下大功夫钩沉索隐、不断扩大相关资料来源，仍是辽金史研究者的基本训练和长期任务。

当今辽金史研究者的构成，除大部分是依据历史文献为主的教学、科研者外，文博工作者占有相当大的比重，双方各有短长，应该相互取长补短。以历史文献为主者及时了解考古、文博成果讯息，文博工作者努力熟悉基本历史文献，这也是从整体上不断提高辽金史研究水平所必需的。

本辑主编在编订文稿之后，嘱我写序，我以曾为论集写过序言及没有新见为由，先后推荐另两位年长于我的著名学者，然而他们因忙于著述等，无暇顾及，由我勉强为之，充数而已。

壬辰孟冬于北京

《蒙藏史籍中的西夏·序》

史金波

在中国史学领域，近年来西夏研究颇引人瞩目。有关西夏的新资料大量刊布，随后专家们倾力整理解读研究，新人的陆续加入，使西夏研究不断推出新成果，呈现出一派可喜的进步景象。

现在翻开的这本由杨浣博士精心撰著的《蒙藏史籍中的西夏》就是一部视角独特、令人耳目一新、填补空白的西夏研究新作。

中国有优良的修史传统，在汗牛充栋的汉文史料中记载着数千年不间断的历史，为世界上所独有。然而作为存在近两个世纪的西夏王朝，未能和同时代的宋、辽、金王朝那样入编正史，硕果仅存的史料主要是唐、宋、元期间中原地区记载的简约关系史，而西夏本朝的历史资料丧失殆尽，使西夏史仅存轮廓，面目不清，被称为"神秘的西夏"。后世学者爬梳古籍，仔细搜罗，虽代有收获，但鲜有重大进展，难以填补实质缺漏。

令人感到欣慰的是百余年前在西夏黑水城遗址发现了大批西夏资料，其中以西夏文文献为主，也有不少汉文和藏文文献。这些西夏时代的原始资料对诠释西夏社会、破解西夏历史之谜无疑具有特别重要的价值。当我们在20年前为出版这些文献有机会全面整理查阅藏于俄国的文献时，看到大量有关西夏语言文字、法律、社会、经济、军事、佛教、医学、占卜等多方面的珍贵资料，深为这些珍贵文献的巨大学术价值感到震惊和兴奋。同时也为其中缺乏反映西夏兴衰的政治史文献感到遗憾。我们难以从出土的西夏文献中构建或大量补充西夏兴衰史。

从汉文文献和西夏文文献中都难以在西夏兴衰史方面做出实质性的突破，还有没有其他出路呢？杨浣博士这部《蒙藏史籍中的西夏》就是从一个另类的视角来审视、补充西夏兴衰史的有益尝试。西夏的近邻除东部、北部、南部的宋、辽、金以外，还有西部的藏族以及后期北部的蒙古。他们也从自己的视角、以自己的方式观察着、记录着西夏王朝或建立西夏的民族。当然这些资料也以与西夏的关系为主。

其实国内外史学家关注这些资料比较早，特别是国外专家贡献尤大。法国学者石泰安在1951年发表重要论文《弭药与西夏》，引用大量藏文和蒙古文的文献，对西夏的先民弭药（即木雅）进行了深入探讨，显示出他学术嗅觉的敏锐和选取角度的特殊。

　　中国学者较早利用藏文史料研究西夏的是王忠先生，他撰著的《西夏的兴起》一文，利用了不少藏文史料。后来更注重藏文文献中西夏资料的是我所藏学专家、我的好友黄颢先生。记得1975年民族所开始重新组织编写少数民族简史时，黄颢先生参加了《藏族简史》的编写工作，主要分工执笔吐蕃王朝建立前的藏族社会和吐蕃王朝时期的经济与文化部分。为充实藏族史资料，他专心翻译、钻研藏文古籍，主要是《智者喜筵》（也称《贤者喜宴》）一书。在后来正式出版的《藏族简史》中可以看到他执笔的这两部分大量引用了《智者喜筵》的宝贵资料。当时黄颢先生多次与我交谈，说藏文史料中有一些关于木雅的重要材料。我作为西夏研究者自然希望他继续关注，把这些资料翻译出来公之于众。当时看到有人将藏文中"*Mi-nyag*"一律译成"西夏"，我和黄先生讨论是否依据时间、地望，分别译成"木雅"（弭药）和"西夏"，黄先生表示同意。他一方面在杂志上连续发表有关《贤者喜宴》的译注文章，一方面认真地将《贤者喜宴》以及其他藏文史籍中有关西夏和木雅的资料集中梳理、研究，写成了《藏文史书中的弭药》一文，提交到1981年召开的西夏学术研讨会上，受到与会专家们的重视和好评。黄先生为利用藏文史料研究西夏打下了良好的基础。1997年我们在俄国整理文献时，拍摄到一批黑水城出土的藏文文献。为了编辑出版这批文献，我回国后将复印件首先交给黄先生整理。不久黄先生身患重病，我前往医院看望，他在卧榻还惦记此事，但最终未能完成我们此次合作，抱憾至今。

　　此后有更多涉及"木雅"的藏文史籍译文刊布，并有一些专家到木雅及相关藏区调查。后来又有专家从蒙文资料中寻找有关西夏史料，也有新的收获。在藏文、蒙文文献中有关西夏史料增加并引起重视的同时，也出现了令人迷茫的问题：藏文、蒙文文献中多无汉文文献中那样准确的纪年，时间往往不清；这些文献中多夹杂着佛教叙述王统的惯例，将不准确或不存在的佛神故事层出迭见地掺杂其中；文献中往往叠加了一些故事，真伪难辨；在文献考证研究和调查中专家们的意见相左，莫衷一是。似乎藏文、蒙文文献中的西夏史料一时尚难展现清晰的脉络。大家都希望能对这些史料做科学、认真的整理、考证，以便更好地利用，填充、丰富西夏史。我以为这部《蒙藏史籍中的西夏》是适应学术发展、响应学界呼唤而出现的一部应时应需之作。通过作者的精心梳理，寻根溯源，抽丝剥茧，去伪存真，使这些纷繁的史料褪尽铅华，显露真容，存留下可信的事实，为西夏史增色不少。

　　治史者的责任是尽力找出接近历史真实的本相。本书主要依据藏、蒙文资料着重讨论了四个方面的重大问题：1. 西夏主体民族党项族的兴起和建国；2. 西夏的晚期和灭亡；3. 党项族和吐蕃的关系；4. 西夏灭亡后其后裔的下落。这些都属于西夏史中的重大问题。本书作者在复杂的史料和不同的论述中精心地整合资料，以藏文、蒙文、汉文、西夏文甚至突厥文、波斯文文献进行多方位的比勘，综合解读，沙里澄金，舍粗取精，然后踏实稳重地考辨异同，小心翼翼地求证结论，往往能厘清藏、蒙史书的局限，析离出可信的结论，令读者参酌、受益。比如对13世纪出身木雅地区的史学家喜饶益希所作《红史》的"西夏简述"，经过反复论证，吸收多家之长，辨识真伪，作出了如下评价："就其梗概而言，和《夏圣根赞歌》、《宋史·夏国传》等夏、汉史籍记述的西夏首领反宋称王、割据西北、亡于蒙古的史实基本相符；就其情节而言，又与夏、汉、吐蕃、突厥、蒙古等族始祖源起的传说或典故颇为相近，就其风格而言，具有浓郁的藏族民间文学特征；就其思想而言，旨在利用君权神授论与历史宿命论，宣扬蒙元王朝统治西夏故地的合法性。""是在蒙元朝廷和西藏萨迦派联合统治西夏故地的形势下，由喜饶益希，或许应该算上贡噶多吉，根据政治和宗教的需要，对来自他族的西夏历史认知的吸收、改造和演绎的结果。"又比如对成吉思汗征服西夏这一重大事件，一层层剥离出黄教史家们进行了大量改编和演绎，认为"无论是可能在14到16世纪口头流传的民间史诗、民间故事，还是17世纪的故事文本，他们所讲述的成吉思汗征服唐兀惕故事，毫无疑问是嫁接而来的，主要采自于汉地、西藏和蒙古的文本及其口头传承。"我想这样的推导可以尽量避免不同民族的本位主义色彩，厘清藏文、蒙文文献的迷雾，删薙有意无意的嫁接，纯化出更符合历史的真实。

本书的一大看点是在研讨历史问题时重视地理方位。历史事件的产生和发展，都离不开特定的空间，地理沿革对历史的重要性不言而喻。著名的历史学家们在研究历史时多注重当时当地的地理资料，甚至亲自踏查历史故地。所谓"读万卷书，行万里路"成为历代历史学家们的追求。史家鼻祖司马迁撰史注重访史，足迹遍及中原及西南、西北地区，当时条件苦恶，艰辛备尝，终于造就传世不朽著作。本书作者学仿前贤，看重历史地理，现还在努力做着西夏历史地理的项目。他不辞辛苦，多次到西夏故地实践考察，屡有收获。本书中在关键历史问题探讨时，显示出作者用心地理的成绩。如在论述蒙古军攻取中兴府时的克夷门之战，对关键的"克夷门"给予特别详明的讨论。首先作者对《西夏书事》作者吴广成的误植作出解释，寻找出误植资料系脱胎于《水经注》，最后指出克夷门以贺兰山北关口之大武口最为可靠。作者融汇《元史》《圣武亲征录》《史集》《大金国志》《金史》等资料梳理出蒙夏这段战争的合理顺序：1207年秋蒙古军出征西夏，首先从兀剌海西关口突入西夏境内。冬天攻克黑山脚下（今阴山中段大青山与乌拉山的交界处）的兀剌海城（今内蒙古自治区乌拉特中旗新忽热古城，西夏黑山威福监军司的治所）。之后沿着黑河河谷（喀拉木伦河河谷，今昆都仑谷）南下，到达云内州一带（今包头市），继而循黄河流向一路前行，进至河套西段的重镇克夷门（今宁夏石嘴山大武口），最后围困中兴府，西夏被迫屈服，与蒙古约为兄弟之国，承诺助蒙征战。这样便扬弃了原来时空的混乱和错位，理顺了对这段重要历史的史地关系。其他如关于黑水城、卓罗城的考证也都可圈可点，有推陈出新之意。

通过此书我还高兴地看到作者良好的治史态度，注重学术史的回顾。书中在研讨一个问题时，总是尽力展示过去专家们的研究成果，吸纳、尊重前人贡献的诚意溢于笔端，跃然纸面。这种本来属于基本治学的规范，在当下对学术史回顾往往缺失的情况下值得提倡。树立良好、清新的学术风气，才能取得优秀、创新的学术成就。尊重学术史不仅使作者的新观点、新结论有扎实的基础，有继承的清晰脉络，也不妨碍作者得出不同于前人的新的结论。比如对西康"西吴王"问题，几十年来虽有几位老专家陆续发表过肯定的结论，但作者经过认真的考证，仍然得出了不一样的意见，认为"如果说他们和西夏有联系的话，他们与西夏的主体民族党项族未迁入河西、陇右之前，是居住在一起的同一个民族，大部分北迁后，留下的被称为弭药的党项族，逐渐融入藏族，在长时间融合过程中，语言、风俗发生了很大的变化。但是关于西夏灭亡后西夏后裔又返还木雅原地的结论主要建立在传说或推测之上，没有什么可靠的文献或文物作为证明。"这种求实、平和的讨论并没有给人以生硬、唐突的印象。同样，对夏尔巴人与西夏后裔的关系也经过反复论辩，得出了比较中肯的见解：我们认为夏尔巴人和西夏亡国后境内党项遗民的去向没有直接的关系。他们可能和隋唐以来世居四川甘孜地区的土著族群被称为弭药（木雅）的党项有亲缘关系。并进一步指出：西藏樟木夏尔巴人、四川丹巴嘉绒藏、康定木雅人中流行的"西夏皇族后裔说"很可能是20世纪80年代以来一些学术观点经由媒体传炒作和输入的结果。其实这也是一种提示，对待历史应加强理性分析，重视历史背景考量，存真务实，涤瑕荡垢，避免道听途说。否则不仅无助于历史的澄清，反而会增添乱象。

本书是一部历史考据著作，但读起来并不枯燥呆板。作者以比较朴实、明快的语句，由浅入深、娓娓道来的叙事，往往使读者随着作者的笔触产生想一看究竟的心境。

作者并非谙熟藏文、蒙文的科班专业人员，而是比较充分地利用了已知的藏文、蒙文以及其他民族文字文献。在利用西夏文、汉文文献资料的同时，注重利用藏文、蒙文等文献资料研究西夏历史，仍有很大拓展空间。希望更多的专家，特别是熟悉藏文、蒙文的专家们继续关注这方面的资料，以取得更大的进展和更丰硕的成果。

于北京南十里居寓所
2013 年 9 月 15 日

第六篇

学人与学林

纪念西夏学的开拓者和奠基者王静如先生[*]

史金波

王静如教授是我所老一代研究员，当代中国著名语言学家、历史学家、考古学家和民族学家，是中国西夏学的奠基者，一生著述丰厚，建树颇多，为民族研究作出了重要贡献，在国内外学术界享有很高的声誉。2013 年是王静如教授诞辰 110 周年，我们聚集一堂，缅怀先生的业绩，追思先生的学术思想，学习先生的治学方法，这对我们正在开展的科研创新工作，特别是对西夏研究是大有裨益的。

先生 1903 年生于河北省深泽县南营村，小学、中学学习成绩优秀。1923 年到北京入民国大学语文系学习，选修著名学者邱椿、闻一多、黄侃和黎锦熙等先生讲授的课程，并得到了黎锦熙、钱玄同、赵元任等知名教授的指导与鼓励。1927 年考入清华大学研究院，师从赵元任教授，攻读语言学专业，同时向陈寅恪和李济两位教授学习历史与考古。先生在青年时期得到多位国学大师的言传身教，为后来的研究工作打下坚实的基础。

先生于 1929 年清华大学研究院毕业后，到中央研究院历史语言研究所工作，主攻西夏文，在 1932—1933 年出版的《西夏研究》三辑是他最有成就的代表作品。1933 年受研究所委派以海外研究员的名义赴法、英、德等国进行研究。1936 年《西夏研究》荣获法国法兰西研究院铭文学院的东方学"儒莲（S. Julien）奖"。

1936 年回国后，任北平研究院史学研究所研究员和中法大学教授，其间兼任辅仁大学、燕京大学、中国大学、中法大学教授。1950 年任中国科学院考古研究所研究员，1953 年任中央民族学院研究部教授与室主任，1958 年任中国科学院民族研究所研究员、学术委员和室主任。1978 年后任中国社会科学院民族研究所研究员和学术委员，研究生院教授与博士生导师，国家文物局历史文物咨议委员会委员等职。1990 年 7 月成为享受国务院政府特殊津贴专家。

先生一生在学术上涉猎广泛，造诣很高。他长期从事语言学、音韵学、历史学和民族学等领域的研究工作，在汉语音韵、秦汉史、古代与现代少数民族如西夏、契丹、女真、突厥、回鹘、吐蕃、达斡尔、土家、苗等民族的历史、语言和文字，以及

---

[*] 本文部分发表于《西夏学》2014 年第九辑，特此说明。

古代生产工具史等学科的研究方面成效卓著。

新中国成立后，先生以其精深的历史和语言学识，先后参加了少数民族识别和少数民族历史调查。1955年发表的关于达斡尔语言和湘西土家语言的研究论文，为当时进行的民族识别工作提供了重要依据。

20世纪60年代初，先生在领导部门和本单位的支持下，恢复西夏研究工作。民族研究所为先生配备了助手，招收了研究生，我有幸成为先生的第一名研究生。

1964年中国科学院民族研究所和敦煌文物研究所共同组成敦煌洞窟西夏调查研究小组，由常书鸿所长和先生共同主持。先生不顾年高有病，亲赴敦煌，在艰苦的条件下深入洞窟考察。先生还到距莫高窟170公里的榆林窟考察，当时无直路可达，要坐大卡车颠颠簸簸行驶一整天，一行七八人皆住山洞中。作为先生的研究生我也参加了这一重要考察任务。经3个月考察，认定莫高窟、榆林窟有80多个西夏洞窟，使敦煌石窟的时代与分期面貌大大改观。

"文革"期间，先生遭到冲击迫害，并被下放到河南省息县干校劳动。1972年在周总理的关怀下，先生等一批老专家被保护返回北京。返京后先生很快恢复西夏研究，在当时硕果仅存的《社会科学学术杂志》上刊布论文，为当时所瞩目。"文革"结束后，先生又陆续发表有关西夏研究的论文。由这些论文可见先生宝刀不老，对西夏研究发挥了老专家的独特作用。

1989年民族研究所出版《中国民族史研究》第2辑作为庆祝先生从事学术活动60周年纪念文集。20世纪90年代初民族出版社出版了先生的民族研究文集。

先生晚年虽年高有病，仍一直伏案研究。1991年9月因心脏衰弱入住友谊医院，未料竟医治无效，于10月2日与世长辞，享年88岁。

西夏学经过百年的发展，由王静如教授等先贤披荆斩棘的开拓，以及后来更多专家们的继续努力，加之所见文献、文物越加丰富，研究成果累累，已渐成为人文科学的显学。专家们依据新发现的西夏文资料、文物资料结合汉文史料，深入探讨，提高了对西夏历史文化的认识，在很多方面重塑、填补了西夏历史。目前西夏学已经发展成一门涵盖多领域的综合性学科。西夏学的繁荣和发展渗透着先生等老一辈专家的心血。

今天我们举办这样一次研讨会，同时与先生家属合作编辑、出版《王静如文集》，以飨盛会。

通过先生的著述不仅可以学得多领域、多方面的专业知识，还可透视先生优良的治学方法和理念。我的体会有以下几点：

1. 先生有深厚的学养基础，能熟练使用中西贯通的研究方法。先生青少年时代既打下良好的国学基础，后又直接受陈寅恪、赵元任等学界先贤的指导，继而又留学欧洲，多访名师，吸收近代治学方法，奠定了先生学贯中西的雄厚根基。先生的诸多论文都采取中西结合的研究方法，突出地反映出先生的博学多才。

我甫做研究生时在先生家听课，先生找出法国语言学家梅耶所著《历史语言学中的比较方法》一书，让我研读。书中虽主要讲印欧语言，但其分析比较方法却往往具有普遍意义，从中感到研究方法确系研究工作的钥匙，异常重要。

2. 先生善于发现问题，钻研难题，解破难题。由于先生学问宽博，既能高屋建瓴，统揽学科大势，又能掌握关键、寻觅症结、深入探讨、解决难点，很多论文给人以耳目一新的感觉。

先生不仅钟情难度很大的西夏文研究，又对同样难度很大的契丹文、女真文、突厥文进行研究，发表了数篇有重要学术价值的论文，推动了相应文种的研究。

先生撰写长达 5 万多字的论文《论中国古代耕犁和田亩的发展》，系统地论述古代耕犁和田亩发展。当年我做先生研究生时看到此文题目后，深为先生在熟悉的西夏学、语言文字学之外选此以科技史为主的题材感到惊奇，及至读完此文后更领略到先生的博学，也看到先生不畏辛劳、攻坚克难的钻研精神。

1956 年先生发表的《关于吐蕃国家时期的社会性质问题》，最早明确地提出吐蕃时期是奴隶制社会，并作系统论述，成为后世十分重视并被引用的重要文章。记得 20 世纪七八十年代，我作为室主任参加本所《西藏简史》编写组讨论书稿时，先生此文的论点仍被课题组藏学专家们肯定和推崇。

3. 先生有创新精神，不囿成说，敢于提出新见。先生主张既要尊重前人的贡献，又要提出不同于前人的新观点、新成果。先生的很多论文都体现出这样的求新精神，包括对当时的学术大家如国内的王国维和国外的高本汉的著述，都在尊重他们的前提下，经过悉心的论证提出自己不同的见解。如《论阻卜与鞑靼》一文便是与王国维先生商榷的文章。又如《论古汉语之腭介音》一文，修正了高本汉教授对于古汉语腭介音的论点。

4. 先生有高度的责任感，不断为社会提供有价值的知识。特别是新中国成立后，先生不断参与当时国家急需的研究项目。前述 20 世纪五六十年代为当时的民族识别撰写少数民族历史而作的多篇论文既是如此。

先生紧跟时代步伐，热心民族团结的宣传工作。1961 年先生为吴晗先生主编的《历史剧拟目》撰写《奢香夫人》和《郑和下西洋》，宣扬民族团结和中国对航海事业的贡献。特别是《奢香夫人》一文，引起了贵州戏剧作家俞百巍先生的注意。他于 1962 年来京聘先生为顾问，编写剧本，1963 年发表，同年由贵州省黔剧团首演，大获成功。

5. 先生有执着的治学精神，坚忍不拔，贯彻始终。先生治学，既能开拓创新，又能锐意追求，长期坚持。先生一生以主要精力治西夏学，早年曾发表多篇关于西夏语音的论著，及至 20 世纪 80 年代仍不懈探寻，又发表多篇西夏语研究论文。90 年代我每次到先生家，都见先生伏案工作，60 多年如一日的治学精神令人感动。

先生给我们留下了丰厚的学术遗产。我们应以先生为榜样，执着追求，努力工作，创新钻研，使西夏研究、民族研究水平不断提升，使成果更为丰硕，为中华民族传统文化的弘扬作出新的贡献，先生一定会含笑九泉。

2013 年 8 月于北京

吴天墀先生之治史风貌及特点

——纪念吴天墀先生诞辰百周年

刘复生

吴天墀教授于20世纪30年代初开始发表史学论文，是我国宋史的早期研究者之一。约半个世纪后的20世纪80年代初，先生出版了《西夏史稿》及其增订本，将我国的西夏史研究推向了一个新的台阶。1998年，先生出版了《吴天墀文史存稿》[①]，收入32篇论著，再次引起了学界的关注。此外，先生还有许多未刊和一些久思而未竟之作，研究领域甚为宽广，其中以唐宋之际至北宋中期的社会变革、五代以降的学术文化、巴蜀文化史最为究心。先生的《西夏史稿》论者已多，然此不能概全先生之史学，这里就先生的其他著述而论，庶几可以窥知先生的治史风貌。先生治史，与蒙文通、刘咸炘等人学风一脉相承，通观明变，由博返约。视野宏大而不失细微，关注学术热点而不率尔应时，发扬传统"考异"之法，缜密考订而不流于烦琐，重视吸取新的理论和方法。史无定法，在先生治史生涯中得到了很好的体现。

回顾20世纪40年代初，宋史学界有一件事值得一提，几位史学家几乎同时发表了关于对宋初太宗继位真实性问题的研究成果。这些文章主要有：吴天墀《烛影斧声传疑》、谷霁光《宋代继承问题商榷》、张荫麟《宋太宗继统考实》、邓广铭《宋太祖太宗授受辨》等。诸家所论侧重有所不同，观点也不尽一致，但多数赞同这种意见，即所谓宋太祖之母昭宪太后生前所立太祖须先传位于皇弟的"金匮之盟"并不可靠。此后，这一学术公案长期引起了国内外宋史学界的关注。至20世纪八九十年代，探讨这一问题的论文仍不下十篇，也时有新的见解。包括海峡两岸和香港，以及美、日学者都参加了这一讨论，说明此论题本身所具有的研究价值和魅力。就发表时间而言，吴先生的文章是最早的一篇，也是其中最详尽的一篇（约3万字）。当年首刊此文的《史学季刊》[②]杂志后来很难寻觅，故在很长一段时间中，知道吴先生此

[①] 《吴天墀文史存稿》以下简称《文史存稿》，四川大学出版社1998年版。本文所引吴先生论著，除注明者外，均引自此书。

[②] 《史学季刊》是抗战时期由当时荟萃成都的学者们创办的，只发行了两期。1940年3月创刊为第1期，编辑为蒙文通、周谦冲；第2期于1941年3月出版，编辑为顾颉刚和张维华。《烛影斧声传疑》一文刊于第2期。

文的人多，读到的人少。这篇论文至今仍不失为一方面的代表作，是值得一读的。

大凡成功的作品，必赖深厚的学养。王小波、李顺起义是宋初发生的一大历史事件，也曾经是宋史学界的一个热门课题。新中国成立后，研究论述者尤多。即从"文革"后的1979年以来粗略计算，有关研究论文至少也不下30多篇①。川大学者占地利之便，对该事件作过深入的调查和研讨。《文史存稿》收入有相关的三篇论文，从不同侧面对该问题进行了研究。《王小波、李顺起义为什么在川西地区发生》一文分析了宋初川西地区的社会矛盾的特殊性，认为"正是由于川西地区独具社会生产、经济、文化的高度发展这一特点，导致王李起义在这个地区首先爆发""北宋政府在川中加强茶叶剥削收入""茶贩"王、李"失职"而引发事变。② 这个结论与通常所说的起义因饥寒而起异趣而新锐。《水神崇奉与王小波、李顺起义》一文分析了王李起义与宗教的关系问题③，认为王小波崇奉江神并利用了当地祠祀灌口神的宗教风习，提出李顺大蜀政权的建立利用了以水灭火（宋朝自认以"火运"立国）的五行阴阳学说。《李顺死年考证》一文提出并论证了李顺死于天禧元年（1017）而非通常所说淳化五年或景祐中。诸说均深入发掘，提出独到见解，切合史实，具有相当的说服力。宋初之蜀，最为动荡，所谓"天下已定蜀未定"，是治宋史者常常关注的课题。王、李事平后，蜀地亟须治理。张咏两知益州，前后在蜀七载，"收拾旧山河"。其"擘画经理，能洽民心，使地方与中枢之矛盾隔阂，有所消除，情意既通，政化易行，从此川蜀局势，步入正轨，经济生产丰盛，人文政风得展新猷，迥异于前"，先生遂撰《张咏治蜀事辑》④（1940年）疏其事，分门别类予以述论，并非仅"辑"而已。文中提到王小波、李顺起义时有一长注云：

> 案王小波李顺之乱，近人张荫麟氏尝于《清华学报》为文，谓其性质为一失败之均产运动。此次乱事起因，除旱灾之影响而外，尚有数端：一由政府垄断商贸，民无以为生；二由治蜀任非其人，刻削太甚；三则孟蜀灭亡未久，人心思旧，由宋廷之苛遇，而激动其地方性之离心作用也。……《宋史》载太宗尝谓参知政事赵昌言曰：'西川本自一国，太祖平之，迄今三十年矣。'言下颇示舍之不欲理之意，于此足见当时蜀乱程度之严重。⑤

---

① 参见粟品孝《一九七九年以来王小波、李顺起义研究综述》，载漆侠、胡昭曦主编《宋史研究论文集》（1994年年会编刊），河北大学出版社1996年版。该综述统计数为31篇，1994年以后，有关论文趋少。
② 原载《四川大学学报》1979年第3期，此据《吴天墀文史存稿》第63、70页。
③ 利用宗教"起义"颇得宗教史家段玉明先生认同，撰有《"王小波"名辨释》以申其论，《中华文化论坛》2007年第3期。
④ 吴天墀：《张咏治蜀事辑》，《史学季刊》1940年第一卷第一辑。收入《文史存稿》时有删节，特别是注文。今张其凡撰有《张咏事文考述》，作为其整理的《张乖崖集·前言》，中华书局2000年版。
⑤ 这段注文见收入《文史存稿》时有删减，所言《宋史》事见卷二六七《赵昌言传》。张荫麟（1905—1942）文，见《清华学报》1937年第2期，这是20世纪最早一篇研究王小波、李顺事变的论文。

先生对事变之因提出了三条明确意见,首次明确提出"人心思旧"是王、李事变的原因之一[①]。张荫麟文撰于1937年,《张咏治蜀事辑》一文实际上是对张氏论文的最早回应,可知大约40年后先生相关之论说,显非率尔应时之作,而是有长期研究基础的。《张咏治蜀事辑》之名似过于平常,视今日大行其道之"标题党",只好莞尔一笑了。

蒙文通引孟子"观水有术,必观其澜"说,"观史亦然,须从波澜壮阔外着眼"[②]。北宋中期这一中古时期的"变革"时代,最为吴先生究心。已刊论文《北宋庆历社会危机述论》(1955年),破旧史誉宋仁宗为"海内承平、人口富庶"盛世之说,指出"所谓'盛世'是根本不存在的"。另一篇《龙昌期——被埋没了的"异端"学者》则从非常分散和零星的史料中勾勒出北宋中期这位"异端"学者的风貌来,此前尚未见到有其他专文论此。这位被文彦博称为"气正行介,学纯虑深"而惊动士林的蜀中学者,却又被欧阳修、刘敞等人指为"异端害道"(《宋史·胡则传》),其大量著作因而遭到"毁弃所刻板本"的厄运,以致终被"埋没"。北宋中期思想交锋之激烈,于此可见一斑。笔者感到,龙昌期在北宋的遭遇,也正像明代李贽一样,他们以"异端"遭受迫害,绝不是一个孤立的社会现象,还蕴藏有更深刻的思想背景和政治意义,确是一个值得深究的问题。这是一篇"钩沉索隐"的范文,它揭示出北宋中期思想文化一个值得研究的侧面。宋代每有"右文""宽容"的美誉,然而龙昌期事件表明,在中国古代社会里,文化专制是绝对的,所谓"宽容"之类是相对的。曾拟撰《范仲淹和庆历变法》一书,拟好了提纲,然终未竟。撰有未刊稿《中唐以下三百年间之社会演变——庆历变革与近世社会之形成》(上),大约"完成"于1948年,认为北宋庆历时代完成了中国中世到近世社会的"伟大变革"并作了长篇深入的论述[③]。如果说,日本学者关于中国历史研究的唐宋变革"假说",直到改革开放前"在中国遭到冷遇"[④],那么,20世纪上半叶中外学者关于唐宋社会文化及其演变研究的联动关系,则是一个值得深入研究的课题。

20世纪80年代有"重评理学"之说,是乃对受到长期"压抑"的理学之反动。

[①] 今张邦炜先生对宋初蜀人"人心思旧"问题作了全面的阐述,见张邦炜《昏君乎明君乎——孟昶形象问题的史源学思考》,《四川师范大学学报》2009年第1期。

[②] 蒙默编:《蒙文通学记》,生活·读书·新知三联书店1993年版,第1页。

[③] 《范仲淹和庆历变法》大纲见吴先生长子杨泽泉回忆录《犹忆昨夜梦魂中——遥祭我的父亲吴天墀》,自印稿,2012年,第170页。先生未刊稿《中唐以下三百年间之社会演变——庆历变革与近世社会之形成》(上)仅存三章(下称《社会演变》),约6万字,大约"完成"于1948年左右。学生在1986年有幸拜读该稿时,曾抄录一份以作学习之资,但有不少省略(作有标记),惜乎原稿竟已不得,现正整理中,拟收入将于年内出版的《吴天墀先生文集》。

[④] 李华瑞:《"唐宋变革"论的由来与发展》,载《视野、社会与人物——宋史、西夏史研究论文稿》,中国社会科学出版社2012年版,第33—34页。

但对理学的评价从来就是仁者见仁，智者见智的。从多面和发展的眼光来审视这一中国思想文化史上的一大潮流及其重要影响，比起单论其"保守"或"进步"来说也许更有说服力。吴先生在20世纪40年代撰有《宋儒之风操与理性主义》，《文史存稿》收入的《试论宋代道学家的思想特点》一文是1991年发表的，后文是前文的进一步发挥。吴先生认为，宋代道学在其萌生形成阶段，是很有成就的。后来封建统治者感到有加以"尊崇"（利用）的必要时，它就开始"变质和空枵"起来，终而成为皇权的婢仆。进而论道："从中国的全部历史来看，一种有影响的思想学术，往往都会被利用来为现实的政治服务，因而不免原意走失，结果便丧失精彩。评价宋代道学，为求符合客观存在的史实，我认为似须注意考虑到两点：一是封建统治者的利用；二是末流之失。倘拣择分别开来，庶可窥见其原貌本质。"这段话平实公允，值得我们在评价宋代道学时加以思考。辩证地看待和分析问题，实乃治史之要。

　　《文史存稿》收有关于包括西夏史在内的西北民族的八篇论文。《唃厮啰与河湟吐蕃》初发表于1982年第二届宋史年会（后收入论文集），是对唃厮啰及其政权进行较为全面研究的比较早的一篇论文。该文对唃厮啰政权的历史作用作了有说服力的论述，同时提出："应该把这个时期的河湟吐蕃族作为在宋、辽、夏以外的第四种力量来加以注视和衡量，这样做，将是有益于更深入地去了解当时祖国的整体历史的。"这个意见无疑是很正确的。对唃厮啰政权的研究在20世纪80年代中期是一个热门课题，这是"文革"后中国古代史研究中的一个新收获。西夏史有两个重要问题曾引起了热烈的讨论，一是西夏统治者的族属问题，二是关于西夏的国名问题。关于西夏王室党项拓跋氏的族属历来有两种记载，《隋书》称为"党项羌"，《宋史》等据西夏王室自述言其为鲜卑拓跋之后。后之论者，似以党项拓跋伪托帝胄的意见略占上风。吴先生赞同《宋史》之说，并在《论党项拓跋氏族属及西夏国名》（1986年）首次就此问题作了全面的论述。文章指出，早在元昊二百年前唐人林宝《元和姓纂》中就说拓跋守寂（西夏王室的祖先）是"东北蕃"，亦即鲜卑族，不存在"伪托"的问题。又从鲜卑族在我国中世纪历史发展、西夏统治者与羌族在民族认同、风俗习惯、语言之异同等六个方面加以论证，很有说服力。又，西夏名号颇多，如党项、弭药、河西、夏与大夏、白上，其中自称"白上国"最为费解。《西夏称"邦泥定"即"白上国"新解》（1983年）一文对此桩长期晦而不明的历史问题作了阐释，提出西夏自称的"邦泥定国"，其实就是汉语"白上国"的音译。关于"白上国"的含义，早期的西夏学者罗福成和苏联的聂历山都认为"白上"即"白河之上游"之意，王静如先生在1933年著文认为"白上国"就是"上白国"，然未加深论。吴先生文指出，"上"是"崇尚"的意思。至于西夏人为何要"上白"亦即"尚白"，文章指出这与先秦以来阴阳家倡导的五行学说有密切关系。西夏人雄踞西方而据五德转移说，以西方金行尚白，要与宋、辽南北二朝争平等之权，且尚白之俗本为党项人或鲜卑人的固有习俗。鲜卑史称"白部胡"，被呼之为"白虏"。从西夏语法之"宾—动"形式观之,其"尚白"之意更具说服力。可以进一步思考的是,熙宁年间王韶开熙河时,常常提到有一座"踏白城",与西夏以"尚白"相对,或许正是把"白"作为是西夏国的象征。无独有偶,西汉末公孙述据蜀,自谓依五德之运,"金据西方而为白德"以代王莽(《后汉书·公孙述传》),尚白,也被称为"白帝"(《华阳国志·序志》)。若更追溯远一点,西汉时匈奴围高帝于平城,其骑,"西方尽白,东方尽駹,北方尽骊,南方尽骍"(《汉书·匈奴传上》),白、駹(青)、骊(黑)、骍(赤),正合"五行"之说。这说明,北方民族对于五行学说早就有了很深的理解,西夏王室"尚白",也绝非偶然之事。这样一个政治思想史上的重要问题,从包括西夏在内的北方民族所秉持的五行观念中可以得到深刻的启示①。

《文史存稿》有三篇学术性纪念文章,分别对蒙文通(1894—1968)、刘咸炘(1896—1932)、徐中舒(1898—1991)三先生的生平及学术作了述论。徐中舒、蒙文通均海内大家,早为学界熟知,也是吴天墀先生最敬重的两位导师。而刘咸炘因其过早去世而熟知者较少,然其治学成就卓尔不群。蒙文通先生曾赞其学:"其识已骎骎度骅骝前,为一代之雄,数百年来一人而已。"刘咸炘先生总其文曰《推十书》,每著述成,随即刊印。涉及的领域十分广博,半个多世纪之后的今日读刘咸炘的著作,仍可感受到其博大睿智的光彩。1996年,吴先生欣喜刘咸炘诞辰百周年纪念及《推十书》影印而作《刘咸炘先生学术述略》②,是当时论其生平和学术生涯最详尽的一篇文章(万余言)。该文高度评价了刘咸炘的学术成就,认为近世学者,鲜有能及者,对刘咸炘先生在史学上的贡献特别是在学术史、宋史、蜀史上的杰出成就作了深入的剖析,热忱向学界推介。吴先生很早就关注到刘咸炘的学术,早在1939年所撰《宋代四川藏书考》中即数引刘氏著作。20世纪80年代中期,曾数命学生习读刘咸炘的著述,然学生竟惶惶而未能入门③。当时刘咸炘其人其学尚少有人问津,如今研究刘氏"推十之学"已成热门,评价也呈"高涨"之势,正是吴先生序文引文所说"君子之道,闇然而日章"④。而先生之治史,不也正是这样吗?

先生治学思想,与蒙文通、刘咸炘等学术大家一脉相承。先生在《烛影斧声传疑》引论中说:"我相信一件事之作为,必然产生出它与别方面牵涉的关系。"因此从宋太宗继位的方方面面入手,包括从当代社会心理学的视角来观察宋太祖子孙的"复位运动",使这桩疑案的"最原来的状态"显露出来。稍前蒙文通在评刘咸炘

---

① 参见刘复生:《〈吴天墀文史存稿〉读后》,《中国史研究》1999年第4期。
② 《推十书》影印本出版,萧萐父、吴天墀、蒙默三教授分别作文序之,吴天墀先生文又载北京图书馆《文献》杂志1997年第4期。
③ 获先生认可,学生1987年首次参加宋史年会提交的论文《邵雍思想与老庄哲学》就是吴先生指引读刘咸炘著作的一篇习作,载《中国道教》1987年第4期,收入邓广铭、漆侠主编《宋史研究论集》,河北教育出版社1989年版。
④ 《中庸》引用《诗经》之语说:"衣锦尚䌷,恶其文之著也。故君子之道,闇然而日章;小人之道,的然而日亡。""䌷"指是外单衣。

《学史散篇》时说过,"事不孤起,必有其邻"。先生特别欣赏刘咸炘的如下高见:"一切事物、事实,总是互相依存,互相影响的,如把事物、事实绝对孤立起来,割断联系,就根本无从理解"①。何炳松曾说:"现代史学上最大进步之一即为了然于社会中决无独立之事实,一个人或一个人群之行为与习惯,均互相关联、互相影响,而互为因果。"② 民国时期,对"事不孤起"的认识已成为新史家们的共识③,而《传疑》一文则可视之为这方面的范文。先生在述二先生学术时指出,"明变"是蒙文通、刘咸炘史学思想的共同特点,还进一步指出,刘咸炘同时强调"知隐",明变必须"观风察势",知隐则要"推见至隐",刘氏强调"明变"必须"观风察势",蒙默先生也说过,蒙文通最欣赏刘咸炘史学的一点就是其"观风察势"④之史观,此史观为当代史家所充分肯定⑤。吴先生著文,从不孤立或静止审视问题,未刊稿《社会演变》一文,落脚点在"庆历时代之全面文化更新",然而却是从魏晋以下特别是中唐以来长时段之社会演变中着手考察的,真实地体现了通观明变的治史风貌。

现在是"专家"的时代,然而史家自限门阈却并非好事。吴先生有一篇看似不起眼的文章《治学小议》(1991年),先生治史之道,豁然而明。先生指出,搞社会科学,"不当忘忽自身所处的时代和社会","若知古而不知今,务外而遗内,仅仅满足于发'思古之幽情',或者夸述'海客谈瀛州'之类的异闻,娱情开心,未为不可,但无益治学。"认为治学的途径,应该重视学思结合、先入后出、由博返约三点。学是知识的积累,需要对所吸收的东西充分消化,取其精华而弃其糟粕,这就是"思"。治学须有"不入虎穴焉得虎子"的勇气和决心,读书要用"出入法",先钻进去,再跳出来,如果只入而不出,则难免"只见树不见林"之弊病。"出",也就是用宏观补充微观之偏颇和不足。"博与约"和"通与专"相类,磨炼"辨别"之功,"善取莫如善弃",明系统、知类例,由广博达到精约。这篇"小议",从马克思到狄德罗,从达尔文到爱因斯坦,从孟子到俞正燮等,广征博引。特别是对从荀子到章学诚提倡的由博到约、从宋人陈善到近人刘咸炘所说的读书之"出入"法的肯定和阐发,均乃久思熟虑之心得。在对刊物"级别"崇拜的时下,"小议"似不足道⑥,然而先生用

---

① 吴天墀:《蒙文通先生的治学与为人》,载《吴天墀文史存稿》,四川大学出版社1998年版,第438页。
② 何炳松:《史学通义》第九章《并时事实之编比法》,商务印书馆2011年版,第97页。
③ 罗志田在《事不孤起,必有其邻:蒙文通先生与思想史的社会视角》说:"类似观念在民初学界并不少见。"并征引胡适、王国维、顾颉刚诸先生之说。见四川大学历史文化学院主编《蒙文通先生诞辰110周年纪念文集》,线装书店2005年版,第135页。
④ 牛敬飞、张颖:《追忆国学大师蒙文通先生——蒙默老师采访记》,《天键》2004年第17期。"察势观风"是刘咸炘在《道家史观说》一文中提出来的:"太史迁所谓通古今之变,即是史之要旨,吾名之曰'察势观风',此观变之术,道家所擅长。"
⑤ 近期比较有代表性的是王汎森先生在复旦大学"执拗的低音"系列讲座第四讲:《"风"——一种被忽略的史学观念》对刘氏"观风察势"史观作了高度评价,2011年4月在复旦大学文史讲堂的讲演。
⑥ 《治学小议》初刊于《固原师专学报》1991年第4期,载《吴天墀文史存稿》,四川大学出版社1998年版,第503—511页。

简约的言语，对前贤的金玉良言作了精致梳理，讲述了许多治学的大道理，值得治史者特别是年轻学子一读。

除《治学小议》一文外，先生较少谈到理论或方法问题，为文往往直入主题，缜密论述。蔡美彪先生所说的"考订周详而不流于烦琐，叙事简明而不流于空疏"是先生史著的一大特点[1]，《西夏史稿》正文之外，附有大量的资料性和考订性注释，认为"这是一种可取的编写方式。它既可以使读者在正文中较为顺畅地了解历史发展的概要，又可以从注释中了解著者对历史资料鉴别取舍的依据"。我以为，这些"注释"，是对我国史学古已有之的"考异"之法的继承和发扬，唯更详尽。其实早在1940年撰著的《张咏治蜀事辑》一文中，即运用了这种撰写方法，注释篇幅大约占全文四分之一以上[2]。20世纪40年代完成的《社会演变》一文，注释部分甚至占到全篇的大约有三分之一篇幅。但是，如果仅仅以此来概全先生的叙事方式，却乃是"误读"。《烛影斧声传疑》之引言中有一段文字值得注意：

> 历史的本身，不管是在遥远的古时，或是在亲身经历着的现代，我们都无从直接获悉其本来的内容。我们平日自以为深知熟晓的历史，实际上只是一串事情的轮廓或影像，并由这些轮廓或影像以推知其内含的意义。换言之，我们不知道历史的本身，只知道许多的史实所构成的关系。古今的史家写述他的著作，便是就他所见所知的这种史实间的关系加以选择，再组合为一适当完整的体系而已。所以严格说起来，任何人都不配说知道历史，只能说见到一些偶尔遗留下来的史实的断片，史家把这些断片适当地联系起来，便造成了所谓历史。一般人认为真实可信的历史，便是史家联缀的技术最精工的成品，它与一切传下来的史实间的各种关系最能适合而无矛盾。反之，有的著作虽亦有所根据，然而与所传的最大部史实皆枘凿不合之时，我们就可断言它是可疑的历史。

先生说，《烛影斧声传疑》便"即秉用以上理论"，不在乎求得"太祖怎样死、太宗怎样得位"这类惝恍迷离之事，而是从太宗即位的情形、他的个性与行为、他后来对太祖子孙的态度等方面着手。目的不是希冀对于"这个历史之疑案的本身"提出具体主张，而是"想把有关这疑案的各方面情形，显露其最原来的状态"。这里所言历史是"史家联缀的技术最精工的成品"，颇有所谓"后现代史学"的意味。据说后现代史学是20世纪70年代美国海登·怀特发难而成其大的，所以这个标签与先生拉不上关系。三四十年代的中国，各种思潮激荡，如何看待和认识以至研究"历

---

[1] 蔡美彪：《〈西夏史稿〉读后》，《历史研究》1982年第4期。
[2] 原刊《史学季刊》的"注释"风格与《西夏史稿》相近，收入《吴天墀文史存稿》时注释已改为简注。

史",史家分歧甚大。若一定要梳理吴先生此论的思想源头,可以看到鲁滨孙及何炳松等人"新史学"的影子。美国鲁滨孙认为人们知道的"历史事实",并"不是事实的本身",而是史家根据历史留下来的"不完全的遗迹"而描写出来的①。1920年何炳松将鲁滨孙的《新史学》翻译介绍给了中国读者,而且也曾说道:"前言往行,决不重复。史家只能于事实残迹之中,求其全部之真相。"② 吴先生曾抄录有著名的历史哲学家常乃悳的一段文字在笔记中:"伟大的历史家其任务绝不仅以搜集史料为满足。历史家之任务在能接受时代的潮流,以其个人的伟大天才与社会心灵互相渗入,反映社会之要求,并进而指导社会的新趋向。根据既成的诸多史实,以其天才加以联系,组成一完整的系统,使史实与史实间配合成一周密的体系,由此体系表现一种意义,能如此者谓之历史家。……任何历史均为相对的,均为历史家个人及其种族社会集团心理之反映,故必有伟大的生命力才始得为伟大之历史家。"③ 常乃悳的这种史观可与何炳松归为一派,他们不赞同实证主义史学"考证式"的历史,或者将之称为相对主义史学,是乃20世纪"新史学"思潮的主要流派之一,三四十年代曾风靡一时。常乃悳是吴先生的老师,往还甚多,参照上引先生之论,应该是有更直接的影响。

进而论之,先生重视社会心理学的分析,除前面提到的从社会心理学的视角来审视宋太祖子孙的"复位运动"而外,先生在《龙昌期》一文中对宋代蜀人"深受朝廷猜嫌"引起社会动荡,也从社会心理学的角度予以剖析,并指出:"苏辙的《蜀论》分析问题的实质,极为深刻,富有心理学的研究价值。"④《张咏治蜀事辑》对宋初蜀民"人心思旧"的分析也是从社会心理学的角度来观察问题的。前引先生告诫学者"不当忘忽自身所处的时代和社会"⑤,亦与美国鲁滨孙《新史学》的主张思

---

① [美]鲁滨孙:《新史学》,何炳松译,广西师范大学出版社2005年版,第25页。
② 何炳松:《历史研究法》,上海商务印书馆1927年版。这里引自《何炳松文集》第四卷,商务印书馆1996年版,第13页。
③ 常乃悳:《历史哲学论丛》,重庆商务印书馆1944年版,第26页。该著为常氏有关"历史文化问题"(自序)的论文集,所引文字出自《历史的本质及其构成的程序》一篇,完成于1941年4月。吴先生曾抄录这段文字于笔记,据杨泽泉未刊回忆录《犹忆昨夜梦魂中——遥祭我的父亲吴天墀》,作者"平子"。常乃悳(1898—1947),字燕生,山西榆次人,著名思想家、历史学家,1938年来川,曾任教四川大学、齐鲁大学等校,"平子"是他众多笔名之一。他去世后一年,吴先生撰《常燕生简要年谱》,载是年《新中国日报》,收入《常燕生先生遗集》第八卷"附录",台北文海出版社1967年版。20世纪90年代以来,常燕生先生的学术思想受到学界的日益关注,研究论文不下十数篇,如黄敏兰《一个严谨的史学理论体系——常乃德史学理论述评》,载《史学理论研究》1994年第1期;葛兆光《思想史研究历程中薄薄的一页——常乃悳和"中国思想小史"》,载《江海学刊》2004年第5期等。
④ 吴天墀:《吴天墀文史存稿》,四川大学出版社1998年版,第176页,此经粟品孝先生提示,谨致谢意。苏辙《蜀论》说:"蜀人畏吏奉法,俯首听命,而其匹夫小人,意有所不适,辄起而为乱。此其故何也?"从社会心理分析上解答了这一问题。见《栾城应诏集》卷五。
⑤ 同上书,第504页。

想相通①。其实，不同的史学派别之间并非森严壁垒，彼此亦有相通的一面。如何看待"史料"与史学的关系问题是民国时期史家的一场大讨论，上引吴先生语，实际上也是如何看待和运用"史料"的问题。先生考证之功有目共睹，但"实证"并不等同于"证实"，有一分材料说一分话。历史的复杂，使史家并不一定要在"是"或"否"中选择。虽然我们说吴先生可能受到过某种新史学观的影响，但为学者贴上固定的"主义"标签则未尝可取。对吴老著作的评价还有如下一些：徐中舒先生序《西夏史稿》说，"民族平等的原则在本书里特别受到重视"，作者运用了"阶级分析的方法"等。蔡美彪先生赞其"考订"之功，田居俭先生在《光明日报》撰《希望有更多的新型断代史问世》中说，《西夏史稿》等断代史"是著者运用马克思主义立场、观点、方法多年刻苦治史的丰硕成果，是我国马克思主义发展的必然产物"②，马克思主义史观本是20世纪中国新史学的主要潮流。史家的思想如同"历史"一样，既非一成不变，也可能是多元的，从中可以感受到大变革时代的脉动。所谓"史无定法"，在先生的治史生涯中得到了很好的体现。

博通之学是我国传统学术特别是"蜀学"的优良传统，徐中舒、蒙文通、刘咸炘三先生之治学均能体现这一特点。而先生之博通，亦众皆推称。前面提到，先生撰有蒙、刘、徐三先生的三篇学术性的纪念文章，三先生治学大不相同，涉猎面均极为宽广，吴先生皆全面而准确地揭示出三先生的学术大略及特点，三文至今仍不失为了解三先生学术的最好门径。1980年，大史家徐中舒先生应中华书局李侃主编之约，编选论著辑存。徐先生说自己"年老事多，奉行此事也不无困难"，"因拜托吴天墀同志，凡蒐集旧文，校正文字，核对引文，统一标点版式，安排钞誊，都由他代劳。"③ 徐先生论著，博大精深，先生奉命，前后三载，向老师和学界交出了一份满意的答卷。中华书局编辑部认为，"稿件如此清楚、整齐，是近年来编辑部里少见的"④。没有博通之学养，大史家徐中舒先生断不会相托。先生著述，除宋史、西夏史而外，尚涉学术文化史、巴蜀文化、明史、近现代史等，领域广泛，论述精当。《西夏史稿》是先生在1955年至1963年之间"业余写作"完成初稿，"文革"后再经修改而成的。如果不以"成败"而论，可以说，在先生的治史生涯中，"西夏史"并不是最主要内容。先生对中国历史和史学的思考广泛深入得多，尽管中年时代因

---

① 鲁滨孙《新史学》第三篇对"社会心理学"在历史研究中的重要作用作了论述。何炳松又在《新史学·译者导言》述鲁滨孙该著第一篇"大意"中说："我们要想有点贡献，必先明白现在的状况；要明白现在的状况，必先知道他们的来历。"鲁氏原文文长不录。

② 田居俭：《希望有更多新型断代史问世》，载光明日报社史学专刊编《史坛纵论》，重庆出版社1984年版，第56页。

③ 见徐中舒1984年为《徐中舒史学论著辑存》所撰序文，古文字的"校对誊写部分"由伍仕谦、黄波、何崝、唐嘉弘、缪文远等先生协助，中华书局1998年版，谢忠樑先生也多有协助。

④ 吴天墀：《徐中舒先生在科学研究上的丰硕成果——兼简介〈徐中舒史学论著辑存〉一书的内容和编印情况》，徐中舒先生九十寿辰暨执教七十周年纪念册，四川大学，1987年。

入另册而长期中断了教学工作,但先生并没有停止对学术的探索。在先生留下的1952年的笔记中,拟有二十多个想要研究的论题,而当时正是先生处境十分艰难的时日,而编撰一部通贯的学术文化系年更是先生"文革"前就有的梦想。听先生多次说过,《资治通鉴》等编年史不载学术文化是一大缺憾,应该予以纠正,作了许多学术和资料的准备工作,但20世纪六七十年代中国的现实已不容先生去实现它。"文革"结束,先生已在"烈士暮年",虽壮心不已,但事终未酬①,令人惋惜。而先生留下的论著,正乃博而返约之结晶,散发着新知睿见,为我国的史学研究留下了一笔宝贵财富。

（原载四川大学历史文化学院编：《吴天墀教授百年诞辰纪念文集》，四川人民出版社2013年版）

---

① 先生晚年希望能完成《五代宋元学术文化系年》的五代部分,撰写的情况参见蔡崇榜教授提交会议论文,吴天墀教授百年诞辰国际学术研讨会交流文集,四川大学,2012年11月,第40—58页。杨泽泉世兄的未刊回忆录中,有《"系年"之梦》一节,1952年的拟题设想亦见此。

漆侠先生的辽金史研究

王善军

漆侠先生（1923—2001）是中国当代著名的历史学家。他一生勤于学术探索，建树丰硕，先后发表了《隋末农民起义》《王安石变法》《宋代经济史》《辽夏金经济史》《宋学的发展和演变》等12部著作以及160余篇学术论文。2008年11月，河北大学出版社出版了《漆侠全集》，全书共计500余万言。漆侠先生的学术成果虽然以宋史领域居多，但也有不少属于辽夏金史领域，以及中国经济史、中国农民战争史、中国史学史等领域，涉及面相当广泛。本文介绍漆侠先生在辽金史方面的研究成果及其学术贡献。

一 研究成果

漆侠先生在辽金史方面的研究成果，主要集中在著作《辽夏金经济史》[①]和若干篇论文中，下面按研究内容分类介绍。

（一）关于辽金社会性质的研究

以专题论文形式探讨该问题的成果，是《女真族从原始社会向奴隶制社会的过渡》一文。该文在考述12世纪初叶及其以前女真社会生产简况的基础上，探讨了女真原始公社制度的解体、女真诸部的统一及其建国初期的社会状况。

作为全面研究经济史的著作，《辽夏金经济史》一书专论或涉及辽金社会性质的内容甚多。在第一编《契丹辽国经济史》中，第一章论述契丹族建国前社会经济的发展与契丹原始公社制的解体；第二章论述耶律阿保机、耶律德光建国初期契丹疆域的扩大，奴隶制与农奴制相结合的契丹经济体系；第七、八、九章论述辽代社会经济制度，具体包括辽代社会经济结构中的"族"、契丹皇帝的领地——斡鲁朵（宫分）制、契丹头下军州制和社会诸等级、奚人的封建制、契丹奴隶制及其萎缩、燕南辽海地区土地关系、辽代的寺院经济等内容。在第三编《女真金国经济史》中，第十五

[①] 河北大学出版社1994年3月第1版，收入《漆侠全集》第5卷。该著作为漆侠先生与乔幼梅先生合著，其中的辽、西夏部分系漆侠先生执笔，金代部分系乔幼梅先生执笔。

章论述女真自原始公社制到奴隶制的飞跃;第十六章论述金国建立后女真奴隶制的发展;第二十二章论述金代社会阶级结构及其演变(1137—1234年)。这些已经占了全书内容的一半左右,再加上关于赋役制度等相关章节,可说对辽金社会性质的研究已经相当系统。

在未出版的教材《两宋简史》中,漆侠先生撰写的第二章《契丹辽国的发展 宋辽关系》,包括契丹辽国的发展、契丹的社会生产、契丹社会经济制度的演变、宋辽战争、宋辽经济文化的交流等内容;第七章《女真金国的建立和发展》,包括女真建国前史,女真金国的建立、完颜阿骨打贵族统治集团的立国国策,阿骨打灭辽战争,女真贵族集团掠夺北中国、攻灭北宋的战争,在灭辽宋战争中女真贵族奴隶制的发展等内容。这两章对辽金社会性质也作了简要论述。

(二)关于辽代政治制度的研究

漆侠先生对辽代政治制度的研究,主要体现在两篇专题论文中。在《契丹辽国建国初期的皇位继承问题》一文中,分析了契丹建国前耶律阿保机家族在契丹诸部中的统治地位,进而探讨了耶律阿保机建国初皇位继承问题的纷争和耶律德光身后的继承问题,总结出契丹辽国从兄终弟及制到父死子继制的演变规律。

《从对〈辽史〉列传的分析看辽国家体制》一文,是漆侠先生详细统计了《辽史》列传人物的民族出身,以及皇族成员和后族成员的家族房系等情况后撰成的。该文具体分析了契丹人、汉人在多民族辽国国家政权中所占比重,皇族耶律氏和后族萧氏两大族系在辽国国家体制中属于绝对的统治地位,耶律阿保机皇族和应天后萧氏后族的世袭特权,以韩、刘、马、赵四大家族为代表的幽蓟地主阶级等问题。在此基础上,对辽国国家体制进行了剖析和概括。

(三)关于辽宋战争的研究

关于辽宋战争,漆侠先生进行了系列研究,连续发表了三篇专题论文,即:《宋太宗第一次伐辽——高梁河之战——宋辽战争研究之一》《宋太宗雍熙北伐——宋辽战争研究之二》《辽国的战略进攻与澶渊之盟的订立——宋辽战争研究之三》。第一篇文章分析了宋辽战前双方国势,宋太宗进攻幽州的战略决策,具体考述了高梁河之战、满城之战的过程和结果,并对宋太宗第一次伐辽的战略得失作了评论。

第二篇文章评论了宋太宗的战略决策,逐步分析了宋太宗雍熙北伐的作战方案和辽国的对策,宋军从胜利转入失败与涿州之战,西路军的溃败与杨业殉国,最后剖析了北伐失败和宋太宗对内统治政策演变之间的关系。

在第三篇文章中,漆侠先生首先分析了雍熙北伐后宋军分兵把口、辽军南下掠夺的战争态势,考述了君子馆之战、瀛州之战、望都之战等战役,然后对澶渊之盟的形成和性质作了重点分析,最后对宋辽战争进行了总的评价。

（四）关于辽金经济问题的研究

有关辽金经济问题，漆侠先生发表的论文主要有：《契丹斡鲁朵（宫分）制经济分析》探讨了斡鲁朵制的几个基本点、契丹正户的阶级构成及其向封建依附化发展、对蕃汉转户的经济分析等问题；《契丹的役》探讨了契丹的兵役以及半牧半农、农业地区的徭役问题，并对契丹赋役制度作了分析；《论辽夏金经济的发展及其历史地位》首先阐述了对契丹、党项和女真诸族的评价标准问题，分析了契丹、党项和女真诸族发展的特点，以及他们对边疆地区的初步发展取得的不可磨灭的伟大业绩。同时，该时期虽然在政治上形成了宋辽夏或宋金夏三国鼎峙的局面，不是一个统一的国家，但中原和边疆的经济联系却不容忽视，文章对此也作了论述。

对于中国古代社会普遍存在的社会组织宗族问题，漆侠先生结合辽夏金的社会特点，也从经济的角度予以阐释，撰有《辽夏金社会中的宗族问题》一文。该文论述了普遍存在于辽夏金的宗族，对宗族经济实体及其发展的社会方向进行了剖析。

相比于以上几篇论文，集中论述经济问题的是《辽夏金经济史》一书。该书第一编《契丹辽国经济史》分9章，论述契丹族建国前的经济活动，建国初期奴隶制与农奴相结合的契丹经济体系，辽国的社会生产、城市和商业贸易、赋役制度与辽代的社会经济制度等；第三编《女真金国经济史》分8章，论述女真族建国前后的经济活动及其社会性质的发展演变，金国的社会生产、商业贸易、土地制度、赋役制度和金代的社会阶级结构等。

二 学术贡献

研究成果有无学术贡献，以及学术贡献的大小，并不取决于论著的数量。漆侠先生关于辽金史的论著，数量虽不是很多，但却作出了自己的学术贡献。当然，其具体情况有待于学术界的公允评判。笔者在此提出以下几点，以供参考。

（一）提出的学术新观点

漆侠先生一向以提出学术新观点、探索历史发展规律为学术研究旨归。在对辽金史的研究中，同样勇于探索重大问题和规律性问题，并提出了大量的学术新见解。以下可视为其荦荦大端。

1. 在辽金社会性质及其发展阶段问题上提出了自己的观点。

漆侠先生认为：契丹等族都经历了原始社会阶段，并从父家长制阶段进入奴隶制，而后又演进到封建制。在这一发展过程中，女真人的发展是泾渭分明、脉络非常清楚的，即从1115年以后在反辽侵宋战争过程中，由于掠夺了大量的财富和人口，从而使奴隶制急剧地发展起来，到1160年完颜亮侵宋失败，随着此后战争的减少，奴隶制呈现了衰落；与此同时，迁移至中原地区的大量的猛安谋克户，虽然以村寨的围墙把他们同外界隔离开来，但一个不依人们意志为转移的客观历史行程，却首先推动了猛安谋克户下层的封建制转化，使女真人也进入了封建制。女真奴隶制形成、发展、衰落，及其向着封建制转化，脉络非常清楚。契丹和党项的发展没有女真那样脉络明晰，在向阶级社会过渡时，奴隶制和封建制两种经济成分几乎是同时并存，长期纠结在一起，从而使这两者的发展更富有特色。契丹在耶律阿保机建国之前，已经进入奴隶制，一些显贵家庭占有一定数量的奴隶。但另一方面，在阿保机建国前后，契丹社会中也出现了封建经济关系。由此可见，契丹在其建国之前社会内部即已包容了奴隶制和封建制两种经济成分。在而后的百年发展过程中，封建制经济关系终于战胜了奴隶制，成为契丹辽国居于主导地位的经济制度，而辽圣宗统治期间便是这两种经济制度沿着相反方向发展的关节线（《漆侠全集》第11卷第234—235页，以下引文只注卷码和页码）。

辽金社会性质及其发展阶段问题，是学术界探讨较多而长期争论的问题。大体上，学者间存在两种不同的看法。一种意见认为，辽朝或金朝经历过奴隶制阶段；另一种意见认为，辽朝或金朝未经历过奴隶制阶段，而是直接跨入了封建社会。漆侠先生提出的有系统的观点和看法，特别是关于辽朝前期两种经济成分并存的观点，跳出了传统认识的窠臼，使人耳目一新，足可为一家之言。

2. 提出了宗族作为经济实体，对契丹、女真等族社会经济制度的发展具有重要意义的观点。

漆侠先生认为，"宗族对辽夏金经济发展的方向有着重要的意义，是辽夏金经济史中的一个关键性问题"（第12卷第586页）；从契丹、党项和女真"建国之前到亡国，宗族一直作为经济实体而贯彻其终始的"（第5卷第4页）；"每个宗族不仅有血缘关系的族属，也有血缘相异的非族属。每个宗族都有自己的土地，在氏族部落时期，都有自己的'分地'，不相侵逾；在奴隶制封建制时期亦都占有数量可观的土地，特别是其中的贵族"；在契丹和党项的宗族内部，"孕育着奴隶制和封建制两种经济成分，对此后的社会经济制度的演变起着决定性的作用"（第5卷第5页），"而女真族在进入中原地区之前宗族内没有封建经济成分"（第5卷第6页）。

契丹、女真等族的宗族问题，以往学术界多从政治和社会组织的角度进行探讨，而从经济实体角度几乎没有研究。漆侠先生提出的重要观点，富有理论价值和启发意义。

3. 对辽代政治制度方面的若干重要问题提出了新的看法。

皇位继承制度作为辽朝初年的重要制度，因其繁杂性和特殊性引起了学术界的广泛探索。漆侠先生在前人从世选制度论述皇位继承的基础上，又从耶律阿保机先世对夷离堇等职位的继承情况入手，认为"不仅表现为世选制，而且表现为在这个家族中兄弟继承的制度，即兄终弟及制"（第8卷第117页）。并以此为线索考察辽朝建国初期的皇位继承问题，提出了辽朝前期从兄终弟及制向父死子继制演变的观点，并认为这一演变在我国古代各民族建国初期的历史上，有一定的普遍性意义。

国家体制是关于政治制度的根本问题，漆侠先生通过对《辽史》列传人物的统计和分析，对辽代的国体和政体提出了自己的看法。认为辽国的国体是："掌握辽国国家政权的是以契丹皇帝为首的贵族领主阶级，决定辽国国家性质的是封建农奴制。"辽国的政体是："以契丹皇帝为首的专制主义制度，而以耶律氏、萧氏两族系所组成的贵族则世世代代把握中央政权，同契丹皇帝共同主宰这个国家，同时由于燕山地区的重要，在这个政权中吸收了以韩、马、刘、赵四大家族为代表的汉人地主阶级，分享部分政权。"他由此特别指出："在政治上掌握大权的耶律氏、萧氏两大族系，同时也是在经济上占支配地位的封建领主阶级。"（第9卷第141—142页）

政治问题一向最易产生分歧看法，对辽代的政治制度，也大多众说纷纭。漆侠先生在一些重要问题上的学术观点，论证深刻，其中不乏可为学术定谳者。

（二）开拓的学术新视野

辽金史的研究，由于资料相对较少，因而在断代史研究中对史料和问题的发掘比较充分。即使如此，漆侠先生在研究中仍以自己独特的视野，对某些学术领域有所开拓。

1. 对辽、金统治区域的地理、生态及生产技术的重视。

在对辽金经济问题进行研究时，漆侠先生与以往学者的显著区别之一，是对地理环境、生态以及生产技术的重视。地理环境作为经济要素，随时出现在漆侠先生对农牧业生产、手工业生产、商业贸易、城市建设以及经济关系的论述中。如讲到奚人的农牧业时，首先指出："奚人居住在契丹以南的地区，即张北高原以南、长城以北的地区。这个地区介于草原和燕山之间，北部有一部分草原，其余则在丛山之中，山高林密，夹杂着河谷平川地。"（第5卷第67页）在这样的视野关照下，论述的问题自然就会具体而深入。生态环境对经济发展的影响尤其受到重视。《辽夏金经济史》开篇即讲生态环境，全书对生态的描述占了相当篇幅。因而，"重视研究生态环境与经济发展的关系"① 成为该书的特色之一。生产技术虽属经济史的研究内容，但相比生产资料和产品而言，一般难以得到研究者充分的重视。漆侠先生的经济史研究，则对此进行了相当抉发。如论牧业则详述牧养技术，论农业则述及耕种技术，论手工业则描述制造技术。这正体现了先生对生产力发展水平在社会经济中所起作用的特别重视。

2. 将辽夏金经济视为相互联系的有机整体并注重与宋王朝的经济联系和矛盾冲突，亦即将辽夏金经济置于10—13世纪中华民族形成发展的大环境中进行考察。

---

① 李锡厚、王曾瑜：《评〈辽夏金经济史〉》，《历史研究》1995年第3期。

辽夏金经济史的研究，虽是政治史研究的基础，但却曾经为政治史所左右。这一时期的复杂政治，限制了人们的经济史视野。漆侠先生在正确的民族观的指导下，开拓了经济史研究的视野。漆侠先生认为："在中华民族形成和建立一个统一的多民族国家之前，汉族固然有权建立自己的国家政权，汉族以外的其他民族，包括契丹、党项和女真诸族在内，同样有权建立自己的国家政权。……评价契丹诸族及其国家政权，……是看看他们对中华民族发展总过程中产生的具体作用。"（第5卷第2页）正是基于这样的认识，因而能够在研究中，"始终把契丹、党项、女真的经济活动和社会发展阶段置于10—13世纪中华民族形成发展的大环境中进行考察"①。

（三）史料的发掘与诠释

历史是过去的真实客观存在。历者，过也；史者，事也。漆侠先生一再强调："历史科学是对史料（包括文献的和实物的）诠释和运用的一门学问。"（第10卷第23页）

1. 对辽金资料的诠释。

历史研究要经过对史料的"整理、选择，审查、分析批判，去伪存真，去粗取精，由此及彼，由表及里，而后去探索历史学上的各个问题"（第10卷第38页），从而发现历史发展的规律。在对辽金史的研究过程中，漆侠先生首先对辽金正史及相关资料进行了充分利用，认真诠释出隐含在史料中的有用信息。

《辽史》一书作为正史，虽记事简略，甚至间有错谬，但却是研究辽史的基本史书。该书卷105《马人望传》记载，到辽行将灭亡之前，在马人望的主持下对馆驿等役进行了变革——"人望使民出钱，官自募役，时以为便"。从这一简单记载中，漆侠先生抉发出的学术信息是：马人望改革辽国差役的路子，与王安石实行的如出一辙，而且要晚30多年。一个商品货币经济远远落后于宋的辽国居然能够成功，而在宋则引起轩然大波。（第11卷第226—227页）

墓志资料以其原始性向为学者所重。在其经意或不经意的记载中，往往含有丰富的历史信息。《全辽文》卷9《贾师训墓志铭》曾记载："（贾师训）改锦州永乐令，先是，州帅以其家牛羊驰马配民畜牧，日恣隶仆视肥瘠，动撼人取财物，甚为奸扰。""配民畜牧"4个字，经漆侠先生诠释，使人们认识到这是州帅利用政治权力实行的一种徭役，是一种非常露骨的剥削，而州帅仆隶又借机勒索，取人财物，当然更加奸扰。（第11卷第227页）这说明官吏品质的差别，也同样造成徭役的不均平。

2. 进一步挖掘宋代资料。

"历史科学是建立在反映历史实际的事实材料的基础之上的。因而史料对历史科学来说是第一位的、至关重要的。"（第10卷第30页）漆侠先生将尽最大努力搜集

---

① 李华瑞：《读漆侠、乔幼梅先生〈辽夏金经济史〉书后》，《中国经济史研究》1995年第4期。

最大限度的史料作为史学研究的一个基本任务。在充分利用辽金的文献资料和考古资料的基础上，漆侠先生还进一步利用了相关朝代特别是宋代的资料。

（1）充分发掘了治辽金史者常用的一些宋代文献的史料信息，如《乘轺录》等宋人使辽语录资料，《栾城集》《武溪集》等宋人文集资料，《松漠记闻》等宋人笔记资料。

（2）还挖掘了一些以往学者较少使用的宋代文献，如《苏魏公文集》中的诗注、《东斋记事》《泉志》等。在《契丹的役》一文中，使用《苏魏公文集》中的诗及诗注来说明奚人封建主同汉人佃客之间的关系，就明显使人们对这一问题的认识深入一步。

三　研究特点

史学作为人文社会科学中的基础学科，以其研究对象的广泛、内容的丰富及理论与方法的多样，成为最能体现研究者个体特色的学科之一。漆侠先生的辽金史研究，也在很大程度上呈现出自己的研究特点。

（一）坚持将马克思主义理论同辽金历史的具体实际情况相结合

众所周知，"漆侠先生是郭沫若、范文澜、吕振羽、翦伯赞、侯外庐等老一代马克思主义史学家之后，新中国培养的第一代马克思主义史学家。他以马克思主义基本理论作为指导，积极汲取中国传统史学和西方史学的营养成分，形成了富有特色的马克思主义史学理论与方法，从而丰富与发展了中国的马克思主义史学"[①]。马克思主义理论与中国历史的具体实际相结合，是漆侠先生一生从事历史研究的贯一之道。他曾生动地论述理论与材料的关系说："材料失去理论的支撑，虽有血肉而无骨骼，无法树立起来。这种重材料而轻理论的指导是不对的。但另一方面，认为懂得几个万古不变的教条，就可以解决一切问题，就不免像黑格尔的不肖之徒那样，'懂得一点"无"，就可以当一切'，结果成为没有血肉而仅有几条筋骨的小瘪三、贫血病患者。因而理论必须与材料结合，理论统帅材料。"（第10卷第51页）

关于契丹、党项两种经济成分并存的问题，漆侠先生分析说："马克思在对摩尔根《古代社会》一书所作的摘要中，曾经提到氏族公社末期'不仅有servitus（奴隶制）而且也含有农奴制'。契丹、党项在其氏族制末期的宗族中，同样寓存了这两种经济成分，形成两个发展方向。"（第11卷第237页）并认为奴隶制和封建制两种经济成分的并存和发展，对以后的社会经济制度的演变起着决定性的作用。

在论述女真族从原始社会向奴隶社会过渡问题时，漆侠先生紧密地将生产力决定

[①] 毛曦、王善军：《漆侠先生对马克思主义史学理论与方法的运用》，《史学理论研究》2008年第3期。

生产关系的原理与女真族的社会实际相结合，用大量材料来说明女真族在10—12世纪初由于社会生产力的发展，奴隶制已经在原始公社瓦解过程中形成了，"公元1115年建立的国家，是奴隶制的国家"（第7卷第230页）。

（二）将辽宋夏金各政权看作一个整体

未出版的教材《两宋简史》一书，内容并不以两宋为限，而是包括了辽、夏、金。作为合作作品，漆侠先生撰写的部分是：第一章《北宋的建国和统一　宋专制文化中央集权制的国家制度》，第二章《契丹辽国的发展　宋辽关系》，第三章《党项夏国的建立和发展　宋夏关系》，第七章《女真金国的建立和发展》，第九章《宋金对峙下南北政治经济情况》，第十一章《高度发展的宋代经济（上）宋代农业生产及土地诸关系》等。从其撰写的内容不难看出，该教材正是贯穿了辽宋夏金各政权为一个整体的史学理念。

在这一整体观念的关照下，漆侠先生认为，"只有在正确的民族观的认识基础上，才有可能正确评价契丹、党项和女真诸族及其建立的国家"（第11卷第233页）。"今天的中华民族，是经历了一个相当长的时间才形成的，而契丹、党项和女真等族都是中华民族形成过程中的一员。"（第11卷第232页）"对于契丹等族不论是在政治上、军事上，还是在经济上和文化上，只要是有益于中华民族发展的活动和创造，都应当予以肯定和称赞。同样地，对契丹等族活动中消极的甚至是反动的方面，对中华民族的发展起着有害的或阻碍的作用，也都应给以批判和否定。评价契丹诸族及其国家政权，同评价汉族及其国家政权，用的是一个标准和一个尺度，这个标准和尺度就是历史唯物主义；进一步具体地说，是看看他们对中华民族发展总过程中产生的具体作用。"（第11卷第233页）

漆侠先生晚年有意撰写一部体现这一整体史观的辽宋夏金史，可惜天不假年，未能付诸实践。在他去世之后，弟子们在王曾瑜先生的指导下，组织全国有关专家学者，按照漆侠先生生前的一些设想和观点，撰写出《辽宋西夏金代通史》[①]一书，可说是基本完成了先生的学术遗愿。该书包括政治军事卷、典章制度卷、社会经济卷（上、下）、教育科学文化卷、宗教风俗卷、周边民族与政权卷、文物考古史料卷等7卷，总380余万言。

（三）重视统计、比较等史学方法的运用

在对辽金历史的具体问题进行研究时，漆侠先生不仅娴熟地运用历史研究的基本方法——考据法，而且对统计、比较等史学方法也加以充分利用，从而体现了他在马克思主义理论指导下注重运用各种史学方法的研究特点。

[①]　漆侠主编：《辽宋西夏金代通史》，人民出版社2010年版。

前辈学者有云:"自然科学要实验,社会科学要统计。"[①] 此话虽不甚准确,但颇有实际意义。漆侠先生对史学研究中的统计方法,颇为重视。《从对〈辽史〉列传的分析看辽国家体制》一文,可说是运用统计方法研究重要历史问题的成功范例。该文统计了《辽史》列传人物的民族属性,得出了一些重要数据,如"契丹人入《辽史》列传的达234人,占全部305人的76.72%,突出地反映了契丹人在辽国社会政治生活中具有统治民族的优越地位"。"汉人入传者58人,仅次于契丹人,居于第二位,在辽国国家统治中成为契丹人的重要伙伴和辅助力量"(第9卷第125页)。又统计了皇族和后族入传人物的情况,"属于阿保机皇族和萧氏后族两族系共有133人,占列传总数305人的44%",由此得出"这两大族系在辽国统治中一直居于绝对的统治地位"(第9卷第128页)的结论。该文以统计数字为基础分析辽国的国体和政体,显然是极具说服力的。

比较研究作为被广泛使用的史学方法,也在漆侠先生的辽金史研究中有充分的体现。一方面表现在辽宋夏金间的相互比较;另一方面则表现在辽金与前代后代的比较。前者如论述契丹的徭役时,充分注意了辽代与宋代的比较。"馆驿"之役,辽代史料记载甚少,漆侠先生一方面利用宋人路振《乘轺录》的记载,一方面与宋代相比较。"宋自汴京至雄州一线设有许多馆驿,其中的'厨传之给'就是由馆驿中'三番'提供的;而三番则来自所在的居民,成为一项沉重的徭役。"因而得出认识:"从古北口到中京大定,都是奚人居住的地区,因而沿途馆驿这一沉重力役全部压在奚人身上。"(第11卷第225页)后者如论述辽海地区的农业生产时,引用了从《后汉书》到《魏书》《隋书》《旧唐书》等史书的记载,来说明农作物种植的发展情况;再如论述宗族问题时,提及从殷周到春秋,"同样是宗族林立,并且居于统治地位,强宗大族属于不同等级的贵族"(第12卷第586页),因而与辽夏金的宗族具有可比性和借鉴意义。研究中注重比较方法的运用,就将所研究的问题放到了更广阔的时空背景中,不囿于辽、金王朝历史的狭小圈子,这样才能更好地从中国历史发展的长河中认识辽金社会。

(原载姜锡东主编:《漆侠与历史学——纪念漆侠先生逝世十周年文集》,河北大学出版社2012年版)

[①] 董家遵:《中国古代婚姻史研究》,广东人民出版社1995年版,第245页。

略论陈学霖的金史研究*

霍明琨　张金梅**

20世纪下半叶以来，有一批兼具中学功底与西学理念的美籍华人史学家活跃在国际学界，陈学霖是其代表人物之一，其史学考据功底深厚，又糅合了西方史学理念；治学纵贯多个历史时期和领域，对宋金元明史研究都有贡献和创见。单就金史研究而言，堪称美国学界成就最为显著的学者之一。[①]

一　陈学霖金史研究历程

陈学霖（Hok-lam Chan）原籍广东新会，1938年出生于香港，2011年6月1日逝世于美国。早年在香港师从著名史学家罗香林，获香港大学文学学士、硕士；1967年在普林斯顿大学随汉学家牟复礼攻读博士学位，后在华盛顿大学任教。曾任新西兰奥克兰大学历史系高级讲师、美国哥伦比亚大学编纂处研究员，澳大利亚国立大学远东史系研究员、台湾大学历史系客座教授。[②]

陈学霖在香港大学中文系读书的时候，就对金史产生了兴趣，开始钻研金史及其相关著作，毕业前完成《〈金史〉的纂修及其史源》[③]一文，后改成《金朝史学三种》，并将初稿送给德国著名汉学家傅海波审阅，傅海波将此书列为德国明兴大学的"明兴东方学丛书"之一，于1970年出版[④]，这是陈学霖首部金史研究专著。该书出版后在美国学界产生了很大影响，哈佛大学教授傅初礼即在1972年的亚洲学会会刊发表了评论，认为该书引用的史料翔实、考证精细。《剑桥中国辽西夏金元史》也给予了充分的肯定，认为"1970年前对《金史》编撰和史料的最现代和最广泛的研究

---

* 本文为黑龙江省社会科学基金项目"20世纪海外的女真史研究"的阶段性成果，项目批准号10C030。
** 霍明琨，女，1973年生，黑龙江大学历史文化旅游学院教授，博士，华中师范大学及中国社会科学院博士后，主要从事史学史、东北边疆史地研究。张金梅，女，1988年生，黑龙江大学历史文化旅游学院史学理论与史学史方向硕士研究生。
① 赵永春、赵燕：《20世纪40年代以来欧美学者金史研究概述》，《东北史地》2011年第1期。
② 王颋、汤开建：《沉痛悼念陈学霖先生》，《欧亚学研究》2011年7月。
③ 此文发表在香港大学中文系系内刊物《东方文化》1967年第6卷上。
④ 陈学霖：《金朝史学三种》，弗兰茨·施泰纳出版社1970年版（Hok-lam Chan. *The Historiography of the Chin Dynasty* (1115—1234): *Three Studies*. Wiesbaden: F. Steiner, 1970）。

是陈学霖的《金朝史学三种》"①。

1971年，傅海波为了实现金史研究计划，邀请陈学霖负责撰写《中国社会史·金（1115—1234）》各章导论及附论的工作。陈学霖参加傅海波这一研究计划以后，专攻金史，相继发表了一系列有关金史研究的论文和著作，主要有：1974年发表《〈汝南遗事〉导论：1234年蒙古包围下的晚金宫廷实录》②、1975年发表《王鹗（1190—1273）》③、1976年发表《杨奂（1186—1225）》④、1979年发表《女真—金朝的茶叶生产和贸易》⑤、1981年发表《元代官修史学：辽、宋、金三史的修撰》⑥、1982年发表《王鹗对金史的贡献》⑦，以及1984年出版的《中国史上之正统：金代德运议研究》⑧。1989年陈学霖又发表《宋金二帝弈棋定天下——〈宣和遗事〉考史一则》⑨对金代德运问题作了补充说明和考论。1991年发表《"大金"：女真—金国号起源及释义》⑩、1992年发表《女真—金朝劳役的组织与利用》⑪、1993年发表《金亡元兴之记录：王鹗〈汝南遗事〉笔下的蔡州（1233—1234）》⑫、1997年与傅海波教授合撰了《女真与金朝研究》⑬，以及1999年发表的《从部落酋长到中国皇帝：女真—金国领导权的争夺与继承危机（1115—1234）》⑭。

进入21世纪陈学霖仍有一些有关女真的论著发表，如2002年发表的《中国分裂时期的商业与贸易：以女真金与两宋为视角》⑮及2003年出版的《金宋史论丛》⑯。

---

① ［德］傅海波、［英］崔瑞德编：《剑桥中国辽西夏金元史》，史卫民等译，中国社会科学出版社1998年版，第684页。
② 陈学霖：《〈汝南遗事〉导论：1234年蒙古包围下的晚金宫廷实录》，《宋史研究通讯》1974年第10号。
③ 陈学霖：《王鹗（1190—1273）》，《远东史集》1975年。
④ 陈学霖：《杨奂（1186—1225）》，《远东史集》1976年。
⑤ 陈学霖：《女真—金朝的茶叶生产和贸易》，载《汉—蒙古研究：傅海波颂寿论集》，弗兰茨·施泰纳出版社1979年版。
⑥ 陈学霖：《元代官修史学：辽、宋、金三史的修撰》，载《蒙古统治下的中国》，普林斯顿大学出版社1981年版。
⑦ 陈学霖：《王鹗对金史的贡献》，载《冯平山图书馆金禧纪念文集（1932—1982）》，香港冯平山图书馆1982年版。
⑧ 陈学霖：《中国史上之正统：金代德运议研究》，华盛顿大学出版社1984年版。
⑨ 陈学霖：《宋金二帝弈棋定天下——〈宣和遗事〉考史一则》，载《刘子健博士七十颂寿纪念宋史研究论集》，同朋舍1989年版。
⑩ 陈学霖：《"大金"：女真—金国号起源及释义》，《通报》1991年。
⑪ 陈学霖：《女真—金朝劳役的组织与利用》，《哈佛亚洲学报》1992年。
⑫ 陈学霖：《金亡元兴之记录：王鹗〈汝南遗事〉笔下的蔡州（1233—1234）》，《慕尼黑东亚研究》1993年。
⑬ 陈学霖、傅海波：《女真与金朝研究》，阿什盖特出版社1997年版。
⑭ 陈学霖：《从部落酋长到中国皇帝：女真—金国领导权的争夺与继承危机（1115—1234）》，《亚洲历史杂志》1999年。
⑮ 陈学霖：《中国分裂时期的商业与贸易：以女真金与两宋为视角》，《亚洲史研究》2002年。
⑯ 陈学霖：《金宋史论丛》，香港中文大学出版社2003年版。

尤其是2003年出版的《金宋史论丛》，该书是陈学霖先生历年研究女真及南宋王朝史实的论文集，聚集了陈学霖先生对研究女真及南宋王朝的精华。内容主要偏重于金朝的政治、经济、军事、人物、史学和宋金关系。内容主要以专题为主，如金国号起源及释义和金的祈雨与文化等。对金宋对峙的时代，有深入开创性的研究。而且在他的《刘祁〈归潜志〉与〈金史〉》①中把《归潜志》与《金史》进行了比较，指出《金史》所用《归潜志》之处，说明了《归潜志》有的材料不为《金史》所采用的原因②。

其英文著述有 Studies on the Jurchens and Chin Dynasty, The Fall of the Jurchen Chin, The Historiography of the Chin Dynasty (1115—1234)。除此之外，还参加了《金代名人传》的编纂工作，以及《剑桥中国辽西夏金元史》中译本的订正书名的工作。

二　对金代德运问题的研究

"傅海波计划"的成果因故未能撰成大著作，多以发表论文的形式呈现。陈学霖在该计划中发挥了重要作用，发表了诸多金史研究的著作，对金代政治、军事、经济、文化等诸问题作了比较深入的探讨，尤其是对金代德运问题的讨论颇具代表性。其对金代正统论的研究的代表作《中国史上之正统：金代德运议研究》是"傅海波计划"中的重要成果，他在1972年返回华盛顿大学以后即着手撰写此书，于1980年脱稿，但迟至1984年由华盛顿大学出版社出版。该书引用《四库全书》收录的《大金德运图说》等资料，详细分析了金章宗和金宣宗时期关于德运问题的讨论，是对金代德运和正统观问题最早进行系统探讨的著作，对欧美学界金史研究的影响很大。

该书共分三部分：第一章是探讨正统和正统化的概念，产生、发展及其类型。第二章是讨论金章宗和金宣宗两朝德运讨论的背景、原因、经过、结果及重要意义等。章宗朝的德运之争，自金明昌四年（1193）至泰和二年（1202），几经讨论，历时十年，才最终更定金德为土德，这是金朝历史上的一件大事。有关德运论辩的始末，陈学霖进行了详细阐述。第三章是罗列排比相关史料，内有《大金德运图说》等点校资料，最后附相关图表、注释、书目、索引等。

此书出版之后，陈学霖陆续撰写了相关论文对"德运说"进行补充论证。1985年的《"大金"国号起源及其释义》认为"女真族建立的政权，虽然沿袭中原习惯，以汉语译名为国号，但实际上大金代表的，是女真完颜部兴起阿禄阻水产金之地立国的传统，既有地缘的隐忍，亦有本族固有文化的特征。"这一国号实际上是代表了女真族的文化符号和政治诉求，即以代辽抗宋。但在短短二十年间，女真人取得了重要

---

① 陈学霖：《金宋史论丛》，香港中文大学出版社2003年版。
② 吴凤霞：《近六十年来的辽金史学研究》，《东北史地》2010年第2期。

的军事胜利，灭辽国降北宋，并与偏安一隅的南宋形成对峙局面，在这样的情况下，"大金国号作为女真族本位的象征，便逐渐与时代需要脱节。"基于金国统治广袤的汉地和繁多的汉人这一现实条件，要求他们的统治方式也应与时俱进。所以，章宗和宣宗两朝关于"德运"的讨论，均引用"五德始终"的政治理论，这背后透露出女真族在汉文化的冲击下，积极寻求更鲜明的文化认同的表现①。1993 年发表的《大宋"国号"与"德运"论辩述义》也对金代德运的讨论作了重要补充，但没有在大陆公开刊发②。该文分析了"国号""朝号"与"德运"概念的区别和关系；大宋国号与火德的建立过程；宋初"德运"论辩始末；南宋"火德"的重建；金国之德运与宋之行序等。陈学霖认为大宋建立的火德对金朝在政治和意识形态上也有冲击。汉化的女真统治者试图套用"五德始终"的模式获得正统地位，势必涉及对宋朝的历史定位，金章宗和金宣宗时的德运讨论即可见③。此外，陈学霖在《宋金二帝弈棋定天下——〈宣和遗事〉考史一则》《欧阳修〈正统论〉新释》《柯维骐〈宋史新编〉述论》等著作中也对宋金正统论有精彩的论述。

陈学霖对宋金有关正统论的系列研究引起了学界关注。1987 年，哈佛大学教授波尔·比特在哈佛大学的《亚洲学刊》发表了长篇书评文章，对《中国史上之正统：金代德运议研究》的结构、阐述方式和章节布局都提出了不同意见，不过他也中肯评价此书是"处理中国政治史中重要问题的一项实质性工作，而陈学霖对金代史料详细的翻译使得人们对德运辩论更易于理解，他的注释和关于金朝历史的讨论和对中国正统论历史的讨论让它们更清晰明了。"④ 同年牛津大学教授柯律格在伦敦大学《亚非学院报》中发表简评，认为陈学霖的这部专著对"持续了二十年的金代德运的讨论是一丝不苟的"，"对有关问题详细的尾注十分有价值"⑤。《剑桥中国辽西夏金元史》在第三章金史的结论中，提及"在金朝及其他的统治精英中，似乎已培养出强烈的以他们自己为合法政权的情感。他们自认为是真正的中国即唐和北宋传统的维护者"⑥，并且推荐了陈学霖在大金德运方面的研究。饶宗颐在《中国史上之正统论》引子中提及陈学霖关于这方面的研究："陈君治此问题，积有年所，于金代德运，更

---

① 陈学霖：《"大金"国号起源及其释义》，载陈学霖《金宋史论丛》，香港中文大学出版社 2003 年版，第 24 页。
② 陈学霖：《大宋"国号"与"德运"论辩述义》，载《宋史论集》，台湾东大图书出版社 1993 年版，第 22 页。
③ 同上书，第 39 页。
④ [美] 波尔·比特：《评陈学霖〈中国史上之正统〉》，《亚洲学刊》1987 年第 1 期（Bol. Peter K, Reviews Legitimation in Imperial China. Harvad Journal of Asiatic Studies 47：1, 1987）。
⑤ [英] 柯律格：《陈学霖的〈中国史上之正统〉之回顾》，《亚非学院报》1987 年第 50 期（Craig clunas. Review of Hok-lam Chan, Legitimation in Imperial China. Bulletin of the School of Oriental and African Studies, 50, 1987）。
⑥ [德] 傅海波、[英] 崔瑞德编：《剑桥中国辽西夏金元史》，史卫民等译，中国社会科学出版社 1998 年版，第 329 页。

勒成专著"①。而一向谦虚低调的陈学霖对《中国史上之正统：金代德运议研究》这本著作也颇感骄傲，自评"这是学界对金代德运和正统观问题最早进行系统探讨的著作"②。

此后，虽然有学者对其观点提出质疑，如刘浦江在《德运之争和辽金王朝的正统性问题》等文章中对陈学霖的论断提出不同意见，认为"五德终始说自秦以后成为讨论历代王朝正统性的理论基础和对话平台，而金朝则是最后一个试图通过'五运'说以寻求其政权合法性的王朝。德运之争是金朝历史上一个十分引人注目的问题，陈学霖先生已对此做过专题研究，但仍有许多问题值得继续探讨。"否定了陈学霖关于"也许金朝前期曾宣称继承辽之水德，直至章宗时才更定为土德"的推测，而认为"金德说是章宗泰和二年以前由金朝政府认可的本朝"③。但陈氏的研究成果仍不失其重要地位。

三　陈学霖金史研究特点刍议

（一）独特的史料运用及研究视角

在陈学霖的金史研究论著中，多篇论著都致力鉴辨史料、拓宽史料，或发掘前人忽视的文献载籍，或利用往昔史家忽视的材料，例如笔记小说、野史传说，或对已发现的资料以现代眼光重加诠释，并参照实贤钻研所得，深入探究，增加对历史记载的认识并提出个人见解。这些论著多与《金史》相证，而举其史料价值。如《元好问〈壬辰杂编〉与〈金史〉》《元好问〈壬辰杂编〉探赜》《刘祁〈归潜志〉与〈金史〉》《赵彦卫〈云麓漫钞〉之宋金史料》《元好问与〈中州集〉》《楼钥使金所见之华北城镇——〈北行日录〉史料举隅》均如是。白寿彝主编的《中国通史》即介绍了陈学霖关于金史史料整理的成果，并肯定了其贡献④。

对史书屡见不鲜的问题，陈学霖也能从与众不同的角度来加以探讨。如金代"射粮军"的研究。王曾瑜的《金朝军制》将"射粮军"列为"非正规军一种"，认为此为沿袭辽代的射粮兵的制度⑤。陈学霖将《金史》记载的有关射粮军的十一则史料按照年代先后进行了排比分析，又引用《三朝北盟会编》《大金集礼》等资料，对射粮军的来源、组织、职务和待遇等进行了详细的考证，认为其是介于杂役与军事之

---

① 饶宗颐：《中国史学上之正统论》，上海远东出版社 1996 年版，第 1 页。
② 陈学霖：《刘伯温与哪吒城——北京建城的传说·自序》，生活·读书·新知三联书店 2008 年版，自序。
③ 刘浦江：《德运之争和辽金王朝的正统性问题》，《中国社会科学》2004 年第 2 期。
④ 白寿彝编：《中国通史·五代辽宋夏金时期》，上海人民出版社 1994 年版，第 154 页。
⑤ 王曾瑜：《金朝军制》，河北大学出版社 1996 年版，第 76 页。

间的组织,并以此角度增进对宋金军事史的研究①。再如对辽宋边防关系的考察,陈学霖将视角放在书禁政策上。在《宋代书禁与边防之关系》一文中,他从"北宋书禁与对辽之边防"和"南宋书禁与对金之边防"两方面,考察书禁和对外关系的特征,呈现了书籍法例的颁布背景和执行效果,对两宋的边防政策、文书图籍的管制,和王权一尊之下所指定的出版法有了更清晰的了解。最后得出宋代书禁法例的办法和执行的紧弛,与对辽金两国的和战以及边境的安扰有直接关系②。以上,其独具之匠心随处可见。

(二) 长于以小见大、持论严谨

陈学霖的金史研究并不刻意追求大而全的课题,他对微观问题的把握能力令人折服。陶晋生评价陈学霖《楼钥使金所见之华北城镇——〈北行日录〉史料举隅》一文,认为其关于对楼钥和《北行日录》相关材料的介绍和注释"信实可靠""尤其是他不仅注意主要城市如开封和中都(燕京),也顾及比较小的市镇。这一点显示了他的史识。"③以《金季循吏王元德墓志铭考释》一文为例,一篇并不太引人注目的墓志铭,陈学霖也能从中窥见宏大的历史线索。他根据台湾傅斯年图书馆藏的《大金故少中大夫知南京路提刑使事兼劝农采访事王公墓志铭》,勾勒有关文献及碑版记载,作了详细考证,并指出其对金史研究的多方面贡献。文中王元德临终前关于火化的遗言,这样微小的细节,陈学霖仍能推断出佛教在金代的传播对丧葬习俗的影响,此为其史料价值④。

陈学霖的论著持论严谨。一分材料一分话,在没有更多资料证明之前,便采取审慎的态度。这从其每一篇著作中详细的注释可见,他的每个观点都尽量引证原材料,说明问题由来,有何异见、在何时何著出现、由何人在何境中提出,同时又提出鲜明的个人观点和判断,信以传信,疑以存疑,读者可以寻其资料援引进行再次研究。如《"大金"国号之起源及释义》一文,全文共 32 页,其中注释占了 8 页,达四分之一。每个注释都详细罗列关于该观点的出处,依次排列,其中也附按语或其他学者意见,囊括所见,并不限于材料本身的考辨,如在此文章的注释中即列举了关于中国历朝名号的起源、蒙元国号的演变、金国号起源、女真族源、女真语"金"字的来源、辽河的源流、正统理论研究等数个论著。

---

① 陈学霖:《金宋史论丛》,香港中文大学出版社 2003 年版,第 97—104 页。
② 陈学霖:《宋代书禁与边防之关系》,载陈学霖《宋史论集》,台湾东大图书出版社 1993 年版,第 175—208 页。
③ 陶晋生:《评楼钥使金所见之华北城镇——〈北行日录〉史料举隅》,国际宋史研讨会秘书处编《国际宋史研讨会论文集》,台湾"中国文化大学"史学研究所史学系 1988 年版,第 167 页。
④ 陈学霖:《金宋史论丛》,香港中文大学出版社 2003 年版,第 135—198 页。

(三) 将金史纳入历史长时段通贯考察

陈学霖治史不局限一朝,贯穿多个朝代。邓广铭曾说,"十至十三世纪的中国历史,而决不能局限于北宋或南宋的统治区域。事实上,想这样严格地区分畛域也是行不通的。因为,北宋与契丹、西夏、回鹘等政权,南宋与金及大理等政权,彼此之间的和平交往与矛盾斗争的事件是大量存在的,在论述这类事件时,只谈其中的任何一方面而不涉及其对立的一方,那是断然讲不清楚的。"①可见,但凡涉猎宋夏金元史中的任何一个问题,如果仅止步一史,研究必定无法深入、全面。但融会贯通并非易事,能达到一定高度的人数有限。其他学者如刘浦江即对宋史和辽金史"井水不犯河水"的研究现状进行了批评②。陈学霖的研究范围即涉及宋金元明,兼及西夏,广博精深。如在《金朝的旱灾、祈雨与政治文化》中,详细地论述了古代祈雨的传统和祭祀礼仪:商焚人祭天,周以女巫舞请雨,秦汉之际帝王遇灾难则下罪己诏、舞龙祈雨,东汉下诏求雨具体化,两晋时向云雨诸神祈雨,隋禁屠、造土龙祈雨,唐出现龙祠,宋承唐制并封龙神为王、设祠立庙,之后祀龙为金元明清各朝效仿,至此将历代有关祈雨传统勾勒清楚。如此详细的背景知识介绍,贯穿多个朝代,便于读者深入理解金朝祈雨与政治文化的关系③。可见,陈学霖实际上是把所论的某个问题,放到历史发展的长河中去考察的。为了探讨该论题的来龙去脉、演变过程及其在历史上的地位、意义、影响和作用,旁征博引,梳理了其占有的史料,在扎实论述后,得出令人信服的结论。

质言之,虽然由于陈学霖的学缘结构及学术训练体系的原因,其解读史料的角度及对某些问题的观点与内地学者有所差异,但他山之石,可以攻玉,如其对非汉族统治王朝汉化问题的见解,及对未被重视的史料的考订和发现,都为国内学界的金史研究提供了值得思考和借鉴的视野,其金史研究仍然有不可忽视的学术价值。

---

① 转引自李华瑞、孙泽娟《〈金宋史论丛〉读后》,《史学集刊》2004年第3期。
② 刘浦江:《辽金史论·自序》,辽宁大学出版社1999年版。
③ 陈学霖:《金宋史论丛》,香港中文大学出版社2003年版,第33—72页。

怀念于宝麟同志

刘凤翥

我与于宝麟同志相交近50年。2013年12月16日，他突发心脏病而逝世。由于事发突然，几个月以来，我的心情老是不能平静。与他相处的一些情景犹历历在目。我把与他交往几十年的一些经历梳理了一下，特草此短文，以资纪念。

一　最初相识

于宝麟（笔名于宝林）同志原籍北京，因抗日战争而于1940年9月7日生于西安市。1964年，于宝林麟同志从南开大学历史系毕业后被分配到中国科学院民族研究所（此研究所1977年划归中国社会科学院）工作。当时正在全国农村开展"四清"工作。于宝麟一进民族研究所就被派入"四清"工作队。我当时正在民族研究所读研究生，也参加了"四清"工作队。当时民族研究所是双层领导，既归中国科学院哲学社会科学部（简称"学部"）领导，也归国家民委领导。从民族研究所抽调出来的"四清"工作队员一律随国家民委的"四清"工作团去少数民族地区贵州省晴隆县鸡场区雨集公社搞"四清"。我和于宝麟同志被安排在雨集公社大新寨大队第七生产队搞"四清"。从而开始了我们的交往。我们同时住在贫农梁抱练家，白天一起下地跟社员割稻子，晚上一起开会向社员讲解"四清"的政策。工作上互相协调，生活上互相关照，从而结下友谊。

二　一次晚饭后散步闲谈

1970年3月14日，民族研究所全体人员去河南省息县东岳公社"学部五七干校"走"五七道路"。1971年4月4日，"学部五七干校"迁往河南省正阳县明港镇的一个坦克团的兵营中，如火如荼地大搞清查"五一六"运动。林彪摔死之后，学部的"清查"运动随即来了一个急刹车。先是搞了一阵子"批陈批林"，接着就进入了停顿待命的状态。除了1972年曾去麦收几天外，平时则既不运动，也不劳动。纪律也有些松散。每天除了一小时的"天天读"还在坚持之外，"天天读"完了就宣布自学毛著。所谓"自学"就是"自由"的代名词，下象棋、打扑克，或出外钓鱼、赶集，皆各随其便，民不举官不究，宣传队也睁一只眼闭一只眼，或者虽然两只眼都睁着，但假装什么也没有看见。

自由支配的时间如此少有地充沛令我极度兴奋，我可不愿意白白浪费掉这些转眼即逝的宝贵光阴，我要把它充分地利用起来。于是我写信给在北京的妻子李春敏老师，让他把我当研究生时平时积累的两包有关契丹文字和女真文字的资料给我寄来。我就开始自学契丹文字和女真文字。

我和于宝麟同志在"干校"前两年中，我们虽同在二排，但不在一个班，又因当时的政治环境仅为一般的劳动中的工作接触，从未私相交谈。1972年春季某日，他突然来找我，约我晚饭后陪他散散步。散步中，他首先问我"干校"的前途。我对他说，既不劳动又不运动，显然是停顿待命的状态。他问我待什么命？我说根据传闻和我的估计可能是待何时回北京的命。他又问我，返回北京之后学部会干什么？我说，据我估计，返回北京之后宣传队将尽快落实各项政策，使运动尽快结束，他们总不会老待在学部而不回部队吧。运动结束之后应该各行其是，该干什么的干什么。我们荒废多年的业务工作也许会逐步上马。他说，他来民族所已经八年，一天业务也没有搞，如果恢复搞业务，他该干什么？我说，你是历史系毕业的，又被分配在民族历史研究室，今后当然是搞民族历史的研究工作。民族历史研究室"文革"前设有东北内蒙、西北、南方和西藏四个研究组。至于你将来在哪个研究组又具体干什么，这要由你所学的业务专长或你自己的兴趣爱好来决定，或者到时由领导来指派你干什么。他又问我将来干什么？我说，我一进所就被分在导师所在的东北内蒙组学习，根据研究生所学的专业将来搞契丹女真史是定而无疑的了。不过如有可能我想研究契丹文字和女真文字，或者史与文字同时研究，进可以攻语言文字，退可以守历史。他说他既没有什么业务专长，也没有什么专业的特殊爱好，不知道自己将来该干什么好。我说，你就等着到时由领导分配好了。不过领导往往把谁也不愿意干的硬骨头扔给无任何业务专长的人去啃，还美其名曰边干边学。如果你自己早些决定了干什么，趁早看些书做些准备总比无所事事地消磨时光好，免得到时被动。他又问我最近常看的都是一些什么书。我告诉他是契丹文字和女真文字方面的资料，并告诉他我之所以看这些资料的原委。他说，既然自己没有什么业务专长，暂时先跟着你走吧。你可否把你常看的资料借给我看看？我说，当然可以。

从此之后，他就连续数月不间断地向我陆续借一些有关契丹文字和女真文字的资料看，也学着我的样子边看边全文抄录，并不时提出一些问题与我讨论或向我"请教"。直到撤离干校。万万没有想到，那次与宝麟同志偶然散步中的谈话，竟然决定了他终生的学术道路。四十多年来，他一直跟我一起研究契丹文字和辽金史，已经功成名就。从某种意义上也可以说是那次谈话我把他领到这一学术领域中来的。

三 进入契丹文字研究小组

1972年8月,"学部五七干校"撤销,全部人员返回北京。当时虽然仍为运动体制,但纪律有些松弛。我和于宝麟同志经常去图书馆搜集有关契丹文字和女真文字的资料。后来我把一些契丹文字资料汇集起来油印散发。不久,我又把于宝麟吸收到油印资料的工作中来。从1973年至1975年,我们先后油印了《契丹大字资料汇辑》《契丹小字资料汇辑》《契丹大字资料汇辑续补》《契丹小字资料汇辑续补》《契丹文字问题译文集》(一)(二)共六册资料。前三本是我自己搞的,后三本是我们两人合作搞的。这六份资料为我们日后从事这一职业打下了基础。

1974年,邓小平同志主持中央工作后,宣传队开始落实各项政策。1975年8月,宣传队撤走,各研究所恢复搞业务。内蒙古大学的清格尔泰先生听说我们单位恢复搞业务之后,他拿着单位介绍信来民族所找我商谈合作研究契丹文字之事。我领他去见分工管民族历史研究室工作的党总支委员兼历史研究室党支部书记侯方若同志商议。他们二人商谈得很顺利,也很融洽。他们二人决定:先由两个单位的有关人员开个座谈会,就一些问题交换一下意见。

1975年9月10日,中国科学院民族研究所与内蒙古大学蒙古语文研究室合作研究契丹文字的座谈会在民族研究所召开。民族研究所参加座谈会的有陈化香(党总支副书记)、谭克让(党总支副书记兼科研组组长)、侯方若(党总委员兼历史研究室党支部书记)、杜荣坤(历史研究室党支部委员)、刘凤翥(业务人员)、于宝麟(业务人员)、罗美珍(科研组成员);内蒙古大学参加座谈的有清格尔泰(副校长)、陈乃雄(业务人员)、新特克(业务人员)。双方就合作研究契丹文字的意义、步骤、前景,以及物资保障等事项交换了意见,达成了共识。会后由陈乃雄根据会议记录整理出一份座谈会纪要,报各自的上级主管单位备案,以作为双方合作研究契丹文字的文字依据。

根据纪要,成立了由双方业务人员清格尔泰、刘凤翥、陈乃雄、于宝麟、邢复礼组成的契丹文字研究小组。在中国开始了有组织、有计划、集体研究契丹文字的高潮,也决定了我和于宝麟同志终生的学术道路。

四 对契丹小字字模的贡献

根据研究小组的计划,必须首先收集契丹文字的原始资料,主要是拓制有关碑刻。我和于宝麟于1975年9月18日先去位于保定市的河北省文物管理处拓制契丹小字《萧仲恭墓志》。接着又于当年10月去沈阳、阜新和赤峰拓制契丹大字《萧孝忠墓志》《耶律延宁墓志》和契丹小字《道宗哀册》《宣懿皇后哀册》《萧高宁·富留太师墓志铭》《许王墓志》和《故耶律氏铭石》等。

俗话说：兵马未动，粮草先行。契丹文字研究小组一成立就预见到随着研究工作的进展，必有大量的研究成果要发表。当时中国的印刷业，铅活字排版仍是主要工序。没有契丹字铜模来灌铅字必将制约研究成果的发表。为了彻底解决成果发表中的瓶颈性滞碍，必须制造灌铅字用的契丹字铜模。

要制造铜模，必须先进行字形规范。传世的契丹小字资料有字体工整的楷体，也有行书体或草体，还有的是篆体，而且还有些异体字。为规范字形，我们抄了四万多张卡片。研究小组全体成员通过对这四万多张卡片的反复讨论，最后敲定了377个契丹小字的原字规范字形。原字是现代学者给契丹小字的最小读写单位所起的名字，每个契丹小字都是一个单词，它是由一至七个不等的原字拼成的。

拿着规范好的原字字形去位于隆福寺之西的北京新华字模厂（此厂现已关闭，拆掉后改建为三联书店门市部）联系制造铜模时，字模厂的人告知，他们不认识契丹字，必须由我们自己描字样，描完字样后去联系制版厂制锌版，然后拿着锌版再去他们那里才能给刻字模。刻字模时必须自己备铜。因为铜是能造子弹的战略物资，字模厂只负责来料加工，不供应原料。当时的铜不仅不卖给个人，即使单位用铜也必须打报告申请，层层审批。这一艰巨的任务由内蒙古大学完成了。描字样的工作由邢复礼和于宝麟负责。每个字都写在约三寸见方的田字格内，既要把格占满，也不能使笔画接触到四边，笔画要伸展开，不能抱在一起，笔画粗细要均匀，笔画的边沿必须平直，拿放大镜看不能带毛齿，否则所制的铜模将来灌铅字时铅字容易卡在模内倒不出来。笔画抱在一起了，将来灌出来的铅字往往是个墨疙瘩。由邢复礼用毛笔在田字格内逐字书写，由于宝麟用鸭嘴笔逐一勾画每个字的每一笔画。于宝麟不仅负责勾画每个字的每一笔画，还负责每个笔画的审定和每个原字的定型。他费数月之力才完成了这一工程。有了合乎标准的字样，很快制好了锌板，并很快刻好了灌铅字的契丹小字原字铜模。1976年底，内蒙古大学先造了一套灌老5号铅字用的契丹字铜模，随后民族研究所也造了一套。这两套铜模不仅为在北京和呼和浩特发表小组的研究成果提供了方便，也为发表其他人的成果提供了方便。直至1987年我国印刷业告别了铅与火之后，这两套字模才完成了它的历史使命。现在电子版的契丹小字字库也滥觞于于宝麟同志逐字定型的377个原字。为了纪念于宝麟对铜模的贡献，特把于宝麟同志一笔一画勾描打磨的377个原字列举如下：

点72 禿73 夯74 卅75 主76 扎77 比78 毕79 她80 81 艾82 芖83 辻84 夲85 灰86 犾87 冘88 方89 克90 廾91 圬92 尢93 歺94 歺95 女96 亥97 夌98 亐99 东100 与101 丏102 芳103 兇104 亥105 大106 太107 杏108 仌109 寿110 杏111 杢112 査113 杏114 奢115 达116 夹117 丈118 夹119 尺120 夬121 永122 半123 本124 夹125 夸126 止127 灵128 至129 万130 不131 丞132 又133 叉134 圣135 圣136 刀137 刃138 到139 力140 甪141 屏142 屋143 叉144 叉145 了146 孖147 马148 丏149 子150 升151 列152 药153 约154 丞155 乙156 乇157 乎158 孑159 灭160 丕161 夹162 求163 並164 灸165 勻166 包167 包168 为169 欠170 氏171 久172 夊173 攵174 冬175 各176 列177 刹178 凡179 厄180 虎181 凨182 风183 圼184 乃185 冇186 及187 及188 州189 匀190 剡191 九192 九193 九194 坌195 午196 生197 朱198 矢199 気200 方201 芳202 劳203 先204 矢205 矢206 饣207 奐208 发209 笺210 尔211 亠212 宀213 生214 矢215 久216 尖217 朱218 兮219 屿220 行221 伏222 伏223 仕224 仕225 付226 仲227 仅228 彳229 仍230 仅231 佼232 伇233 仉234 仍235 化236 化237 门238 佣239 八240 宅241 兮242 令243 父244 伞245 伞246 余247 令248 字249 分250 介251 公252 众253 公254 佥255 企256 佥257 金258 傘259 灸260 令261 屮262 火263 炎264 燮265 炎266 乂267 㐅268 佥269 夵270 圣271 攵272 刈273 丛274 幺275 垒276 芈277 糸278 谷279 非280 业281 非282 非283 叔284 上285 山286 山287 屮288 屮289 炗290 出291 扒292 歺293 类294 小295 业296 出297 出298 岢299 峕300 门301 闪302 用303 用304 用305 肉306 冈307 冈308 冈309 固310 册311 丹312 卉313 卉314 卉315 卉316 目317 冃318 罒319 曲320 由321 虫322 肉323 口324 虫325 屯326 文327 交328 主329 亦330 戈331 宂332 穴333 乐334 几335 才336 氿337 衍338 酒339 关340 乂341 犮342 甾343 甾344 火345 炏346 苶347 炎348 劵349 奁350 岺351 岺352 学353 谷354 奀355 米356 坌357 当358 半359 坐360 粪361 为362 芐363 肯364 小365 罘366 平367 果368 毛369 毛370 兇371 丞372 尺373 叉374 圣375 甪376 写377 里

五 对《契丹小字研究》的贡献

契丹文字研究小组的成果原先联系的是文物出版社。文物出版社答应给出版，并且指定了沈汇同志为责任编辑。由我代表小组与沈汇同志保持联系。后来因故不再在文物出版社出版，由于宝麟同志通过翁独健先生联系了中国社会科学出版社，书名定为《契丹小字研究》。从此我就不再管出版事宜了，改由于宝麟同志负责出版事宜。于宝麟耐心细致，很适合作繁杂的资料性工作。《契丹小字研究》一书中"契丹原字音值构拟表第一"就是他根据小组解读的汉语借词制作的。为98个原字构拟了音值。他为了制作此表，还特意学习了音韵学的知识和国际音标。

书中333页的契丹小字索引也是于宝麟同志根据大家抄录的四万多张卡片按照原字的顺序编排的，列出了每个契丹小字在当时的传世资料中出现的位置，出现的次数。为后人留下了一份4000多字的契丹小字字库。刘浦江和康鹏主编的2014年5月由中华书局出版的《契丹小字词汇索引》一书，就是在于宝麟同志制作的小字索引的基础上完成的，是于宝麟同志工作的继承和发展。

书中的原字索引表也是于宝麟同志制作的。表中指出每一个原字都出现在当时传世的契丹小字资料中哪些地方。出现在合成字时是在第几个原字，是字头、还是字中，抑或是字尾。这对于深入研究每一个原字的性质很有用处。书中的论著目录索引也是于宝麟完成的。于宝麟同志为了出版《契丹小字研究》，调动了各方面的力量，例如，整页制版的各个契丹小字碑刻全部是由宝麟同志的岳父闻希融先生抄录的。具有里程碑意义的集体著作《契丹小字研究》一书凝聚着于宝麟同志的心血，他是为此书花费时间最多的人。工作量最大的拟音表、词汇索引表和原字索引表以及研究文献解题等都是由他完成的，他为此花费了七八年的时间。正是他制作的词汇索引表为后来制作电子版契丹小字字库打下了基础。在契丹文字研究史上，他占有极其光辉的一页。

六 《契丹古代史论稿》的学术价值

退休之前，于宝麟同志的大部分时间是从事集体项目。他为研究室的集体研究项目花费了大量心血。他任研究室的集体项目《中国民族史人物词典》（中国社会科学出版社1990年版）的副主编和《中国少数民族史大词典》（吉林教育出版社1995年版）的编委，不仅自己为这两部大书撰写了大量的词条，还细心地参加了两部书的编纂工作。在集体项目之余，他也进行了契丹史的著述。他的专著《契丹古代史论稿》（黄山书社1998年版）主要论述契丹民族建立辽朝之前的情况，这是填补学术空白的著作。此书也兼及辽代历史地理和契丹语的一些问题。书中最大的贡献是从大量宋人的使辽行程录和一些笔记中辑录了300多条汉字记录的契丹语词汇。为后人研究契丹语和解读契丹文字提供了详尽的资料。

七 退休后仍笔耕不辍

于宝麟同志退休后仍然笔耕不辍。他竭尽十余年心血撰写了大型工具书《中华历史纪年总表》（社会科学文献出版社 2010 年版）。这部 330 余万字巨作，全部内容皆据原始资料编就，且以大量文字反复考辨，匡缪补缺，多所创建，从而探索出在新时代年表发展的一条新路子。这是年表类图书中最为详尽和全面的年表。不仅包括所有有年号的政权，还包括中国境内没有年号的地方政权和少数民族政权，这是同类年表所鲜见的。书中还附录有每个周边邻国的年表，使用起来极为方便。这是历史学者们案头必备的工具书。他的这一著作可谓功德无量。

在《中华历史纪年总表》出版后，于宝麟还向院老干部工作局申报了与他人合作的《历代世系》课题。课题还没有做完，他就遽归道山。实在令人惋惜。

于宝麟同志的学术贡献将被后人永远怀念。

2014 年 3 月于北京

忆向南

宋德金

2012年末的某天,一位朋友从长春打来电话说,杨森(向南本名)走了。我愣了好一会儿才缓过神来。虽然他已过"古稀"之年,而且75岁也达到了当前国人寿命的平均值,但是对于曾经的同事来说,总觉得他走得早了点。

我与杨森结识已逾半个世纪之久。我们在1962年分别毕业于长春的两所大学,被分配到同一个单位——东北文史研究所。那时,我国尚未走出所谓"三年困难时期",许多企事业下马、停办,在同届毕业同学中,能到研究所工作是很幸运的事。那个研究所,说得夸张点,是一所空前绝后的学习、研究单位。文史所隶属中央东北局宣传部,办所宗旨是培养文史专业人才及为领导机关输送干部。授业方式,按当时的直接上级领导说,是"参照昔日东北萃升书院的办法,或者有如京剧小科班"[①],并且明确宣布不参加政治运动,不搞劳动,唯一的任务是读书。这在那个风行大轰大嗡、鼓吹"大跃进"、提倡又红又专、大搞政治运动的年月里,显然有点另类。我们所修的课程,用近年十分热络的一个词来说,可谓是地道的国学。进所人员不论原来所学何种专业,一律从十三经、前四史读起,这大约是新中国成立以来所仅见的。

当时我们大都是单身,在所内寄宿。大家都很勤奋,整天钻进如今已被视为文物的线装书堆中,平时多数人到午夜以后才休息。业余活动不外是在庭院中围绕小楼转转,或周末打打扑克、下下象棋而已,也有人喜欢篆刻、练字等,生活略显单调,却觉得安静、舒适。可惜我们这种在当时算得上世外桃源般的生活,很快就被打乱了。1964年,全体学员分别到省内农村参加社会主义教育运动(俗称"四清"),接着就是全民大批判、大抓阶级斗争、"文化大革命",一个运动接着一个运动。我们宁静的书斋生活不复存在了。后来,杨森和其他同事分别去了"五七干校",我则调到北京,不同城市的同事间基本上都断绝了联系。

1973年,原东北文史研究所所长佟冬同志受命在原东北文史研究所、原中国科学院吉林省哲学社会科学分院及中共省委党校基础上,重新组建吉林省哲学社会科学研究所(后改吉林省社会科学院),杨森和原东北文史研究所人员纷纷调回长春,重

[①] 关山复:《中国东北史·序》,见佟冬主编《中国东北史》第1卷,吉林文史出版社1998年版。

理旧业。几年后他又调到沈阳辽宁日报社、辽宁省社会科学院，从事辽史研究，直到退休和离世。

20世纪80年代，社会上流行起重学历之风，经上级主管机关批准，承认原东北文史研究所学员的研究生资格，并通知到散在各地的成员。我当时已在《历史研究》工作，觉得这个资格对我没有什么意义，所以在履历上仍旧填写大学本科毕业，这就是我们同期学员的学历有称研究生也有称大学本科的来由。

在同杨森共事的几年时间里，他留给我的印象是在业务上勤奋刻苦，性格耿直质朴，甚至有些土气。朋友说他有侠肝义胆，在"五七干校"期间，曾不远几百里，专程前去看望在那里接受"锻炼改造"的我们尊敬的老领导和师长，在那种环境下留给老师的安慰是可想而知的，难怪那位长者的后人至今还念念不忘此事。

1979年秋，我从吉林省社会科学研究所《社会科学战线》编辑部再次调入北京，在《历史研究》编辑部任编辑。次年，杨森委托本编辑部一位同事转来他和杨若薇合写的稿件，题为《论契丹族的婚姻制度》。当时我们《历史研究》还没有实行时下的所谓"匿名审稿"制度，而是责编、编辑室主任、主编三审。编辑分工较细，按断代分管来稿，编辑大都有一点研究能力，有的甚至造诣很深，如丁伟志、庞朴、吴荣曾等。个别冷僻题目，请专家外审，采用稿件是很严格的。就向南、杨若薇的来稿，编辑部内完全可以决定，无须外审。我因初到《历史研究》，处处小心谨慎，初拟采用后，请中央民族学院贾敬颜教授外审，贾先生对该文评价很高，该文很快在《历史研究》1980年第5期刊出。文章发表之后，向南同部门的朱子方先生一纸把我告到黎澍主编那里，说我徇私刊登熟人杨森文章，其实老先生并未指出文章有何问题。主编追问下来，我如实交代，并出示了贾先生那份比我的审读报告评价还要高的外审意见。我的一念之对，免去了许多麻烦。此事出来后，我再次斟酌该文，其中有一个脚注点了朱先生名，指出其"不妥"，属于节外生枝，本可不提。我不知就里，没有删除。

在编辑该文时，我问杨森，你叫了半辈子杨森，又不是作家，好端端地起什么笔名？他说，过去四川有军阀叫杨森，我不愿和他同名，这就是杨森改名向南的原因。后来，学会开会时，我同朱先生的关系没有因此受什么影响，他并不是针对我的。多年后，我同杨若薇同住在北京一个小区相邻的两幢楼里，谈起此事。我说杨森重实证，擅考辨，这篇文章并非他的强项和风格。她说，文章是两人共同商议和搜集材料，后由她执笔的。我想，她的话除了证明我的推断之外，也是为向南开脱他跟朱先生的过节吧！

由于我和向南不在一个城市，很少见面，联系不多，但是作为老同事、新同行，通过旧友、同行等渠道，对方的大致情况还是略知一点，我调到《历史研究》几个月后他就知道了，就是一例。若干年后，他的《辽代石刻文编》出版，立即寄给我一本，共同分享他的喜悦。过了几年，他跟我联系，说他和两位朋友合作辑注《辽代石刻文续编》，要申报一项"国家古籍整理出版专项经费资助"，嘱我写一份推荐意见，而且很急，似乎立即就要上报。这是嘉惠学林的善事，我照他的要求办了。尽管这两本文编尚非十全十美，毕竟给辽史研究提供了极大方便。

　　本文开头那位朋友通知我说杨森走了，当时我就安慰说，他虽走了，但辽史研究者会记住他的名字的。

2013 年初于北京

刘凤翥先生访谈录

陈晓伟

凝聚刘凤翥先生五十余年心血、集契丹文字研究之大成的《契丹文字研究类编》即将由中华书局于2014年出版，《中国辽夏金研究年鉴》特意安排一次采访，就相关问题谈一下作者的看法。

陈晓伟（以下简称陈）：请您谈一下《契丹文字研究类编》出版之际的感想。

刘凤翥（以下简称刘）：《契丹文字研究类编》已经看过四遍校样。四校的校样也已经对过红。八开本的多卷本《契丹文字研究类编》即将由百年老店中华书局出版。我对此感到莫大的欣慰和喜悦。严格说来，我一生所做的有意义又有学术价值的事情就是研究契丹文字这一件事。现在凝聚着自己五十多年夜以继日、呕心沥血的劳动成果即将呈献给广大读者，我有说不出的无限喜悦和兴奋。

说到此书的出版，让我不由得想起翦伯赞先生。我之所以走上研究契丹文字的道路应当发端于1962年8月16日晚上我与翦先生的一段谈话。当时我刚从北大毕业，正要去民族所读研究生。我那天是向翦老辞行。翦老以他那马列主义史学家的高瞻远瞩和对晚辈的关怀，劝我到民族所之后务必学习诸如契丹文字、女真文字、西夏文字之类的一至二门民族古文字。在他的客厅中已经谈了这个问题。他怕我不把这件事情当回事，我告别时，他于是又一个劲儿送我，我一再劝他留步。他仍然不停步，把我一直送到燕东园西门，他才停下脚步再次对我说："我跟你说的要学习一至二门民族古文字的事一定记住。学了民族古文字不仅不会影响你研究历史，还会对你研究历史有所帮助，说不定会对你终生受用无穷。"我对翦老一向很崇拜。对他的"终生受用无穷"六字叮咛我牢记在心。当即下定决心：一定按着翦老的嘱咐去做，尽力去实践它。翦老由于受"四人帮"迫害，含冤而死，未能看到我在契丹文字方面的成就。现在《契丹文字研究类编》即将出版，我现在可以骄傲地告慰翦老的在天之灵："敬爱的翦老，我按您的嘱咐做了。"

人要饮水思源，要有一颗感恩心。我要感谢我的导师陈玉书先生。陈先生若不招收我为研究生，我也进不了民族所这个学术环境优良的机关，因而也不会走上研究契丹文字的道路。我还要感谢收藏契丹文字资料的文博单位的各位领导，是他们对我的厚爱和信任才使我顺利地收集和拓制了全部传世的契丹文字资料，为研究打下了基础。我还要感谢康鹏同志和张少珊同志。是他们分别制作的契丹小字字库和契丹大字字库才使我的契丹文字的研究工作通畅地走上电子化道路。《契丹文字研究类编》一书中所出现的契丹文字都是使用的他们的电子版字库。书中凝聚着他们的劳动成果。没有他们的字库，出版这样一套多卷本的皇皇巨著是不可想象的。我更要感谢一贯支持我、帮助我研究契丹文字的我的夫人李春敏老师。早在"文革"时期，她就帮助我刻钢板油印契丹文字资料。拨乱反正之后，我所发表的以及我主导发表的所有研究契丹文字的文章中的契丹文字墓志都是李老师全文摹录的。不仅为我的研究工作做了贡献，也为其他同行做了贡献。《契丹文字研究类编》33件契丹小字碑刻和13件契丹大字碑刻都是李老师对照拓本全文摹录的。该书封面的书名也是李老师题签的。没有李老师的协助，出版《契丹文字研究类编》也是不可想象的。俗话说"一个好汉三个帮，一个篱笆三个桩"。《契丹文字研究类编》就是在众亲友的帮助下才得以出版。不能忘记他们对契丹文字事业的贡献。

陈：请您谈一下《契丹文字研究类编》基本内容及相关研究。

刘：《契丹文字研究类编》全书分为七部分。第一部分为契丹文字研究综述。主要讲述契丹文字的创制、失传与重新出土以及最初研究；契丹大小字的区别以及我国契丹文字研究的历史和现状。第二部分为契丹小字论文选编。收集了我国早期契丹小字研究者罗福成、厉鼎煃的全部论著和我自己多年来解读契丹小字的文章近40篇，以及我主导的论文6篇。每一件契丹小字墓志都有一篇或两篇考释文章。第三部分为契丹大字论文选编。收编了我研究契丹大字的论文14篇。其中自己觉得最为得意的是《若干契丹大字的解读及其它》《若干契丹大字官名和地名的解读》和《契丹大字〈耶律昌允墓志铭〉之研究》。尤其是对辽代双国号的诠释，意义重大。第四部分为契丹文字的释义与拟音。目前契丹文字的研究重点就是解读，即释出每个契丹字单词的字义和对每个契丹小字的原字和每个契丹大字的音值进行构拟。我研究契丹文字总是通过音义结合的方式、以已知求未知的科学的方法对契丹字进行释读和对契丹小字的原字，以及契丹大字的音值进行构拟，之后放到不同场合去验证以达到一通百通。这部分收录的就是通过这种科学的方法释义和拟音的契丹文字。其中包括已经释读的契丹大字语词和对部分契丹大字的拟音，还包括已经释读的契丹小字语词和对部分契丹小字原字的拟音。这是全书的眼睛。也可以说是一部已经解读的契丹字词典。第五部分为契丹文字资料。收集了契丹大小字以及对应汉字的墓志、哀册、墓碑、印章、钱币、铜镜、符牌等铭文145件，不但广而全而且广而精。所有的契丹文字墓志都由我的夫人李春敏老师用毛笔全文摹录，凡是能够释读的契丹字都在右边标注汉字。第六部分为契丹大字资料照片。第七部分是契丹小字照片。第七部分收录了契丹大字和契丹小字照片近200张。绝大多数是用我手拓收藏的精拓本拍照的。

顺便指出，进入21世纪之后，契丹文字赝品盛行。而有些没有赝品意识和没有鉴别赝品能力的圈内的年轻同行拿着赝品当真品来写书、写文章，给学界造成极坏影响。我感到自豪的是敢为天下先，不怕得罪人，敢于奋起揭露赝品。揭露赝品将是目前契丹文字研究工作中一部重头戏。《契丹文字研究类编》中收录的几篇批驳赝品的文章仅仅是开台锣鼓而已。

《契丹文字研究类编》是继《辽陵石刻集录》《契丹小字研究》之后的第三部里程碑意义的著作。其特点是资料全，成果新。后来者可以一书在手就能起步进行研究或自学。我敢自信，这是一部传世之作。一二百年之后肯定还会有人读这部书。

陈：您对未来契丹文字研究的展望。

刘：无论是契丹大字还是契丹小字目前都是解读出来得少，尚未解读得多。这就为后来者留下了可以驰骋的广阔空间。要彻底解读契丹文字，还需要几代人的不懈努力。解读契丹文字是个人行为，不能指望别人帮助你。要靠自己百折不挠地努力。我的契丹文字知识不是从课堂上学来的，也不是老师教的，而是在"五七干校"自学的。自学成才就是任何研究契丹文字者最好的出路。而且契丹文字并不神秘，也不是高不可攀，只要埋头自学几个月就能入门。

不要指望出土新材料。要在既有材料的基础上狠下功夫。当年金启孮先生曾跟我讲过"笨鸟先飞"的道理。总而言之，就是多看原始资料和前人的研究成果。不间断地反复看，看到家了就能看出门道来。

契丹语中的汉语借词已经解读得差不多了。薄弱环节是契丹语固有单词的解读。要借助于契丹语的亲属语言进行语法比较。像你这种既熟悉辽史，又懂得蒙古语的人有优势。今后你还要不断提高蒙古语的水平。要多思考，能够提出问题，也就距离解决问题不远了。不要指望一解读就能解读一大片，要耐着性子，一口一口地啃。一个字一个字地解读。

契丹文字自从1922年出土以来，无论是资料出土还是研究成果，都是大约30年左右一个周期，每一个周期都有一个质的飞跃。每个飞跃都有一部代表作传世，如《辽陵石刻集录》《契丹小字研究》《契丹文字研究类编》。

俗话说"长江后浪推前浪，一代更比一代强。"当年陈玉书师曾鼓励我说："青出于蓝而胜于蓝是历史法则。学生超过老师是正常现象。"你和康鹏这些后生不是都纠正过我的错误吗？希望寄托在你们这些勤奋好学的后生身上。下一个或下两个飞跃要由你们这些后生来推进完成。

谢谢你对我的采访。

2014年8月27日于北京

第七篇
博士论文提要

西夏文《亥年新法·第三》译释与研究

周　峰

西夏文《亥年新法》是西夏继《天盛律令》之后制定、颁布的又一部重要法典，出土于内蒙古自治区额济纳旗黑水城遗址，现藏俄罗斯科学院东方文献研究所，1999年刊布于《俄藏黑水城文献》第九册。现存《亥年新法》都是手抄本，有甲、乙、丙、丁、戊、己、庚、辛诸种本，其中第三有甲、乙种本，主要为关于盗窃罪的法律条文，有关于一般盗窃、盗亲、群盗、监守自盗等的具体规定。

论文共分为五章，第一章是对《亥年新法》第三的译释，以乙种本为底本，校以甲种本并参照《天盛律令》中的相关内容，对《亥年新法》第三进行逐字翻译，也就是对译，然后在此基础上进行意译，给出一个较为完善的汉文译本。第二章是《亥年新法》第三与《天盛律令》第三的比较研究，从中可以看出西夏前后法律制度的发展变化情况。第三章、第四章是西夏盗窃法与《唐律疏议》盗窃法以及宋朝盗窃法的比较研究，主要通过对比《天盛律令》与《唐律疏议》《宋刑统》《庆元条法事类》中有关盗窃法的内容，从而了解西夏法典的"源"，了解其吸收、借鉴了唐宋的哪些法律成分。第五章是西夏盗窃法与辽金盗窃法比较研究，由于辽代、金代没有完整的法典流传下来，因此通过对比《辽史》《金史》中零星的相关法律条文，了解西夏与其同时的少数民族王朝法律的异同，对于西夏、辽、金三个少数民族王朝吸收、借鉴中原王朝法律的不同特点也有所认识。通过对西夏重要刑法内容盗窃法的对比研究，可以更深刻地认识西夏对官私财物的保护、保护统治阶级既得利益、维护社会稳定的对策和前后发展的变化，加深对西夏社会、特别是晚期社会的认识。

（中国社会科学院研究生院2013年博士学位论文，导师：史金波研究员）

西夏职官制度研究

——以《天盛革故鼎新律令》卷十为中心

翟丽萍

西夏是以党项为主体民族建立的国家，自1038年元昊建国至1227年蒙古灭夏，历时190年。先后与北宋、辽、南宋、金并立，雄踞中国西北。疆域囊括了今天的宁夏、青海东北部、甘肃西北部、陕西北部和内蒙古的部分地区。境内有党项、汉、吐蕃、回鹘等民族，共同创造了灿烂的西夏文化。

史载，宋于庆历四年（1045）十二月乙未册封元昊为夏国主，与西夏"约称臣，奉正朔，改所赐敕书为诏而不名，许自置官属。"① 实际上，早在宋明道二年（1033），元昊就已经大建官制，此后历经数次变革而趋于完备。有关西夏职官制度，现有的夏、汉文献中，以《天盛革故鼎新律令》卷十所载内容最为详备。《天盛革故鼎新律令》简称《天盛律令》，是一部由西夏人使用西夏文字刻印、刊布的法律典籍，囊括了西夏政治、军事、经济、文化、宗教等各个方面的内容。然而，由于西夏文比较难以释读，给人们的研究带来了不少困难。目前，《天盛律令》虽然有俄译本、汉译本，但是现有成果多是在汉译本《天盛律令》的基础上进行研究。笔者认为，只有通过对《天盛律令》西夏文原始文本的周详解读，准确把握原文的语义，才能更好地理解西夏法典，进而全面认识西夏的历史和文化。

因而，本文在前人的研究基础之上，以《天盛律令》卷十为中心，辅以相关夏、汉文献，共分为两部分，包括对西夏文《天盛律令》卷十的翻译、考释与六个职官制度专题探讨与研究。因《天盛律令》只有汉文翻译文本，没有可信、录写的西夏文本，从而造成学界对《天盛律令》的研究主要侧重于汉译本，忽视了西夏文本的重要价值。本文试图改变这种情况，通过结合夏、汉文献，利用工具书，对文献进行了释读与考释，在此基础上完成了专题研究。

论文上篇《〈天盛律令〉卷十译释》根据原文献现存的四门分为四章，依次做了逐字对译与名物制度的考释等两方面的工作。

1. 在逐字对译时，校勘了汉译本《天盛律令》中未译、漏译、错译、前后翻译

---

① 《宋史》，中华书局1977年标点本，第14002页。

不一致等问题。以第四门《司序行文门》为例，"◻◻◻"汉译本译作"五原县"，应译为"五原郡"；将"◻◻◻"误译作"真武县"，应译为"真武城"；将"◻◻◻◻"误译为"制药司"，应译为"金工司"，等等。

2. 关于名物制度、语言文字等的考释则是上篇的重要内容。主要有以下几类：

（1）对官名、机构名称、地名等的考释。这一类是本文考释中的多数。首先利用工具书从字的音、义来解释每个机构；通过考察其源流，与宋制做简单对比；探讨其职掌与属官。以中书为例，中书设置于元昊初建官制时，《宋史》、《金史》、《天盛律令》、《番汉合时掌中珠》、汉文本《杂字》等夏、汉文献中均有出现，属于上等司，与枢密院并列。宋中书掌进拟庶务，宣奉命令，凡职司长贰以下官员的派遣均涉。西夏的中书不仅掌管文职官员的任用和考核，还具有管理农田水利、租税、诉讼等职能。《天盛律令》载中书设有六大人、六承旨、七都案、十二案头、若干司吏。出现在其他夏、汉文献中的相关官名有令公、中书令、酪腮正、中书副提点、中书省左司郎、中书相等。并从官名中书省左司郎入手，考察西夏官制与宋制的关系。显然，西夏官制在机构设置上有所变通，并非完全照搬宋制。

（2）名物考释。如"◻◻（头字、头子）"表示军事性质的券、文件等，有军头字。◻（信牌），西夏的信牌有铁、木、银等材质，是用来传达紧急消息、表示凭证的符牌。唐宋皆有信牌，有特别的长度、形制，主要用于军事信息的传递。金朝也有信牌，由千夫长、百夫长等佩戴。西夏的银牌还是一种表示臣服、归属的信物，西夏"铁骑三千，分十部。发兵以银牌召部长面受约束。"[①]

（3）固定词汇、法律用语等方面的考释。如"◻◻（只关）""◻◻（担保）""◻◻（判凭）"，"◻◻"译为长期，表示长期徒刑。"◻◻◻"译为偷盗。"◻◻"表示朝廷、京师等意。"◻◻"表示立便、立即。"◻◻◻◻"表示过问，"◻◻◻◻"表示未过问，"◻◻◻◻"表示已过问。

下篇《〈天盛律令〉卷十官制专题研究》分为六章，主要是以《天盛律令》卷十及相关文献为依托，对西夏官制进行的专题考论，以期为以后的研究打好基础。按照内容可分为三部分。

第一章《西夏职官制度的创立与发展》。首先，简述党项政权发展壮大的历史，从党项归附唐开始至宋初，阐明其与中原王朝的关系。其次，从党项拥有夏、银、绥、宥、静等五州地开始，借助现存大量的唐末党项碑铭，参考严耕望、张国刚等人对唐代藩镇、节度使属官僚佐等的研究成果，对党项夏州政权的节度使幕僚机构进行了探讨。有以下分论点：1. 唐五代时期夏州节度军将官员；2. 唐五代时期夏州节度使文职幕僚；3. 夏州节度下辖州官及部落首领官名；4. 宋初夏州节度文武官员。最后，对西夏官制设立及其发展这一历史进程做了简单考察。自元昊于 1033 年初设官

[①] 《宋史》，中华书局 1977 年标点本，第 13995 页。

制起，至仁宗时期，西夏官制几经变革，趋于完善。史载，西夏官制是仿宋制而设。本文认为初期仿宋居多，此后逐渐与原来的节度使幕僚机构、部落组织等融合，形成了符合西夏国情的职官制度。之后，并简述了西夏官、职、军问题，为下文的第二至第四章做铺垫。

第二章至第四章，分别探讨西夏的官、职、军问题。这是在《天盛律令》等西夏文献中屡次出现的问题，也是研究西夏官制必须首先解决的问题。

第二章《西夏的官阶制度》，主要从四个方面来考察西夏的官阶制度。首先，从《天盛律令》卷十《官军敕门》所载一段文字入手，认为西夏存在十二品官阶，同时参照《官阶封号表》（甲种本），对现存上品至七品的官阶做了描述。西夏的官阶共十二品，每一品均有若干文武阶官，文武阶官数量相同。其次，考察了西夏官阶制度的特点，认为其官阶制度与唐宋官阶相似，是君王对臣下的礼遇，维护了统治阶级；具有别贵贱，显示有官人的特权——以官抵罪；甲种本《官阶封号表》具有集品、阶、勋一体的性质。有关此表已有考释研究，虽然苏航在《西夏文〈官阶封号表〉性质新释》中提出新的见解，认为其与座位图相似，但不可否认其具有明显的官阶性质。相比唐宋官阶，西夏一些阶官可配备战具，这也显示了西夏社会的军事性。西夏还规定了番汉共职时，以番人为大；文武同职时，以文官为大。明显不同于唐朝同职以爵论，爵同以齿论。但都维护本民族的统治地位，即规定官同以异姓为后。再次，就西夏官阶的三种分类：及授、及御印与未及御印问题做了考证。认为自拒邪以上为及授官，自拒邪以下至帽主（威臣）为及御印官，自帽主（威臣）以下至十乘为未及御印官。最后，对《金史·交聘表》中反映的西夏官阶问题做了一些考论，并发现使臣所带官衔与西夏文文献记载不相对应。比如武功大夫，宋为正七品武阶官，而西夏七品武阶官现存有四名，因是西夏文，具体含义不明，也无法判断其与武功大夫有何关系。这些都是有待于以后继续考证的问题。

第三章《西夏的职》，专门讨论西夏的职事官。唐朝区别职事官与散官的办法是看其有无具体职掌，西夏也是如此。宋代实行的是官、职、差遣制度，官与职皆为虚衔，差遣则如唐职事官。唐三公、六省、九寺等中央机构官员为在京职事官，州县、镇庶、关津为外职事官。西夏的职事官包括设在京师的中央诸司官员、边中诸城、监军司、刺史、提点夜禁、铸铁、各种巡检等。通过文献，我们可以看出西夏人有职位时可以有官阶，但有官阶时不一定有职位；并规定因职位而得官，告老时官不失。因犯罪革职，可以用钱赎回。一些材料表面西夏的职位可以袭任。此外，还简单探讨了西夏官员的迁转问题。西夏职事官一般任期三年，任期结束后分三种情况决定是否应该续转。同时对一些特殊机构的官员实行不同的续转办法。比如工饰院有匠人大人则不续转，其余应续转则续转。

第四章《军抄、军溜及盈能》，对西夏军抄、军溜等问题做了考论。一般人们认为西夏的军抄由正军、正辅主、负担等三部分组成，而本文根据出土文书与《天盛律令》判断，军抄应由两部分组成。正辅主与负担均为正军之祐助，只是分工不同，有的负担持有锹、镢之类的生产工具，与现代的工程兵有些相似。不仅西夏存在这种兵制，辽、金、吐蕃都有类似的组织。这种军事组织明显体现了游牧性质，具有强烈的军事性。辅主作为正军之祐助，具有多元的来源。有成丁男子或者疲弱的正军、单丁；有叛逃后被捕的使军及其他使军；他国投诚者或者俘虏；非婚生子及官人所生子只能为辅主。这些人均处于社会底层，辅主在某种条件下也可以成为正军。如正军未长大时，强壮的辅主可以代为正军，正军及丁后则亲自掌权。军溜是比军抄大的军事组织，由若干抄及寨妇组成。史载西夏首领各将部落之兵，谓之"一溜"①。寨妇的社会地位比正军、辅主低，是正军的附属，疑似军队中的私人，人身依附关系较强。军溜一般驻守城堡营垒，巡查边界，监视敌情，此外还具有协助追捕所辖地区的偷盗者、监管境内罪犯典押出工、检校官马、统计逃人情况等职能。"盈能"是西夏音译官名，设置在溜中。牧盈能按照一定的人口派遣，主要职责是协助校验官畜。

第五章至第六章，是官、职、军问题的延伸。第五章分别讨论了西夏的经略司与监军司。根据文献记载判断，西夏的经略司可能由东、西厢（又称左、右厢）发展而来。史籍未明确记载经略司所设属官，但史料中出现经略使、经略副使、经义、案头、司吏等官名。经略司掌管除京师及不属于经略司管辖之外的广大区域，主持全国一年一度的季校，即对军人、官马、披、甲等进行校验；过问边中任职人的派遣、请假、迁转等事务；管理边中牧场、山林及辖区内各项琐事。监军司是西夏独有的地方行政单位。本文纵向考察了西夏所设监军司情况，并总结了其职能。文献表明，西夏的监军司具有军政合一的性质。因《天盛律令》卷十涉及了较多的军职，因而对西夏的军事指挥机构也做了一些研究。西夏的中央军事指挥机构有枢密院、殿前司、正统司与等。枢密地位较高，但职权渐渐被殿前司、正统司等机构分散掌握。殿前司主要掌中央兵力，宫城禁卫等均属于其管理。同时掌禁宫仪仗、礼仪。正统司与统军司因文献记载甚为简略，难以判断其职责与属官。西夏的有正副统、行监、溜首领、权、正首领、小首领、舍监等大小军职。

以上，是本文的主要内容及结论，写作难免粗糙，有些论证限于史料原因也难以深入。西夏官制是一个庞大的课题，本文涉及的仅是很少的一部分。因此，尚需要长期准备、积累，并持之以恒的研究。希望有关专家能给予诚恳的批评与建议。

（陕西师范大学 2013 年博士学位论文，导师：韩小忙教授）

---

① （宋）李焘：《续资治通鉴长编》，中华书局 1992 年标点本，第 3136 页。

黑水城所出元代词讼文书研究

侯爱梅

　　黑水城文书价值珍贵，其中的元代词讼文书共300多件，涉及案件170个左右，是元代亦集乃路较为完整的司法档案，是元代法制史料的有力补充，填补了元代地方基层组织司法档案缺失的空白，为研究元代亦集乃路地区的诉讼审判制度、法制状况、社会状况及元代政令律令在地方基层组织的实施状况，提供了丰富翔实的第一手资料。

　　目前，学界对黑水城所出元代词讼文书的研究主要集中在个别保存完整的文书和有代表性的案例上，对于大部分残损、内容不完整的文书则几乎无人涉猎，缺乏全面、系统研究的学术论文和专著。针对黑水城所出元代词讼文书的珍贵价值和目前学界对黑水城所出元代词讼文书研究较为薄弱的现状，本文采用文献学、历史学、语文学、民族学等多种学科知识、理论、思路和方法，对黑水城所出所有元代词讼文书进行系统整理和深入研究。主要内容如下：

　　1. 介绍元代亦集乃路的概况，包括亦集乃路的历史沿革、亦集乃路总管府的设置情况、亦集乃路的自然环境、财政经济、居民状况等。亦集乃路是元代西北地区甘肃行省管辖下的下路，人口不足一万，包括党项西夏、蒙古、汉人、藏族、畏兀儿族等多个民族成分，以军户、民户、站户为主，信仰佛教、伊斯兰教、道教等，民族成分、户籍成分及宗教信仰均复杂多样，是元代西北多民族聚居、多元文化汇集地区的典型代表。与元代南方地区相比较，亦集乃路的经济较为落后，以农业生产为主，兼营畜牧业，但因自然条件限制，农业生产广种薄收，平年尚可自足，如遇灾年或大量军供则远不足敷，需从外地运粮接济。但亦集乃路的地理位置较为重要，它位于岭北行省和甘肃行省交界地带，是中原到漠北的必经之路和交通枢纽，沟通了岭北与内地的经济联系，商业繁荣。有元一代，亦集乃路在维护西北稳定，维持纳怜驿道畅通，为镇压诸王叛乱提供军粮等方面发挥着重要作用。

　　2. 总结黑水城所出元代词讼文书的内容。介绍黑水城所出元代词讼文书的整理出版情况，并根据文书内容，将文书分为驱口案、婚姻案、斗杀案、盗贼案、财物案、土地案和其他案件七大类，对所有词讼文书的时间、内容、类型进行整理、归纳、列表，以便于研究。

3. 考释黑水城所出元代词讼文书中的法制用语。"历代的狱辞、诉状，乃至奏章，保存口语材料独多，官司诉讼，关系重大，需要如实记录，不能走样"。"古书里记载的诉讼供词常常比较接近实际语言，怎么说就怎么记。因为诉讼之事关系重大，记载下来的时候不能有什么修改润饰，只能保留它本来的面貌"。黑水城词讼文书中包含丰富的口语、俗语，保留和汇集了大量的专业法制词汇，有些文书还夹杂着硬译文体的用法，最能反映元代法制语言的原貌，具有无以替代的重要语料价值和语言史价值。因此，本文总结了黑水城所出元代词讼文书的语言特点及其价值，并对一些具有元代典型特色的60多个法制词语逐一进行考释。

4. 重点分析、研究元代亦集乃路的法制状况和诉讼审判制度。主要包括以下三个方面：

（1）以这些词讼文书为基础，结合其他黑城文书，分析了亦集乃路总管府的行政建制以及长官、正官、首领官、六房司吏的职能和行政隶属关系，论述了亦集乃路总管府建制，亦集乃路总管府内设的刑房、户房，亦集乃路总管府下属的巡检司，凌驾于路总管府之上的肃政廉访司，隶属于肃政廉访司但由亦集乃路总管府和肃政廉访司共同管理的司狱司等五个司法部门的职能分工及如何相互配合，共同完成案件审理、执行的司法运作过程，较为清晰、完整地呈现了元代亦集乃路司法机构设置及运作状况。

（2）总结亦集乃路官府在行政司法运作中，所用公文的形式及各种公文、司法文状的书写格式。元代官府公文、司法文状形式、品种多样，且都有固定的书写格式和要求。《元代法律资料辑存》辑录了泰定二年本《事林广记·辛集卷》所载"写状法式"17种、至顺刻本《事林广记·别集卷》"告状新式"14种，保存了元代诉状的书写格式，其他诸多文书书写格式已佚。黑水城出土的元代词讼文书中，则大量汇集了亦集乃路官府之间、官员之间的劄付、牒、申文和呈文等公文形式，完整地保存了原告的诉状、勾唤被告及干连人的信牌和传唤贴、记录审问时被告和证人供词的取状、看管犯人或负责某项具体工作的承管状和责领状、被告的识认状，以及撤销诉讼的告拦文状等多种元代司法文状。本文将这些公文及文状全部进行系统的分类、整理及研究，总结出每种公文及文状的形式和书写格式，对于了解元代各种公文、司法文状的形式及书写格式提供了重要参考，可补史籍之缺。

（3）总结元代亦集乃路审理案件的具体程序，包括提起诉讼、官府受理、调查取证、圆坐议拟、宣判执行等几个环节，利用文书资料，结合相关案例，对每一环节的具体实施状况进行详细考证和论述，并分析总结元代律令在亦集乃路的实施状况以及亦集乃路的执法状况。

例如，在分析诉讼环节时，通过考证文书发现亦集乃路词讼案件中，有主人状告驱口逃跑或不服役、店铺老板状告客户拖欠货款、昔宝赤军户上告官府想占领无主地基盖房、逃亡站户上告官府要求复业、丈夫状告妾妻烧毁婚书等，还有状告被人骗取钱物或索要钱物，状告遭人殴打，状告官员和法师雇人揽渠灌溉，等等。诉讼对象（即被告）的范围很广，从驱口、平民、僧人到官员、官府，无所不有，甚至出现驱口告主人、子告父的情形。M1·0549［F80：W12］号文书中，驱口"曹巴儿等告被賣"，被告应为其主人。此件文书里，告状者曹巴儿的身份有待考证，是否确是驱口尚有疑问，很可能是被主人压良为驱。另有 M1·0614［Y1：W37B］号文书中，"曹阿立嵬告父曹我称布存已将赡站地廿石作钞八定，典与任忍布"。

再如，在分析官府取证时，以也火汝足立嵬土地案为例，也火汝足立嵬状申甘肃行中书省要求复业，此案的关键点在于要证实也火汝足立嵬父祖原系亦集乃路站户，并在亦集乃路拥有田土的证据。于是，亦集乃路总管府查阅了路架阁库保存的至元廿四年的地亩册，地亩册中确有记录，且证实了石革立嵬之"元置地土"位置及田亩数，这就为断案提供了关键依据。

从黑水城出土的元代词讼文书中还可看出亦集乃路官府办案的效率。元代对官员的审案时限有具体规定，"诸婚田诉讼，必于本年结绝，已经务停而不结绝者，从廉访司及本管上司，正官吏之罪"。失林婚书一案，原告阿兀起诉时间为至正二十二年十一月三十日，而案件结案时间是十二月初九日，从上诉到结案仅用了十天时间，证明亦集乃路官府办案效率较高。但也火汝足立嵬要求复业的案件，自至正十一年上告，直到至正十三年还未有结果，该文卷末尾一件上写有"革前创行未绝壹件也火汝足立嵬告復業至當日行檢為尾訖"等字，可知，这个案件的审理竟然长达三年，才予结案。

通过黑水城词讼文书，还能得知元朝中央政府的政令、律令在亦集乃路的实施情况。例如，通过俄藏ДХ1403号和中国藏 M1·0570［F21：W3］号两件文书可知，官府在审理妇人忽都龙与奸夫合谋杀夫案中，参照了皇帝的诏赦令。此外，近 20 件律令印本和抄本的出土，也说明了亦集乃路地区官府对中央律令的重视，以及元朝中央的律令对于亦集乃路地区司法实践具有重要的指导意义。

5. 结合黑水城所出元代词讼文书，全面分析亦集乃路的社会治安状况。亦集乃路为元代的地方基层组织，地处西北边陲，是中原到漠北的必经之路和交通枢纽，其人口不足一万，居民的民族成分、户籍成分和宗教信仰复杂多样。黑水城出土的元代词讼文书中大量盗窃、斗殴、凶杀、抢夺案例及土地、财物纠纷等，为我们了解元代尤其是西北多民族交汇地区人们的生活状况和社会治安状况提供了真实鲜活的材料。本文结合文书中一些典型案例，如亦集乃路百姓殴打职官、公然违抗官府决议、驱口不听主人使唤甚至状告主人、驱口逃亡、流民增多、站户大量破产消乏、妇女改嫁、男子纳妾、买卖女口等案件，解析了这些现象背后所反映的深层的社会原因。

以流民为例，陈高华先生在《元代的流民问题》一文中，指出"许多流民长期找不到生活的出路，便在城乡到处流动，成为无业游民。他们是生活中最不安定者"。亦集乃路存在大量外地流民，他们在亦集乃路没有田产，如再无手艺，将难以维持生计，成为亦集乃路地区的社会不稳定因素，增加了亦集乃路的犯罪率。黑水城出土的元代词讼文书中，不少涉案人员、罪犯正是这些流民。M1·0561［F116：W294］号文书中，殴打税务人员的王汉卿，原系冀宁路汾州孝义县附获民户；M1·0579［Y1：W110］号文书中盗窃犯罗春丙，为四川纳溪县所管某户，年二十六岁；M1·0564［F2：W54］号文书中，杀人犯捨赤压"元系迤北"；M1·0594［F234：W9］号文书中，财物案的被告罗信甫，"系御位下安西路刘万户所管袛候府□勾当"；M1·0726［F1：W24b］号文书中，案件涉及山丹州（属甘肃行省，位于甘州路和永昌路之间）法塔寺僧户；M1·0664［F116：W117］号文书中，失林婚书案的被告闫从亮，原为"巩西县所管军户"，至正"十九年间被红巾贼人将鞏昌城池残破，□年正月内從亮避兵前来永昌甘州住坐至，廿一年正月廿一日到来亦集乃路东关□□近住坐，至正廿二年十一月十五日從亮与在城住□沈坊政合伙熟造油皮毡生活；M1·0738［83H.F13：W100/0451］号文书中，罪犯"系宁夏路附籍"。这都指出社会现象和社会问题正是有元一代特别是元朝末年战乱频仍、盗贼丛生、灾害多发、流民严重、土地、财物纠纷多发、政治混乱、官员腐败社会状况的真实写照。文中还结合案件，对亦集乃路的站户、驱口、妇女等一些特定社会群体的生存状况及当地人们的主流思想观念和意识形态予以分析阐述，可为元代相关问题的研究提供一定的参考。

此外，本文对于圆坐圆署制度、约会审理制度、肃政廉访司照刷文卷制度等一些具有元代特色的诉讼审判制度均有所论及，有助于全面了解元代的诉讼审判制度。

上述研究，基本上勾勒出元代亦集乃路地区的法制面貌和社会状况，因亦集乃路为元代西北地区多民族聚居，多元文化交汇融合的地区，具有一定的代表性，其法制、社会状况也为研究元代法制史和元代西北地区社会生活史提供了重要的参考依据。通过研究，我们不难发现，尽管亦集乃路仅为元代西北边陲的一个下路，人口尚不足一万，经济、文化的发展水平远不能与中原及南方地区相提并论，但从文书所反映的情况来看，当地的法律健全程度及法制水平超乎人们想象，其司法制度健全，执法有力，元政府的各项政令、法令在该地都得到了行之有效的实施。这一方面说明作为少数民族——蒙古族建立的元代王朝并非像人们想象的那样缺乏统治经验、落后、野蛮等，相反，其是一个文明的朝代，尤其在法制方面，元朝统治者曾大量吸取前代的法律制度和法律实践的精华，结合元代的实际，创制了一整套较为完善的具有元代特色的法制制度。例如，约会审理制度、肃政廉访司法照刷文卷制度、录囚制度、重大刑事案件层层审核上报制度等，具有时代的进步性，非常难能可贵。另一方面，西北边陲地区——亦集乃路能有如此完善健全的统治制度，也就间接证实元朝统治者曾成功地将其颁布的政治、经济、司法制度推行到全国各个基层地区，在全国范围内实行了有效统治和管辖。

因时间和篇幅所限，本文主要侧重于对亦集乃路整体司法状况和司法制度的研究总结，有一些具体问题未能深入考证、研究，略举几例：其一，亦集乃路"推官"的具体职责。文书中未见推官审案的记录，与元代推官专管刑狱的规定不符，有待考证。其二，"吏"在司法实践中的重要作用。"吏"是亦集乃路案件的主要承办者，多份文书出现有吏的签署，其文化层次、廉洁程度是否对司法审判、司法公正有一定的影响。其三，书状人的身份和性质。从出土的各类诉状的笔迹和语言来看，亦集乃路的书状人可能不止一二人，应存在个人写诉状的情形，书状人的身份和性质需考证。其四，亦集乃路大量民事、刑事案件发生深层的社会原因。此外，文中缺乏宏观比较研究，未在基础研究的基础上，将元代亦集乃路地区的法制状况与元代其他地区的法制状况做横向比较，分析总结元代不同地域的司法状况和法制水平；将元代的法律制度与以往朝代做纵向比较，指出其进步性、借鉴意义及不足之处等，笔者以后将对上述问题做进一步的补充研究和完善。

（中央民族大学 2013 年博士学位论文，导师：李德龙教授）

西夏文《大方广佛华严经·十定品》译释

冯雪俊

佛教文献是古代东方各民族共同的智慧结晶，保存了古代东方文化、思想、语文、历史等多方面的资料。西夏文佛经是当前人们了解西夏社会、西夏民族以及西夏语文的重要窗口，并因其是当前保留下来的研究西夏语文的最主要渠道而更显得弥足珍贵。

《华严经》（*Flower Garland Sutra*）全称《大方广佛华严经》，是大乘佛教的重要典籍之一。初译于东晋，再译于唐，而它的内容，分类单行者极多，最早可以推至东汉，大成于西晋，发达于南北朝，持续到北宋。仅翻译一事，即绵延了约八百年。

《华严经》广泛流传于今天的东亚地区。根据文字的不同，《华严经》分别有梵文、汉文、藏文、回鹘文、西夏文、韩文、日文、越南文等多种文字的版本。从历史上来看，除了梵文的《华严经》外，其它文字的《华严经》均受到汉文《华严经》的影响。而汉文《华严经》又可以细分为《四十华严》《六十华严》《八十华严》三种版本。其中，《六十华严》又称《晋译华严》，东晋时期（418—420年）由佛陀跋陀罗（359—429年）译出，初分五十卷，后改为六十卷，计三十四品，由七处八会的说法而成。为了有别于后来的唐译本，又称为《旧译华严》或《晋译华严》。《八十华严》是唐代武周时期（695—699年）由实叉难陀（651—710年）奉命译出，译文共八十卷，计三十九品，由七处九会的说法而成。与旧译相比，增加"普光法堂"一会的内容。后来法藏发现该译本仍有脱漏，便与地婆诃罗加以补充，遂成现今流行的《华严经》八十卷本，一般称为《新译华严》或《唐译华严》。该经内容最为完备，文义也较准确，故而流传最广。《四十华严》是由南天竺乌荼国（今印度奥里萨地方）国王呈贡于唐，德宗下诏罽宾三藏般若（约八世纪至九世纪）于贞元年间（795—798年）译成，全名为《大方广佛华严经入不思议解脱境界普贤行愿品》，计四十卷一品，简称《普贤行愿品》，属于《六十华严》与《八十华严》最后一品的足本经，亦即《入法界品》的异译。

宋朝在佛教方面最大的贡献是大力组织刻印佛经。自太祖开宝四年（971）至太宗太平兴国八年（983），共用了十二三年的时间，在益州（今四川省成都市）刻成《大藏经》，共五千余卷。这种官刻本被称为《开宝藏》。根据史料记载，西夏在其存在的190年的历史中，先后6次向宋求取佛经，分别是宋仁宗天圣八年（1030），李德明向宋献马70匹，乞赐佛经一藏。宋仁宗景祐元年（1034），李元昊向宋献马50匹，求赐佛经一藏。此后，宋仁宗至和二年（1055），夏太后没藏氏遣使入贡于宋，宋赐给西夏《大藏经》一部，这是西夏得自宋朝的第三部《大藏经》。宋仁宗嘉祐三年（1058）夏遣使于宋，请购《大藏经》及经帙签牌等物，宋允之。嘉祐七年（1062），李谅祚请《大藏经》，宋允给一部。最后一次的求经活动是在惠宗李秉常时期，宋神宗熙宁五年（1072）十二月，夏遣使至宋以马赎《大藏经》，宋朝赐经还马。由上述可知，西夏自宋六次求取佛经的时间在11世纪30年代至70年代之间。此时，宋朝刻印完毕的大藏经只有《开宝藏》一种，所以此时所得佛经当是《开宝藏》无疑。

"辽、夏、金建国前后，政府和社会对本民族文化的发展和文字的创制都有迫切需求，作为强大民族政权的主体民族，创制民族文字也是民族自尊、自信的表现。"[①]同时，因为汉字书写的佛经并不能在党项羌为统治阶级的西夏社会迅速传播，因此，为了发展佛教事业，西夏的统治者除了创制出本民族的文字——西夏文字以外，还对汉文佛经进行了大规模的翻译。可以说，"汉传佛教对西夏的影响是既深且巨的。"[②]目前可知，"西夏建国初期用了50多年的时间将大藏经翻译成西夏文，称作'蕃大藏经'。这部大藏经共有820部，3579卷。"[③]且保留下来的西夏文佛经有一部分卷首题名为夏惠宗及其母梁氏御译，说明惠宗朝重要的佛事活动仍是大规模的译经。西夏第四代皇帝崇宗李乾顺继位后，前期由其母梁氏掌国，后期由自己主政。在长达50年的时间里，西夏的佛教事业发展到非常成熟的阶段。现存的西夏文佛经中，卷首有译者题名的，主要是惠宗秉常和崇宗乾顺两朝，表明这两朝是用西夏文翻译佛经和保存佛经最完备发展的时期。

夏仁宗仁孝在位时期（1140—1194年），尽管有战乱、灾荒，甚至有权臣分国的影响，但政治、经济、文化的发展依然是显著的，特别是文化上的建树尤为突出。仁孝采取了佛、儒并重的政策，推动佛教进一步发展，其中最值得称道的是佛经校勘。传世的西夏文佛经中，在卷首明确记载进行过校勘的，绝大多数是仁宗时所校。同时，由于汉地的佛教宗派也在西夏地区的广泛流传，华严宗的"立教之典"《大方广佛华严经》也在其境内广泛流布。本文所关注的西夏文《大方广佛华严经》八十卷

[①] 史金波：《汉族和少数民族文字书籍印刷出版之互动》，《文献》2006年第1期。

[②] 樊丽莎：《汉传佛教在西夏的传播和影响——以出土文献为中心》，硕士学位论文，西北民族大学，2009年，第22页。

[③] 史金波：《西夏佛教史略》，宁夏人民出版社1988年版，第68页。魏忠：《大藏经的翻译传播对我国古代少数民族文字创制发展的影响》，《大连民族学院学报》2004年第6期。另外，西夏时代是否真有完整的西夏文《大藏经》，学者间尚有争议。如林英津就认为："西夏时代是否真有完整的西夏文大藏经，可能还有待考证。"见林英津《西夏语译〈尊胜经（Usnīsa Vijaya Dhāranī）〉释文》，《西夏学》2011年第8辑。

本即是仁宗时期校勘的一部佛经。

流行于中原内地的《华严经》(《八十华严》为主)由于唐代国力的强盛及对外交流的频繁,也渐渐流传到了中原周边的少数民族地区和东亚、东南亚其他国家,如韩国、日本、越南等国。本论文中涉及的西夏地区也是如此。

西夏时期的佛教主要受当时的汉传佛教和藏传佛教的影响,其佛教经典也不例外。西夏文《大方广佛华严经》主要收藏在俄罗斯、中国、法国、日本、美国等国家。而本文关注的宁夏灵武出土的西夏文《华严经》属于《八十华严》,系元刊活字本,现主要收藏于中国国家图书馆、宁夏博物馆、日本、法国、美国等处。元刊西夏文《八十华严》数量较大,现残存66卷,加上复本,总计有近80卷之多。

西夏文《华严经》的研究以日本最为突出。日本学者西田龙雄的《西夏文〈华严经〉》(共三册),主要对西夏文《八十华严》中的前十卷进行了详细而全面的研究,但因为时间已经过去了30多年,其中部分研究成果应予重新审视。2008年,又一位日本学者高桥先生也发表了《西夏文华严经研究》,属综述性著作。国内方面,史金波的《评介西田龙雄西夏文研究专著四种》一文,为国内学者、专家了解西田龙雄及其对《华严经》的研究成果提供了便捷的途径。其他国内学者如王国维、孙伯君、崔红芬等人也曾经发表文章就西夏文《八十华严》的某些残片进行了论述,但可惜都仅局限于零星的考证与译释,没有系统研究。

本文的研究主要集中在三个方面。首先,从语言文字学方面来看,本文以西夏文《大方广佛华严经·十定品》为依据,论述了西夏文字的词语重叠、主要助词、词语借用,以及佛教词语等的问题,并得出了一些个人的观点和看法。比如西夏文《大方广佛华严经·十定品》中的词语重叠问题,明显呈现出以下几点特点:(1)西夏语的单音节动词可以重叠,重叠形式为AA式,动词重叠后表示反复、持续、多次性的动作、行为或状态。如:􀀀􀀀、􀀀􀀀、􀀀􀀀。(2)动词重叠构词的语法意义之一是"增量(加强、强调)"。例如:􀀀􀀀、􀀀􀀀、􀀀􀀀、􀀀􀀀、􀀀􀀀、􀀀􀀀、􀀀􀀀、􀀀􀀀、􀀀􀀀、􀀀􀀀。(3)动词重叠产生新词。例如:􀀀􀀀、􀀀􀀀。其次,本文从文献学和版本学的角度对宁夏灵武出土的西夏文《大方广佛华严经》的版本进行了考证。本文在对世界范围内的西夏文《大方广佛华严经》进行了较为全面的梳理和研究,并结合前人学者的研究成果后,认为目前存世的这一部佛经应有两种版本。本文采用了两行对译的方法对《大方广佛华严经·十定品》进行释读。每一个小单元的划分主要依据经文的内容进行。在这个小单元里依据经折装原文一行17字的行文先给出一行西夏文录文,第二行则对第一行的西夏文字进行逐字释读,最后给出汉译文录文。其中,西夏文内容与汉译文有出入的地方本文用校注的形式标于文后,加以说明。本文的重点在于对西夏文字的释读和对佛学名相的阐释,所以文中的校注也都偏重于此。同时,本文在释读的基础上也对西夏文《大方广佛华严经·十定品》的残缺部分进行了补缀,因为本文并没有完全的把握敢于认为自己所补出的字词就是正确的，所以只能是"构拟"。最后，本文希望通过对《大方广佛华严经·十定品》内容的解读，为西夏学研究提供一份基础资料，对研究西夏语言文字、佛教文化传播和社会文化交流等方面有所裨益。

（陕西师范大学2013年博士学位论文，导师：韩小忙教授）

金朝宰相制度研究

孙孝伟

本文在学术界已有成果的基础上，对金朝宰相制度进行全面的研究，通过考察金朝宰相制度的来源和演变，金朝宰相的任免，金朝宰相职权的行使，金朝宰相间、宰相与左右司和六部、宰相与其他中央机构的关系，金朝宰相与皇帝的关系，揭示金朝宰相制度的历史作用、特点、历史地位。全文共分为绪论、正文、结语三个部分。

第一部分，绪论。这一部分首先对基本概念进行了界定，然后对选题原因和价值进行了分析，接着对学术界的研究现状作了述评，继而对创新点和难点进行了总结，并阐释本文的研究思路。

第二部分，正文，共分五章。

第一章阐述了金朝宰相制度的来源和演变。金朝宰相制度有两个来源，其一是女真旧制，其二是唐、宋、辽三朝的宰相制度。金朝宰相制度经过了长期的演变过程，在各阶段有所不同。

第二章考察了金朝宰相的任免情况。在界定金朝宰相的范围的基础上，统计金朝宰相的实际任职人数为159人。通过考察金朝宰相选任的决策过程，认为金朝宰相任命的最终决策权，一般是掌握在皇帝手中的。金朝宰相的出身，在入仕途径、前任职务、民族宗族、地域分布四个方面有所不同。金朝宰相任职过程中，以逐级升迁为主，在各民族间有明显差别。一般情况下，皇帝通过宰相的任免保持宰相群体中女真宰相人数上的相对优势。金朝宰相的去职，有出任其他职官、削职为民、致仕和死亡四种情况。

第三章考察了金朝宰相职权的行使情况。宰相通过行使权力实现对皇帝的匡辅，其权力一是议政权，二是行政权。宰相通过行使议政权，即御前奏事和议事，尚书省会议，主持百官集议和个人疏奏、咨询、谏诤、封驳，集中百官的意见，参与中央的决策，纠正皇帝的过失。宰相通过行政权的行使，即发布诏令、监督执行、亲自处理政务和兼任其他职务，把皇帝的决策贯彻到中央各部门和地方路府州县，实现对天下的治理。

第四章考察了金朝宰相间、宰相与左右司和六部、宰相与其他中央机构的关系。金朝宰相群体，是由皇帝控制的，首相具有一定地位的，宰相集体负责的群体。金朝时，左右司令史和左右司官负责具体政务的处理，宰相监督左右司官和左右司令史，皇帝通过左右司对宰相进行一定程度的牵制。宰相通过六部官员推行政令，通过赏罚监督六部工作。皇帝在宰相与六部的关系中发挥了一定作用，六部经常对宰相表现出一定的独立性。金朝宰相与枢密院的关系是相辅相成的关系。宰相与皇帝共议军事，并经常领兵出征。台谏监察和弹劾宰相，宰相对台谏有任命和奖惩的权力。台谏与宰相斗争的结果，是皇帝权力的集中和加强。近侍收集信息和传达旨令，承担其他任务，有稳定的预政途径。宰相力量逐渐减弱，近侍力量则逐渐增强，是一个基本趋势。

第五章阐述了金朝宰相与皇帝的关系。金朝宰相制度是政务运行的枢纽。金朝时，皇帝对宰相有一定的控制机制。行政、军事、监察等各种权力，宰相不能兼而有之，皇帝因而集权于己。各个方面的权力掌握在女真人手中，他们能够保证皇权的稳定。宰相多级多员，首相职位递降，皇帝驾驭方便。皇帝通过多种途径收集信息和传达政令，防止宰相控制信息传播途径。皇帝通过限制进士任相，防止进士形成监督和限制皇权的集团性力量。金朝宰相与皇帝关系的具体情况，在各阶段有所不同。

第三部分是结语，在总结全文的基础上，阐述金朝宰相制度的历史作用、特点、历史地位。金朝时期，宰相在皇帝和百官间议事和行政，行使职权，尚书省是政务运行的枢纽。金朝宰相制度的特点有三。一是宰相多级多员，种族交参，坚持女真至上的原则。二是宰相机构是尚书一省，议政和执行合一，政令制定和执行方便。三是皇帝控制宰相，坚持君主臣辅和君定臣行，实行君主集权。金朝宰相制度是中国古代宰相制度史上的一环，具有重要的地位。

（吉林大学2012年博士学位论文，导师：武玉环教授）

金代汉族家庭形态研究

刘晓飞

家庭是以婚姻为基础的血亲或拟制血亲的社会基本组织单位，受到社会舆论的支持和法律的保护。本文从家庭基本形态，家庭成员地位与关系，家庭收支与经济管理，以及宗教、教育等几个方面对金代汉族家庭进行研究，以下将按照行文顺序依次将文章内容及得出的结论观点叙述如下。

绪论部分提出选题价值及其意义。家庭属于交叉学科研究概念，其相关概念探讨较多。本部分在阐释选题原因研究意义的基础上，对"家庭""汉族"等相关概念加以界定，详细评述跟本选题有关的学术史，并介绍本文的写作思路和研究方法、论述难点及创新点，进一步指出金代汉族家庭方面尚存较大的研究空间。此选题研究不仅可以丰富金代社会史、中国社会史的研究，也对我们厘清中国多元一体大家庭的形成脉络大有裨益。

第一章论述金代汉族家庭的基本形态。金代汉族一对普通平民夫妇与三子女组成基本家庭共同生活，且三代之内家庭户均人口发展到30人左右。金代汉族亦有鳏寡孤独一人之家、隔代家庭、同居共财家庭和过渡性同居合活大家庭形式，但同居共财的大家庭并不普及。最后论述影响金代汉族家庭规模结构诸因素，主要包括战乱与灾荒，生产力生产工具发展水平，传统伦理道德和婚姻。

第二章按照家庭成员角色的不同，分别探讨金代汉族家庭成员的地位与关系。金代汉族家庭属于父权家长制家庭，父家长权威地位明显，掌控经济、法律、婚姻、教育甚至宗教信仰大权，家中所有人口都在其权利之下生活。家长权利本位制，卑幼义务本位制下，诸子属于一家之中卑幼，同父祖形成以孝为基点的父子关系，彼此之间概以次第相称，门荫使得诸子得以利益均沾，但仍然存在长幼、嫡庶之分。金代汉族女子的家庭地位仍然存在于父系家庭结构之内，社会地位亦以其在父族及夫族家庭中的角色扮演为主轴，具体分为在室女子、出嫁女子、出养、入道女子。最后论及继、养、义父母与子（女）拟制亲属之间的关系。

第三章考察金代汉族家庭的经济状况，包括收支和管理。社会阶层各异以及同一阶层仍因不同地位、背景、有无其他营生副业造成家庭收入迥异，所以关于家庭经济收入分为官僚和平民两个阶层进行论述。同样，家庭的支出在保证完成国家租赋徭役任务之后，按照日常衣食、婚丧、宗教信仰等需要不同，不同家庭亦有一定的支出法度和原则。对于家庭经济的管理则鉴于男女社会、家庭地位以及所承担社会、家庭责任义务不同而亦有所不同。

第四章分析金代汉族家庭以佛、道为中心的宗教信仰。金代汉族家庭尊崇佛道现象颇为普遍，为了能祈获家庭成员的福德果报，往往不惜靡费巨资于修建寺观、添置、法器、立幢以及购买寺观度牒等宗教行为中。汉族人崇佛的世俗功利色彩极为突出，但汉族人之崇佛并非心灵上的独尊一家，而是更趋向于儒、释、道三者兼尊并信。佛教大昌大行、信徒激增的后果，理所当然地导致汉族崇佛之家家庭规模的缩小，并销蚀其家庭经济财富乃至整个社会经济财富的累积，但同时也成为百姓心灵精神的寄托，对金朝政府促进社会安定、巩固多民族政权统治亦有一定裨益。因而金朝政府对治下的崇佛行为往往因时因势加以引导、控制，政策灵活多变。

第五章对金代汉族家庭的教育进行系统探讨。根据金代自身所呈现的内容，首先对家庭教育进行概念界定和含义解释。指出金代汉族家庭教育存在长辈对待晚辈子女、同辈之间以及延师友至家等主要方式，并通过耳濡目染、家训垂范和设馆施教等进行。以教育内容来看，包括儒学、诗章字画、医学在内的家学传承和伦理规范教育。总结其教育特点，儒、释、道三种思想共同学习并行出现，并且受到女真民族影响，家庭教育内容呈现多样化。

最后一部分为结语，对金代汉族家庭基本形态、家庭成员地位与关系、收支与经济管理、宗教信仰及家庭教育进行了总结说明。

（吉林大学2013年博士学位论文，导师：武玉环教授）

金末义军与晚金军事研究

李浩楠

金朝末期，大量被称作"义军"的军队走上了历史舞台，在金朝末年的军事机器运转中发挥了重要的作用。

金末义军，根据移民因素可以划分为南渡义军、未南渡义军。从人员构成上来看，南渡义军以南渡移民为主，未南渡义军以本土居民为主。南渡义军受到金朝政府的政治干预较强，未南渡义军则较弱。

金末设置大量的"遥授"及"遥领"官，根据对史籍的分析，"遥授"应为正式称谓，"遥领"则为非正式称谓。"遥授"（遥领）官授予遵循就近原则，主要授予对象是和军事行动有关系的官员，并部分取代了原武散官阶的职能。

金朝南渡义军的部署主要沿黄河—潼关一线展开，从黄河中游的葭州开始，经过牛心寨、桢州、同州、河中府、潼关、陕州、中京、郑州、新旧卫州、开封府、睢州、单州、归德府、徐州、邳州，以及潼关一线纵深的商州、虢州、申州、裕州、嵩州、汝州等，布防严密，层层相扣。这一防线为历朝历代防御黄河最周密者。

金朝末年南侵南宋，主要目的在于获取粮食等战略物资。野战方面主要使用春季突袭，集中使用骑兵、步骑联合以及步兵轮番攻击的战术。在攻略方向上，主要根据"泰和南征"的经验，不去攻击大型州军级城市，攻略对象以中小型州军、县级山水寨为主。

蒙古侵金，主要采取了最大限度地削弱金朝的人力和物力资源的道路。金朝义军，在野战方面，发展了攻击"游骑"、袭击、以步制骑、提高战斗坚忍性及骑兵对骑兵等多种战法，给予蒙古军一定的打击。在守城方面成效不大。河北、河东地区则主要面对蒙古骑兵及其汉地世侯，利用水寨和山寨，采取袭扰与反袭扰作战。

金朝末期出现了大量的忠义殉节人群，基本上涵盖了金朝统治下的各个民族、阶级，主要是各种既得利益者，尤以义军为突出。同时，金末忠义殉节群体在宋、元、明、清各代一直受到尊重，这种状况一直到清末才改变。

金末义军发挥了重要的历史作用，促进了晚金政治结构的变化，义军在金朝获取资源的同时，政治地位也有了显著的提高。同时，义军也在一定程度上促进了金朝晚期的民族融合。

（河北大学 2013 年博士学位论文，导师：王菱菱教授）

第八篇

博士后出站报告提要

金人"中国观"研究

熊鸣琴

本文的主旨是从政治与观念互动的视角出发,去揭示促使金人"中国观"产生、演变的动力及其特质,从而对金朝等北方民族政权的"中国性"问题提出自己的见解,亦借此对中华多元一体形成的现象有更深刻的认识。全文除绪论与结语外,共分五章展开。

绪论部分首先总结了研究现状,指出学界以往就观念论观念的静态研究方法的不足,提出观念与现实互动的动态研究方法。其次讨论了征服王朝与中华一体论,彰显出本文的选题意义,阐明了本文的研究思路。接着讨论了从秦汉至金朝崛起前夕东亚世界"中国观"语境的变化,指出非汉族政权"中国意识"的产生需要两个条件的结合:即"以我为中心"或争当东亚霸主的意识,及对"中国文化"的认同与吸收。

第一章《女真政权及其崛起的东北区域环境》。第一节介绍了女真人生存的东北区域环境特征,并在此基础上对辽、金等"征服王朝"的二元性问题提出了自己的看法,认为"征服王朝"的产生应该是长城以北游牧区、东北游牧农耕渔猎混合经济区、中原农耕区,三个区域文化多元互动的结果,而十世纪东北区域力量的崛起在其中起了关键作用。第二节介绍了十二世纪女真政权兴起时的背景与国家意识,指出女真建国之初还处于奴隶制国家与社会的发展阶段,尚不具备"中国意识"。

第二章《金朝前期的"中国化"进程与"中国意识"的形成》。任何观念都是在与现实政治的互动进程中发展起来的。就女真贵族、帝王而言,他们的"中国"认同首先源于统治中原汉地的现实需要与争当东亚霸主的政治意识。本章第一节以完颜宗翰为个案,论述了金初汉制改革的推进过程,指出尽管存在种种矛盾与斗争,但女真统治集团已经普遍意识到吸收汉制的必要性。具体到完颜宗翰这类女真军功贵族,他对女真旧制具有深厚的感情,亦曾使用禁止汉服、强令削发、贩卖汉人为奴婢等高压残暴的强权手段去维护金朝在汉地的统治秩序,但是他最终仍支持本集团的成员投身到金初的汉制改革中。这很难说是纯粹出于对汉法的倾慕与向往,主要还是出于统治汉地,使女真政权更加强大的现实需要。第二节则通过考察"天眷和议"与"皇统和议",探讨了金朝东亚霸主地位的确立进程。在亡辽灭宋的军事扩张进程中,女真统治集团逐渐萌生了凌控四方、以自身为东亚天下霸主的政治意识,而"中国"

作为一个政治概念在某种意义上便是东亚霸主的代称。其后，金朝在人口民族结构、农牧经济结构、政治体制及文化组成上都显示出强烈的"中国化"特征，金人的"中国意识"就是在此基础上萌生、形成的。

第三章《从海陵王到金章宗：金朝中期女真帝王的"中国观"》。北方民族的出身也给女真帝王的"中国观"打上了独特烙印，他们既有吸收中原文化以"中国"自居的需要，也有维持自身族类文化认同的需要。本章便将金朝中期女真帝王的"中国观"放到这一矛盾语境中加以探讨。第一节论述了海陵王的"中国观"，指出海陵王具有民族上不分"华夷"、地理上不分中外的"大中国"意识，这是元、清时期"中华一统"思想的前兆。第二节探讨了金世宗的"中国观"。金世宗在推进金朝汉化进程的同时，又发动了维护女真本土文化的运动。他不避讳本政权出身于北方民族的事实，并认为女真文化足以与汉文化齐肩，并希望将之融入"中国"文化中。其"中国观"中带有强烈的北方民族自树意识，这也是女真族，包括金代之后蒙古、满洲等北方民族在内的民族心理的一个缩影，在古代"中国观"发展史上具有突破性意义。第三节论述了金章宗朝重议德运的现象，指出至章宗朝，女真政权从观念到现实政治都已经呈现出明显的"中国"王朝的特色。

第四章《金朝汉人的国家认同与"中国观"的演变》。金朝汉人对女真政权的"中国"认同经历了一个从无到有逐渐强化的过程。第一节的考察对象是原辽汉人。金初，原辽汉人的夷夏之辨意识相对淡薄，辽末契丹贵族西迁，并未号召民众抗争到底的应对决策，也部分消解了原辽汉人的故国忠节观。他们的政治态度比较灵活，在归顺金朝后积极参与金朝的各项政治活动，对推动金朝"中国化"进程起了至关重要的作用。第二节的考察对象是原宋汉人。原宋汉人经历了更痛苦的内心挣扎。如，张孝纯囿于亲情和惧难心理变节，宇文虚中不甘老于户牖之下而仕金。由于"中国观"本身是一个集天命、地理、文化、功业视角于一体的国家观念，最终这些原宋士人借助"救生灵、存文化""天命已改，君道无终臣道亦无终"等论说消解了改仕新朝的内心矛盾，将金朝取代赵宋诠释为"中国"内部的改朝换代。第三节探讨了金朝中后期汉人"中国"认同的特质。金朝汉人主要是从文化（奉行中原礼义）、地理（占据汉地、中原）两个角度来认可金朝的"中国性"，并出现了称南宋政权称为"蛮夷"的现象。他们的"中国观"呈现出狭隘性与超越性并存的特点。一方面，"中国"作为一个政权概念具有强烈的唯一性与排他性，出于"以我为中心"的政治理念和维护金朝东亚霸主身份的需要，金朝汉人将同时代的南宋政权排除在"中国"之外，具有一定的历史局限性；另一方面，他们已经萌生出一种不论华夷种族、不论南北民族地域，皆可为"中国"的相对宽泛的"大中国"意识，具有一种消弭夷夏种族界线的超越性。

第五章《蒙古灭金与金人"中国意识"的强化》。第一节考察了宣宗贞祐年间重议德运、迁都之争及南渡后的内外战略等历史现象，从中揭示出在蒙古政权的军事压力下，金人"中国意识"趋于强化的过程。第二节对金末蒙初中原士人的夷夏观作了全面探讨。通过对相关史料的考据辨析可知，金末殉节不亚于南宋之壮烈，金人的夷夏之辨意识并没有某些学者想象的那样淡薄。金亡之前，部分金人视蒙古政权为夷狄的意识比较明确，在赵秉文的诗文中，金朝抵御蒙古就是一场夷夏、胡汉之战。金朝统治集团在号召民众抵御蒙军入侵之时，也以"攘夷"为宣传口号。还有金遗民心怀故国之思，称蒙古为"胡"，视其为文化夷狄。第三节以郝经和丘处机为个案阐释了金遗民的"中国观"及其特色。郝经提出了"今日能用士，而能行中国之道，则中国之主也"的命题，开启了"中国观"的理学化倾向，为汉族文人仕蒙提供了新的思想基础。在他看来，"中国文化"首先就是宇宙本体"道"的体现，并将是否行"中国"之道作为判定政权"中国性"的唯一标准，强调"华夷"种族都是天然具有行道资格的群体，"中国"既亡不一定非得华夏种族才能治理。道教语境下的"中国观"本质上是个宇宙观，宇宙中还存在一个具有更高支配权力的天界，"中国"帝王一律被视为"天人"转世，现实中的"夷狄交侵"遂被解释为天意道法的因缘更替。这具有另一种突破夷夏界线的张力，为像丘处机这样的宗教群体认可北方民族政权的"中国性"提供了依据。金遗民"中国观"的超越性与南宋遗民"中国观"中强烈的种族主义情绪恰形成了鲜明的对比，两者共同构成了近代民族主义思想的渊源。

结语《金朝的"中国性"问题》部分指出汉化程度不是判断一个政权"中国性"的唯一标准，应该回归历史语境，从古代中国历史发展进程中，站在时人的立场去理解金朝的"中国性"。金朝内部的不同群体、出于不同的诉求都认可了女真政权的"中国性"，不分种族的国家层面上的"中国"认同也是金元以后官方的主流观念。这为近现代中华民族一体化的国家认同奠定了历史基础。

（吉林大学2013年博士后出站报告，导师：程妮娜教授）

第九篇

重点课题研究报道

国家社会科学基金特别委托项目"西夏文献文物研究"2013年工作进展

中国社会科学院西夏文化研究中心

2013年度，国家社会科学基金特别委托项目"西夏文献文物研究"取得了较大进展。主要工作有：资助了由中国社会科学院西夏文化研究中心、宁夏大学西夏学研究院、中国人民大学国学院于2013年9月18—21日联合举办的第三届西夏学国际学术论坛暨王静如先生学术思想研讨会。另外，项目重大子课题《西夏文物》多次召开了工作会议。《西夏文物》分为宁夏编、甘肃编、内蒙古编、石窟编和综合编，总主编为中国社会科学院西夏文化研究中心主任史金波。《西夏文物·宁夏编》主编为宁夏博物馆馆长李进增，《西夏文物·甘肃编》主编为甘肃省博物馆馆长俄军，《西夏文物·内蒙古编》主编为内蒙古博物院院长塔拉，《西夏文物·石窟编》主编为敦煌研究院院长樊锦诗，《西夏文物·综合编》主编为西夏学研究院院长杜建录。每编下设遗址、金属器、陶瓷器、石刻石器、木漆器、塑像、绘画、织物、文献、建筑构件、其他等卷（石窟编体例另订），卷下再设若干类。书中依次排列文物图版，每一文物尽量采用多维角度的多种图版，同时做较为科学、准确的文字说明。各编依据文物数量分为若干册出版。《西夏文物》的出版将为西夏乃至辽、宋、金、元学术研究提供厚重的系统资料。

2013年4月22日，国家社会科学基金特别委托项目重大子课题《西夏文物》编纂工作会议在内蒙古博物院召开。项目首席专家、专家委员会主任史金波先生，专家委员会常务副主任、第二负责人杜建录、项目专家委员会委员塔拉、李进增、俄军、高国祥，以及甘肃、宁夏、内蒙古有关专家出席了会议。上午会议由史金波先生主持，内蒙古博物院院长、《西夏文物·内蒙古编》主编塔拉及课题组成员李丽雅对《西夏文物·内蒙古编》书稿做了详细介绍，并提出了需要进一步研究和解决的问题。然后高国祥主任又对《西夏文物·内蒙古编》书稿存在的问题和需要研究讨论的议题依次做了详细说明。甘肃省博物馆馆长、《西夏文物·甘肃编》主编俄军和课题组成员赵天英对《西夏文物·甘肃编》的初稿做了详细介绍，并提出了需要进一步研究和解决的问题。宁夏博物馆馆长、《西夏文物·宁夏编》主编李进增对《西夏文物·宁夏编》的进展做了详细报告。史金波对三省区各编工作进展和书稿的编纂情况做了充分肯定，明确了各编今后工作任务、重点，希望继续努力，攻坚克难，确保质量。同时提出了各编完成的大致时限：《西夏文物·内蒙古编》抓紧改稿，2013年出书，《西夏文物·甘肃编》今年完成修改稿，《西夏文物·宁夏编》今年完成部分书稿。下午由塔拉院长主持会议，对《西夏文物》编纂过程中出现的西夏文物的定名、叙录的顺序、图版的要求等进行了专题研究。经过专家们认真讨论，统一了认识，拟于会后据会上取得的一致意见再次修订《编纂细则》，贯彻执行。最后，杜建录和史金波对此次会议作了总结发言，希望将《西夏文物》各编做成资料扎实、信息量大、图片精美、学术价值高的精品成果。会后部分参会人员到准格尔旗城坡西夏遗址考察。

  2013年9月18日在北京召开《西夏文物》编纂工作会议，出席会议的有项目首席专家史金波，项目专家委员会委员塔拉、孙继民、高国祥，著名西夏考古学家牛达生，甘肃省博物馆副馆长贾建威，以及内蒙古、甘肃参加《西夏文物》编纂的专家出席了会议。史金波先生主持了会议。会议主要对《西夏文物·内蒙古编》的修订稿进行了又一次审核。在会上大家审看了《西夏文物·内蒙古编》修订稿，负责编校的高国祥对书稿的修订和存在的问题做了说明。与会者充分肯定了书稿内容进一步丰富，质量有了明显提高，同时着重提出和讨论了尚待改进的问题。会议决定近期由《西夏文物·内蒙古编》主编塔拉负责组织继续修订、补充，召开专家会议解决难点，希望年底前结稿。会上《西夏文物·甘肃编》的专家们也做了工作进展和存在问题汇报，并基本商定2013年11月或12月召开《西夏文物·甘肃编》审稿会议。

  2013年11月29—30日，国家社会科学基金特别委托项目重大课题《西夏文物》编纂工作会议在甘肃省博物馆召开。出席会议的有项目首席专家史金波，项目专家委员会委员杜建录、俄军、李进增、高国祥，《西夏文物·甘肃编》副主编、甘肃博物馆副馆长贾建威，《西夏文物·内蒙古编》副主编李丽雅，《西夏文物·石窟编》代表张先堂、沙武田，以及参加该三编的其他专家出席了会议。

  史金波和杜建录先后主持了会议。会议主要对《西夏文物·甘肃编》进行审稿。专家们在充分肯定书稿进展的基础上，对图版、线图、拓片、文字（包括分卷说明）等方面提出了补充、修改意见，希望抓紧时间完成修订稿。会上已基本定稿的《西夏文物·内蒙古编》和正在开展工作的《西夏文物·宁夏编》负责人介绍了近期进展情况。专家们对《西夏文物·内蒙古编》的继续修订和完善提出了建议，对《西夏文物·宁夏编》充实编纂力量、集中精力抓紧遗址调研等问题，也提出了具体要求。

  会议听取了《西夏文物·石窟编》张先堂、沙武田代表主编樊锦诗关于《西夏文物·石窟编》项目的重要性、人员组织和分工、工作设想、完成时限、工作难点等方面的报告。会议决定正式立项，启动《西夏文物·石窟编》的编纂，由樊锦诗任主编，彭金章、刘玉权担任顾问，由刘永增、张先堂、沙武田、王建军、武琼芳、朱生云、刘宏梅等专家任课题组成员。会议还专门讨论制订了《西夏文物·石窟编》的《编纂细则》。会议要求《西夏文物》各编按计划抓紧时间工作。特别强调注重质量，提出各编质量未达要求不出书。指出此项工作是对西夏文物开展全面调查、整理和研究，是首次建立完整的西夏文物资料体系，是一项具有开创性和基础性的重要学术工程，是西夏研究的一项重要标志性成果。会议还就书稿中注意反映和尊重前人文物考古工作成果、建立文物数据库等问题提出要求。

2013年12月20日再一次召开《西夏文物》编纂工作会议，对《西夏文物·内蒙古编》进行书稿审定。会议由史金波先生主持，项目专家委员会常务副主任、第二负责人杜建录，项目专家委员会副主任李华瑞，项目专家委员会委员塔拉、李进增、高国祥，以及甘肃、宁夏、内蒙古部分西夏文物研究专家出席了会议。

首先，内蒙古博物院院长塔拉及《西夏文物·内蒙古编》课题组成员李丽雅详细介绍了内蒙古编的进展情况，以及需要进一步研究和解决的问题。《西夏文物·宁夏编》《西夏文物·甘肃编》课题组成员也介绍了各自的进展与待解决的问题。与会专家进行了热烈讨论，大家充分肯定《西夏文物·内蒙古编》及其他两编取得的成绩，同时对三个子课题在编纂体例和分类统一、进一步完善资料方面提出了改进意见。负责三编编辑工作的甘肃古籍文献整理编译中心主任高国祥也从编辑角度提出了细致的、富有建设性的意见。

国家社会科学基金特别委托项目"西夏文献文物研究"自2011年立项以来，根据全国社会科学规划办"认真组织项目实施，整合全国相关学术力量和资源集体攻关，确保取得高质量研究成果"的要求，经过严格论证，先后设立了25项研究课题。两年多来，各子课题基本都按计划进行，有了很大进展，有的已经结项，达到出版要求。专家委员会决定出版《西夏文献文物研究丛书》，将按要求完成的、有创新价值的子课题成果陆续纳入丛书出版。

社会科学文献出版社社长谢寿光、分社长宋月华了解了项目的学术价值和进展情况后，慨然将其纳入该社的出版计划，国家社会科学基金办公室批准使用新公布的国家社会科学基金徽标。这些将激励着我们做好每一项研究，努力将这套大型研究丛书打造成学术精品。

2013年度《西夏文献文物研究丛书》已经出版的著作有《王静如文集》和《西夏文教程》。

王静如先生是已故当代中国著名语言学家、历史学家、考古学家和民族学家，西夏学主要奠基人。王先生一生在学术上涉猎广泛，造诣很高。他长期从事语言学、音韵学、历史学和民族学等领域的研究工作，在汉语音韵、秦汉史、古代与现代少数民族（如西夏、契丹、女真、突厥、回鹘、吐蕃、达斡尔、土家、苗等民族）的历史、语言和文字，以及古代生产工具史等学科的研究方面成效卓著。《王静如文集》全面、系统地收入王静如先生论文57多篇，共百余万字，分上、下两册出版。他的论著中多有独到的见解，具有开拓性的价值。特别是在西夏研究方面取得了举世瞩目的成就。

《西夏文教程》作者为中国社会科学院学部委员、国家社会科学基金特别委托项目"西夏文献文物研究"首席专家史金波。该书除概括介绍西夏历史和西夏文文献外，主要论述西夏文字构造、西夏语音、词汇、语法，并解读各种类型的西夏文文献。其中有大量例字、例词、例句以及文献图版。该书是作者集50年西夏文学习、研究的积累，并在长期教学实践中不断探索，吸收国内外专家的研究成果编纂而成的国内外第一部西夏文教程，是培育西夏文人才的专门教材，有助于推动西夏学的进一步发展，具有开创性、前沿性和实用性。

2013年度国家社会科学基金、教育部人文社会科学立、结项概况

许伟伟

2013年度国家社会科学基金项目一般项目立项
武威西夏墓木板画与木板题记整理研究（青年项目） 于光建 宁夏大学
西夏宫廷制度与政治文化研究（青年项目） 许伟伟 宁夏大学
党项西夏文化遗址调查研究 杨满忠 宁夏大学
黑水城出土版画整理与研究 杨浣 宁夏大学
西夏监军司古城遗址考察及其防御体系研究 张多勇 陇东学院
俄藏黑水城西夏佛教艺术品研究 金雅声 西北民族大学
西夏遗民文献整理与研究 张琰玲 宁夏社会科学院

2013年中华学术外译项目立项
宋辽西夏金社会生活史 英文 中国社会科学出版社

2013年度教育部人文社会科学研究一般项目立项
俄藏黑水城汉文佛教文献整理与研究 吴超 内蒙古科技大学
西夏至清代敦煌史研究（青年基金项目） 陈光文 兰州大学
黑水城汉文文学文献辑考（青年基金项目） 张蓓蓓 兰州大学

2013年度教育部人文社会科学研究重点研究基地重大项目
辽宋西夏金元日常生活 王善军 南开大学中国社会史研究中心
西夏地理图志 杨浣 宁夏大学西夏学研究院

2013年度教育部人文社会科学研究结项
西夏姓氏研究（青年项目） 佟建荣 宁夏大学西夏学研究院
西夏公文写作研究（一般项目） 赵彦龙 宁夏大学人文学院

第十篇
海外研究动态

韩国辽金古城研究状况

李秉建

长期的历史发展过程中，靺鞨、契丹、女真等诸民族生息和繁衍在东北和韩半岛的疆域上。各民族在历史上，相互间存在文化上的区别，虽然有联系，有时是交织在一起。靺鞨、女真在历史上，曾经与高句丽发生过冲突，以契丹为主体的辽国取代了渤海政权。在中国东北地区和韩半岛北部城址中，均发现高句丽、渤海、辽、金等不同时期的遗物。发现早晚不同时期的遗物，断定其年代有一定的难度。韩国学者比较热衷于研究高句丽、渤海时期城的城址（中心放在高句丽），相反中国学者比较深入研究辽金时期的古城遗迹。因此，韩国学者研究高句丽城和渤海城的研究有一定的成果，相反研究辽金古城比前者有一定的差距。

韩国学者研究重点放在高句丽城。其因一，历史上渤海、高丽与辽金处于敌对状态。其因二，城址修筑年代与使用年代的延续，很少独立研究辽金古城，目前了解的是中国学者在韩国发表了有关研究论文。发表的城址主要论述于吉林省，尚未涉及黑龙江地区的古城遗迹，黑龙江省比起吉林省还没有公开考古发掘成果。

最近，笔者对位于黑龙江省牡丹江地区的渤海与辽金时期的平地城遗迹进行了调查，其主要目的是研究其建筑特征。有的城址很难断定其修筑年代。下面主要介绍一下我所研究的内容。

此次研究有31处古城遗迹，1. 宁安市城东乡土城子古城；2. 宁安市城东乡牛场古城；3. 宁安市渤海镇上官古城；4. 宁安市三陵乡东沟古城；5. 宁安市三陵乡东崴子古城；6. 宁安市石岩镇向前屯古城；7. 宁安市宁西乡大牧丹古城；8. 宁安市卧龙乡杏花村古城；9. 宁安市沙兰镇西营城子古城；10. 宁安市沙兰镇古井村古城；11. 宁安市杏山乡上屯古城；12. 宁安市镜泊乡南湖头古城；13. 宁安市镜泊乡褚家古城；14. 宁安市镜泊乡弯钩古城；15. 宁安市镜泊乡五峰古城；16. 牡丹江市沿江乡龙头山古城；17. 牡丹江市沿江乡海浪古城；18. 牡丹江市桦林镇南城子古城；19. 海林市三道河子乡兴农古城；20. 林口县莲花乡沿江古城；21. 林口县三道通乡三道通古城；22. 林口县三道通乡五道河子古城；23. 林口县刁翎镇乌斯浑河口古城；24. 林口县建堂乡土城子古城；25. 林口县古城镇古城；26. 勃利县大四站镇古城村古城；27. 密山市柳毛乡半拉城子古城；28. 密山市八五七农场1队半砬城子古城；29. 密山市三道通乡临河村古城；30. 虎林县南街基乡八五八农场南街基古城（安兴古城）；31. 东宁县大城子村大城子古城。

31处古城遗迹特点大致归厂纳为5类。

1. 长方形平底古城11座、正方形1座、方形3座、多角形3座、梯形两座、扇形1座、不规则形1座。不同类型的22座城址中，属于长方形、正方形的四角形城址为15座（68%），约占三分之二。

2. 平地城的地理位置，主要以交通和战略两个因素所决定的。兼备两个条件当然是具有天时地利的天然有利条件，但实际上更加考虑当时的交通便利，只有防御城先考虑战略优势。注重考虑交通要道的有牡丹江市南城子古城，考虑战略要点古城有牡丹江市龙头山古城和林口县乌斯浑河口古城，两个条件兼备的古城有林口县三道通古城。

3. 31座平地城，周长3000米以上的只有1座，2000—3000米的有两座，1000—2000米的8座，500—1000米的9座，500米以下的3座，其余8座无法了解其规模。周长500—1000米的古城和1000—2000米的古城共17座，占23座古城的74%。说明平地城周长500—2000米的占大宗，其中1000±200米城址占二分之一，可见平均周长为1000米。

4. 未发现建筑结构为石筑的石城，大部分属于土筑或土石混筑。确认建筑结构的22座城中17座为土城，土石混筑的只有5座。修筑技法可分为版筑技法、夯土技法、堆筑技法等三种。其中多数古城用单独版筑或堆筑技法的，尚未发现单独用夯土修筑的古城。林口县三道通辽金古城和乌斯浑河古城的城墙剖面与哈尔滨阿城市金上京会宁府城墙结构均保存明显的夯土版筑。

5. 马面、角楼、瓮城、沟壕等城墙设施中，渤海古城不见马面，相反大部分辽金古城都有保存马面遗迹，其他时期的城墙尚未发现马面。但是再早些的山城中发现马面，说明辽金时期的马面可能从早期延续到辽金时期，目前很难断定马面最早是辽金时期的城墙设施。

韩国对辽金古城研究尚处于初期阶段，比起其他时期的考古发掘与研究有一定的差距。尤其期待的是吉、黑两省应大力开展这方面的考古发掘与研究，比起吉林省，黑龙江省更需要这方面的工作。辽金时期古城遗迹的调查和发掘，对研究辽金时期的历史具有较高的学术价值，此刻迫切希望今后韩、中学者之间更加广泛地进行正常的学术交流。

第十一篇

文献·文物·考古新发现

2013年辽上京皇城街道及临街建筑遗址考古发掘

董新林 汪盈

辽上京城是辽代最早建立、最为重要的都城。城址位于内蒙古自治区巴林左旗林东镇东南，由皇城（北）和汉城（南）两部分组成。城址平面略呈"日"字形，总面积约5平方公里。皇城城墙保存较好，平面呈不规则方形，现存东、西和北3座门址，南门已遭破坏。宫城位于皇城的中北部。根据考古钻探可知，皇城中部偏东，有一条南北向的街道，纵贯皇城南墙与宫城，是皇城南部的重要道路之一。我们将其编号为一号街道遗址。

为了解辽上京城皇城南部地层堆积，以及主要街道和临街建筑遗迹的布局沿革情况，2013年7—10月，中国社会科学院考古研究所内蒙古二队和内蒙古自治区文物考古研究所联合组成的辽上京考古队，对辽上京皇城一号街道及临街建筑遗迹进行考古发掘。发掘面积约500平方米。

此次发掘区域的地层堆积厚度约3.4—5米。共清理出一号街道的路面遗迹15层（编号L1—L15）、与各路面相对应的临街建筑址30处（编号F1—F30）及水沟、灰坑等其他遗迹。出土遗物有砖、瓦、瓦当、滴水等建筑构件，还有陶瓷器标本、石器、骨器、铁器、铜器、铜钱和大量动物骨骼等。根据层位关系，结合遗迹和遗物的整体变化，可将一号街道及临街建筑的营建从早到晚分为五段。

第一阶段，一号街道的宽度约17—18米，路面中部略高于两侧。L15在生土上起建，厚约11厘米。L15以西发现同时期遗迹F30，同样建于生土上，局部残存一层铺砌的沟纹残砖。这是此处所见最早的路面和建筑遗迹。第二阶段，街道路面宽度约12.6—12.8米。L13西段局部用碎砖瓦铺装路面。L12东西两侧均发现建筑遗迹，路面到房址之间有过渡地面。L12西侧的F22是在早期房址的废弃堆积上建造的，东西两侧各残存单层顺砌砖墙，墙间距约5.3米。第三阶段，街道路面逐渐由宽变窄，其中最窄的L9宽度约8米。路旁发现有路沟。路面东西两侧垫砂石或土层，形成街道与建筑之间的过渡地面。L9西侧的F20，东西砖墙基间距5米，室内铺砖地面保存较好，西侧房基垫土外垒砌片状包边石。第四阶段，街道路面宽度约为7.3—7.6米，一侧或两侧多有路沟。L7为砂石铺装路面，致密坚硬，是JZ1的始建路面。JZ1现存

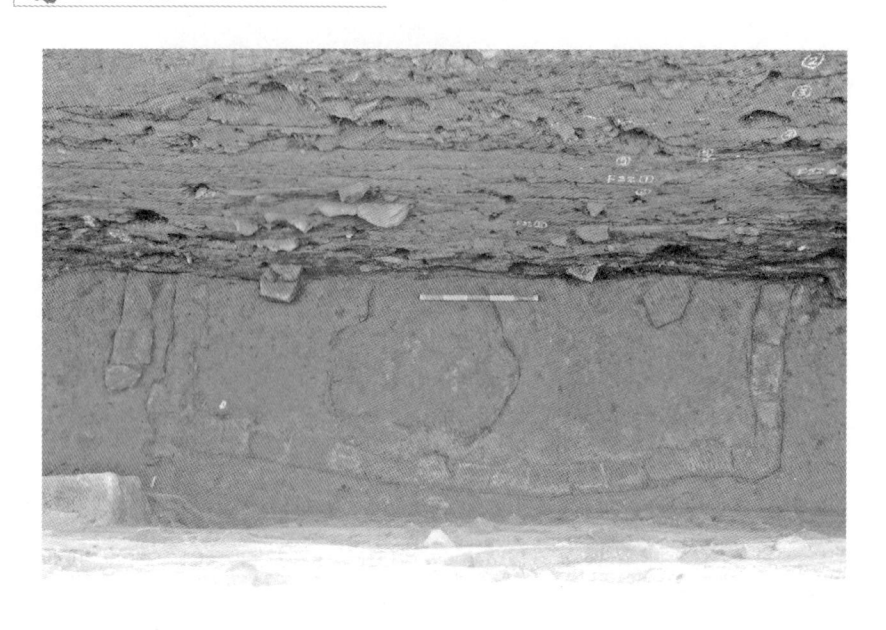

F30 局部（上为南）

F20 局部（东—西）

夯土台基、包石及部分地面建筑遗迹，东向面对一号街道。根据发掘和钻探可知，基址范围南北面阔约 26.3 米，东西进深约 11.8 米。JZ1 不仅有高于地面的夯土台面，与街道间的距离增大，而且在其倒塌堆积中，出土较多瓦当、滴水等建筑构件，说明临街建筑的规模和等级发生了变化。第五阶段街道路面保存状况较差。JZ1 已经完全废弃，临街建筑不断在废弃堆积上重建。建筑规模较小，较为密集，室内多有砖砌灶

一号街道 L7 砂石路面（西—东）

遗址全景和 JZ1 局部（北—南）

坑、烟道及石炕面等。

本次发掘是我们继辽上京皇城西门、西山坡两处大规模遗址发掘之后，对辽上京遗址进行的又一次重要考古工作，取得了一些重要收获。

首先，根据层位关系，结合遗迹和遗物的整体变化，我们可以判断一号街道和临街建筑遗址的五个阶段属于辽金元时期。其遗存始建于辽代，在金代进行多次改建，至元代废弃。

该遗址辽代地层堆积较薄，一号街道路面状况一般，出土遗物较少，可能并未经过频繁使用或曾经遭到严重破坏。而该遗址金代地层堆积厚，街道路面状况较好，临街建筑基址规模较大。出土的建筑构件及其他遗物，也从一定程度上反映了建筑等级的变化。因此我们认为，一号街道是否是辽上京城始建时期的街道，以及是否是城市布局中的轴线街道，还需要进一步的考古证据。但是一号街道在金代应是城内一条较为重要的道路。

其次，通过本次发掘，我们初步了解了一号街道与临街建筑遗迹的局部面貌及其相互关系。从一号街道始建到废弃，其西侧临街建筑始终坐西朝东，开放式面向街道。建筑和街道的位置也基本沿用未变。而通过建筑的规模、等级和街道的形制改变，体现出辽上京城在辽金两代城市布局上的变化。这为我们认识辽上京城的平面布局和历史沿革积累了重要的基础材料，同时对于以后的考古钻探发掘也具有重要借鉴意义。

最后，通过本次发掘，我们初步掌握了辽上京皇城南部文化层的堆积情况。根据一批具有明确地层关系的出土遗物，初步建立了辽金时期建筑构件和陶瓷器等遗物的分期序列，为以后考古发掘和研究提供了重要参考依据。

此外，值得注意的是，在各阶段的街道和房址中，均发现大量动物骨骼。其中一部分是有切割、磨制等加工痕迹的骨料。这个现象为我们判断一号街道临街建筑的性质提供了一定线索。

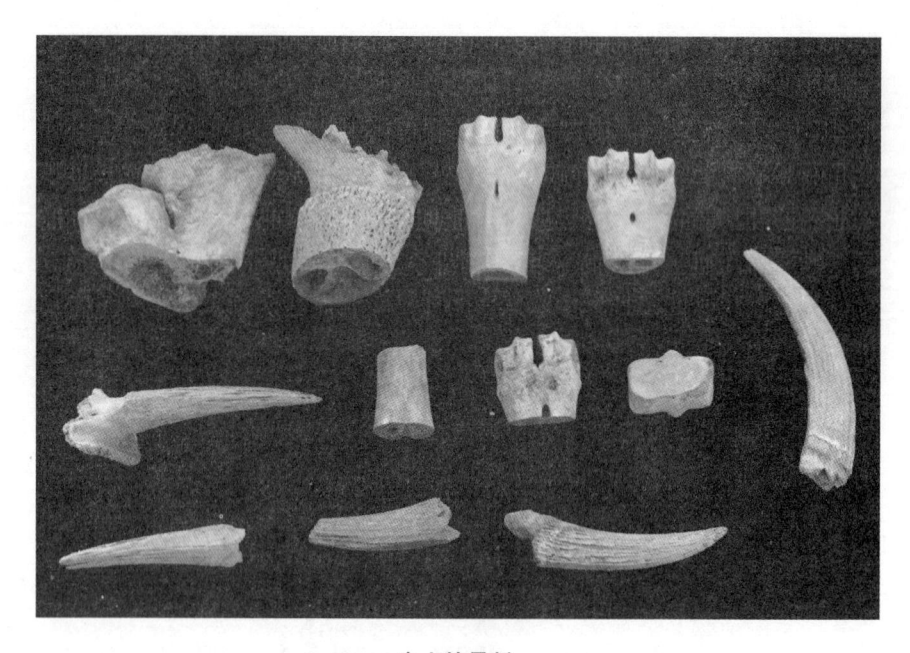

出土的骨料

关于萧和家族几块墓志名称

史风春

萧和是辽太祖淳钦皇后述律氏之弟阿古只的四世孙、辽圣宗钦哀皇后之父。自20世纪二三十年代以来，尤其是近十几年出土了不少其家族墓志，但由于对墓志命名不同和对契丹小字翻译不同以及墓志本身名称相近等原因，容易导致一块墓志误为两块，或对墓主人身份混淆，给学习和研究带来不便，有必要对这些墓志名称加以区分。

一 萧和家族墓葬挖掘及墓志出土

1925年，在今辽宁省阜新市阜新蒙古族自治县大巴镇关山种畜场王坟沟车新屯西山由盗墓者发现了萧德温墓（M1），出土了《萧德温墓志》，墓志石下落不明，但志文由村人抄录。1941年罗福颐发表《辽左金吾卫上将军萧德温墓志跋》[①]一文，将志文公布于众，这是发现萧和家族最早的墓志。

2000—2001年，王坟沟内有两座砖室墓被盗，经调查发掘，发现了萧德恭夫妻合葬墓（M2）、萧知行墓（M3），出土了《萧德恭墓志》和《萧德恭妻墓志》以及《萧知行墓志》。2001—2002年，又在王坟沟西北面的马掌洼内发现六座墓葬，他们是萧和夫妻合葬墓（M4）、萧德让墓（M8）、萧知微（称梁国王）墓（M9），出土了《萧和妻墓志》《萧德让墓志》《萧知微（梁国王及其梁国王妃）墓志》，其余三座墓（M5、M6、M7）无墓志出土。上述人物中，萧德温、萧德恭、萧德让是萧和之曾孙、萧孝穆之孙、萧知足的一、三、五子，即世系演变顺序为：萧和—萧孝穆—萧知足—萧德温、萧德恭、萧德让。而萧知微、萧知行则是萧和之孙、萧孝诚的三子和五子，即世系演变顺序为：萧和—萧孝诚—萧知微、萧知行。

二 萧和家族同一块墓志的不同名称

由于墓志刊布如何命名并没有统一要求，完全由研究者自己决定，造成一块墓志

[①] 罗福颐：《辽左金吾卫上将军萧德温墓志跋》，伪满《国立中央博物馆时报》1941年第11号。

有不同的名称。下面介绍萧和家族几块墓志，以便区分。

（一）《辽秦国太妃晋国王妃墓志》《秦国太妃墓志》《萧和妻秦国太妃耶律氏墓志铭》

万雄飞以《辽秦国太妃晋国王妃墓志考》为题对《萧和妻墓志》进行了考释，在文中直接称该墓志为《晋国王妃墓志》①，这个名称极易与《秦晋国妃墓志》②《晋国夫人萧氏墓志铭》③等混淆。《秦晋国妃墓志》之秦晋国妃是圣宗弟耶律隆庆之妃，系阿古只的五世孙，其家族世系演变为演乌鲁——割烈——曷宁（排押）——秦晋国妃，与萧和妻晋国王妃没有关系。而《晋国夫人萧氏墓志铭》中的晋国夫人是萧和与妻秦国太妃晋国王妃所生的四女儿、钦哀皇后之妹，与萧和妻也不是一人。

向南、张国庆、李宇峰辑注的《辽代石刻文续编》则称萧和妻墓志为《秦国太妃墓志》④。而刘凤翥、唐彩兰、青格勒在其编著的《辽上京地区出土的辽代碑刻汇辑》中则称该墓志为《萧和妻秦国太妃耶律氏墓志铭》⑤，非常明确地指出了墓主人的身份，但与墓志题头所刻"故晋国王妃故秦国太妃耶律氏墓志铭并序"相比，省略了"晋国王妃"。

由于万雄飞强调的是"晋国王妃"，而向南与刘凤翥强调的是"秦国太妃"，由此造成墓志名称差异，在外人看来似乎是两块墓志，实际上不论晋国王妃还是秦国太妃，都是指萧和之妻，与"秦晋国妃""晋国夫人"不是一个人，如果以《萧和妻晋国王妃秦国太妃耶律氏墓志铭》为题则更为明确。

（二）《晋国夫人墓志》《耶律元妻晋国夫人萧氏墓志铭》《晋国夫人萧氏墓志铭》

晋国夫人是萧和的四女儿、钦哀皇后之妹。该墓志1949年11月在今辽宁省阜新市阜新蒙古族自治县大板镇腰衙门村东北平顶山下出土，墓志盖阴刻"故晋国夫人墓志铭"字样，题为"大契丹国故晋国夫人墓志铭并序"。冯永谦先生以《辽晋国夫人墓志考》为题对墓志进行了考释⑥，称为《晋国夫人墓志》。而陈述先生在《全辽文》中称该墓志为《耶律元妻晋国夫人萧氏墓志铭》⑦。向南先生在其编著的《辽代石刻文编》中基本上沿用陈述的叫法，称《耶律元妻晋国夫人萧氏墓志》⑧，仅删掉

---

① 万雄飞：《辽秦国太妃晋国王妃墓志考》，《文物》2005年第1期。
② 向南：《辽代石刻文编》，河北教育出版社1995年版，第340—341页。
③ 刘凤翥、唐彩兰、青格勒编著：《辽上京地区出土的辽代碑刻汇辑》，社会科学文献出版社2009年版，第152页。
④ 向南、张国庆、李宇峰辑注：《辽代石刻文续编》，辽宁人民出版社2010年版，第90页。
⑤ 刘凤翥、唐彩兰、青格勒编著：《辽上京地区出土的辽代碑刻汇辑》，社会科学文献出版社2009年版，第150页。
⑥ 冯永谦：《辽晋国夫人墓志考》，《辽宁大学学报》（哲学社会科学版）1983年第6期。
⑦ 陈述辑校：《辽全文》，中华书局1982年版，第148页。
⑧ 向南：《辽代石刻文编》，河北教育出版社1995年版，第211页。

"铭"字。盖之庸先生则称该墓志为《晋国夫人萧氏墓志》①，较冯永谦叫法加"萧氏"二字，较向南叫法删掉"耶律元妻"四字。刘凤翥则称该墓志为《晋国夫人萧氏墓志铭》②，较盖之庸叫法加"铭"字。细数起来有五种叫法之多，当以墓志原题《耶律元妻晋国夫人萧氏墓志铭》为佳。

（三）《汉字宋魏国妃萧氏墓志铭》《义和仁寿皇太叔祖妃萧氏墓志》

1997年在内蒙古自治区巴林右旗索博日嘎苏木的瓦林乌拉山庆陵发现了辽兴宗之子、道宗之弟耶律弘本及其妃子的合葬墓，出土了汉文、契丹文墓志各两合。其中一块志盖用汉字刻有"太叔祖哀册文"，而志文用汉字题为"义和仁寿皇太叔祖哀册文"，太叔祖即道宗之弟耶律弘本（契丹名和鲁斡），故刘凤翥先生称之为《汉字义和仁寿皇太叔祖耶律弘本哀册文》。同时，刘凤翥先生把用契丹文撰写的相应墓志解读并命名为《契丹小字皇太叔祖哀册文》。

另一块志盖用汉字刻有"宋魏国妃志文"，而志文用汉字题为"大辽故义和仁寿皇太叔祖妃萧氏志文并序"，故刘凤翥先生称之为《汉字宋魏国妃萧氏墓志铭》。根据汉字墓志，刘凤翥先生把用契丹文撰写的对应墓志解读并命名为《契丹小字宋魏国妃墓志铭》③。

而同样的汉字耶律弘本哀册及其妃汉字墓志，盖之庸先生分别称之为《义和仁寿皇太叔祖哀册》和《义和仁寿皇太叔祖妃萧氏墓志》④。而乌拉熙春则将契丹小字耶律弘本妃墓志解读并命名为《义和仁寿皇太叔祖妃萧氏墓志》⑤。

也就是说，刘凤翥所称的《汉字义和仁寿皇太叔祖耶律弘本哀册文》，盖之庸先生则称之为《义和仁寿皇太叔祖哀册》，这两个名称不会混淆；但刘凤翥所称的《汉字宋魏国妃萧氏墓志铭》，盖之庸称之为《义和仁寿皇太叔祖妃萧氏墓志》；刘凤翥所称的《契丹小字宋魏国妃墓志铭》，乌拉熙春称之为契丹小字《义和仁寿皇太叔祖妃萧氏墓志》。若不看墓志内容，仅从墓志名称来看容易令人迷惑不解。

（四）汉文《梁国太妃墓志》与契丹小字《梁国王墓志铭》

2001—2002年，在辽宁省阜新市阜新蒙古族自治县大巴镇关山种畜场马掌洼发现的六座墓葬中，编号M9的为萧知微（梁国王）墓，墓中出土了汉文墓志和契丹小

---

① 盖之庸：《近年庆陵出土辽代墓志补正》，《内蒙古文物考古》2002年第1期。
② 刘凤翥、唐彩兰、青格勒编著：《辽上京地区出土的辽代碑刻汇辑》，社会科学文献出版社2009年版，第152页。
③ 上述四方墓志及哀册参见刘凤翥、唐彩兰、青格勒编著《辽上京地区出土的辽代碑刻汇辑》，社会科学文献出版社2009年版，第254—276页。
④ 盖之庸：《内蒙古辽代石刻文研究》，内蒙古大学出版社2007年版，第553、563页。
⑤ 爱新觉罗·乌拉熙春：《辽金史与契丹、女真文》，京都东亚历史文化研究会2004年版，第50页。

字墓志各一块。汉文墓志盖刻有"故梁国太妃墓志铭",命名《梁国太妃墓志》①,基本没有异议。而对契丹小字墓志命名略有不同,万雄飞、韩潇锐韩世明、刘凤翥在《契丹小字〈梁国王墓志铭〉考释》②一文中,韩潇锐、[日]吉本智慧子(乌拉熙春)在《梁国王墓志铭文初释》③一文中,均译为《梁国王墓志铭》。而乌拉熙春、王禹浪在《契丹小字〈梁国王位志铭〉考》④中,译为《梁国王位志铭》。或许称《梁国王墓志铭》或《萧知微墓志铭》更为明确。

三 《故耶律氏铭石》与《挞体娘子墓志铭》,《耶律迪烈墓志铭》与《耶律撒懒大王墓志铭》

乌拉熙春在《〈耶律迪烈墓志铭〉与〈故耶律氏铭石〉所载墓主人世系考》⑤中,解读契丹小字《故耶律氏铭石》和《耶律迪烈墓志铭》,认为《故耶律氏铭石》墓主人是挞体娘子,而挞体娘子是《耶律迪烈墓志铭》之耶律迪烈次妻所生第三女,其夫华严奴是萧和之曾孙、萧孝诚之孙、萧知玄之第三子,即世系演变为:萧和——萧孝诚——萧知玄——华严奴。

但乌拉熙春在《契丹文墓誌より見た遼史》一书中,又将《故耶律氏铭石》解读为《挞体娘子墓志铭》,将《耶律迪烈墓志铭》解读为《耶律撒懒大王墓志铭》⑥,不知者容易将两块墓志误认为是四块墓志。特别值得注意的是此《耶律迪烈墓志铭》与契丹小字《耶律(韩)迪烈墓志铭》⑦不是同一方墓志。

---

① 向南、张国庆、李宇峰辑注:《辽代石刻文续编》,辽宁人民出版社2010年版,第257页。
② 万雄飞、韩潇锐、刘凤翥:《契丹小字〈梁国王墓志铭〉考释》,《燕京学报》2008年第25期。
③ 韩潇锐、[日]吉本智慧子(乌拉熙春):《梁国王墓志铭文初释》,《民族研究》2007年第2期。
④ 爱新觉罗·乌拉熙春、王禹浪:《契丹小字〈梁国王位志铭〉考》,《辽东史地》2006年创刊号。
⑤ 爱新觉罗·乌拉熙春:《辽金史与契丹、女真文》,京都东亚历史文化研究会2004年版,第69页。
⑥ 爱新觉罗·乌拉熙春:《契丹文墓誌より見た遼史》,日本松香堂2006年版,第238页。
⑦ 刘凤翥、唐彩兰、青格勒编著:《辽上京地区出土的辽代碑刻汇辑》,社会科学文献出版社2009年版,第26页。

医巫闾山发现辽代石雕祭台

屈连志

在峻拔的石壁上，古老的石雕像正襟危坐，凝视远方。历尽风风雨雨的石祭台伏在巨石上，承载着一个又一个庄严的祈祷。饱经沧桑的观世音石像尽管被无情的岁月冲淡了许多，但是，透过古拙的线条，依然神采飞扬，仿佛在向人们讲述遥远亘古的故事。在观音像前不到3米的地方有一方形石雕祭台。医巫闾山神秘祭台，仿佛向人们诉说着曾经的传奇。

祭台

在辽宁省北镇市广宁街道河洼村东北方向，有一个山冈。祭台就设在山冈之上。祭台是在一个整块花岗岩石上雕琢而成的，呈方形，带引柱线，如同一个巨型棋盘。祭台外缘长124厘米，内缘长108厘米，高约7.8厘米。在祭台旁有一如意形镂雕石纽，是用来栓绑祭祀动物用的。在祭台前石头上有一直径约15厘米的圆孔，像是插立旗杆、木柱类所用。而在祭台下面，则是一个半人工半天然的石棚，石棚由三块搭筑在一起的天然巨石，经过简单雕凿而成，石棚盖就是刻有祭台的巨石。石棚古朴自然，石棚内约有两平方米，在石棚内的北侧雕刻一尊坐佛像，由于年代久远，佛像上半部已模糊不清。

　　石棚在文献中早有记载。《三国志·魏书·公孙度传》载：时襄平延里社生大石，长丈余，下有三小石为之足。所记大石，即指石棚。而较早称作石棚的，见于金代王寂《鸭江行部志》："己酉游西山石室，上一石纵横可三丈，厚二尺许，端平莹滑，状如棋局，其下壁立三石，高广丈余，深亦如之，无瑕隙，亦无斧凿痕，非神功鬼巧不能为也，土人谓之石棚。"

　　祭台下的石棚虽没有古文献中记载的那么大，但上面的石棚盖也曾颇具规模。据看守附近果园的退休干部路成怀讲，在土地承包到户以前，当时的生产队用炸药开石头，曾经将石棚盖炸掉一大块，所幸的是带有祭台的这一小块保存下来。

祭台下面的石棚

　　在石棚北侧，有一巨石，上面雕一佛龛，高126厘米，宽87厘米，佛龛内壁浅雕一座78厘米高的观音石像，虽然久经风雨，但是从现存的模糊线条中依然可以看出，当年的观世音像背衬佛光，衣袂飘飘，神采飞扬。

　　观世音像怎么会和杀生祭祀的祭台相对应呢？这种有悖常理的现象不得不令人三思。从相关史料中看出，拜观世音和杀生祭祀同时存在于一个范围内的祭祀方式，只有在契丹族祭祀中才会出现。契丹族所信奉的是萨满教。佛教虽然很早就传到契丹族部落当中，但是传播范围有限，直到天显十年，耶律德光为了能够吞并中原，加强统治地位，才用神人托梦的故事引入汉传佛教。据《契丹国志》卷二《纪异录》载：

"契丹主德光梦一神人，衣白衣，语德光曰'石郎使人唤汝，汝须去。'后至幽州城中，见大悲菩萨佛相，惊告其母曰：'此即向来梦中神人。'因立祠木叶山，名菩萨堂。"这是契丹主用白衣观音托梦之法，向世人灌输他向中原发动战争是顺应天意，在接受汉传佛教的同时，从而达到接受中原文化的目的。此后，契丹族上下开始供奉白衣观音。

祭台北侧的观音像

从祭台上，我们可以清晰地看到祭祀时拴牺牲用的石纽。在祭台前的石孔，应该是插祭杆所用。立杆祭天是中国北方民族天命观形成的重要标志。想来，当初祭祀时，牺牲体割后，也曾悬在插在这个石孔中的祭杆上。神杆是宇宙树崇拜在人类的政治活动中的变体。契丹人立杆敬天祭祀的目的，有下达天神旨意的功能。当时，契丹族信奉的萨满教讲求"天人感应"，汉传佛教讲究慈悲为怀、普度众生，而在契丹人的心目中，无论是用牺牲祭祀的萨满教，还是救苦救难的汉传观世音，都是要保佑人们吉祥幸福的。所以，简单的思维方式将复杂的，在一般人看来完全不同的宗教机械地结合起来，形成独有的祭祀特色。

祭台下石棚的功能是什么呢？在辽东和辽南等地区，都曾发现过或大或小的石棚。早在石棚考古发现之初，围绕石棚的时代、文化所属、功能等就曾展开过讨论。辽宁考古学家郭大顺认为，石棚是具有祭祀功能的纪念建筑物，是一种权力的象征。

在祭台西南侧不远处，有一拔地而起的拇指状石峰，石峰东侧有一人工开凿的石阶，沿着陡峭的二十多级石阶而上，有一人工砌筑的十几平方米大小的平台，平台北

祭台上的石纽

侧石崖中部凿有一长方形佛龛，长约2.1米，高1米，内有三尊坐姿佛像，两尊胁侍站立在三尊坐佛之间。三尊坐佛头部作螺状髻，两耳垂肩，身披右衽袈裟，半袒前胸，结跏趺坐。中间一佛为磨光肉髻，面庞丰满圆润，慈祥庄严。右手抬置胸前，作无畏手印，左手自然下垂置于左膝上，双腿盘坐。两侧坐佛两手相扣置于腹间，结禅定印。两胁侍合掌而立，作阿难状。这组佛像属切崖而凿的半雕石像，直接在石壁上取材，刀法简朴，表情凝重，从造型到服饰，具有典型辽代特征。在佛龛东侧石壁上刻有一长方形碑口，可惜口内石碑已经遗失。有人曾拾得几块残片，上面只言片语，模糊不清，无法推断其立碑年代，从残碑的字里行间，能辨出有"伽蓝"二字。佛龛前原有一间佛殿，现已无存。

抱笏峰（在祭台西面）

抱筍峰上面的佛龛

那么，契丹族为何在此设台祭祀呢？其主要原因是与契丹族敬天、敬山习俗和祭祀祖先有关。《契丹国志》卷二十七《岁时杂记》载："冬至日，国人杀白羊、白雁，各取其生血和酒，北望拜黑山，奠祭山神。"契丹人非常敬天、敬山，每逢节令或出行等必祭山。

医巫闾山早在虞舜时期就备受关注，历朝历代都有祭祀。到了辽代，让国皇帝耶律倍对医巫闾山更是钟爱有加，死后还葬于医巫闾山。辽世宗、景宗及许多辽代的王孙贵族也葬于闾山。据《辽史》载："乾亨四年秋九月，景宗崩。十一月甲午，置乾州。统和元年二月，葬景宗皇帝于乾陵。"乾州是为了奉乾陵而设。乾州下设有奉陵县，奉陵县治所就在乾州城内。景宗皇帝即赫赫有名的萧太后的丈夫。萧太后死后，也葬于医巫闾山乾陵。

由此可以看出，祭台很可能与辽陵有牵连。契丹王朝几代皇帝都曾多次拜谒过辽陵，也曾祭祀过医巫闾山，而此祭台正处在辽陵附近，与医巫闾山大观音阁和富屯辽墓群也仅一山之隔，显然这里的祭台就是契丹族祭祀之所。

如此特殊结构形式的祭祀遗址，在国内比较少见。辽代石刻祭台的发现，对研究辽代宗教文化具有十分重要的意义。

从拜寺沟方塔没有地宫谈起

——兼论别具一格的方塔建筑

牛达生

"拜寺沟方塔有没有地宫！你们把方塔地基搞清楚了没有？"其实，这一问题在我们有关论著中早已作了明确回答，即方塔没有地宫，这是铁的事实。但是还是有人问及，或许与人们祈望方塔也像陕西法门寺一样，有一个出土了大量珍宝的地宫有关。既然有人提出对方塔有无地宫抱有怀疑，这看来有必要再对这一问题进行探讨。

未炸毁前的方塔雄姿

深藏贺兰山峡谷中的拜寺沟方塔，曾被认为是明代古塔。1990年冬，被不法分子炸毁，成为一片废墟。有关部门现场调查时，方知是一座西夏古塔。1991年秋，年近花甲的笔者，主动请缨、并经国家文物局批准，对方塔废墟进行了清理发掘，出土了一批包括西夏文献在内的珍贵文物；而被译为《吉祥遍至口和本续》的西夏文印本，经研究，认为其是世界上现存最早的木活字版印本，并被文化部组织专家在京鉴定确认，从而引起海内外学界和媒体的广泛关注。这一研究成果，反映在2007年由文物出版社出版的大型考古报告《拜寺沟西夏方塔》一书中。

方塔的炸毁令人痛心，但它却为研究西夏古塔建筑提供了绝好的机会。当然，我们也更期望方塔下有一个藏有众多珍宝类似法门寺塔的地宫。因此，我们清理工作是十分细致、十分认真的。但是多少年过去了，谈到方塔时似乎总有一种声音在说："拜寺沟方塔有没有地宫！你们把方塔地基搞清楚了没有？"这一问题涉及方塔的建筑结构，为此，对这次考古工作略作回顾，重点谈方塔的建筑结构，当然也就一并回答了方塔有无地宫的问题。

一　方塔遗址的清理和方塔建筑结构的推定

拜寺沟是贺兰山东坡的山沟之一，在宁夏回族自治区贺兰县境内，东南距银川约50公里。沟口北侧为全国重点文物保护单位拜寺口双塔。方塔位于距沟口约10公里的贺兰山腹地方塔区内。由于文献缺载，始建年代不详。方塔下有大面积西夏遗址，证明原来是有寺院的，但原有寺名塔名，早被历史的尘埃所淹没，因塔为方形，俗称方塔。1984年，宁夏回族自治区开展文物普查，对方塔情况作了简单纪述："方塔是一座密檐式实心砖塔，高11层，约30米。"并根据"沟内有明代边墙和明代进士侯廷风的石刻题记"，认为"可能修建于明代"。1990年11月方塔被炸毁后，自治区文化厅、公安厅联合现场勘察时，获得有墨书西夏文和汉文题记的塔心木柱，始知方塔是建于惠宗大安二年（1076）的西夏古塔。

拜寺口双塔

方塔区四面环山，中通洪沟，林木茂盛。地势呈菱形，东西长约 700 米，南北最宽处约 300 米，是沟内最宽广的地方。方塔背山面沟，坐落在向南的台地上。塔后高数十米的山坳中，有一条陡峭的山沟。方塔被炸时，塔体向地势较低的南面倾倒，形

方塔残留一角

成一个高约 3 米、南北约 35 米、东西约 25 米的山形堆积，在西北角残留部分塔体。在废墟上杂有各种砖木建筑材料。其中主要是条砖，还有少许方砖和模印字砖；未见被认为是西夏砖的手印纹砖。木材有圆形塔心柱、八角形塔心柱、大柁、槽心木、小圆木、板材等。还有铁质甚好的 4 根铁钎，以及绘有斗拱的白灰墙皮等。

我们在清理时发现，方塔的下二层被历年的泥石流所掩没。经下挖 1.7 米方到塔

底层塔壁门状盗洞

底。通过方塔底层"门状洞"进入塔内，通过对下二层塔体和塔心的发掘，使我们获得了方塔的结构的宝贵资料。而对塔体外部结构的了解，则借助于对原有照片的分析。通过以上工作，终于搞清了方塔的建筑结构及基本形制，并大致勾勒出方塔的原始结构。

塔基：用毛石堆砌而成，毛石间灌以黄泥浆；宽度、深度不详。塔基中心筑有立塔心柱的圆坑，直径1.4米，深2.1米。我们注意到：圆坑是堆砌塔基时预留的。圆坑上部横置中有圆孔的用以固定塔心柱的大柁。塔身直接从塔基上筑起，不设基座。铁的事实证明：塔基内没有地宫类构造。

塔心柱：就地取材，用松木做成。有圆形、八角形两种；圆形的较粗，用于塔身下段，八角形的较细，用于塔身上段。柱头两端均有榫卯结构，可以互相联结。塔心柱之间的连接，有的在塔体内榫卯相接，有的在大柁圆孔内交会相接。塔心柱从塔基圆坑内立起，穿过横置于塔基圆坑和各层塔心室上的大柁，从下到上直贯塔顶。塔身就是以塔心柱为中心向上逐层累砌起来的。

塔身：以塔心柱为中心，围绕塔心柱采用满堂砖砌法，表里内外，层层铺砌。砌砖基本上是一顺一丁，以黄土泥为浆，交错压茬而砌。每层叠涩出檐，并作出悬挂铃铎的檐角。第一层特高，第二层以上各层的高度和宽度，逐层递减收缩。在第三、第十和第十二层，皆构筑塔心方室。塔心室顶部用大柁和板木棚顶，塔心柱从塔心室和大柁中穿过。方室内藏有佛经、擦擦等供养物。

塔壁装饰：四壁抹白灰皮，并有彩绘。壁面残留彩绘，有2—4层之多。每层彩绘何物，已难以搞清，但可以看到表层白灰皮所绘的是日月、兽面、流苏，其下一层绘有反映建筑的立柱、额枋等。需要补充的是，从清理结果和照片分析，南壁正中除第三、第十和第十二层为塔心室方形出口外，其余各层以柱枋、斗拱分成三间格局，当心间为直棂假窗，次间绘物情况不明。而后三壁则不见直棂假窗的痕迹。直棂窗低于壁面，形成方形浅龛。所绘木构件由立柱、由额、栏额、栌斗和柱头枋组成，全部朱绘，直棂窗亦为朱绘。有人将直棂窗说成"佛龛"，显然是错误的。塔心柱题记有"缠腰彩塑佛画"，说明方塔原有塑像和壁画，可惜由于方塔的破坏，这些"彩塑佛画"已永远消失了。

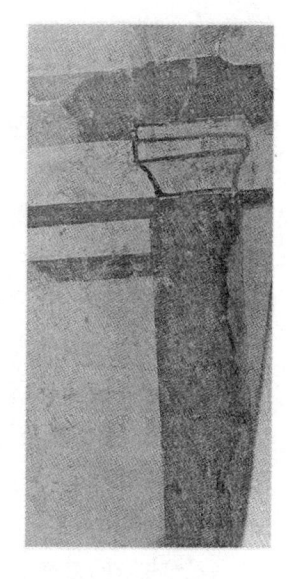

塔刹：塔刹早年被毁，估计其形状似应为唐宋时期北方古塔多见的相轮式。塔心柱的最上端，即为塔刹刹杆。在塔刹底部围绕刹杆以槽心木做井字架，以加强刹杆的稳定性。

彩绘斗拱残片

根据以上对方塔构筑方法的描述，我们绘制了《拜寺沟方塔原构推定示意图》。这里的"原构推定"，不同于建筑设计，只是粗线条的勾勒，其中难免有描绘不够准确之处。笔者认为，随着社会经济和文物旅游事业的发展，这座具有重要价值的千年古塔，必然会得到重建，树立在这被西夏称为"神山""圣山"的贺兰山中。为此，我们衷心敬请业内人士、古建专家，能对本文的描述和"原构推定"提出宝贵意见，以便进一步完善这一构图，使方塔得到准确复原。

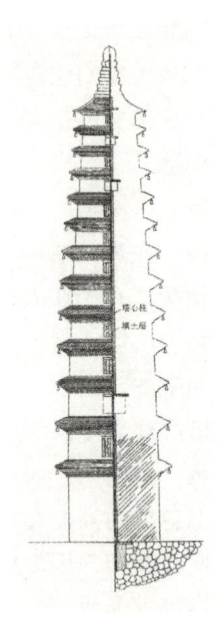

拜寺沟方塔原构推定示意图

二 方塔的建筑特点

在我国南北各地，保存至今的历代古塔，据张驭寰教授说有"数千座"之多，是我国各类古建筑中数量最多的一种。与此相比，可以认定为西夏的古塔，却只有数座，很不成比例。显然，搞清方塔的基本结构及其建筑特点，对研究西夏建筑乃至我国古代建筑无疑具有重要意义。

包括古塔在内的古代建筑，虽有一定数量，但年代久远而未经改动的却相对较少。而据方塔塔心柱墨书题记，知方塔建于西夏惠宗大安二年（1076），距今900多年，可谓年代久远。更为重要的是，据1984年调查，方塔除"塔顶残损"外，塔身未经后世重修重建。也即方塔是未受后世影响的西夏原建，从而提高了它的研究价值。

我国古塔的结构、形制，以及细部处理、整体风格，同历代其他建筑一样，因时代的不同而有所变化，各具特色。我国最早的古塔，因受传统木结构高层建筑的影响，主要为多层方形木塔，即所谓"大起浮图，上累金盘，下为重楼"（《后汉书·陶谦传》卷九十二）的楼阁式建筑。到了唐代，平面仍以方形为主，但多为砖塔、石塔。其中，高层砖塔，多是厚壁空心，叠涩出檐，雕刻较少，简洁朴素；整体风格是收杀比较缓和，别具韵律。降及宋辽，不仅平面布局由八角形取代了方形，在结构上也有很大变化：塔内增加了横向结构，采用发券的方法使塔心与外壁连成一体，提高了塔体的整体性，使其更加坚固；外壁也一改简洁之风，大量雕刻仿木结构，多有装饰，更为华丽；整体轮廓也趋向刚直挺拔，雄浑秀丽。西夏与宋辽同期，西夏高层砖塔与宋辽塔一样，平面布局多为八角形，外形轮廓挺拔秀丽，但又具有厚壁空心、出檐短促、简洁朴素等唐代的特点。《宋史·夏国传》载：西夏"设官之制，多与宋同；朝贺之仪，杂用唐宋；而乐之器与曲，则唐也"。这是唐宋文化对西夏影响的高度概括。这一概况也符合包括古塔在内的西夏建筑的特点，具体地说，就"杂用唐宋"，兼而有之。

方塔与其他西夏古塔（如拜寺口双塔、宏佛塔、百八塔、韦州塔等）相比，保留了更多的唐代特点：塔身直接建在塔基上，不设基座；淌缝不用白灰，而是黄泥作浆；第一层特高，第二层以上，相应收缩；叠涩出檐短促，壁面装饰简洁朴素；更为重要的是它保留了盛行于唐代的直棂窗，保留了唐代的方形结构。它的外形，很像长安的香积寺塔，具有简洁、浑厚、雄健的唐代风格。如果不是有塔心柱建塔年代的话，很可能会被认为是唐代的古塔。

方塔的唐代特点，还反映在一些细部处理上。如唐代的柱枋结构，额枋中间的"由额垫板的分位是空的"；方塔朱绘大小额枋中间也无"由额垫板"。敦煌壁画所反映的唐代或更早的柱枋斗拱都作红色，它与白墙相映，是古代文献中"朱柱素壁"的反映；长安香积寺塔上凸起的柱、槏柱、阑额施朱色，中为朱绘的直棂窗；方塔的直棂假窗和柱枋斗拱，也是朱绘的。

西夏方塔显示了那么多唐代的特点，是有其深刻的历史原因和社会原因的。从唐初到宋初的几个世纪中，从西藏高原东部地区迁徙到西北地区的党项族人民，长期与汉族相濡杂处，在生产方式和生活方式上，因受汉族的影响而多有变化；而党项李氏贵族，在唐、五代及宋初，都是世为官，代代封爵的官宦家庭，更是深受中原文化的影响。随着时代的变迁，建立西夏王朝的党项贵族，政治上不能不接受宋朝的影响，"设官之制，多与宋同"。而在工艺技巧方面，因远离中原文化中心，则比较保守落后，因而保留了更多的唐代色彩。或许正是由于这一原因，建于西夏初期的方塔，其所体现的唐代影响就更为浓烈。

三 独树一帜的方塔特点

拜寺沟方塔除上述特点外，还有不少为其他古塔所无的独树一帜的特点：

（一）仅见的毛石堆砌的塔基

一般来说，山中古塔多建在岩基裸露山地上。据研究，就抗震来说，"平地而有塔基的塔，却不如建在岩基出露的山地上，没有塔基只利用天然地基的塔"[①]。方塔与此不同，不是建在裸露的岩基上，而是建在毛石堆砌的地基上。这是山中建塔地基的一个新的模式，也是方塔建筑的一大特点。

（二）是我国最早的方形实心塔

就一般而言，唐宋时期的高层砖塔，不论是楼阁式塔还是密檐式塔，不论其内部是空筒结构还是横向结构，在其内部设置楼梯，并可上下则是一致的。而辽金高层砖塔，除极少数楼阁式塔内设楼梯可以上下外，如罗哲文先生所言："密檐式皆为实心，不能登临眺览。"比西夏建国晚80多年的金代，还有方形密檐式实心塔，如河南沁阳天宁寺塔、开原崇寿寺塔等。与辽相比，方塔的平面布局不是当时流行的八角形，而是方形。与金相比，方塔虽不是唯一的高层实心塔，但却比金代的方形实心塔早了二三百年，是我国现知最早的方形实心塔。

（三）是现知唯一保留了塔心柱的塔

据研究，我国南北朝时期的方形木塔，在塔的中心部位，都有一条自底层直贯塔顶的塔心柱。我国早期木塔的形制，在云冈石窟的浮雕中，在敦煌石窟的壁画中还可看到，但早期实物的木塔，却没有一处保留下来。在高层砖塔中，如张驭寰教授所说："这种做法的国内实例已不存在了"[②]。但是，受隋唐影响，建于7世纪初的日本奈良法隆寺塔、建于8—9世纪的奈良宝生寺和京都醍醐寺五重塔等，都是有"由平地直贯宝顶"的塔心柱的方形木塔。方塔不是木塔，但塔心柱使用却有其历史渊源的，是早期木塔塔心柱工艺的再现。通过对方塔塔心柱的研究，有助于我们对早期木塔塔心柱结构的了解。罗哲文先生在谈到河北正定天宁寺木塔时说，虽然"因为此塔一半为木构，塔柱只达于上半段，未能直下塔底，但还可看出中心塔柱的结构情况，是极为珍贵的实例。"[③] 方塔是我国众多古塔中，唯一保留了塔心柱的极其珍贵的实例。

（四）少见的有窗无门的壁画装饰

前面谈及彩绘壁画墙皮有的厚达4层。应该说，其中下面两三层应是西夏原装

[①] 孟繁兴等：《地震与地震考古》，文物出版社1997年版，第156页。
[②] 张驭寰：《古建筑调查与研究·古塔概述》，江苏古籍出版社1988年版，第296页。
[③] 罗哲文：《罗哲文古建筑论文集·中国古塔》，文物出版社1998年版，第131页。

（因为西夏人会对彩绘倍加呵护而适时修补和重装的），表层当是后代重装时加上的。方塔壁面的装饰情况，已难全部知晓，但从照片及残留彩绘塔墙皮分析，大体得知方塔的装修手法与众不同，别具特色：第一，不露砖面，包括腰檐在内，全部用白灰封抹，它与朱绘柱枋斗拱相映，或许正是前面所说"朱柱素壁"的反映。第二，以朱绘立柱作为间柱，将壁面分为三间，中间为直棂假窗，没有门的设置，这点很重要。第三，不用雕刻、隐起手法，直棂假窗和柱枋斗拱等，全部用朱红绘出；叠涩檐上的菱角牙子，也涂成红色。这种装饰手法，虽不是绝无仅有，但在唐宋古塔中实在少见。

　　唐代盛行直棂窗，辽金塔上也有使用直棂窗的，但直棂窗总是与券门相配合的，属于从属地位。有的是一个壁面上当心间或门或龛，稍间为直棂窗，如长安香积寺塔；有的为正四面或门或龛，侧四面为直棂窗，如登封净藏禅师墓塔，北京天宁寺塔等。如前节所述，方塔的直棂窗置于正壁壁面中心，从上到下没有门洞和佛龛。这种做法是唐宋古塔中所无的，当是古塔壁面装饰的孤例。它为古塔的研究提供了新的实例，具有重要的研究价值。

附 录

2013年辽金史论著目录

周 峰

一 专著

1. 辽宋夏金史讲义　邓广铭　中华书局　2013年
2. 塞北三朝·辽　袁腾飞　电子工业出版社　2013年
3. 塞北三朝·金　袁腾飞　电子工业出版社　2013年
4. 塞北三朝的文明　李默主编　广东旅游出版社　2013年
5. 青少年应该知道的历史知识·辽史　林静主编　河南人民出版社　2013年
6. 青少年应该知道的历史知识·金代　林静主编　河南人民出版社　2013年
7. 阿保机兴辽　《漫说中国历史》组委会编　航空工业出版社　2013年
8. 中华二千年史·卷四·宋辽金夏元　邓之诚　东方出版社　2013年
9. 甘肃通史·宋夏金元卷　刘建丽　甘肃人民出版社　2013年
10. 契丹（遼）と10~12世紀の東部ユーラシア　荒川慎太郎、澤本光弘、高井康典行、渡辺健哉編　勉誠出版　2013年
11. 辽金西夏研究2011　景爱主编　同心出版社　2013年
12. 中国历代战争史——宋、辽、金、夏（上）　台湾三军大学编著　中信出版社　2013年
13. 中国历代战争史——宋、辽、金、夏（下）　台湾三军大学编著　中信出版社　2013年
14. 辽金夏元史研究/辽与五代外交研究　蒋武雄　台湾花木兰文化出版社　2013年
15. 对等：辽宋金时期外交的问题　陶晋生著　台湾"中央研究院历史语言所"　2013年
16. 太原历史文献辑要（第3册·宋辽金元卷）　杨永康编　山西人民出版社　2013年
17. 拓边西北：北宋中后期对夏战争研究　曾瑞龙　北京大学出版社　2013年
18. 普天佛香：宋辽金元时期佛教　熊江宁　大象出版社　2013年

19. 辽金经幢研究　张明悟著　中国科学技术出版社　2013 年
20. 辽代南京留守研究　李谷城　中国社会科学出版社　2013 年
21. 宋金文学的交融与演进　胡传志　北京大学出版社　2013 年
22. CCTV 国宝档案特别节目：国宝中的历史密码·隋唐～辽金卷　中央电视台中文国际频道编著　中国友谊出版公司　2013 年
23. 金代文学编年史（上下）　王庆生编著　中华书局　2013 年
24. 元好问《论诗三十首》研究　方满锦著　台湾万卷楼图书股份有限公司　2013 年
25. 元遗山文集校补　周烈孙、王斌校注　巴蜀书社　2013 年
26. 金诗纪事　陈衍辑撰，王庆生增订　上海古籍出版社　2013 年
27. 校辑宋金元人词　赵万里辑　国家图书馆出版社　2013 年
28. 全真七子证道词之意涵析论　张美樱　台湾花木兰文化出版社　2013 年
29. 金元日记丛编　顾宏义、李文整理标校　上海书店出版社　2013 年
30. 中国散文通史·宋金元卷　李真瑜、田南池、房春草　安徽教育出版社　2013 年
31. 千古绝句——赏析辽金元明清诗　张学淳编著　上海社会科学院出版社　2013 年
32. 中华艺术通史简编（第四卷）　李希凡主编，廖奔等撰稿　北京师范大学出版社　2013 年
33. 碧彩云天——辽代陶瓷　北京辽金城垣博物馆编　北京燕山出版社　2013 年
34. 白山·黑水·海东青——纪念金中都建都 860 周年特展　首都博物馆、黑龙江省博物馆编　文物出版社　2013 年
35. 文明碎片——中国东北地区辽、金、契丹、女真历史遗迹与遗物考　王禹浪、都永浩主编　黑龙江教育出版社　2013 年
36. 俄罗斯滨海边疆区女真文物集粹（汉俄对照）　吉林省文物考古研究所、俄罗斯科学院远东分院远东民族历史·考古·民族研究所编著　文物出版社　2013 年
37. 宝山辽墓：材料与释读　巫鸿、李清泉　上海书画出版社　2013 年
38. 辽金史研究　王秋义主编　辽宁民族出版社　2013 年
39. 辽金史论集（第十三辑）　刘宁主编　中国社会科学出版社　2013 年
40. 金上京文史论丛（第四辑）　鲍海春、洪仁怀主编　黑龙江人民出版社　2013 年
41. 隋唐辽宋金元史论丛（第三辑）　中国社会科学院历史所隋唐辽金元史研究室编　上海古籍出版社　2013 年
42. 中国教育通史·宋辽金元卷（上）　郭齐家、苗春德、吴玉琦主编　北京师范大学出版社　2013 年

43. 中国教育通史·宋辽金元卷（下）　乔卫平　北京师范大学出版社　2013 年
44. 中国家庭史·宋辽金元时期　王利华、张国刚　人民出版社　2013 年
45. 增订中国史学史资料编年——宋辽金卷　杨翼骧编著，乔治忠、朱洪斌订补　商务印书馆　2013 年
46. 辉煌辽上京　神秘辽祖陵——辽上京与辽祖陵研究文选　政协巴林左旗委员会编　2013 年
47. 辽金西夏衣食住行　宋德金　中华书局　2013 年
48. 读史杂识　宋德金　中华书局　2013 年
49. 宋辽金史论丛　陶晋生　台湾联经出版事业股份有限公司　2013 年
50. 辽文化与辽上京　王玉亭、王燕赵　内蒙古文化出版社　2013 年
51. 多元文化的交融——辽代历史与文化研究　尤李　中国社会科学出版社　2013 年
52. 辽代墓葬艺术中的捺钵文化研究　乌力吉　文化艺术出版社　2013 年
53. 辽金黄龙府丛考　姜维东著　吉林人民出版社　2013 年
54. 辽代器物文化　李鹏　吉林大学出版社　2013 年
55. 中国北方古代少数民族服饰研究（契丹卷）　李甍主编　东华大学出版社　2013 年
56. 辽金元陶瓷考古研究　彭善国　科学出版社　2013 年
57. 北京龙泉务窑辽代瓷器科技研究　北京市文物研究所编著　科学出版社　2013 年
58. 犀照群伦　光含万象——晓轩斋藏宋辽金元明清铜镜　狄秀斌、李郅强编著　文物出版社　2013 年
59. 金上京科举制度研究　郭长海、付珊　哈尔滨工业大学出版社　2013 年
60. 儒学在金源　郭长海、付珊　哈尔滨工业大学出版社　2013 年
61. 大蒙古国与金国战争史（蒙古文版）　鲍格鲁特·鲍音　辽宁民族出版社　2013 年
62. 内外伤辨　（金）李杲撰　中国书店　2013 年
63. 脾胃论　（金）李杲撰，（明）王肯堂辑　中国书店　2013 年
64. 伤寒直格　（金）刘完素著，（明）王肯堂辑　中国书店　2013 年
65. 伤寒标本心法类萃　（金）刘完素撰，（明）王肯堂辑　中国书店　2013 年
66. 张子和医学全书　（金）张子和撰　山西科学技术出版社　2013 年
67. 成无己医学全书　（金）成无己撰　山西科学技术出版社　2013 年
68. 李东垣传世名方　段晓华、畅洪昇主编　中国医药科技出版社　2013 年

二 总论

研究综述

69. 辽史研究　刘雄、杜鹃、陈程程、张国庆　载景爱主编《辽金西夏研究2011》　同心出版社　2013年

70. 金史研究　孙红梅、赵永春　载景爱主编《辽金西夏研究2011》　同心出版社　2013年

71. 辽金文学研究　胡传志、裴兴荣　载景爱主编《辽金西夏研究2011》　同心出版社　2013年

72. 明确方向和重点将辽金史研究推向新高度　景爱　载景爱主编《辽金西夏研究2011》　同心出版社　2013年

73. 新世纪初年的辽金史研究　景爱　东北史地　2013年第1期

74. 契丹辽史研究的学科发展历程　任爱君　辽金史研究通讯（2012—2013合刊）

75. 辽、宋、夏、金婚礼服饰及其礼俗内涵研究综述　武婷婷　黑龙江史志　2013年第3期

76. 三十年来辽代教育研究述评　张志勇　辽宁工程技术大学学报（社会科学版）　2013年第4期

77. 西方社会对契丹和辽的认识与研究　赵欣　黑龙江民族丛刊　2013年第1期

78. 20世纪上半叶日本学者对蒙辽地区辽代佛教建筑的考察与研究　曹铁娃、曹铁铮、王一建　世界宗教文化　2013年第1期

79. 试论契丹学的理论和方法　杨福瑞　赤峰学院学报（汉文哲学社会科学版）　2013年第4期

80. 金源文化研究迎来新契机　郝欣、曾江　中国社会科学报　2013年7月24日第A02版

81. 论新世纪以来的地域性辽金史研究　景爱　东北史研究　2013年第2期

82. 远东考古学的源头之作——俄罗斯学者 M. B. 沃罗比约夫的女真研究　霍明琨、李薇　载刘宁主编《辽金史论集》（第十三辑）　中国社会科学出版社　2013年

83. 20世纪俄罗斯学界女真研究的代表人物及著述　霍明琨、李薇　载鲍海春、洪仁怀主编《金上京文史论丛》（第四辑）　黑龙江人民出版社　2013年

84. 近二十年大陆地区宋辽关系研究述评　王欣欣、吕洪伟　黑龙江民族丛刊　2013年第4期

85. 新中国成立以来国内奚族研究综述　刘一　学术探索　2013年第8期

86. 近年来金史研究综述　沙志辉　黑河学刊　2013年第10期

87. 金朝末年东北地区研究简述　张儒婷　北方文学（中旬刊）　2013年第7期

88. 2012年辽金西夏史研究综述　周峰　中国史研究动态　2013年第6期

89. 完颜希尹研究述评　穆崟臣、穆鸿利　载刘宁主编《辽金历史与考古》（第四辑）　辽宁教育出版社　2013年

90. 大同华严寺百年研究　刘翔宇、丁垚　建筑学报　2013年增刊第2期

91. 宋金元时期道教与诗歌研究的回顾与思考（2005—2012）　罗争鸣　贵州社会科学　2013年第6期

学术活动

92. 在纪念陈述先生百年诞辰学术研讨会上的致辞　张昌东　载景爱主编《辽金西夏研究2011》　同心出版社　2013年

93. 深切缅怀我国著名辽金史专家陈述教授——在陈述先生百年诞辰纪念会上的发言　杜荣坤　载景爱主编《辽金西夏研究2011》　同心出版社　2013年

94. 孜孜不倦的学者——陈述先生诞辰100周年缅怀　史金波　载景爱主编《辽金西夏研究2011》　同心出版社　2013年

95. 中国社会科学院民族学与人类学研究所举行纪念陈述先生百年诞辰学术研讨会　载景爱主编《辽金西夏研究2011》　同心出版社　2013年

96. 北京达斡尔人士举行纪念陈述先生百年诞辰座谈会　载景爱主编《辽金西夏研究2011》　同心出版社　2013年

97. 黑龙江和内蒙古达斡尔学者举行陈述先生百年诞辰纪念会　载景爱主编《辽金西夏研究2011》　同心出版社　2013年

98. 辽金历史与考古国际学术研讨会在沈阳举行　载景爱主编《辽金西夏研究2011》　同心出版社　2013年

99. 在第十一届中国辽金契丹女真史研讨会开幕式上的欢迎辞　许洪江　载鲍海春、洪仁怀主编《金上京文史论丛》（第四辑）　黑龙江人民出版社　2013年

100. 第十一届中国辽金契丹女真史研讨会欢迎辞　鲍海春　载鲍海春、洪仁怀主编《金上京文史论丛》（第四辑）　黑龙江人民出版社　2013年

101. 在第十一届中国辽金契丹女真史研讨会闭幕式上的讲话　杨佳榕　载鲍海春、洪仁怀主编《金上京文史论丛》（第四辑）　黑龙江人民出版社　2013年

102. 第十届学会工作报告　宋德金　载鲍海春、洪仁怀主编《金上京文史论丛》（第四辑）　黑龙江人民出版社　2013年

103. 辽宋金时期新疆历史学术研讨会综述　齐新　西域研究　2013年第1期

104. 史学界深入研讨辽金史的历史地位　唐红丽　中国社会科学报　2013年8

月 7 日第 A02 版

105. 中国·平泉第二届契丹文化研讨会举行　管陈子、陈彦华　承德日报　2013 年 8 月 20 日第 1 版

106. "十至十二世纪东亚都城和帝陵考古与契丹辽文化国际学术研讨会"会议纪要　汪盈、董新林　中国文物报　2013 年 9 月 27 日第 6 版

107. 首届全国契丹文字及相关领域学术研讨会综述　华西语文学刊（第八辑·契丹学专辑）　2013 年第 1 期

108. 第二届契丹文字及相关领域学术研讨会综述　华西语文学刊（第八辑·契丹学专辑）　2013 年第 1 期

109. 内蒙古契丹辽文化研究会第三届常务理事会暨研究成果转化、开发研讨会日前举行　赤峰学院学报（汉文哲学社会科学版）　2013 年第 11 期

110. 我校契丹辽文化研究院成立　赤峰学院学报（汉文哲学社会科学版）　2013 年第 8 期

111. 内蒙古红山文化暨契丹辽文化研究基地招标项目评审会在我校举行　王艳丽　赤峰学院学报（汉文哲学社会科学版）　2013 年第 6 期

112. "中国地域性辽金史学术研讨会"会议综述　史地　东北史地　2013 年第 5 期

113. 我校召开"首届中国地域性辽金史学术研讨会"　彭立人　白城师范学院学报　2013 年第 4 期

114. "第十届中国多民族文学论坛暨中国辽金文学学会第七届年会"召开　刘大先　民族文学研究　2013 年第 6 期

115. "金代钱币"专题研讨会在牡丹江市召开　中钱秘　中国钱币　2013 年第 5 期

116. 纪念金中都建都 860 周年学术研讨会　北京文史　2013 年第 4 期

学者介绍

117. 陈述先生的学术成就和学术思想　景爱　载景爱主编《辽金西夏研究 2011》　同心出版社　2013 年

118. 陈述先生整理辽文献的主要成就　郭康松　载景爱主编《辽金西夏研究 2011》　同心出版社　2013 年

119. 建国以后陈述先生论著叙录　景爱　载刘宁主编《辽金历史与考古》（第四辑）　辽宁教育出版社　2013 年

120. 宗师百年　德识永志——纪念陈述先生百年诞辰　陈志贵　载景爱主编《辽金西夏研究 2011》　同心出版社　2013 年

121. 深切缅怀陈述先生　孟志东　载景爱主编《辽金西夏研究 2011》　同心出

版社　2013 年

122. 中国社会科学院民族学与人类学研究所聂鸿音研究员访谈录　华西语文学刊（第八辑·契丹学专辑）　2013 年第 1 期

123. 赤峰学院历史文化学院任爱君教授访谈录　华西语文学刊（第八辑·契丹学专辑）　2013 年第 1 期

124. 张博泉先生与辽金史研究　程妮娜　淮阴师范学院学报（哲学社会科学版）　2013 年第 3 期

书评、序、出版信息

125. 《辽代石刻文续编》校注商榷　周阿根　江海学刊　2013 年第 2 期
126. 《俄罗斯滨海边疆区渤海文物集粹》与《俄罗斯滨海边疆区女真文物集粹》读后　冯恩学　中国文物报　2013 年 8 月 9 日第 4 版
127. 评张晶教授新著《中国诗歌通史·辽金元卷》——以契丹诗人的诗歌创作为中心　张卓群　五台山　2013 年第 1 期
128. 还原游牧民族文学生态——评析《中国诗歌通史·辽金元卷》　董希平　中国出版　2013 年第 18 期
129. 第一部全面深入研究金代散文的力作——评王永的《金代散文研究》　刘城　民族文学研究　2013 年第 3 期
130. 即实：《谜田耕耘——契丹小字解读续》　康鹏　华西语文学刊（第八辑·契丹学专辑）　2013 年第 1 期
131. 刘凤翥、唐彩兰、青格勒：《辽上京出土的辽代碑刻汇辑》　吉如何　华西语文学刊（第八辑·契丹学专辑）　2013 年第 1 期
132. 呉英喆：『契丹小字新発見資料釈読問題』　宫海峰　华西语文学刊（第八辑·契丹学专辑）　2013 年第 1 期
133. 评《经略幽燕：宋辽战争军事灾难的战略分析》　王化雨　北大史学（第 18 辑）　2013 年
134. 关注现实　重视历史——评李谷城遗著《辽代南京留守研究》　宋德金　南方都市报　2013 年 11 月 24 日第 GB22 版
135. 杨浣：《辽夏关系史》　许伟伟　华西语文学刊（第八辑·契丹学专辑）　2013 年第 1 期
136. 《辽代石刻文续编》订正与补注　葛华廷、王玉亭　辽金史研究通讯（2012—2013 合刊）
137. 断代辽宁地方史的新成就：肖忠纯先生《辽代辽宁史地研究》读后　王彦力　辽宁行政学院学报　2013 年第 11 期
138. 读《汾阳东龙观宋金壁画墓》杂感　程义　中国文物报　2013 年 8 月 16 日

第 4 版

139. 日本学者三上次男的《金代女真研究》 孙洪宇 黑龙江大学硕士学位论文 2013 年

140. 边界抑或中心？——读《宋金文学的交融与演进》 邹春秀 中华读书报 2013 年 12 月 11 日第 15 版

141. 勾稽爬梳 精深研究——评《金代商业经济研究》 刘肃勇 东北史地 2013 年第 6 期

142. 读宋德金先生《一本书读懂辽金》 刘杰 北方文物 2013 年第 4 期

143. 《宋辽金元建制城市研究》读后 于德源 北京文博文丛 2013 年第 3 辑

144. 《全辽金文》校点补正 周阿根 江海学刊 2013 年第 6 期

145. 对公众考古"公众阐释"哲学思想背景的一点思考——《走进考古 步入宋金》读后 王换鸽、丁金龙 文物世界 2013 年第 6 期

146. Book Review 北東アジア地域社会史研究の新たな一歩：中澤寛将著 北東アジア中世考古学の研究：靺鞨・渤海・女真 高井康典行 東方（389） 2013 年 7 月

目录索引

147. 辽史论著目录 周峰 载景爱主编《辽金西夏研究 2011》 同心出版社 2013 年

148. 金史论著目录 周峰 载景爱主编《辽金西夏研究 2011》 同心出版社 2013 年

149. 西夏学论著目录 周峰 载景爱主编《辽金西夏研究 2011》 同心出版社 2013 年

150. 2011 年辽金史论著目录 周峰 载刘宁主编《辽金历史与考古》（第四辑） 辽宁教育出版社 2013 年

151. 2012 年阿城第二届金上京历史文化暨第十一届中国辽金契丹女真史学术研讨会论文目录 《辽金史论集》（第十三辑） 中国社会科学出版社 2013 年

152. 二〇一一年宋辽夏金文化研究论著目录 王蓉贵 宋代文化研究（第二十辑） 2013 年

三 史料与文献

《辽史》《金史》

153. 《辽史·食货志》所载辽代海事证误 田野 古籍整理研究学刊 2013 年第 2 期

154. 《辽史·百官志》南面官考正 林鹄 载中国社会科学院历史所隋唐宋辽

金元史研究室编《隋唐辽宋金元史论丛》（第三辑）　上海古籍出版社　2013年

155. 《辽史·百官志》之史源、编纂及史料价值——兼论辽朝职官体系之复原　林鹄　载袁行霈主编《国学研究》（第三十一卷）　北京大学出版社　2013年

156. 《辽史·奸臣传》、《逆臣传》传目辨析　苗润博　中国史研究　2013年第2期

157. 点校本《辽史》纠误二则　陈晓伟　中国史研究　2013年第2期

158. 辽朝何以"雄长二百余年"——《辽史》论赞相关议论探究　吴凤霞　内蒙古社会科学（汉文版）　2013年第3期

159. 《辽史·国语解》"喝娘改"条辨正　康鹏　中国史研究　2013年第3期

160. 《金史·兵志》辨正二则　康鹏　载中国社会科学院历史所隋唐宋辽金元史研究室编《隋唐辽宋金元史论丛》（第三辑）　上海古籍出版社　2013年

161. 《金史·选举志》铨选用词考释　李鸣飞　史学集刊　2013年第3期

162. 《金史·完颜晏传》封爵史料勘误一则　孙红梅　中国史研究　2013年第2期

163. 辽、金、元三《史》读札　周春健　现代哲学　2013年第4期

其他史料与文献

164. 金史研究资料简介（中）　赵永春　东北史研究　2013年第1期

165. 金史研究资料简介（下）　赵永春　东北史研究　2013年第2期

166. 宋《国史·契丹传》考略　顾宏义、郑明　刘宁主编《辽金史论集》（第十三辑）　中国社会科学出版社　2013年

167. 《三朝北盟会编》引书数量及相关问题　汤勤福　史学史研究　2013年第4期

168. 试析辽代《龙龛手镜》的价值　黄文博　赤峰学院学报（汉文哲学社会科学版）　2013年第7期

169. 关于张棣《金虏图经》的几个问题　孙建权　文献　2013年第2期

170. 王鹗《汝南遗事》成书年代辨　赵梅春　郑州大学学报（哲学社会科学版）　2013年第5期

171. 金代词人传记及年谱文献提要　于东新、高彦　图书馆学研究　2013年第17期

四　政治

政治

172. 辽代的"一国两制"　林航　文史天地　2013年第2期

173. "因俗而治"与"胡汉一体"——试论辽朝"一元两制"的政治特色 郑毅 黑龙江民族丛刊 2013 年第 6 期

174. 十世纪契丹王朝构建进程中的中原因素——以辽初统治者进取幽州为中心 郑毅 载刘宁主编 辽金历史与考古（第四辑） 辽宁教育出版社 2013 年

175. 略论燕云地区的战略地位及归入契丹政权版图 郭丽平 载何天明、云广、晓克主编《朔方论丛》（第三辑） 内蒙古大学出版社 2013 年

176. 东丹国迁移辽阳与耶律倍南逃后唐 刘肃勇 东北史研究 2013 年第 1 期

177. 关于辽朝前期君位继承问题 王寅 辽宁师范大学硕士学位论文 2013 年

178. 浅谈诸弟之乱对辽皇位继承制度的影响 耿涛 赤峰学院学报（汉文哲学社会科学版） 2013 年第 9 期

179. 契丹辽朝汉臣行述与政事变迁 王明前 宁夏大学学报（人文社会科学版） 2013 年第 2 期

180. 辽代后期的政治和统治集团内部的政争——兼说辽朝的衰亡 杨树森 载景爱主编《辽金西夏研究 2011》 同心出版社 2013 年

181. 耶律淳权"世号为北辽"之说质疑 葛华廷、高雅辉 载刘宁主编《辽金历史与考古》（第四辑） 辽宁教育出版社 2013 年

182. 辽代纪年考 封树礼 载王秋义主编《辽金史研究》 辽宁民族出版社 2013 年

183. 辽朝燕云地区的乡村组织及其性质探析 王欣欣 黑龙江民族丛刊 2013 年第 3 期

184. 辽代汉人的入仕与迁转 蒋金玲 中国史研究 2013 年第 3 期

185. 钦哀后家族与辽道宗朝党争考论 熊鸣琴 中国史研究 2013 年第 2 期

186. 从《焚椒录》看宣懿诬案的成因 刘奕彤 神州 2013 年第 6 期

187. 辽金崒起海东青——也谈金代的崛起 谭晓玲 载首都博物馆、黑龙江省博物馆编《白山·黑水·海东青——纪念金中都建都 860 周年特展》 文物出版社 2013 年

188. 金朝的历史贡献 景爱 载首都博物馆、黑龙江省博物馆编《白山·黑水·海东青——纪念金中都建都 860 周年特展》 文物出版社 2013 年

189. 试论金代对正统地位的塑造 庞倩 宁夏大学硕士学位论文 2013 年

190. 南宋及金朝的中国观 王明荪 载杭州市社会科学院、朱江大学历系主编《第三届海峡两岸"宋代社会文化"学术研讨会论文集》 浙江大学出版社 2013 年

191. 金朝初叶的国都问题——从部族体制向帝制王朝转型中的特殊政治生态 刘浦江 中国社会科学 2013 年第 3 期

192. 金朝末年东北地区的割据力量 张儒婷 华章 2013 年第 34 期

193. 金世宗"潜邸"旧臣对世宗、章宗二朝的影响——以世宗即位辽阳为中心　俞豁然、肖忠纯　通化师范学院学报　2013年第3期

194. 金章宗时期北征蒙古高原及其对成吉思汗帝业的影响　李方昊　载鲍海春、洪仁怀主编《金上京文史论丛》（第四辑）　黑龙江人民出版社　2013年

195. 金代宗室斗争研究　李拓　辽宁大学硕士学位论文　2013年

196. 论金代契丹族官员的外交活动及作用　夏宇旭　史学集刊　2013年第3期

197. 金代叛乱问题研究　孙智勇　内蒙古师范大学硕士学位论文　2013年

198. 论括地对金朝灭亡的影响　郝庆云　载鲍海春、洪仁怀主编《金上京文史论丛》（第四辑）　黑龙江人民出版社　2013年

199. 金末崔立叛乱原因浅析　孙智勇　太原城市职业技术学院学报　2013年第1期

200. 金代奖廉肃贪举措及其实效性述论　吴琼　长春教育学院学报　2013年第13期

201. 金代的慈善救济事业　费勇军　中国社会报　2013年5月24日第6版

202. 金朝地方官员与乡村社会控制研究　陈德洋　宋史研究论丛（第十四辑）　2013年

203. 金代的"冷岩十俊"——《金朝明昌党事考实》补遗　关树东　宋史研究论丛（第十四辑）　2013年

制度

204. 唐代契丹的衙官　李大龙　载刘宁主编《辽金史论集》（第十三辑）　中国社会科学出版社　2013年

205. 契丹国（遼朝）の北面官制とその歴史的変質（契丹［遼］と10～12世紀の東部ユーラシア）——（契丹［遼］の社会・文化）　武田和哉　アジア遊学（160）　2013年1月

206. 辽朝南面官研究——以碑刻资料为中心　杨军　史学集刊　2013年第3期

207. 辽朝中期朝官系统汉官探讨　刘科剑　内蒙古大学硕士学位论文　2013年

208. 民族法语境下辽代官制的实践与思考　盛波　山东行政学院学报　2013年第1期

209. 论契丹人的部分回鹘官号　努如拉·莫明、宇里魂、买买提祖农·阿布都克力木　新疆大学学报（维吾尔文哲学社会科学版）　2013年第3期

210. 辽代王号等级研究　唐抒阳　吉林大学硕士学位论文　2013年

211. 辽代北大王院的渊源　武宏丽、黄为放　长春师范学院学报　2013年第1期

212. 辽代北大王院研究　武宏丽　长春师范大学硕士学位论文　2013年

213. 从实职到逐步虚设的辽代中书令　刘仲　内蒙古师范大学硕士学位论文　2013 年

214. 辽初中书令虚设的不可能性探析　刘仲　阴山学刊　2013 年第 2 期

215. 辽朝太祖至世宗时期的中书令探析　刘仲　内蒙古社会科学（汉文版）　2013 年第 3 期

216. 辽代林牙研究　沈冀闽　长春师范大学硕士学位论文　2013 年

217. 辽代大林牙院探讨　何天明　内蒙古社会科学（汉文版）　2013 年第 4 期

218. 辽朝主管音乐的机构及其主要职能　李先叶　内蒙古社会科学（汉文版）　2013 年第 2 期

219. 补辽方镇年表　向南　载刘宁主编《辽金历史与考古》（第四辑）　辽宁教育出版社　2013 年

220. 辽代南京留守的选任与转迁研究　杨军、王旭东　求索　2013 年第 4 期

221. 辽朝地方制度建设与机构设置的演变　任仲书　载王秋义主编《辽金史研究》　辽宁民族出版社　2013 年

222. 辽代功臣封号探究　马建红　北方文物　2013 年第 3 期

223. 金朝散官制度初探　李方昊　求索　2013 年第 10 期

224. 金初勃极烈制度决策机制论略　赵玉英　北方论丛　2013 年第 4 期

225. 金朝宰相间关系略论　孙孝伟　兰台世界　2013 年第 3 期

226. 金代契丹族中央官的政治活动及地位　夏宇旭　社会科学战线　2013 年第 5 期

227. 翰林学士院与皇权的距离：金末益政院设立的制度史意义　闫兴潘　北方民族大学学报（哲学社会科学版）　2013 年第 3 期

228. 金代统军司初探　王峤　吉林大学硕士学位论文　2013 年

229. 金代盐使司的职能　孙久龙、王成名　满族研究　2013 年第 1 期

230. 金代盐使司职官特点　孙久龙、王成名　北方文物　2013 年第 1 期

231. 金代"治中"考略　孙佳　载刘宁主编《辽金史论集》（第十三辑）　中国社会科学出版社　2013 年

232. 金代水利机构研究　张猛　吉林大学硕士学位论文　2013 年

233. 金代城市行政管理机构研究　韩光辉、魏丹、林玉军　中国史研究　2013 年第 1 期

234. 金上京会宁府历任地方官吏（中）　郭长海　东北史研究　2013 年第 1 期

235. 金上京会宁府历任地方官吏（下）　郭长海　东北史研究　2013 年第 2 期

236. 金初乌古迪烈统军司统军司地望新考　王禹浪　哈尔滨学院学报　2013 年第 6 期

237. 金朝蒲峪路职官考辨　苗霖霖　兰台世界　2013 年第 18 期

238. 金代的杂班官与元代的杂职官　关树东　载中国社会科学院历史所隋唐宋辽金元史研究室《隋唐辽宋金元史论丛》（第三辑）　上海古籍出版社　2013年

239. 金朝县级官吏的选任与考核　武玉环　载鲍海春、洪仁怀主编《金上京文史论丛》（第四辑）　黑龙江人民出版社　2013年

240. 金代吏员俸禄及相关问题研究　王雷、吴炎亮、赵少军　中国国家博物馆馆刊　2013年第10期

241. 辽夏金监察制度的基本特点与当代启示　吴欢、朱小飞　云南大学学报（法学版）　2013年第6期

242. 金朝储君研究　岳鹏　河北大学硕士学位论文　2013年

243. 试论金代质子制度的几个特点　陈金生　晋阳学刊　2013年第2期

244. 金代方丘之祭考述　徐洁、秦世强　北方文物　2013年第1期

245. 契丹习惯法的沿用　任大卫　赤峰学院学报（汉文哲学社会科学版）2013年第4期

246. 金代老年人优礼政策探析　孙红梅　黑龙江民族丛刊　2013年第2期

247. 浅述金代武职官的俸禄　秦欣欣　黑河学刊　2013年第2期

248. 辽代刑罚适用原则及其破坏——以死刑为例　吴焕超　河北北方学院学报（社会科学版）　2013年第4期

249. 浅析辽代法律与中原法律思维上的异同　丁玉玲　兰台世界　2013年第18期

250. 论辽代法律及其特色——基于碑刻资料透露出的法律信息　张志勇　载王秋义主编《辽金史研究》　辽宁民族出版社　2013年

251. 浅谈女真法律的合理性　郑丹　载王秋义主编《辽金史研究》　辽宁民族出版社　2013年

252. 从金朝杖刑看女真族对中原文化的认同　李玉君、何博　北方文物　2013年第3期

253. 略论金朝司法审判制度　郭长海　载鲍海春、洪仁怀主编《金上京文史论丛》（第四辑）　黑龙江人民出版社　2013年

254. 辽代军礼考述　武玉环、吕宏伟　载刘宁主编《辽金史论集》（第十三辑）　中国社会科学出版社　2013年

255. 试论辽代的避讳　吕富华　华西语文学刊（第八辑·契丹学专辑）　2013年第1期

256. 辽朝避讳与辽宋关系下的辽宋互讳　辛时代　载刘宁主编《辽金史论集》（第十三辑）　中国社会科学出版社　2013年

257. 辽金时期"矫制"问题研究　高玉平、任仲书　兰台世界　2013年第21期

对外关系

258. 重新审视契丹与渤海的"世仇"关系　康建国　载刘宁主编《辽金史论集》（第十三辑）　中国社会科学出版社　2013 年

259. 唐末五代幽州刘仁恭政权对契丹的防御　李晓奇　北方文学　2013 年第 3 期

260. 大辽与北汉联盟关系探析　李鹏　内蒙古社会科学（汉文版）　2013 年第 1 期

261. 契丹辽朝与后唐战和关系研究　于越　渤海大学硕士学位论文　2013 年

262. 宋辽交聘中的"走出去"与"软实力"：以宋辽交聘中的礼物往还为中心　张鹏　美术研究　2013 年第 2 期

263. 北宋对辽、金和战疆界变迁　孙斌、李宁　黑龙江史志　2013 年第 23 期

264. 简析宋仁宗时期宋辽的和平相处　张阔　黑龙江史志　2013 年第 21 期

265. 宋人出使辽金"语录"的史学价值　赵永春　淮阴师范学院学报（哲学社会科学版）　2013 年第 3 期

266. 宋朝遣辽使臣所受赏罚不一致成因探析　王慧杰　兰台世界　2013 年第 33 期

267. 辽朝对外遣使研究　纪祥　辽宁大学硕士学位论文　2013 年

268. 辽朝使宋国信使的选任　苏丹　黑龙江史志　2013 年第 12 期

269. 辽兴宗时辽宋关南地增币交涉与富弼之盟是屈辱的和议　杨树森　载刘宁主编《辽金史论集》（第十三辑）　中国社会科学出版社　2013 年

270. 白马协（伸）盟与辽圣宗睦邻重谱牒　肖爱民　载刘宁主编《辽金史论集》（第十三辑）　中国社会科学出版社　2013 年

271. 辽代汉文石刻所见辽夏关系考　陈玮　华西语文学刊（第八辑·契丹学专辑）　2013 年第 1 期

272. 辽夏和亲对辽夏关系的影响　李想　神州　2013 年第 8 期

273. 北宋对辽榷场置废及位置考　张重艳　宁夏社会科学　2013 年第 3 期

274. 杨业兵败身死之役　雍熙北伐：收复幽云成泡影　熊崧策　国家人文历史　2013 年第 9 期

275. 庆历通宝与"庆历增币"浅议　马晓伟　华夏文化　2013 年第 2 期

276. 幽州的取得与北宋的灭亡　曾谦　江汉论坛　2013 年第 1 期

277. 金朝外交礼仪制度研究　张申　安徽师范大学硕士学位论文　2013 年

278. 宋金交聘礼仪研究　王大鹏　辽宁大学硕士学位论文　2013 年

279. 宋金交聘的新文献《使金复命表》研究　周立志　北方文物　2013 年第 1 期

280. 宋金交聘中"翻译"活动初探——倪思《重明节馆伴语录》考察　仝相卿　北方民族大学学报（哲学社会科学版）　2013 年第 2 期

281. 北宋徽、钦二帝在金国生活述略　周喜峰　载鲍海春、洪仁怀主编《金上京文史论丛》（第四辑）　黑龙江人民出版社　2013 年

282. 金人对北宋人物的看法　王明荪　浙江学刊　2013 年第 3 期

283. 南宋抗金之江防机构考　熊燕军　江汉学术　2013 年第 1 期

284. 辽金与金宋关系　王岗　北京文史　2013 年第 4 期

285. 金夏之间的早期交涉　孙尚武、杨浣　载刘宁主编《辽金史论集》（第十三辑）　中国社会科学出版社　2013 年

286. 金人文集中石刻史料所见金夏关系考　陈玮　古籍整理研究学刊　2013 年第 3 期

287. 浅析辽与唃厮啰政权的和亲　陈耀宇　学理论　2013 年第 11 期

288. 辽与高丽关系演变中的使职差遣　张国庆　载刘宁主编《辽金历史与考古》（第四辑）　辽宁教育出版社　2013 年

289. 试谈辽金与高丽的文化交流　黄飞　科学时代　2013 年第 11 期

290. 宋代西北吐蕃与甘州回鹘、辽朝、西夏的关系　陈庆英、白丽娜　西藏研究　2013 年第 5 期

军事

291. 契丹可突于与唐四次大战考论　任丽颖、孟凡云　北方文物　2013 年第 1 期

292. 北宋前期对辽军事活动中的宦官群体——以《宋史·宦官传》为例　马萌　学理论　2013 年第 23 期

293. 辽代边境防御策略与军事部署研究　陈凯军　渤海大学硕士学位论文　2013 年

294. 辽朝戍边制度研究　赵瑞　吉林大学硕士学位论文　2013 年

295. 辽朝军队军需装备研究　李龙　辽宁大学硕士学位论文　2013 年

296. 小议出河店之战成因　邸海林　牡丹江师范学院学报（哲学社会科学版）　2013 年第 5 期

297. 出河店之战初探　邸海林　黑龙江史志　2013 年第 14 期

298. 试论女真及其金朝与高丽之间的战争　孙希国、宋俊成　辽宁教育行政学院学报　2013 年第 6 期

399. 再论宋金战争中的赵鼎　康莉娟　青春岁月　2013 年第 20 期

300. 胶西海战再考释　王青松　宋史研究论丛（第十四辑）　2013 年

301. 嘉定十五年至宝庆三年的宋金战事　李天鸣　载杭州市社会科学院、浙江大学历系主编《第三届海峡两岸"宋代社会文化"学术研讨会论文集》　浙江大学

出版社　2013 年

302. 变乱之际：南宋初年的楚州　韩桂华　载杭州市社会科学院、浙江大学历史系主编《第三届海峡两岸"宋代社会文化"学术研讨会论文集》　浙江大学出版社　2013 年

303. 金元鼎革之际汉人武装研究　李迎春　渤海大学硕士学位论文　2013 年

304. 金末义军与晚金军事研究　李浩楠　河北大学博士学位论文　2013 年

305. 金朝河北地区抗蒙水寨山寨考　王菱菱、李浩楠　河北大学学报（哲学社会科学版）　2013 年第 1 期

306. 试论金朝河东地区山寨抗蒙作战　李浩楠　内蒙古社会科学（汉文版）2013 年第 2 期

307. 张北野狐岭"无穷之门"的烽火狼烟　苏绾　环球人文地理　2013 年第 21 期

308. 金朝末年东北地区的割据力量　张儒婷　华章　2013 年第 34 期

309. 金代武将管理措施论析　贾淑荣　黑龙江民族丛刊　2013 年第 5 期

310. 金代武将的范畴及界定考　贾淑荣　北方文物　2013 年第 4 期

311. 从武将选任解读金代军事实力的盛衰　贾淑荣　内蒙古民族大学学报（社会科学版）　2013 年第 5 期

五　经济

概论

312. 辽朝南农北牧大格局之形成考　郭丽平　学理论　2013 年第 27 期

313. 简论辽金王朝在伊通河流域的发展　杨雨舒　载王秋义主编《辽金史研究》辽宁民族出版社　2013 年

314. 辽、金、元朝榷盐辨析与制度经济交易成本的关联　杨成光、赵斌　商业时代　2013 年第 24 期

315. 略论野生动物资源与辽代社会　夏宇旭　兰台世界　2013 年第 7 期

316. 辽朝的贫富分化及其对策初探　王欣欣　兰台世界　2013 年第 27 期

317. 论农耕经济与金朝及女真族社会发展进程　王德忠　载刘宁主编《辽金史论集》（第十三辑）　中国社会科学出版社　2013 年

318. 论农耕经济与金朝及女真族社会发展进程　王德忠　载鲍海春、洪仁怀主编《金上京文史论丛》（第四辑）　黑龙江人民出版社　2013 年

319. 金朝的水利和社会经济　关树东　载刘宁主编《辽金史论集》（第十三辑）中国社会科学出版社　2013 年

320. 简述金朝中叶中都及周边地区经济产业　黄明康　载鲍海春、洪仁怀主编

《金上京文史论丛》（第四辑） 黑龙江人民出版社 2013年

321. 金代北京路经济发展与环境变迁 宁波 宋史研究论丛（第十四辑）2013年

人口、户籍与移民

322. 辽代大、小凌河流域的移民与经济开发 肖忠纯 载刘宁主编《辽金史论集》（第十三辑） 中国社会科学出版社 2013年

323. 金代东北地区的移民与农业开发 宁波 兰台世界 2013年第3期

324. 辽金时期二税户人身依附关系及其演变 高玉平 赤峰学院学报（汉文哲学社会科学版） 2013年第10期

赋役制度

325. 金代酒税制度初探 张振和 北方文物 2013年第3期

自然灾害及救灾

326. 辽代救灾体制探析 蒋金玲 载刘宁主编《辽金史论集》（第十三辑） 中国社会科学出版社 2013年

农牧业

327. 中国辽代农业发展的主要动因 桑秋杰 沈阳农业大学学报（社会科学版） 2013年第3期

328. 辽代契丹故地的农牧业与自然环境 杨军 中国农史 2013年第1期

329. 辽代辽宁地区农业经济的兴衰演变 肖忠纯 渤海大学学报（哲学社会科学版） 2013年第2期

330. 上京路金代大粮仓 郭长海 载鲍海春、洪仁怀主编《金上京文史论丛》（第四辑） 黑龙江人民出版社 2013年

手工业

331. 辽代燕京地区的手工业 章永俊 北京文博文丛 2013年第1辑

332. 辽代阜新地区手工业发展状况考述 王希安 辽宁工程技术大学学报（社会科学版） 2013年第5期

333. 女真建国前传统手工业初探 刘杰 廊坊师范学院学报（社会科学版）2013年第5期

货币

334. 从辽代窖藏看辽代货币制度的几个问题　刘兴亮、闫兴潘　兰台世界　2013年第21期

335. 北京右安门出土金代窖藏钱币初探　李维　中国钱币　2013年第6期

336. 略谈契丹铸币业的萌芽　李国峰　中国科技投资　2013年第27期

337. "天赞通宝"与辽初钱币设计刍议　何天明　载何天明、云广、晓克主编《朔方论丛》（第三辑）　内蒙古大学出版社　2013年

338. 宋金元纸币的发展演变及其影响　张步海　山东大学硕士学位论文　2013年

339. 金代也爱瘦金体　皮学齐、徐成　中国收藏　2013年第11期

340. 从大定万岁钱说起　海泉　东方收藏　2013年第8期

341. 金银币发展史上的重要里程碑——浅议金承安宝货　崔英来　赤子　2013年第21期

342. 中国最早的军币　李俊　科海故事博览　2013年第21期

六　民族

契丹族

343. 契丹祖源传说的产生及其与回鹘之关系考辨　白玉冬　中西文化交流学报（第五卷第1期·徐文堪先生古稀纪念中西学论专号）　2013年7月

344. 敖汉旗区域契丹族族源论——契丹遥辇氏的发祥地、世里氏的重要历史活动舞台　杨妹　前沿　2013年第23期

345. 契丹"青牛白马"传说研究　吉孝青　载姜维东主编《东北亚研究论丛》（第六辑）　东北师范大学出版社　2013年

346. 大祚荣族属新考　苗威　中国边疆史地研究　2013年第3期

347. 辽代契丹民俗中的鲜卑文化传统论略　王绵厚　载王秋主编《辽金史研究》　辽宁民族出版社　2013年

348. 南宋社会中的契丹人　王善军　载辛薇主编《南宋史及南宋都城临安研究》　人民出版社　2013年

349. 契丹后裔今何在?　章奎、张成杰　老年世界　2013年第20期

350. 落籍保山的契丹后裔　肖正伟　云南日报　2013年1月11日第11版

351. 达斡尔族不是契丹后裔——对于契丹与达斡尔族DNA研究的几点看法　恩和巴图　华西语文学刊（第八辑·契丹学专辑）　2013年第1期

352. 云南保山地区契丹人后裔ABO、Rh血型分布　林牧、申元英、蒋锡超　临

床检验杂志 2013年第11期

  353. 契丹——达斡尔嫩江草原的原住民族 霍晓东、傅惟光 理论观察 2013年第5期

  354. 松漠诸部的离合与契丹名号在草原的传播 任爱君 赤峰学院学报（汉文哲学社会科学版） 2013年第6期

女真族

  355. 古老的女真 阿荣 内蒙古日报（汉） 2013年7月22日第12版
  356. 论女真族群的形成与演变 范恩实 黑龙江社会科学 2013年第3期
  357. 辽末金初女真族族体刍议 郑善伟 黑龙江史志 2013年第9期
  358. 辽金时期女真部族分布综述 那海洲 载鲍海春、洪仁怀主编《金上京文史论丛》（第四辑） 黑龙江人民出版社 2013年
  359. 从部族到区域：金初女真人的崛起与文化认同之变迁 王耘 载鲍海春、洪仁怀主编《金上京文史论丛》（第四辑） 黑龙江人民出版社 2013年
  360. 试论生女真军事部落联盟的形成 王久宇 载鲍海春、洪仁怀主编《金上京文史论丛》（第四辑） 黑龙江人民出版社 2013年

奚族

  361. 辽统治下奚族的地理分布和历史贡献 王宇勋 载王秋义主编《辽金史研究》 辽宁民族出版社 2013年
  362. 金代奚人的政治地位 苑金铭 辽宁工程技术大学学报（社会科学版） 2013年第2期

其他民族和部族

  363. 试论辽朝统治下的吐谷浑 陈德洋 青海民族大学学报（社会科学版） 2013年第3期

民族关系

  364. 辽金民族关系思想研究 孙政 兰州大学博士学位论文 2013年
  365. 辽朝初期民族关系思想的两大流派 孙政 齐鲁学刊 2013年第2期
  366. 辽金时期辽沈地区民族文化的交流与融合 张国庆 载王宁主编《辽金史论集》（第十三辑） 中国社会科学出版社 2013年
  367. 金朝对奚族的征服与安置 周峰 载鲍海春、洪仁怀主编《金上京文史论丛》（第四辑） 黑龙江人民出版社 2013年

民族政策

368. 辽代民族政策研究　纪楠楠　东北师范大学博士学位论文　2013年
369. 辽初期民族关系思想的两大流派　崔明德、孙政　齐鲁学刊　2013年第2期
370. 金代东北民族政策研究　王大光　辽宁大学硕士学位论文　2013年

民族融合

371. 金代的女真人与儒家思想文化　刘辉　东北师大学报（哲学社会科学版）　2013年第3期
372. 从金代女真贵族墓葬看女真民族汉化进程　李玉君、吴东铭、夏一博　辽宁师范大学学报（社会科学版）　2013年第6期

七　人物

帝后

373. 辽太宗与石氏父子——辽晋关系新说　林鹄　北大史学（第18辑）2013年
374. 天祚帝民族关系思想初探　崔明德、孙政　西南民族大学学报（人文社会科学版）　2013年第2期
375. 兴也天禧　亡也天禧　韩晗　中国民族报　2013年11月8日第8版
376. 萧大侠的皇帝朋友们　耶律洪基与完颜阿骨打　何隽　国家人文历史　2013年第4期
377. 契丹萧太后传说研究　武宏丽　东北史地　2013年第1期
378. 萧太后的爱情传奇　李兴濂　各界　2013年第8期
379. 塞北红颜，振兴契丹——辽国太后萧燕燕　武献军　博物　2013年第2期
380. 契丹族女政治家萧绰的相关考证及评价　杨丽容　文艺评论　2013年第6期
381. "铁血巾帼"——萧绰　王学权　书屋　2013年第9期
382. 大金王朝开国元勋——完颜阿骨打　江辉　黑龙江史志　2013年第24期
383. 完颜阿骨打反辽战争的战略战术与治军　刘肃勇　满族研究　2013年第3期
384. 金熙宗略评　孙业超　山东大学硕士学位论文　2013年
385. 完颜亮迁都燕京与金朝的北境危机——金代迁都所涉之政治地理问题　余蔚　文史哲　2013年第5期

386. 海陵王完颜亮的"黑白"人生　吴东铭　百科知识　2013 年第 21 期

387. 完颜亮：一个别样的帝王　古傲狂生　中华魂　2013 年第 24 期

388. 完颜亮：不要随便给人戴绿帽　东吴春秋　传奇故事（百家讲坛下旬）2013 年第 8 期

389. 金世宗名字考略　刘浦江　北大史学（第 18 辑）　2013 年

390. 金世宗的选人用人之道管窥　王孝俊　领导科学　2013 年第 20 期

391. 论金世宗对马政的经营　孙建权　载刘宁主编《辽金历史与考古》（第四辑）　辽宁教育出版社　2013 年

392. 论贞懿皇后、金世宗与辽阳政变　张君弘　载刘宁主编《辽金历史与考古》（第四辑）　辽宁教育出版社　2013 年

393. 满族说部是满汉文化融合的结晶——以《金世宗走国》为例　孙浩宇、刘钊　民族文学研究　2013 年第 1 期

394. 卫绍王继位问题研究　邸海林　学理论　2013 年第 23 期

395. 金代后妃研究　杨雪　山东大学硕士学位论文　2013 年

396. 李洪愿生为尼姑死后追封贞懿皇后　刘肃勇　各界　2013 年第 5 期

其他人物

397. 东丹王耶律倍弃国出走后唐　刘肃勇　各界　2013 年第 11 期

398. 试论耶律倍皇太子身份的特殊性　耿涛　牡丹江师范学院学报（哲学社会科学版）　2013 年第 6 期

399. 辽朝中期的重要军事将领——耶律休哥和耶律斜轸　刘梓　载王秋义主编《辽金史研究》　辽宁民族出版社　2013 年

400. 辨"耶律仁先母亲是汉人"说　宋丹丹、王孝华　载刘宁主编《辽金历史与考古》（第四辑）　辽宁教育出版社　2013 年

401. 败军之将亦英勇——契丹英雄耶律大石　廖逸兰　炎黄世界　2013 年第 7 期

402. 论韩德让与多尔衮身后迥异之原因　董馨　湖北社会科学　2013 年第 9 期

403. 吕舟大师并非萧绍业考　刘德刚、刘晓红　载王秋义主编《辽金史研究》　辽宁民族出版社　2013 年

404. "契丹族"画家胡瓌小考　魏聪聪　天津美术学院学报　2013 年第 2 期

405. 一心为民马人望　金仪　当代检察官　2013 年第 10 期

406. 金代始祖函普略考　綦岩　兰台世界　2013 年第 15 期

407. 浅论金代将领纥石烈志宁　邸海林　世纪桥　2013 年第 9 期

408. 蒲察通与金朝政治　彭赞超　黑龙江史志　2013 年第 19 期

409. 高庆裔与宗翰的贵族政治　李秀莲　载鲍海春、洪仁怀主编《金上京文史

论丛》（第四辑）　黑龙江人民出版社　2013 年

410. "圆明大师"李洪愿与金世宗登基的关联性　邸海林　齐齐哈尔大学学报（哲学社会科学版）　2013 年第 6 期

411. 宋江与李全　张同胜　菏泽学院学报　2013 年第 1 期

412. 魏道明辽人金人辨　李桂芹　兰台世界　2013 年第 24 期

413. 李俊民及其词作研究　段亚婷　山西师范大学硕士学位论文　2013 年

414. 王若虚美学思想研究　刘岩　内蒙古大学硕士学位论文　2013 年

415. 金代王若虚经学特色探论——以《论语辨惑》为考察对象　唐明贵　载刘宁主编《辽金历史与考古》（第四辑）　辽宁教育出版社　2013 年

415. 《孟子辨惑》的撰作流传与王若虚的解经学　周春健　西夏研究　2013 年第 3 期

417. 杨弘道及《小亨集》研究　岳明浩　山东师范大学硕士学位论文　2013 年

418. 金末元初杨弘道交游考论　樊运景　民族文学研究　2013 年第 4 期

419. 金末汉人武装首领武仙的历史抉择　张哲、张迪、刘力　东北史地　2013 年第 5 期

420. 光阴连病枕　天地一愚轩——金末诗人赵元及其诗歌简论　韩亚男　晋城职业技术学院学报　2013 年第 6 期

421. 气韵浑成　清绝有致——金代山水画家李山及其作品　杨振国　中华书画家　2013 年第 11 期

八　元好问

生平

422. 元好问的成就与地位　狄宝心　忻州师范学院学报　2013 年第 1 期

423. 浅谈元好问的艺术创作分期　李永明　名作欣赏　2013 年第 29 期

424. 论元好问"羁管山东"时期的散文创作　魏崇武　广州城市职业学院学报　2013 年第 4 期

425. 金人之元好问研究文献辑录　孙宏哲　图书馆学研究　2013 年第 22 期

作品

426. 元好问文编年考　狄宝心　晋阳学刊　2013 年第 2 期

427. 元好问、严羽宋诗持论考察　刘福燕、延保全　兰州大学学报（社会科学版）　2013 年第 1 期

428. 读元好问诗文札记　胡传志　江苏大学学报（社会科学版）　2013 年第 2 期

429. 元好问诗中的"哭泣"意象　伍贤芝　新课程学习（中）　2013 年第 7 期

430. 元好问《论诗三十首》的诗学视野与艺术主张　肖阳、赵鞾　鸡西大学学报　2013 年第 6 期

431. 元好问《秋夜》《采菊图二首》赏析　辛昕　名作欣赏　2013 年第 29 期

432. 从元好问的词《摸鱼儿·雁丘辞》说起——谈写作主体的审美感悟能力三题　张海珍　陕西广播电视大学学报　2013 年第 1 期

433. 骤雨打新荷，情景露心迹——赏读元好问的《骤雨打新荷》　秦雄　语数外学习（初中版上旬）　2013 年第 10 期

434. 论元好问《秋望赋》的"诗学"特征——从元好问诗与文的审美差异谈起　文爽　太原师范学院学报（社会科学版）　2013 年第 4 期

435.《续夷坚志》：《夷坚志》的异域回响　胡传志　江淮论坛　2013 年第 1 期

436. 元好问诗歌对陶渊明的接受　段少华　忻州师范学院学报　2013 年第 1 期

437. 试论元好问对杜甫诗歌理论的继承和发展　权雪琴　鸡西大学学报　2013 年第 8 期

438. 元好问对苏轼词的接受　李世忠　贵州文史丛刊　2013 年第 2 期

439. 对宋词"有偏斜度的超越"：从遗山词看金词　于东新、张丽红　北方民族大学学报（哲学社会科学版）　2013 年第 6 期

440. 明代元好问诗歌的接受与传播　张静　辽宁工程技术大学学报（社会科学版）　2013 年第 1 期

441. 再论遗山碑志文的史料学价值——以"元妃干政"与"权臣误国"为例　乔芳　文艺评论　2013 年第 12 期

442.《元好问全集》勘误　徐海英　湖北社会科学　2013 年第 1 期

443. 元好问诗集版本研究　葛娜　山西大学硕士学位论文　2013 年

444. 元好问《中州集》示范效应摭析　张静　民族文学研究　2013 年第 6 期

445.《中州集》作家小传研究　申照　东北师范大学硕士学位论文　2013 年

446. 关于《中州集》评点的归属问题　詹福瑞、周小艳　河北师范大学学报（哲学社会科学版）　2013 年第 4 期

447. 元好问《中州集》重申"国朝文派"的意义与内涵　师莹　民族文学研究　2013 年第 5 期

448.《中州集》版本及流传考述　张静　江苏大学学报（社会科学版）　2013 年第 6 期

449. 近三十年来《中州乐府》研究综述　杨发宁　读与写（教育教学刊）　2013 年第 4 期

450. 遗山复句论　胡传志　安徽师范大学学报（人文社会科学版）　2013 年第 6 期

451. 元好问《伤寒会要序》探究——《四库总目提要·医家类小序》卮言一则 刘金芝、谢敬 中医文献杂志 2013年第6期

九 社会

社会性质、社会阶层

452. 辽代社会保障救济事业研究 朱蕾 载王秋义主编《辽金史研究》 辽宁民族出版社 2013年

453. 辽、金朝慈善活动研究 汪悦 西南大学硕士学位论文 2013年

454. 试论契丹"挞马"组织的性质及其影响 陈金生 甘肃联合大学学报（社会科学版） 2013年第6期

455. 辽代邑社研究概况 程嘉静 赤峰学院学报（汉文哲学社会科学版） 2013年第11期

456. 由墓志论汉族官员在辽代的社会地位 于梦思 中央民族大学硕士学位论文 2013年

457. 金代的乡里村寨考述 武玉环 中国边疆史地研究 2013年第3期

社会习俗

458. 金代女真社会生活述论 刘丽萍 首都博物馆、黑龙江省博物馆编《白山·黑水·海东青——纪念金中都建都860周年特展》 文物出版社 2013年

459. 金代女真武将社会生活探微 贾淑荣、杭立飞 前沿 2013年第11期

460. 小议金代社会风气流变 张儒婷 载刘宁主编《辽金历史与考古》（第四辑） 辽宁教育出版社 2013年

461. 天鹅佩饰与东北民族的情操 王禹浪 黑龙江民族丛刊 2013年第3期

462. 契丹皇帝亲征仪及打猎习俗的演变与尚武精神——纪念陈述先生百年诞辰 金渭显 载景爱主编《辽金西夏研究2011》 同心出版社 2013年

463. 辽代皇家鹰猎研究 邵连杰 赤峰学院学报（自然科学版） 2013年第19期

464. 契丹猎犬述略 夏宇旭 兰台世界 2013年第36期

465. 唐宋辽金时期对猎鹰资源的利用和管理——以海东青的进贡、助猎和获取为中心 聂传平 原生态民族文化学刊 2013年第3期

466. "海东青"名称由来考辨 胡梧挺 兰台世界 2013年第30期

467. 辽金时期女真渔猎生活的考古学研究 马天夫 吉林大学硕士学位论文 2013年

468. 辽诗中所见辽代东北契丹风俗与文化 何婷婷 长春师范学院学报 2013

年第 7 期

469. 从辽宋金时期的清明节俗看文化传统的变迁　王耘　辽宁工程技术大学学报（社会科学版）　2013 年第 3 期

470. 元杂剧《丽春堂》《蕤丸记》与契丹女真人射柳风俗考　王政　民族文学研究　2013 年第 1 期

471. 契丹人处世方式撷拾　任爱君　华西语文学刊（第八辑·契丹学专辑）2013 年第 1 期

472. 辽代契丹人勇武精神嬗变研究　刘晶　辽宁大学硕士学位论文　2013 年

473. 生女真完颜部之"霭建"与毛泽民妻毛四"娭毑"　陈士平　黑龙江史志　2013 年第 12 期

474. 东北地区家具形式演变初探——金代家具形式　朱毅、刘亚萍　家具　2013 年第 4 期

475. 金代家具的装饰研究　曾分良　艺术研究　2013 年第 1 期

476. 金代家具的形制研究　曾分良　艺术研究　2013 年第 2 期

477. 论宋辽金元美学的生活世界　邹其昌　创意与设计　2013 年第 1 期

478. 契丹族崇山文化的历史考察　杨福瑞　赤峰学院学报（汉文哲学社会科学版）　2013 年第 11 期

479. "双陆"源流考略——兼谈关于北双陆着法的一点看法　卢治萍　载鲍海春、洪仁怀主编《金上京文史论丛》（第四辑）　黑龙江人民出版社　2013 年

480. 关于北双陆着法的一点看法　卢治萍　辽金史研究通讯（2012—2013 合刊）

姓氏、婚姻、家庭与宗族

481. 关于《元史》中契丹人的姓氏　哈斯巴根　华西语文学刊（第八辑·契丹学专辑）　2013 年第 1 期

482. 浅析辽朝中期耶律隆庆家族的社会地位　吴凤霞　载何天明、云广、晓克主编《朔方论丛》（第三辑）　内蒙古大学出版社　2013 年

483. 再论辽朝后族萧姓之由来　史风春　载刘宁主编《辽金史论集》（第十三辑）　中国社会科学出版社　2013 年

484. 金代赐姓问题研究　闫兴潘　古代文明　2013 年第 4 期

485. 辽朝后族研究　肖娜　吉林大学硕士学位论文　2013 年

486. 阜新地区的辽代后族　李丽新　载王秋义主编《辽金史研究》　辽宁民族出版社　2013 年

487. 辽代契丹人的婚姻形式及特点　靳玲、安正　学理论　2013 年第 36 期

488. 浅谈金代女真人的婚姻习俗和族际婚　单召杰　黑龙江史志　2013 年第 11 期

489. 耶律倍后裔与医巫闾地区的开发建设　任仲书　兰台世界　2013 年第 9 期

490. 辽朝后族相关问题刍议　孙伟祥、高福顺　载刘宁主编《辽金历史与考古》（第四辑）　辽宁教育出版社　2013 年

491. 辽朝后族萧翰身世考　史风春　辽宁工程技术大学学报（社会科学版）　2013 年第 4 期

492. 辽朝后族萧挞凛身世考　史风春　北方文物　2013 年第 4 期

493. 略论辽金时期东京渤海遗民张氏家族　李智裕、苗霖霖　载刘宁主编《辽金历史与考古》（第四辑）　辽宁教育出版社　2013 年

494. 辽、金时期渤海遗民高氏家族考述　苗霖霖　北华大学学报（社会科学版）　2013 年第 3 期

495. 金朝后妃家族徒单氏研究　吴垚　哈尔滨师范大学硕士学位论文　2013 年

496. 完颜希尹家族新证　刘晓溪　东北史地　2013 年第 6 期

497. 金代宗室教育与历史文化认同　李玉君　载刘宁主编《辽金史论集》（第十三辑）　中国社会科学出版社　2013 年

498. 金代汉族家庭形态研究　刘晓飞　吉林大学博士学位论文　2013 年

妇女

499. 儒家思想对辽代契丹女性的影响　石金民　载王秋义主编《辽金史研究》　辽宁民族出版社　2013 年

500. 辽代女性建言议政问题探究　李蕊　渤海大学硕士学位论文　2013 年

501. 辽代契丹女性的教育问题探析　张敏　赤峰学院学报（汉文哲学社会科学版）　2013 年第 12 期

502. 一曲女性的悲歌　胡传志　人民政协报　2013 年 11 月 11 日第 C03 版

捺钵

503. 论捺钵制度及其对辽代习俗文化的影响　郑毅　学理论　2013 年第 20 期

504. 论捺钵制度及其对辽代经济领域的影响　郑毅　学理论　2013 年第 23 期

505. 捺钵制度与辽代军事探讨　郑毅　学理论　2013 年第 26 期

506. 简述辽代的四时捺钵　王飞　赤峰学院学报（汉文哲学社会科学版）　2013 年第 12 期

衣食住行

507. 契丹袍与女真袍　李薳、万芳　装饰　2013 年第 4 期

508. 辽金时期松原地区契丹、女真人的服饰文化　贺飞　吉林省教育学院学报　2013 年第 11 期

509. 金代女真人服饰的变化　刘杰　辽宁工程技术大学学报（社会科学版）2013年第6期

510. 金代女真服饰的汉化与创新——金齐国王墓出土袍服及蔽膝形制探析　李艳红　装饰　2013年第12期

511. 从墓葬壁画艺术看北方游牧民族的饮食文化　包江宁　内蒙古社会科学（汉文版）2013年第1期

512. 辽代契丹人的酒文化　陈晓敏　载北京辽金城垣博物馆编《碧彩云天——辽代陶瓷》　北京燕山出版社　2013年

513. 金朝女真人社会政治生活中的酒文化　窦坤　黑龙江史志　2013年第9期

514. 浅析游牧民族"春捺钵"饮食器具造型艺术——以前郭尔罗斯蒙古族为例　邓佳丽　北方文学（中旬刊）　2013年第5期

515. 金代饮食器具窥略　赵韵　中学生导报（教学研究）　2013年第16期

516. 金代女真人食用蔬菜瓜果刍议　夏宇旭　满语研究　2013年第2期

517. 生态环境与金代女真人居住及交通习俗　夏宇旭　吉林师范大学学报（人文社会科学版）　2013年第6期

518. 精湛的契丹族马饰　泉痴山人　科学大观园　2013年第6期

十　文化

概论

519. 契丹文化及其历史地位——从契丹博物馆藏品谈起　刘凌江、刘宪桢　华西语文学刊（第八辑·契丹学专辑）　2013年第1期

520. 辽朝行政伦理文化的特色研究　张志勇　载王秋义主编《辽金史研究》辽宁民族出版社　2013年

521. 辽代阜新地区儒家文化的影响　秦星、刘晓红　载王秋义主编《辽金史研究》　辽宁民族出版社　2013年

522. 千年辽都的文化突围——看巴林左旗如何以文化品牌带动县域经济发展　徐永升　赤峰日报　2013年3月11日第1版

523. 辽金元时期沈阳地域文化特征刍论　张国庆　辽宁大学学报（哲学社会科学版）　2013年第2期

524. 从辽金遗址看大庆地域文化　颜祥林　黑龙江科技信息　2013年第4期

525. 辽代医巫闾地区的文化特色　任仲书　辽宁工程技术大学学报（社会科学版）　2013年第3期

526. 金代文化的渊源　薛瑞兆　辽宁工程技术大学学报（社会科学版）　2013年第1期

527. 金代西京文化研究　冯娟娟　渤海大学硕士学位论文　2013 年

528. 金代儒学的"拿来主义"　杨珩　北方论丛　2013 年第 6 期

529. 论金代经学的建树与特质　康宇　中国哲学史　2013 年第 4 期

530.《孟子》在辽金时期的传播与影响　周春健　中国哲学史　2013 年第 1 期

531."元承金学"及程朱之学的北传　姜海军　石家庄学院学报　2013 年第 1 期

532. 内蒙古地区辽金元时期信息传播方式考证　江鸿、王丽娟　大众文艺　2013 年第 19 期

533. 弘扬金源文化　建设文化强国　刘精松　载鲍海春、洪仁怀主编《金上京文史论丛》（第四辑）　黑龙江人民出版社　2013 年

534. 文化遗产助力阿城文化繁荣发展——兼论"金源文化"　齐心　载鲍海春、洪仁怀主编《金上京文史论丛》（第四辑）　黑龙江人民出版社　2013 年

535. 金源文化发展战略建议　王永年　载鲍海春、洪仁怀主编《金上京文史论丛》（第四辑）　黑龙江人民出版社　2013 年

教育与科举

536. 辽金时期教育精粹探微　胡柏玲　辽金史研究通讯（2012—2013 合刊）

537. 辽朝女性教育述论　高福顺　辽宁工程技术大学学报（社会科学版）2013 年第 1 期

538. 契丹皇族儒家经史教育考论　高福顺　中国边疆史地研究　2013 年第 3 期

539. 辽朝的尚武骑射教育　高福顺　载姜维东主编《东北亚研究论丛》（第六辑）　东北师范大学出版社　2013

540. 辽朝储君教育与培养探析　郭德慧、郭文娟　齐齐哈尔大学学报（哲学社会科学版）2013 年第 3 期

541. 景宗・聖宗期の政局と遼代科挙制度の確立　高井康典行　史観（168）2013 年 3 月

542. 辽朝科举考试生源述论　高福顺　载陈文新、余来明主编《科举文献整理与研究——第八届科举制与科举学国际学术研讨会论文集》　武汉大学出版社　2013 年

543. 碑志所见辽代进士题名录及相关问题　李宇峰　东北史研究　2013 年第 3 期

544. 金代文教政策的确立与实施　兰婷、王亚萍　东北师大学报（哲学社会科学版）　2013 年第 1 期

545. 金代女真进士研究　张鑫　渤海大学硕士学位论文　2013 年

546. 金代女真进士科非"选女直人之科"考辨　闫兴潘　湖北民族学院学报

（哲学社会科学版） 2013 年第 1 期

547. 金代女真策论进士科举制度探析　姚虹云、郭长海　载鲍海春、洪仁怀主编《金上京文史论丛》（第四辑）　黑龙江人民出版社　2013 年

548. 金朝统治时期的甘肃教育　封立　甘肃教育　2013 年第 22 期

史学

549. 关于辽金的"正统性"问题——以元明清"辽宋金三史分修"问题讨论为中心　赵永春　载景爱主编《辽金西夏研究 2011》　同心出版社　2013 年

550. 关于辽金的"正统性"问题——以元明清"辽宋金三史分修"问题讨论为中心　赵永春　学习与探索　2013 年第 1 期

551. 辽代政治与史学　靳玲　内蒙古民族大学学报（社会科学版）　2013 年第 4 期

552. 略论金代实录的编纂　霍艳芳　档案学通讯　2013 年第 2 期

553. 金代翰林学士院与史学关系之演变及其影响　闫兴潘　史学史研究　2013 年第 3 期

语言文字

554. 辽时期契丹族语言文字的使用特点　方东杰、曲赫　兰台世界　2013 年第 33 期

555. 契丹语和辽代汉语及其接触研究——以双向匹配材料为基础　傅林　北京大学博士学位论文　2013 年

556. 阿尔泰学的重要基石——女真语言文字研究　爱新觉罗·乌拉熙春　载鲍海春、洪仁怀主编《金上京文史论丛》（第四辑）　黑龙江人民出版社　2013 年

557. 百余年来女真语言文字研究的历程　穆鸿利　载鲍海春、洪仁怀主编《金上京文史论丛》（第四辑）　黑龙江人民出版社　2013 年

558. 行均《龙龛手鉴》引字书考述　黄震云　辽宁工程技术大学学报（社会科学版）　2013 年第 1 期

559. 《龙龛手镜》疑难注音释义札考　郑贤章　古汉语研究　2013 年第 2 期

560. 金代河北的字书、韵书编纂研究　孙青　河北大学硕士学位论文　2013 年

561. 邢准与《新修玉篇》　张社列、孙青　沧州师范学院学报　2013 年第 1 期

562. 荆璞小考　张社列、孙青　保定学院学报　2013 年第 3 期

563. 辽金诗歌中东北服饰词语文化研究　于为　长春师范学院学报　2013 年第 7 期

564. 契丹天书之谜　申晓飞　时代发现　2013 年第 1 期

565. 解读契丹文字不能顾此失彼，要做到一通百通　刘凤翥　载刘宁主编《辽

金史论集》（第十三辑）　　中国社会科学出版社　2013 年

566. 简说契丹语的亲属称谓　即实　华西语文学刊（第八辑·契丹学专辑）2013 年第 1 期

567. 论契丹语中"汉儿（汉人）"的对应词的来源　傅林　载刘宁主编《辽金历史与考古》（第四辑）　辽宁教育出版社　2013 年

568. 拓跋语与契丹语词汇拾零　［日］武内康则撰，申英姬译　华西语文学刊（第八辑·契丹学专辑）　2013 年第 1 期

569. 契丹国语"忒里蹇"浅释　白玉冬、赖宝成　华西语文学刊（第八辑·契丹学专辑）　2013 年第 1 期

570. 契丹语"亥猪"考　唐均　华西语文学刊（第八辑·契丹学专辑）　2013 年第 1 期

571. 契丹语静词领属语法范畴研究　吴英喆　［韩国］北方文化研究　2013 年第 4 期

572. 契丹大小字同形字比较研究　吉如何　［韩国］北方文化研究　2013 年第 4 期

573. 论"曷术"——吐火罗语和契丹语的联系钩稽　唐均　中西文化交流学报（第五卷第 1 期·徐文堪先生古稀纪念中西学论专号）　2013 年 7 月

574. 契丹语的元音长度——兼论契丹小字的拼写规则　［日］大竹昌巳　华西语文学刊（第八辑·契丹学专辑）　2013 年第 1 期

575. 21 世纪以来国内契丹语言文字研究述略　张亭立　华西语文学刊（第八辑·契丹学专辑）　2013 年第 1 期

576.《钦定辽史语解》中的唐古特语　聂鸿音　华西语文学刊（第八辑·契丹学专辑）　2013 年第 1 期

577. 从"郎君—阿哥—帅哥"的演变管窥"汉儿言语"的语义发展特征　杨春宇　华西语文学刊（第八辑·契丹学专辑）　2013 年第 1 期

578. 契丹小字指示代词考释　吴英喆　中西文化交流学报（第五卷第 1 期·徐文堪先生古稀纪念中西学论专号）　2013 年 7 月

579. 契丹小字新発見資料の釈読及び相関問題　吉本智慧子　立命館文学（632）　2013 年 7 月

580. 契丹文字に遺された「秘史」：成百仁先生の傘寿に寄せて　吉本智慧子　立命館文學（633）　2013 年 11 月

581. 20 世纪契丹小字研究的重要收获　清格尔泰撰，陈晓伟译　华西语文学刊（第八辑·契丹学专辑）　2013 年第 1 期

582. 关于契丹小字后缀表（《庆陵》1953 年刊）　［日］吉池孝一　华西语文学刊（第八辑·契丹学专辑）　2013 年第 1 期

583. 契丹小字《萧仲恭墓志》削字现象研究　孙伟祥　[韩国] 北方文化研究　2013 年第 4 期

584. 契丹大字碑文的新发现　[日] 松川节撰, 路艳译　华西语文学刊 (第八辑·契丹学专辑)　2013 年第 1 期

585. 契丹大字《大横帐节度副使墓志》研究　包阿如那　内蒙古大学硕士学位论文　2013 年

586. 契丹小字《萧敌鲁墓志铭》考释　康鹏　载刘宁主编《辽金历史与考古》(第四辑)　辽宁教育出版社　2013 年

587. 西夏、契丹、女真文的计算机编码概况　孙伯君　华西语文学刊 (第八辑·契丹学专辑)　2013 年第 1 期

588. 日本的契丹文字、契丹语研究——从丰田五郎先生和西田龙雄先生的业绩谈起　[日] 荒川慎太郎撰, 白明霞译　华西语文学刊 (第八辑·契丹学专辑)　2013 年第 1 期

589. 新世纪以来契丹大字研究概述　额尔敦巴特尔　华西语文学刊 (第八辑·契丹学专辑) 2013 年第 1 期

590. 内蒙古大学的契丹文字研究　吴英喆　华西语文学刊 (第八辑·契丹学专辑)　2013 年第 1 期

591. 论契丹小字与回鹘文的关系及其文字改革　傅林　华西语文学刊 (第八辑·契丹学专辑)　2013 年第 1 期

592. 浅析女真文字中的大小字问题　矫石　黑龙江史志　2013 年第 21 期

593. Allographic Adjustment in Jurchen Graphotactics: Exemplified with "Monastery" and "Monk"　Tang john (唐均)　Altai Hakpo (Seoul, Korea), 23, 2013

艺术

594. 金《重修天封寺记碑》书法艺术赏析　沈维进　老年教育 (书画艺术) 2013 年第 12 期

595. 松漠人马画　罗世平　中华文化画报　2013 年第 1 期

596.《卓歇图》的社会文化特征解读　刘亢　美术大观　2013 年第 10 期

597. 应县木塔辽代秘藏版画研究　杨俊芳　五台山研究　2013 年第 3 期

598. 王庭筠的《幽竹枯槎图》　赵庚华　中华书画家　2013 年第 11 期

599. 故宫博物院藏《维摩演教图》的图本样式研究　王中旭　故宫博物院院刊 2013 年第 1 期

600. 辽墓中的契丹绘画及其艺术成就　薛成城　社会科学战线　2013 年第 12 期

601. 辽墓壁画的史料价值　王昭　载姜维东主编《东北亚研究论丛》(第六辑) 东北师范大学出版社　2013 年

602. 从宣化辽墓备茶图看张家口堡　武淑萍、郝静　光明日报　2013年3月30日第12版

603. 早期辽代契丹贵族墓室壁画的特征——以宝山M1、M2墓墓室壁画为例　张倩　荣宝斋　2013年第4期

604. 赤峰辽墓壁画综述　邵国田　华西语文学刊（第八辑·契丹学专辑）2013年第1期

605. 山西长治地区金代墓室壁画研究　闫晓英　山西大学硕士学位论文　2013年

606. 宋辽金墓葬中的启门图研究　樊睿　南京艺术学院硕士学位论文　2013年

607. 试论宋辽金元时期"妇人启门图"　闫丽娟　山西大学硕士学位论文　2013年

608. 辽代辽沈地区的绘雕艺术、丧葬习俗及其特色——以考古资料为中心　张国庆、王金荣　东北史地　2013年第1期

609. 浅析金代工艺美术特点　白波、张友强、何忠　艺术科技　2013年第2期

610. 沁县金代古墓二十四孝图　曹雪霞　文物世界　2013年第1期

611. 从"二十四孝"陶塑看中国孝道（上）　杨勇伟　收藏界　2013年第10期

612. 宋金元砖雕杂剧人物带来的信息　东方晰　东方收藏　2013年第2期

613. 对山西闻喜寺底金墓出土的伎乐砖雕分析研究　邢志向　音乐大观　2013年第12期

614. 从宝力根寺辽墓石椁线刻伎乐画像石看辽代散乐　夏晨光　载王秋义主编《辽金史研究》　辽宁民族出版社　2013年

615. 从内蒙古出土文物看辽代乐舞文化的多元化因素　苏明明　大众文艺　2013年第10期

616. 宣化辽墓乐舞图像表演内容之探讨　梅鹏云　文物世界　2013年第6期

617. 从诗词歌赋中赏析辽代乐舞　王静远　学理论　2013年第29期

618. 论宋辽夏金时期装饰纹样之发展　谷莉、戴春宁　大舞台　2013年第10期

619. 宋辽夏金时期摩羯纹装饰与造型考　谷莉　文艺研究　2013年第12期

体育

620. 辽金时期体育运动衍变的文化解析　李东斌、赵蕾　兰台世界　2013年第4期

621. 秦汉时期和辽代军事体育发展特征分析　宋涛　劳动保障世界（理论版）2013年第12期

622. 治国理念对辽、金两朝击球的影响　张斌　内蒙古农业大学学报（社会科

学版） 2013年第1期

623. 辽金元时期的角抵　王明荪　载刘宁主编《辽金史论集》（第十三辑）中国社会科学出版社　2013年

624. 超越体育视域的"国戏"——论古代契丹民族斗鸡　王俊平、常青　赤峰学院学报（汉文哲学社会科学版）　2013年第3期

625. 辽代女性体育研究　戴红磊　吉林体育学院学报　2013年第2期

626. 射箭运动在辽代的发展研究　王银婷　体育成人教育学刊　2013年第6期

627. 射猎对辽代军事发展的影响探析　宋涛　网友世界　2013年第24期

628. 射箭运动在金朝的发展研究　王银婷　体育科技文献通报　2013年第11期

629. 金代女真族的体育　那国学　载鲍海春、洪仁怀主编《金上京文史论丛》（第四辑）　黑龙江人民出版社　2013年

图书、印刷

630. 辽代的编辑出版业——从辽塔秘藏中发现的印刷品谈起　杜成辉、李文君　山西大同大学学报（社会科学版）　2013年第3期

631. 试论金朝的图书流通　李西亚　载刘宁主编《辽金史论集》（第十三辑）中国社会科学出版社　2013年

十一　文学

综论

632. 辽代文学地理探论　刘德浩　浙江师范大学硕士学位论文　2013年

633. 论金代渤海文学　刘达科　江苏大学学报（社会科学版）　2013年第2期

634. 金代渤海文学研究　窦雪　内蒙古民族大学硕士学位论文　2013年

635. 浅析金代初期民族文化政策对金代文学创作的影响　曹志翔　濮阳职业技术学院学报　2013年第6期

636. 金元安阳地区文学研究　李亚楠　山西大学硕士学位论文　2013年

637. 金章宗时期的翰林学士院与应制文学　闫兴潘　民族文学研究　2013年第2期

638. 金末科举改革与奇古文风的演进　裴兴荣　民族文学研究　2013年第4期

639. 文学视野下的金代谱牒文化述论　杨忠谦　民族文学研究　2013年第5期

640. 金初文学之陶渊明接受——以宇文虚中、蔡松年为中心　张小侠　长春师范学院学报　2013年第3期

641. 论金代文学对陶渊明的接受——以蔡松年为例　于东新、石迎丽　九江学院学报（社会科学版）　2013年第1期

642. 金代文学学苏的特点与意义　任建国、狄宝心　山西大同大学学报（社会科学版）　2013 年第 3 期

643. 唐宋金元文论"衰落""隆起"辨　杜书瀛　陕西师范大学学报（哲学社会科学版）　2013 年第 2 期

644. 金朝文人的泰山情怀管窥　聂立申　泰山学院学报　2013 年第 2 期

645. 略论金代契丹人的文学与绘画成就　夏宇旭　黑龙江民族丛刊　2013 年第 5 期

646. 中州文献之传与金源文派之正——金元"文统"儒士之研究　刘成群　人文杂志　2013 年第 10 期

诗

647. 辽金元诗歌的研究成就与未来的任务　查洪德　北京大学学报（哲学社会科学版）　2013 年第 6 期

648. 赵秉文纪行诗研究　郭丽琴　山西师范大学硕士学位论文　2013 年

649. 李俊民及其词作研究　段亚婷　山西师范大学硕士学位论文　2013 年

650. 李俊民《庄靖集》律诗注释与研究　刘丽媛　河北师范大学硕士学位论文　2013 年

651. 金代南渡诗人对陶渊明接受撷析　刘福燕、延保全　西北农林科技大学学报（社会科学版）　2013 年第 1 期

652. 南宋使金诗人华夷观的表现形式——以杨万里接送金使诗为例　李素珍、温斌　职大学报　2013 年第 1 期

653. 金代诗人的乐府观与乐府批评　王辉斌　民族文学研究　2013 年第 6 期

654. 金代山西古体诗用韵研究　张建坤　河南科技大学学报（社会科学版）　2013 年第 2 期

655. 金代苏轼诗词的传播方式研究　周敏　沈阳师范大学硕士学位论文　2013 年

656. 金元时期唐、宋诗接受思潮探赜——以若干诗歌选本为核心　胡正伟　江西社会科学　2013 年第 12 期

657. 以唐、宋诗接受为核心的金元诗坛风貌及其价值发微　胡正伟　内蒙古社会科学（汉文版）　2013 年第 6 期

658. 宋辽金民间歌谣研究　范晓婧　南京师范大学硕士学位论文　2013 年

词

659. 从女真崛起到王朝挽歌——金代宗室词选评　赵阳　北方文学（下）　2013 年第 11 期

660. 金代遗民词刍论——以民族文化融合为视角　于东新　齐鲁学刊　2013年第2期

661. 民族文化融合的一种诗性表述——以金代"南渡词"为例　于东新　民族文学研究　2013年第3期

662. 两宋行人对金词创作的影响　延保全、王琳　山西师大学报（社会科学版）2013年第6期

663. 李俊民词中的隐逸情怀　任雪　太原大学学报　2013年第4期

664. 金词话文献提要　张丽红、于东新　东北史地　2013年第6期

665. 金代山西词人用韵研究　张建坤　福建教育学院学报　2013年第1期

666. 金元时期山东词人入声韵分部问题新考　张建坤　唐山师范学院学报　2013年第1期

667. 金代全真道士词用典探论　时培富　吉林大学硕士学位论文　2013年

散文

668. 金代骈文新论：兼与于景祥先生商榷　王永　民族文学研究　2013年第4期

戏剧

669. 金代两种诸宫调释词四则　张海媚　长江学术　2013年第4期

670. 虚实之间：《刘知远诸宫调》中刘知远形象嬗变的历史考察　冯金忠　黄河科技大学学报　2013年第5期

671. 浅论诸宫调与唱赚的继承发展关系　杨有山、史盛楠　语文学刊　2013年第8期

672. 西夏文献之《刘知远诸宫调》研究　付燕　四川师范大学硕士学位论文　2013年

673. 曲始于胡元——论金元草原文化对《西厢记》形成的影响　孙玉冰　青海社会科学　2013年第5期

十二　宗教

萨满教

674. 契丹民族与萨满教信仰　杜美林　兰台世界　2013年第21期

675. 女真萨满教与金源文化　洪仁怀　载鲍海春、洪仁怀主编《金上京文史论丛》（第四辑）　黑龙江人民出版社　2013年

佛教

676. 耶律阿保机时期辽朝佛教的再认识　葛华廷　载刘宁主编《辽金历史与考古》（第四辑）　辽宁教育出版社　2013 年

677. 北京地区辽代佛教综论——以石刻文字资料为中心　孙勐　北京联合大学学报（人文社会科学版）　2013 年第 2 期

678. 论辽代佛教的华严思想　陈永革　西夏研究　2013 年第 3 期

679. 辽朝鲜演的华严思想　袁志伟　湖南大学学报（社会科学版）　2013 年第 5 期

680. 鲜演大师《华严经玄谈决择记》的西夏文译本　孙伯君　西夏研究　2013 年第 1 期

681. 辽代七佛造像研究——以辽宁义县奉国寺大雄殿七佛为中心　于博　首都师范大学硕士学位论文　2013 年

682. 以辽宁地区为例看辽代佛教的兴盛　肖忠纯　兰台世界　2013 年第 16 期

683. 兴城白塔峪塔地宫铭刻与辽代晚期佛教信仰　陈术石、佟强　载刘宁主编《辽金历史与考古》（第四辑）　辽宁教育出版社　2013 年

684. 金代佛教政策新议　王德朋　世界宗教研究　2013 年第 6 期

685. 金代における宗室と佛教　桂華淳祥　大谷學報 92（2）　2013 年 3 月

686. 应县木塔秘藏中的《无常经》抄本　杜成辉　兰台世界　2013 年第 18 期

687. 应县木塔所藏《入法界品》及其相关问题考论　尤李　山西档案　2013 年第 6 期

688. 頼瑜における遼代仏典の受用：教判論を中心に　中村賢識　仏教文化学会紀要（22）　2013 年 11 月

689. 辽代僧人群体研究　张琳　吉林大学硕士学位论文　2013 年

690. 金朝遗僧善柔考略——以《奉圣州法云寺柔和尚塔铭》为中心　崔红芬　刘宁主编《辽金史论集》（第十三辑）　中国社会科学出版社　2013 年

691. 金末元初万松行秀和北传曹洞宗　杨曾文　载怡学主编《元代北京佛教研究》　金城出版社　2013 年

692. 从糠禅到头陀教——金元糠禅头陀教史实新论　能仁、定明　载怡学主编《元代北京佛教研究》　金城出版社　2013 年

693. 陕北宋金石窟佛教图像的类型与组合分析　李静杰　故宫学刊（第十一辑）　2013 年

694. 大同佛教造像的民族性格　杨俊芳　美术大观　2013 年第 7 期

695. 辽金佛教造像的审美特点　杨俊芳　中国文房四宝　2013 年第 6 期

696. 褪去金代孤本《赵城金藏》抢运中的传奇色彩　赵跃飞　档案春秋　2013

年第 2 期

697. 本溪边牛金代窖藏密宗法器考　姜大鹏　载刘宁主编《辽金历史与考古》（第四辑）　辽宁教育出版社　2013 年

道教

698. 辽代燕京道教初探　郑永华　北京联合大学学报（人文社会科学版）2013 年第 2 期

699. 王重阳和全真七子的真面目　冯永军　东方早报　2013 年 5 月 5 日第 8 版

700. 王重阳得中思想探析　吕昂　商丘师范学院学报　2013 年第 8 期

701. 王喆及其词作研究　虞晨　山西师范大学硕士学位论文　2013 年

702. 王处一全真思想研究　王文文　南京大学硕士学位论文　2013 年

703. 论金元时期全真教对孝道伦理的维护　李洪权　贵州社会科学　2013 年第 6 期

704. 论金元时期全真教的善恶观念　李洪权　求是学刊　2013 年第 5 期

705. 金元之际全真教的政治参与和政治抉择　李洪权　史学集刊　2013 年第 5 期

十三　科学技术

概论

706. 金代的科技成就及其历史地位　李玉君　中国社会科学报　2013 年 3 月 27 日第 A06 版

707. 辽金西夏金属制品设计史料研究　李春波　湖南工业大学硕士学位论文 2013 年

医学

708. 论辽代医药及疾病治疗　于新春、孙昊　北方文物　2013 年第 4 期

709. 金元四大家　郑波　家庭医药　2013 年第 4 期

710. 基于数据挖掘金代名医李东垣治疗脾胃病用药思路探讨　刘新发、李廷保、井小会　中医研究　2013 年第 10 期

711. 金国的八白散令你面白如玉　张楠　求医问药　2013 年第 5 期

712. 略论金代医药与疾病治疗　于新春、孙昊　兰台世界　2013 年第 33 期

713. 浅析宋金元时期的中医门户流变　张婕　学理论　2013 年第 3 期

714. "金元四大家"刺络泻血疗法研究探析　胡明德　北京中医药大学硕士学位论文　2013 年

715. 张子和燥证辨治浅析 燕少恒 河南中医 2013 年第 1 期

716. 宋金元时期中医养生学发展特点分析 张玉辉、杜松 中国中医基础医学杂志 2013 年第 8 期

717. 宋明理学对金元明清医学发展的影响 谭春雨 中国中医基础医学杂志 2013 年第 12 期

718. 首都图书馆藏明嘉靖刻本《儒门事亲》考 李雄飞、郭琼 中国典籍与文化 2013 年第 2 期

十四 历史地理

概论

719. 辽金时期部分地理名称与今地对照表 关伯阳 鲍海春、洪仁怀主编《金上京文史论丛》（第四辑） 黑龙江人民出版社 2013 年

720. 文献反映的辽代西辽河流域的气候等自然环境状况 滕海键 兰台世界 2013 年第 15 期

721. 曷懒甸的地理位置及区域辨析 关伯阳 东北史研究 2013 年第 3 期

722. 源于金代庞葛的齐齐哈尔地名及城市沿革 傅惟光 东北史研究 2013 年第 3 期

地方行政建置

723. 辽朝州县制行政区划的形成与松漠人文环境的变迁 杨福瑞 载刘宁主编《辽金史论集》（第十三辑） 中国社会科学出版社 2013 年

724. 辽朝在不同时期设立的"中京"及其相关问题探讨 袁刚、李俊义 赤峰学院学报（汉文哲学社会科学版） 2013 年第 7 期

725. 河北区域一级行政区划的演变——以唐、北宋、辽时期为例 孙斌 石家庄职业技术学院学报 2013 年第 5 期

726. 契丹辽朝在辽沈地区的行政管理考略 张国庆 载何天明、云广、晓克主编《朔方论丛》（第三辑） 内蒙古大学出版社 2013 年

727. 路下属路，是路非路——金代蒲与路行政级别研究 綦岩 大庆师范学院学报 2013 年第 1 期

疆域

728. 夏辽边界问题再讨论 许伟伟、杨浣 西夏研究 2013 年第 1 期

都城

729. モンゴル遼代城郭都市の構造と環境変動 2011 年度調査成果報告　千田嘉博　総合研究所所報（21 号）　2013 年 3 月

730. 辽代皇都上京城遗址　张森　内蒙古画报　2013 年第 4 期

731. 辽上京与粟特文明　岳东　内蒙古农业大学学报（社会科学版）　2013 年第 5 期

732. 辽上京和辽中京之政治地位　刘凤翥　辽金史研究通讯（2012—2013 合刊）

733. 辽南京休闲景观研究　吴承忠、田昀　邯郸学院学报　2013 年第 4 期

734. 金朝第一都——上京会宁府　黄澄、李士良　载鲍海春、洪仁怀主编《金上京文史论丛》（第四辑）　黑龙江人民出版社　2013 年

735. 金上京都城祭天坛、社稷坛考究　才大泉　华章　2013 年第 12 期

736. 从金上京到燕京中华民族的历史大跨越　王大为、单丽丽　载鲍海春、洪仁怀主编《金上京文史论丛》（第四辑）　黑龙江人民出版社　2013 年

737. 金中都的历史地位　宋德金　载首都博物馆、黑龙江省博物馆编《白山·黑水·海东青——纪念金中都建都 860 周年特展》　文物出版社　2013 年

738. 古都北京建都 860 周年有感——兼论"金源文化"　齐心　载首都博物馆、黑龙江省博物馆编《白山·黑水·海东青——纪念金中都建都 860 周年特展》　文物出版社　2013 年

739. 海陵王迁都燕京营建金中都——纪念北京建都 860 周年　齐心　北京文史　2013 年第 4 期

740. 金中都是宣南文化的源头　许立仁　北京文史　2013 年第 4 期

741. 金中都谱写北京皇家园林的崭新篇章　高大伟　北京文史　2013 年第 4 期

742. 历史为什么选择金中都——简论金中都的历史地位及意义　吴文涛　北京文史　2013 年第 4 期

743. 金迁都燕京与中都城市行政管理机构——警巡院　韩光辉、王洪波、刘伟国　北京文史　2013 年第 4 期

744. 金中都的建设与老北京的传统文化　赵书　北京文史　2013 年第 4 期

745. 金中都有多少个城门？　任国征　光明日报　2013 年 8 月 26 日第 15 版

746. 北京建都从宣南开始　周系皋　北京档案　2013 年第 10 期

747. 860 年北京，岁月带不走的民族印记　中和　中国民族报　2013 年 10 月 18 日第 7 版

748. 金中都再认识　王世仁　西城追忆　2013 年第 4 期

城址

749. 嫩江流域辽金古城的分布与初步研究　王禹浪、郝冰、刘加明　哈尔滨学院学报　2013年第7期

750. 辽金元时期沈阳城建变迁考　张国庆　辽宁工程技术大学学报（社会科学版）　2013年第2期

751. 辽金元时期大同府一城双县考　李昌、李晟、李昱　山西社会主义学院学报　2013年第1期

752. 从辽金时期古城出土文物看当时文化发展状况　郭虹　群文天地　2013年第2期

753. 齐齐哈尔地名及城市沿革　王天蛟　理论观察　2013年第5期

754. 宾县古城遗址简况　聂晶　黑龙江史志　2013年第4期

755. 依兰辽金古城遗存的特征　王建军、胡殿君、廖怀志　载鲍海春、洪仁怀主编《金上京文史论丛》（第四辑）　黑龙江人民出版社　2013年

756. 徽、钦二帝金国行宫考　那海洲、张相和、郭长海　载鲍海春、洪仁怀主编《金上京文史论丛》（第四辑）　黑龙江人民出版社　2013年

757. 蒲与路故城的考古学观察　孙文政、祁丽　东北史地　2013年第4期

758. 蒲与路故城的考古学观察　孙文政　载鲍海春、洪仁怀主编《金上京文史论丛》（第四辑）　黑龙江人民出版社　2013年

759. 蒲与路金代北部边疆的地理坐标　王大为、单丽丽　黑龙江史志　2013年第21期

760. 浅谈克东县金代蒲峪路古城发掘　齐鑫　黑龙江史志　2013年第23期

761. 黑龙江省哈尔滨市方正县黑河口古城遗址调查　赵微　黑龙江史志　2013年第21期

762. 浅谈双城境内古城　陈勇　黑龙江史志　2013年第21期

763. 城四家子古城的兴衰　宋德辉、宋美萱　东北史地　2013年第5期

764. 金朝时期长春州、长春县、（新）泰州的历史作用　宋德辉　载鲍海春、洪仁怀主编《金上京文史论丛》（第四辑）　黑龙江人民出版社　2013年

765. 辽代沈州应是沈阳建城始源的源头　关学智　沈阳工程学院学报（社会科学版）　2013年第3期

766. 辽代银州考　周向永、陈术石　载刘宁主编《辽金历史与考古》（第四辑）　辽宁教育出版社　2013年

767. 对《辽代银州考》的几点意见　刘少江　载刘宁主编《辽金历史与考古》（第四辑）　辽宁教育出版社　2013年

768. 从城址和墓葬窥探辽代法库　郭松雪　中国地名　2013年第4期

769. 辽睦州、成州建置考　杨森　载王秋义主编《辽金史研究》　辽宁民族出版社　2013年

770. 辽代徽州城和辽金大战蒺藜山地址考　罗显明、李秀梅　载王秋义主编《辽金史研究》　辽宁民族出版社　2013年

771. 简论八里城遗址历史沿革及价值　姜振波　黑龙江史志　2013年第11期

772. 吉、黑二省辽金城址考察记　邱靖嘉　载刘宁主编《辽金历史与考古》（第四辑）　辽宁教育出版社　2013年

773. 内蒙古辽代城址研究　魏孔　载刘宁主编《辽金历史与考古》（第四辑）　辽宁教育出版社　2013年

774. 赤峰市巴林左旗、阿鲁科尔沁旗境内辽代城镇遗址及其特点　张瑞杰　赤峰学院学报（汉文哲学社会科学版）　2013年第12期

775. 河北北部辽金城址的发现与研究　黄信　载鲍海春、洪仁怀主编《金上京文史论丛》（第四辑）　黑龙江人民出版社　2013年

776. 唐至辽代桑干河流域城市的发展与分布　孙靖国　黄河文明与可持续发展　2013年第2期

长城

777. 金长城界壕防御工程中壕的渊源和作用　解丹　新建筑　2013年第1期

778. 金长城军事防御体系概述　解丹　新建筑　2013年第4期

779. 金代东北路招讨司辖区内七段长城最初修筑目的、功用的探讨　李丕华　载刘宁主编《辽金历史与考古》（第四辑）　辽宁教育出版社　2013年

780. 金长城东北路北段和乌古迪烈地　傅惟光、霍晓东　载鲍海春、洪仁怀主编《金上京文史论丛》（第四辑）　黑龙江人民出版社　2013年

781. 甘南的历史胜迹——三百里段金长城　彭占杰　东北史研究　2013年第2期

782. 岭北金界壕修筑时代初析　长海　草原文物　2013年第1期

783. 金界壕沿线边堡的类型学研究　丹达尔　内蒙古师范大学硕士学位论文　2013年

784. 金长城线上觅诗词　彭占杰、孙仁　载鲍海春、洪仁怀主编《金上京文史论丛》（第四辑）　黑龙江人民出版社　2013年

山川

785. 木叶山地望考　王石庄　社会科学辑刊　2013年第2期

786. "新开河"辽代古道考　李鹏　东北史地　2013年第2期

787. 辽代"北老河"古道考　李鹏　北方文物　2013年第1期

788. 金兀术运粮河考察报告　郭长海、王永年、那海洲　载鲍海春、洪仁怀主编《金上京文史论丛》（第四辑）　黑龙江人民出版社　2013 年

789. 辽金时期的月亮泡与渔猎文化传承　孙立梅　兰台世界　2013 年第 33 期

交通

790. 辽宋金时期交通体制的变化和南北水陆交通发展概况　杨树森　载刘宁主编《辽金史论集》（第十三辑）　中国社会科学出版社　2013 年

791. 草原丝绸之路兴盛时期中西交流的考古学观察——以辽上京、元上都及其周边发现为例　宋阳　沧桑　2013 年第 4 期

792. 宋绥使辽路线之中京至木叶山段考实——兼考木叶山的地理位置　刘海荣、杨福瑞　北方文物　2013 年第 4 期

793. 金代阿城古道　才大泉　黑龙江史志　2013 年第 11 期

十五　考古

综述

794. 略论河北宋辽金时期考古　陈钊　黑龙江史志　2013 年第 3 期

795. 北京海淀区辽金元时期考古发现与研究　张利芳　文物春秋　2013 年第 6 期

796. 金中都考古学研究　刘庆柱　载首都博物馆、黑龙江省博物馆编《白山·黑水·海东青——纪念金中都建都 860 周年特展》　文物出版社　2013 年

帝陵

797. 辽代陵寝制度研究　郑承燕　华西语文学刊（第八辑·契丹学专辑）2013 年第 1 期

798. 关于辽代皇陵的几点认识　刘毅　中国国家博物馆馆刊　2013 年第 3 期

799. 试论辽朝帝王陵寝的营造　孙伟祥　内蒙古社会科学（汉文版）　2013 年第 4 期

800. 试论辽朝帝王陵寝作用问题　孙伟祥　华西语文学刊（第八辑·契丹学专辑）　2013 年第 1 期

801. 试论辽朝帝王陵寝的建筑构成　孙伟祥　载姜维东主编《东北亚研究论丛》（第六辑）　东北师范大学出版社　2013 年

802. 辽代祖陵黑龙门所见"五瓣蝉翅"　王子奇　中国文物报　2013 年 11 月 22 日第 6 版

803. 辽祖州石室新考　刘喜民　北方文物　2013 年第 1 期

804. 神秘的契丹"圣地"——祖州石屋　蔡海雁　科学之友（上旬）　2013年第3期

墓葬

805. 有关纪年辽墓的纪年举例分析　李宇峰　载王秋义主编《辽金史研究》　辽宁民族出版社　2013年
806. 辽墓与五代十国墓的布局、装饰、葬具的共性研究　王欣　吉林大学硕士学位论文　2013年
807. 陈国公主墓：大辽公主的宝藏　孙建华　中华遗产　2013年第10期
808. 北京市大兴区辽金墓发掘获重要收获　于璞　载景爱主编《辽金西夏研究2011》　同心出版社　2013年
809. 北京地区辽代墓葬形制研究综述　姚庆　学理论　2013年第33期
810. 固安县大王村辽墓清理简报　廊坊市文物管理处　文物春秋　2013年第6期
811. 沈阳城区辽代墓葬拾遗　赵晓刚　载刘宁主编《辽金历史与考古》（第四辑）　辽宁教育出版社　2013年
812. 北镇龙岗耶律宗政墓北邻辽墓的考古学窥探　王绵厚　载刘宁主编《辽金历史与考古》（第四辑）　辽宁教育出版社　2013年
813. 辽宁法库县蔡家沟发现一座辽墓　赵晓刚、林栋　考古　2013年第1期
814. 汤原新城辽墓调查简报　李可鑫　文物春秋　2013年第2期
815. 山西大同东风里辽代壁画墓发掘简报　大同市考古研究所　文物　2013年第10期
816. 晋南地区宋金纪年墓对比研究　田多　北京教育学院学报　2013年第4期
817. 山西晋中发现金代正大五年墓　王俊、闫震　中国国家博物馆馆刊　2013年第10期
818. 中国北方地区宋金墓葬中宴饮图装饰研究　王丽颖　山西大学硕士学位论文　2013年
819. 廊坊市晓廊坊小区金代墓群发掘简报　廊坊市文物管理处　文物春秋　2013年第3期
820. 河南洛阳市苗北村五代、宋金墓　洛阳市文物考古研究院　考古　2013年第4期
821. 新郑龙湖发现一批金代元代时期墓葬　沈磊、宋守杰、王凯　郑州日报　2013年4月24日第15版
822. 和政县张家庄金代砖雕墓清理简报　临夏回族自治州博物馆　陇右文博　2013年第2期

823. 察右前旗巴音镇二台沟金元时期墓葬发掘简报　内蒙古自治区文物考古研究所　草原文物　2013年第1期

824. "一堂家庆"的新意象——宋金时期的墓主夫妇像与唐宋墓葬风气之变　李清泉　美术学报　2013年第2期

825. 金代墓壁画所题联语小考　凌瑜　中华文史论丛　2013年第3期

遗址

826. 辽上京遗址揭秘　刘春、孙宝珠　内蒙古日报（汉文版）　2013年5月15日第12版

827. 内蒙古巴林左旗辽上京皇城西山坡佛寺遗址考古获重大发现　中国社会科学院考古研究所内蒙古第二工作队、内蒙古文物考古研究所　考古　2013年第1期

828. 内蒙古辽上京遗址探微　董新林、陈永志、汪盈　中国文化报　2013年6月7日第4版

829. 巴彦塔拉辽代遗址植物遗存及相关问题研究　孙永刚　赤峰学院学报（汉文哲学社会科学版）　2013年第8期

830. 试述内蒙古、辽宁辽金元时期的烧瓷窑炉　陈永婷、彭善国　北方文物　2013年第2期

831. 昌图四面城城址2009年试掘简报　赵少军、王雷　载刘宁主编《辽金历史与考古》（第四辑）　辽宁教育出版社　2013年

832. 辽宁昌图县塔东辽代遗址的发掘　辽宁省文物考古研究所、铁岭市博物馆、昌图县文管所　考古　2013年第2期

833. 北京大兴辽金塔林遗址考古发掘　于璞　载景爱主编《辽金西夏研究2011》　同心出版社　2013年

834. 辽金城市考古的新发现：白城城四家子城址的发掘　梁会丽、全仁学、宋明雷　中国文物报　2013年12月20日第8版

835. 松原市前郭县查干湖东岸辽金聚落址调查报告　范博凯、景阿男　博物馆研究　2013年第2期

836. 吉林、辽宁境内部分女真部落遗址调查日记　关伯阳　载鲍海春、洪仁怀主编《金上京文史论丛》（第四辑）　黑龙江人民出版社　2013年

837. 金上京遗址调查报告　吕竟成　黑龙江史志　2013年第11期

838. 关于金源文化遗址保护及其经济社会价值的若干思考　邵佳慧、韩艳　经济研究导刊　2013年第14期

839. 西城串起金中都元大都核心史迹　巩峥、曹蕾　北京日报　2013年4月22日第10版

840. 千古之谜试揭秘（连载六）——伊春暨金山屯地域金代历史文化研究新说

仲维波　黑龙江史志　2013 年第 4 期

841. 千古之谜试揭秘（连载七）——伊春暨金山屯地域金代历史文化研究新说　仲维波　黑龙江史志　2013 年第 6 期

842. 千古之谜试揭秘（连载八）——伊春暨金山屯地域金代历史文化研究新说　仲维波　黑龙江史志　2013 年第 8 期

843. 千古之谜试揭秘（连载九）——伊春暨金山屯地域金代历史文化研究新说　仲维波　黑龙江史志　2013 年第 10 期

844. 千古之谜试揭秘（连载十）——伊春暨金少屯地域金代历史文化研究新说　仲维波　黑龙江史志　2013 年第 12 期

845. 辽宁省北镇市小常屯辽代官窑遗址考察侧记　贾辉　东北史地　2013 年第 4 期

846. 四平市铁东区项家沟遗址发掘简报　田永兵、魏佳明、赵殿坤　东北史地　2013 年第 6 期

847. 遼吉紀行：女真と高句麗の史跡を訪ねて　村山吉廣　斯文（123）　2013 年 9 月

十六　文物

建筑、寺院、佛塔

848. 20 世纪上半叶日本学者对蒙辽地区辽代佛教建筑的考察与研究　曹铁娃、曹铁铮、王一建　世界宗教文化　2013 年第 1 期

849. 北方辽宋木构梢间斗配置与转角构造的演变关系研究　唐聪　古建园林技术　2013 年第 1 期

850. 中国遼・金代の建築における補間鋪作の形式　温静　日本建築学会計画系論文集 78（683）　2013 年

851. 辽代佛塔建筑的历史成就　许凯　兰台世界　2013 年第 7 期

852. 内蒙古地区辽代佛教寺庙遗产　孟和套格套　华西语文学刊（第八辑·契丹学专辑）　2013 年第 1 期

853. 辽代万部华严经塔浮雕艺术研究　张磊　内蒙古师范大学硕士学位论文　2013 年

854. 静安寺塔和静安寺　佟强、郎智明、郭雪松　草原文物　2013 年第 1 期

855. 阜新辽代建筑风俗特点及历史地位　王伟　载王秋义主编《辽金史研究》辽宁民族出版社　2013 年

856. 辽南京建筑文化特色与价值　宋卫忠　北京科技大学学报（社会科学版）2013 年第 3 期

857. 陕北宋金石窟大日如来图像类型分析　李静杰　故宫博物院院刊　2013 年第 3 期

858. 宋金时期晋东南建筑地域文化研究　侯寅峰　兰台世界　2013 年第 12 期

859. 晋南金元戏台视听功能浅析　朱向东、佟雅茹　华中建筑　2013 年第 3 期

860. 品味思考山西大同善化寺辽金建筑装饰风格　李宏刚　山西大学硕士学位论文　2013 年

861. 从大同辽金时期的建筑遗存看佛教的特征　李珍梅、李杲、王宇超　山西大同大学学报（社会科学版）　2013 年第 2 期

862. 浅谈晋城市府城玉皇庙建筑格局的历史发展　赵琦　太原城市职业技术学院学报　2013 年第 5 期

863. 发现独乐寺　丁垚　建筑学报　2013 年第 5 期

864. 蓟县独乐寺山门新发现的榫卯痕迹调查　天津大学建筑学院、蓟县文物保管所　中国文物报　2013 年 6 月 14 日第 8 版

865. 奉国寺　千年古刹　皇家道场　方秀华　百科知识　2013 年第 7 期

866. 辽塔研究　谷赟　中央美术学院博士论文　2013 年

867. 辽、金、元代佛塔　张驭寰　佛教文化　2013 年第 5 期

868. 辽宁地区辽代佛教寺塔及其功能与影响　马琳　渤海大学硕士学位论文　2013 年

869. 遼代朝陽北塔に関する考察　水野さや　金沢美術工芸大学紀要（57）　2013 年 3 月

870. 朝阳凤凰山辽摩云塔须弥座砖雕艺术的初步研究　李国学、王冬冬　载刘宁主编《辽金历史与考古》（第四辑）　辽宁教育出版社　2013 年

871. 三十年前对"辽滨塔"和"巨流河"的首次调查及其收获　王绵厚　载王秋义主编《辽金史研究》　辽宁民族出版社　2013 年

872. 东北古代建筑奇葩：辽阳白塔　王文轶　哈尔滨学院学报　2013 年第 5 期

873. 大城子塔考　侯申光、王铁华、张立武　载刘宁主编《辽金历史与考古》（第四辑）　辽宁教育出版社　2013 年

874. 法藏塔小记　蒋伟涛　北京观察　2013 年第 4 期

875. 古塔新晖——记丰润天宫寺塔　徐小丰　科学大众（科学教育）　2013 年第 7 期

碑刻、墓志

876. 史学博士徒步进山　乱石中发现古寺碑　王梅　京华时报　2013 年 10 月 15 日

877. 驴友寻千年石碑　专家："验明正身"保护罕见石碑　李禹潼　新京报

2013 年 10 月 15 日

878. 辽代墓志生肖图案的考古学观察　杨玥　考古与文物　2013 年第 1 期

879. 辽代纪时法证史举例　姜维东、姜维公　北华大学学报（社会科学版）2013 年第 6 期

880. 从佛塔石刻看辽代建塔工种　王晓颖　载北京辽金城垣博物馆编《碧彩云天——辽代陶瓷》　北京燕山出版社　2013 年

881. 锦州市博物馆馆藏的一件石刻　刘鲡　载王秋义主编《辽金史研究》　辽宁民族出版社　2013 年

882. 辽《驸马萧公平原公主墓志》再考释　韩潇锐、都兴智　文史　2013 年第 3 期

883.《萧琳墓志铭考释》补正　李宇峰　载王秋义主编《辽金史研究》　辽宁民族出版社　2013 年

884. 金源郡王神道碑述略　王久宇　北方文物　2013 年第 1 期

885.《大金重修东岳庙碑》考释　马杰　兰台世界　2013 年第 12 期

886. 张邵与《宜州大奉国寺续装两洞贤圣题名记》　姜念思　载王秋义主编《辽金史研究》　辽宁民族出版社　2013 年

887. 辽南京地区城镇中的经幢三例　冀洛源　文物　2013 年第 6 期

888. 龙泉雾金代武德将军尊胜经幢考　马垒　东北史地　2013 年第 1 期

889. 金《武德将军幢记》相关问题再辨　王玉亭　北京文博文丛　2013 年第 3 辑

890. 石经幢小考　孙继艳　载刘宁主编《辽金历史与考古》（第四辑）　辽宁教育出版社　2013 年

891.《龙兴观创造香幢记》：一则辽代民间道教的珍贵史料　尤李　中国道教　2013 年第 1 期

892. 辽耶律氏是"陈"姓后裔？——《大契丹国夫人萧氏墓志》新释　熊鸣琴　文献　2013 年第 5 期

893. 辽《张守节墓志》补释　李强　载刘宁主编《辽金历史与考古》（第四辑）　辽宁教育出版社　2013 年

894. 辽宁省博物馆藏《石重贵墓志铭》考释　齐伟　载刘宁主编《辽金历史与考古》（第四辑）　辽宁教育出版社　2013 年

895. 辽宁省北票市发现辽刘府君墨书题记墓志　杜晓红　载刘宁主编《辽金历史与考古》（第四辑）　辽宁教育出版社　2013 年

896. 辽陈颢妻曹氏刘氏墓志校勘考释　姜洪军、李宇峰　载刘宁主编《辽金历史与考古》（第四辑）　辽宁教育出版社　2013 年

897. 金代张守仁墓志考　倪彬　文物春秋　2013 年第 3 期

898. 金代聂宗家族两方碑铭考释　周峰　载刘宁主编《辽金史论集》（第十三辑）　中国社会科学出版社　2013 年

899. 金代《徐方墓志铭》考释　王新英　东北史地　2013 年第 5 期

900. 山东济南发现两合刘豫伪齐时期墓志　王兴华、张幼辉、郭俊峰　中国国家博物馆馆刊　2013 年第 10 期

901. 元《故宣武大将军韩公墓志铭》及墓主身份考略　刘奕彤　卷宗　2013 年第 3 期

902. 陕北宋金石窟题记内容分析　李静杰　敦煌研究　2013 年第 3 期

903. 金代石刻档案初探　赵彦昌、孙丽　载刘宁主编《辽金历史与考古》（第四辑）　辽宁教育出版社　2013 年

官印、印章

904. 辽代玺印艺术的民族风格与文化特色　辛蔚　前沿　2013 年第 15 期

905. 辽"女真鹿官户太保印"铜官印考释　赵中文、冯永谦　北方文物　2013 年第 4 期

906. 辽宁省桓仁县所出契丹文印　王俊辉　东北史地　2013 年第 6 期

907. 浅析阿城出土的金代官印　才大泉　华章　2013 年第 11 期

908. "中书门下之印"鉴赏　张泽兵　博物馆研究　2013 年第 2 期

909. 金代铜官印综述　王娟　西江月　2013 年第 25 期

910. "诛王之印"小考　陈勇　黑龙江史志　2013 年第 23 期

911. "韩州刺史之印"的收藏与研究　田丽梅　北方文物　2013 年第 4 期

912. 关于金山屯地区金代建制兼"都统所印"分析　仲维波　载鲍海春、洪仁怀主编《金上京文史论丛》（第四辑）　黑龙江人民出版社　2013 年

913. 金代忠孝军的"虎符"　周国典　黄三角早报　2013 年 11 月 9 日 A12 版

铜镜

914. 两心同长存　佛光照乾坤：Lloyd Cotsen 先生捐赠的辽代莲花人物镜之考古学研究　胡嘉麟　上海文博论丛　2013 年第 1 期

915. 金代铜镜两个问题的探讨　尤洪才　黑龙江史志　2013 年第 3 期

916. 金东北三路出土铜镜研究　朱长余　中央民族大学硕士学位论文　2013 年

917. 金代铜神兽铭文镜考　李建华　民生周刊　2013 年第 8 期

918. 朝阳博物馆藏金代铜镜赏析　董杰　载刘宁主编《辽金历史与考古》（第四辑）　辽宁教育出版社　2013 年

919. 金上京会宁府出土铜镜浅谈　彭芊芊　黑龙江史志　2013 年第 11 期

920. 宋辽金铜镜中的人物故事　李建廷　收藏　2013 年第 13 期

921. 宋金牛郎织女故事镜考说　杨玉彬　文物鉴定与鉴赏　2013年第3期

922. 金代双鱼镜与许由巢父故事镜研究　于力凡　首都博物馆（第27辑）　北京燕山出版社　2013年

陶瓷

923. 吉林馆藏辽金陶瓷赏粹　高雪　收藏　2013年第5期

924. 北方辽代的三彩陶器　戴定九　汽车与社会　2013年第13期

925. 旅顺博物馆藏三彩枕时代及窑址初探　孙传波　收藏家　2013年第1期

926. 谈辽代瓷器艺术　胡健　载王秋义主编《辽金史研究》　辽宁民族出版社　2013年

927. 契丹陶磁の「周縁性」に関する検討（3）遼代の都城・州県城制度との関連から　町田吉隆　神戸市立工業高等専門学校研究紀要（51）　2013年3月

928. 沈阳地区出土辽代输入定窑瓷器初探　张树范　载刘宁主编《辽金历史与考古》（第四辑）　辽宁教育出版社　2013年

929. 北京地区出土的辽代低温釉陶器研究　李影　载北京辽金城垣博物馆编《碧彩云天——辽代陶瓷》　北京燕山出版社　2013年

930. 北京金代墓葬中出土的瓷器　孙勐、吕砚　收藏家　2013年第6期

931. 北京地区金墓出土瓷器考辨　龙霄飞　载首都博物馆、黑龙江省博物馆编《白山·黑水·海东青——纪念金中都建都860周年特展》　文物出版社　2013年

932. 廊坊市晓廊坊小区金代墓葬出土瓷器研究　付艳华、刘米兰　中国文物报　2013年11月6日第5版

933. 宋金瓷话：五大窑址博物馆馆藏精品（上）　张必萱　收藏　2013年第1期

934. 宋金瓷话：五大窑址博物馆馆藏精品（下）　张必萱　收藏　2013年第5期

935. 宋金时期的定窑与定瓷（上）　李晔　收藏家　2013年第2期

936. 宋金时期的定窑与定瓷（下）　李晔　收藏家　2013年第3期

937. 宋金时期的汝窑瓷器收藏　王志军　收藏　2013年第23期

938. 汝州张公巷窑的年代与性质问题探析　[韩]李喜宽著，崔海莲译　故宫博物院院刊　2013年第3期

939. 黑龙江发现金、元代钧窑瓷器　孙雪松　东北史研究　2013年第2期

940. 金代绞胎瓷钵　宋宁宁　中国文物报　2013年9月11日第8版

941. 风格独特的金代红绿彩瓷　任远、张悦、徐艳丽　中国陶瓷　2013年第11期

942. 金元时期红绿彩瓷发展脉络及时代特征初探　孙传波　收藏家　2013年第

11 期

943. 宋辽金虎纹枕考　谷莉、谷芳　兰台世界　2013 年第 30 期

944. 金代磁州窑的彩绘卧婴枕　王兴　当代人　2013 年第 3 期

945. 耀州窑白地黑花瓷的装饰艺术　赵亚利　文物世界　2013 年第 2 期

946. 耀州窑的月白釉瓷研究　薛雯　西部学刊　2013 年第 1 期

947. 馆藏黑釉双系凸线纹罐窑口考　赵铮、司树美　文物鉴定与鉴赏　2013 年第 7 期

948. 论金代介休窑及相关问题　董健丽　华夏考古　2013 年第 4 期

949. 博山大街窑址出土宋金三彩器赏析　阮浩、滕卫　收藏界　2013 年第 12 期

950. 金上京古瓷探讨　刘路平、许新铭、刘万儒　载鲍海春、洪仁怀主编《金上京文史论丛》（第四辑）　黑龙江人民出版社　2013 年

玉器

951. 激昂春水　恬淡秋山　张润平　中国收藏　2013 年第 6 期

952. 安徽省文物总店藏春水秋山玉　载安徽省文物考古研究所、安徽省考古学会编《文物研究》（第 20 辑）　科学出版社　2013 年

953. 金代女真族"春水"玉的艺术设计风格探究　赵蕾　北京服装学院硕士学位论文　2013 年

954. 辽代玉器在中国玉文化中的地位　石林梅　沧桑　2013 年第 1 期

955. 辽代玉器分类及材质研究　庞怡　辽宁师范大学硕士学位论文　2013 年

956. 陈国公主墓玉器初步研究　丁哲　地球　2013 年 4 期

957. 辽代的玉带文化　庞怡　文史月刊　2013 年第 3 期

958. 辽代玉蹀躞带的特征分析及其文化探源　吴沫　赤峰学院学报（汉文哲学社会科学版）　2013 年第 7 期

959. 金代玉器发现与研究述评　吴敬　宋史研究论丛（第十四辑）　2013 年

石雕

960. 浅析金代亚沟摩崖石刻像　才大泉　华章　2013 年第 14 期

961. 从辽上京发现的驯狮雕像等文物看辽代中西关系　唐彩兰　华西语文学刊（第八辑·契丹学专辑）　2013 年第 1 期

木器

962. 法库叶茂台辽墓出土漆木双陆考述　么乃亮　载刘宁主编《辽金历史与考古》（第四辑）　辽宁教育出版社　2013 年

963. 辽宁省博物馆藏辽代木雕饰　卢治萍　载刘宁主编《辽金历史与考古》（第

四辑） 辽宁教育出版社 2013年

丝绸

964. 遼代を中心とした染織品に見る文樣の變遷について：中国出土裂と日本伝来の錦の比較から 福本有寿子 人文論究（62—4） 2013年2月

金属器物

965. 继承优秀传统 突出民族特征——考古发现的绚烂多姿辽代金银玉器考察 冯永谦 载王秋义主编《辽金史研究》 辽宁民族出版社 2013年

966. 辽代金银器在草原丝绸之路中的作用 张景明 大连大学学报 2013年第5期

967. 西夏、金朝的金银器与草原丝绸之路的文化交流现象 张景明 文物世界 2013年第5期

968. 金人金梦——从金饰艺术看女真人的文化交流 黄雪寅 载首都博物馆、黑龙江省博物馆编《白山·黑水·海东青——纪念金中都建都860周年特展》 文物出版社 2013年

969. 辽金时期医疗器械的发现与研究 邓树平 社会科学战线 2013年第4期

970. 旅顺博物馆馆藏辽代面罩的分类与研究 刘立丽 辽宁师范大学学报（社会科学版） 2013年第1期

971. 金源文物的一缕灿烂辉光——金源地区出土的两件鎏金文物 赵国华、关伯阳 载鲍海春、洪仁怀主编《金上京文史论丛》（第四辑） 黑龙江人民出版社 2013年

972. 臆释金代齐国王墓出土的银质铭牌 才大泉 华章 2013年第13期

973. 辽金时期铁器初探 从国安、高大鹏 载鲍海春、洪仁怀主编《金上京文史论丛》（第四辑） 黑龙江人民出版社 2013年

974. 一件辽代的"巡防"牌 冯永兰 中国文物报 2013年7月17日第8版

975. 辽代铜印形"秦二世诏书"文字印版辨疑 赵中文、冯永谦 中国文物报 2013年7月31日第7版

976. 浅谈龙江龙博物馆藏金代匏状铁火炮 丛国安 东北史研究 2013年第2期

977. 从建筑构件角度谈金代铜坐龙的功用 杨海鹏 东北史地 2013年第4期

978. 盖州泉眼沟出土铜权浅析 孙璇、崔艳茹 载刘宁主编《辽金历史与考古》（第四辑） 辽宁教育出版社 2013年

979. 11~13世纪中国剪刀形态的转变及可能的外来影响 陈巍 自然科学史研究 2013年第2期

其他文物

980. 考古发现辽代佛教文物研究　李春雷　内蒙古大学硕士学位论文　2013 年

981. 内蒙古博物院：金花银龙纹"万岁台"砚　郑承燕　中国社会科学报 2013 年 2 月 22 日第 B03 版

982. 辽金牛头埫考　张明友、赵人　载鲍海春、洪仁怀主编《金上京文史论丛》（第四辑）　黑龙江人民出版社　2013 年

983. 金上京遗址出土"云子"刍考　孙新章　载鲍海春、洪仁怀主编《金上京文史论丛》（第四辑）　黑龙江人民出版社　2013 年

984. 本溪水洞遗址出土金代骨器再认识　郭晶　载刘宁主编《辽金历史与考古》（第四辑）　辽宁教育出版社　2013 年

985. 吉林永平寺庙址出土彩绘颜料及工艺研究　高秀华　北方文物　2013 年第 3 期

博物馆

986. 北国奇葩飘香南国：广州市海珠区博物馆"辽瓷专题展览"专访　彭乃贤　东方收藏　2013 年第 1 期

987. 金都水魄——北京辽金城垣博物馆　单靖雅　时尚北京　2013 年第 1 期

988. 金中都 860 周年特展在首博开幕　张俊梅　中国文物报　2013 年 9 月 18 日第 2 版

989. 白山·黑水·海东青　李韵　光明日报　2013 年 9 月 25 日第 9 版

990. 白山·黑水·海东青　再现"春水秋山"盛景——纪念金中都建都八百六十周年特展在首博开幕　邵杰　中国艺术报　2013 年 9 月 23 日第 12 版

991. 白山·黑水·海东青　纪念金中都建都 860 周年特展　国家人文历史 2013 年第 21 期

992. 山西昔阳出土宋金墓葬拟建博物馆进行保护　李娜　中国文物报　2013 年 11 月 15 日第 2 版

文物保护

993. 我市"一墓二塔"入第七批"国保"　陈力华　阜新日报　2013 年 5 月 8 日第 1 版

994. 山西应县佛宫寺释迦塔整体性保护研究　黄小殊　北京建筑大学硕士学位论文　2013 年

995. 应县木塔保护的世纪之争（上）　侯卫东　中国文物报　2013 年 8 月 23 日第 3 版

996. 应县木塔勘察测绘研究回顾　中国文化遗产研究院项目组（执笔：永昕群、侯卫东）　中国文物报　2013年8月30日第3版

997. 应县木塔结构变形监测　中国文化遗产研究院项目组（执笔：王林安、侯卫东）　中国文物报　2013年9月6日第3版

998. 应县木塔的抗风和抗震　中国文化遗产研究院项目组（执笔：王林安、侯卫东）　中国文物报　2013年9月13日第3版

999. 应县木塔结构研究探索　中国文化遗产研究院项目组（执笔：王林安、侯卫东）　中国文物报　2013年9月20日第3版

1000. 应县木塔结构现状与已有加固措施　中国文化遗产研究院项目组（执笔：永昕群、侯卫东）　中国文物报　2013年9月18日第3版

1001. 应县木塔保护维修的实施途径探索　中国文化遗产研究院项目组（执笔：侯卫东）　中国文物报　2013年10月2日第3版

1002. 应县木塔二三层保护加固方案评审会在京召开　郭桂香　中国文物报　2013年10月2日第1版

1003. 整旧如故，以存其真——应县木塔修缮引发的议论　阮仪三　东方早报　2013年8月19日第3版

1004. 应县木塔修缮一直没有停止　郭明明　中国文化报　2013年8月8日第3版

1005. 应县木塔面临命运的抉择　邢兆远、李建斌　光明日报　2013年8月6日

1006. 应县木塔修缮方案敲定　王晋飞　朔州日报　2013年10月12日第1版

1007. 浅谈金上京遗址入选世界文化遗产预备名录的重要性　耿涛　黑龙江史志　2013年第13期

1008. 论北京地区辽金墓葬壁画的保护理念　姚庆　忻州师范学院学报　2013年第5期

2013年西夏学论著目录

周 峰 张笑峰

一 专著

1. 俄藏黑水城文献（20）西夏文佛教部分 俄罗斯科学院东方文献研究所、中国社会科学院民族学与人类学研究所、上海古籍出版社编 上海古籍出版社 2013年

2. 俄藏黑水城文献（21）西夏文佛教部分 俄罗斯科学院东方文献研究所、中国社会科学院民族学与人类学研究所、上海古籍出版社编 上海古籍出版社 2013年

3. 俄藏黑水城文献（22）西夏文佛教部分 俄罗斯科学院东方文献研究所、中国社会科学院民族学与人类学研究所、上海古籍出版社编 上海古籍出版社 2013年

4. 辽宋夏金史讲义 邓广铭 中华书局 2013年
5. 党项西夏史探微 汤开建 商务印书馆 2013年
6. 塞北三朝·西夏 袁腾飞 电子工业出版社 2013年
7. 中华二千年史·卷四·宋辽金夏元 邓之诚 东方出版社 2013年
8. 辽金西夏研究2011 景爱主编 同心出版社 2013年
9. 西夏陵 银川西夏陵区管理处编著 宁夏人民出版社 2013年
10. 西夏六号陵 宁夏回族自治区文物考古研究所、银川西夏陵区管理处编著 科学出版社 2013年
11. 西夏陵突出普遍价值研究 银川西夏陵区管理处编著 科学出版社 2013年
12. 西夏遗珍 陈震、刘亚谏、李肇伦编著 文物出版社 2013年
13. 拓边西北——北宋中后期对夏战争研究 曾瑞龙 北京大学出版社 2013年
14. 黑水城西夏文献研究 束锡红 商务印书馆 2013年
15. 中国历代战争史——宋、辽、金、夏（上） 台湾三军大学编著 中信出版社 2013年
16. 中国历代战争史——宋、辽、金、夏（下） 台湾三军大学编著 中信出版

社 2013年

17. 辽金夏元史研究/辽与五代外交研究 蒋武雄 台湾花木兰文化出版社 2013年

18. 甘肃通史——宋夏金元卷 刘建丽 甘肃人民出版社 2013年

19. 吴天墀教授百年诞辰纪念文集 四川大学历史文化学院编 四川人民出版社 2013年

20. 他者的视野——蒙藏史籍中的西夏 杨浣 宁夏人民出版社 2013年

21. 西夏姓氏研究 佟建荣 宁夏人民出版社 2013年

22. 黑水城出土钱粮文书专题研究 潘洁 宁夏人民出版社 2013年

23. 西夏钱币研究 牛达生 宁夏人民出版社 2013年

二 研究综述、学术信息

24. 论清代学者对西夏史的贡献 任长幸 剑南文学（经典教苑） 2013年第1期

25. 西夏学研究 彭向前、金洪成 载景爱主编《辽金西夏研究2011》 同心出版社 2013年

26. 国家社科基金特别委托项目——《西夏文献文物研究》获准立项并顺利开局 载景爱主编《辽金西夏研究2011》 同心出版社 2013年

27. 中国社会科学院西夏文化研究中心和宁夏大学西夏学研究院联合举办西夏文研修班 载景爱主编《辽金西夏研究2011》 同心出版社 2013年

28. 《西夏文物》编纂工作会议召开 李丽雅 中国文物报 2013年5月8日第2版

29. 《李范文西夏学论文集》与《简明夏汉字典》出版 保宏彪、张万静 西夏研究 2013年第1期

30. 辽、宋、夏、金婚礼服饰及其礼俗内涵研究综述 武婷婷 黑龙江史志 2013年第3期

31. 黑水城出土西夏文献概述 陈晓芳 图书馆理论与实践 2013年第2期

32. "黑水城民族文献学术研讨会"简述 张淮智 光明日报 2013年7月11日第11版

33. 西夏史研究的四点想法 朱瑞熙 浙江学刊 2013年第4期

34. 西夏、契丹、女真文的计算机编码概况 孙伯君 华西语文学刊（第八辑·契丹学专辑） 2013年第1期

35. 西夏律法档案整理与研究 赵彦龙 青海民族研究 2013年第3期

36. 《西夏研究》2010—2012年文献计量分析与研究 马淑萍、王姮 西夏研究

2013年第4期

　　37．甘肃武威出土西夏木板画研究述评　于光建　北方民族大学学报（哲学社会科学版）　2013年第4期

　　38．西夏音乐研究国内现状综述（上）　赵宏伟　大众文艺　2013年第18期

　　39．西夏音乐研究国内现状综述（中）　赵宏伟　大众文艺　2013年第19期

　　40．西夏音乐研究国内现状综述（下）　赵宏伟　大众文艺　2013年第20期

　　41．第三届西夏学国际学术论坛召开　汪永基　中国文物报　2013年9月25日第1版

　　42．西夏学正在成为一门国际性"显学"　薛倩　中国社会科学报　2013年9月23日第A02版

　　43．从西夏学看中华民族多元一体——访中国社会科学院学部委员史金波　安静　中国社会科学报　2013年12月30日第B03版

　　44．西夏学：从绝学走向显学——访中国社会科学院学部委员、西夏学专家史金波　苏荷　博览群书　2013年第11期

　　45．对话西夏文字　杜羽　光明日报　2013年12月18日第5版

三　书评、序、跋

　　46．我读《西夏史稿》　史金波　载四川大学历史文化学院编《吴天墀教授百年诞辰纪念文集》　四川人民出版社　2013年

　　47．党项西夏研究的百科全书——评《党项西夏文献研究——词目索引、注释与异名对照》　史金波　西夏研究　2013年第4期

　　48．一部传统课题上的探微之作——《西夏与周边关系研究》评介　常岚、于光建　西北民族大学学报（哲学社会科学版）　2013年第6期

　　49．对话西夏文字　杜羽　光明日报　2013年12月18日第5版

　　50．《党项西夏文献研究——词目索引、注释与异名对照》概要　杜建录　西夏研究　2013年第4期

　　51．二〇一一年宋辽夏金文化研究论著目录　王蓉贵　宋代文化研究（第二十辑）　2013年

四　学者介绍

　　52．目光四射的史学大家——吴天墀先生学述　罗志田　读书　2013年第12期

　　53．为史学开出光焕之新景——纪念通儒吴天墀先生　罗志田　四川大学学报（哲学社会科学版）　2013年第2期

54. 为人师表　桃李芬芳——纪念吴天墀教授诞辰百周年　李范文　载四川大学历史文化学院编《吴天墀教授百年诞辰纪念文集》　四川人民出版社　2013 年

55. 深切而难忘的怀念——我与吴天墀先生　李蔚　载四川大学历史文化学院编《吴天墀教授百年诞辰纪念文集》　四川人民出版社　2013 年

56. 西夏史学家吴天墀　常崇宇　载四川大学历史文化学院编《吴天墀教授百年诞辰纪念文集》　四川人民出版社　2013 年

57. 川内开花川外红——缅怀吴天墀先生　张邦炜　载四川大学历史文化学院编《吴天墀教授百年诞辰纪念文集》　四川人民出版社　2013 年

58. 缅怀吴天墀先生　邓小南　载四川大学历史文化学院编《吴天墀教授百年诞辰纪念文集》　四川人民出版社　2013 年

59. 在吴天墀先生指导下学习和工作　杜建录　载四川大学历史文化学院编《吴天墀教授百年诞辰纪念文集》　四川人民出版社　2013 年

60. 纪念吴天墀先生　伍宗华　载四川大学历史文化学院编《吴天墀教授百年诞辰纪念文集》　四川人民出版社　2013 年

61. 哲人云逝　典型仍存——纪念吴天墀先生　何崝　载四川大学历史文化学院编《吴天墀教授百年诞辰纪念文集》　四川人民出版社　2013 年

62. 忆吴天墀师　邹重华　载四川大学历史文化学院编《吴天墀教授百年诞辰纪念文集》　四川人民出版社　2013 年

63. 雁过长空　影沉寒水——吴天墀先生与我二三忆　段玉明　载四川大学历史文化学院编《吴天墀教授百年诞辰纪念文集》　四川人民出版社　2013 年

64. 泪别吴天墀先生　刘复生　载四川大学历史文化学院编《吴天墀教授百年诞辰纪念文集》　四川人民出版社　2013 年

65. 崇实不虚，持论公正：徐中舒先生对吴天墀先生治学观之影响——从回忆吴先生说"我治学是从读烂书、旧书中出来的"谈起　谭继和　载四川大学历史文化学院编《吴天墀教授百年诞辰纪念文集》　四川人民出版社　2013 年

66. 略谈吴天墀先生晚年未竟之作：《十至十四世纪中国学术文化系年》　蔡崇榜　载四川大学历史文化学院编《吴天墀教授百年诞辰纪念文集》　四川人民出版社　2013 年

67. 吴天墀先生与《徐中舒历史论文选集》　徐亮工　载四川大学历史文化学院编《吴天墀教授百年诞辰纪念文集》　四川人民出版社　2013 年

68. 吴天墀先生之治史风貌及特点——纪念吴天墀先生诞辰百周年　刘复生　载四川大学历史文化学院编《吴天墀教授百年诞辰纪念文集》　四川人民出版社　2013 年

69. 陈寅恪与藏语、西夏文的解读　刘进宝　中国社会科学报　2013 年 4 月 17 日第 A05 版

70. 克恰诺夫教授不朽　[俄]伊丽娜·波波娃著，聂鸿音编译　宁夏社会科学　2013 年第 4 期

五　文献介绍与考释

71. 《辽史·西夏外记》的几个土产名称　孙伯君　满语研究　2013 年第 1 期
72. 黑水城文献与中国古代史研究　孙继民　西夏研究　2013 年第 2 期
73. 黑水城文献编纂成果研究　邵明霞　辽宁大学硕士学位论文　2013 年
74. 明代题涉"西夏"文献考补　杨浣、王丽莺　载四川大学历史文化学院编《吴天墀教授百年诞辰纪念文集》　四川人民出版社　2013 年
75. 西夏档案整理与研究　吴芊芊　宁夏大学硕士学位论文　2013 年
76. 西夏科技档案整理与研究　杨绮　宁夏大学硕士学位论文　2013 年
77. 西夏石刻档案资料整理与研究　乔娟　宁夏大学硕士学位论文　2013 年
78. 《隆平集·夏国传》笺证　王瑞来　载四川大学历史文化学院编《吴天墀教授百年诞辰纪念文集》　四川人民出版社　2013 年
79. 保定出土《老索神道碑铭》再研究　崔红芬　中国文化　2013 年第 2 期
80. 论西夏文献流失海外的原因、经过和具体分布　赵彦昌、邵明霞　辽宁大学学报（哲学社会科学版）　2013 年第 3 期
81. 英国国家图书馆藏西夏文军籍文书考释　史金波　文献　2013 年第 3 期
82. 黑水城出土西夏文租地契研究　史金波　载四川大学历史文化学院编《吴天墀教授百年诞辰纪念文集》　四川人民出版社　2013 年
83. 西夏光定十二年正月李春狗等扑买饼房契考释　杜建录　载四川大学历史文化学院编《吴天墀教授百年诞辰纪念文集》　四川人民出版社　2013 年
84. 俄 Инв. No. 353 号《天盛律令》残片考　韩小忙、王长明　载四川大学历史文化学院编《吴天墀教授百年诞辰纪念文集》　四川人民出版社　2013 年
85. 西夏文草书《孝经传序》吕惠卿系衔考　彭向前　载四川大学历史文化学院编《吴天墀教授百年诞辰纪念文集》　四川人民出版社　2013 年
86. 英藏黑水城出土西夏户籍租税账册文书初探　许生根　西夏研究　2013 年第 4 期
87. 黑水城所出西夏汉文入库账复原研究　孙继民　宁夏社会科学　2013 年第 6 期
88. 元代黑水城文书中的口粮问题研究　张敏灵　宁夏大学硕士学位论文　2013 年
89. 大英博物馆藏西夏文残卷　[英]格林斯坦德著，杜海译　西夏研究　2013 年第 1 期

90. 大英博物馆藏西夏文残片 载达力扎布主编《中国边疆民族研究》（第七辑） 中央民族大学出版社 2013 年

91. 武威藏西夏文《志公大师十二时歌》译释 杜建录、于光建 西夏研究 2013 年第 2 期

92. 武威藏西夏文《五更转〉》考释 梁继红 敦煌研究 2013 年第 5 期

93. 甘肃省博物馆藏《天庆寅年"七五会"集款单》再研究 王荣飞 宁夏社会科学 2013 年第 5 期

94. 黑水城出土合伙契约再考释 杜建录、邓文韬 西夏研究 2013 年第 4 期

95. 黑水城出土汉文符占秘术文书考释 王巍 宁夏大学硕士学位论文 2013 年

96. 西夏文《五部经序》考释 聂鸿音 民族研究 2013 年第 1 期

97. 西夏文《亥年新法·第三》译释与研究 周峰 中国社会科学院研究生院博士学位论文 2013 年

98. 黑水城出土西夏文《亥年新法》卷十二考释 梁松涛、袁利 宁夏师范学院学报 2013 年第 2 期

99. 西夏文献《法则》卷六释读与研究 于业勋 宁夏大学硕士学位论文 2013 年

100. 黑水城出土西夏文《法则》卷七考释 梁松涛 载四川大学历史文化学院编《吴天墀教授百年诞辰纪念文集》 四川人民出版社 2013 年

101. 黑水城出土西夏文《法则》卷八考释——兼论以例入法的西夏法典价值 梁松涛 宋史研究论丛（第十四辑） 2013 年

102. 西夏文献《法则》卷九释读与研究 王龙 宁夏大学硕士学位论文 2013 年

103. 《天盛改旧新定律令·内宫待命等头项门》研究 许伟伟 宁夏大学博士学位论文 2013 年

104. 《天盛律令》畜利限门考释 邹仁迪 宁夏大学硕士学位论文 2013 年

105. 黑水城文献《六十四卦图歌》研究 李伟 四川师范大学硕士学位论文 2013 年

106. 黑水城文献《文酒清话》研究 杨金山 四川师范大学硕士学位论文 2013 年

107. 黑水城所出元代词讼文书研究 侯爱梅 中央民族大学博士学位论文 2013 年

108. 鲜演大师《华严经玄谈决择记》的西夏文译本 孙伯君 西夏研究 2013 年第 1 期

109. 西夏文《大方广佛华严经·十定品》译释 冯雪俊 陕西师范大学博士学位论文 2013 年

110. 日本藏西夏文《大方广佛华严经》与汉本的别异　贾常业　2013年第2期

111. 西夏文《阿毗达磨顺正理论》卷五译释　尹江伟　陕西师范大学硕士学位论文　2013年

112. 西夏本《佛说疗痔病经》释读　孙颖新　宁夏社会科学　2013年第5期

113. 西夏文《经律异相》卷十五"优波离为佛剃发得入第四禅一"译考　杨志高　图书馆理论与实践　2013年第12期

114. 西夏文装藏咒语考　聂鸿音　西夏研究　2013年第4期

115. 西夏文《观弥勒菩萨上生兜率天经》考释　孙伯君　西夏研究　2013年第4期

116. 拜寺沟方塔与山嘴沟石窟出土佛典刻本残片杂考　高山杉　中西文化交流学报（第五卷第1期·徐文堪先生古稀纪念中西学论专号）　2013年7月

117. 无央数，西夏文本《心经》——圣彼得堡东方所抄书记事之一　林英津　载四川大学历史文化学院编《吴天墀教授百年诞辰纪念文集》　四川人民出版社　2013年

118. 西夏文献中的净土求生法　聂鸿音　载四川大学历史文化学院编《吴天墀教授百年诞辰纪念文集》　四川人民出版社　2013年

119. 黑水城出土三十五佛名礼忏经典综考　孙伯君　载四川大学历史文化学院编《吴天墀教授百年诞辰纪念文集》　四川人民出版社　2013年

120. 西夏文《经律异相》卷十五（第一、第二品）译考　杨志高　载四川大学历史文化学院编《吴天墀教授百年诞辰纪念文集》　四川人民出版社　2013年

121. 西夏文《尊者圣妙吉祥增智慧觉之总持》考　段玉泉　载四川大学历史文化学院编《吴天墀教授百年诞辰纪念文集》　四川人民出版社　2013年

122. 两种尚未刊布的西夏文《长阿含经》　汤君　载四川大学历史文化学院编《吴天墀教授百年诞辰纪念文集》　四川人民出版社　2013年

123. 俄藏黑水城文献之汉文《阿含经》考论　汤君　敦煌学辑刊　2013年第2期

124. 后晋夏银绥宥等州观察支使何德璘墓志铭考释　陈玮　中国国家博物馆馆刊　2013年第3期

125. 英藏西夏文译《贞观政要》研究　王荣飞　北方民族大学硕士学位论文　2013年

126. 西夏文献之《刘知远诸宫调》研究　付燕　四川师范大学硕士学位论文　2013年

六　政治、法律、对外关系

127. 安史之乱后朔方军的地位演变及其对党项的影响　保宏彪　西夏研究

2013 年第 1 期

128. "党项"涵义辨析　黄兆宏　文史杂志　2013 年第 5 期

129. 夏州拓跋部的几个问题——新出土唐五代宋初夏州拓跋政权墓志铭考释　杜建录　西夏研究　2013 年第 1 期

130. 晚唐五代党项与灵州道关系考述　崔星、王东　西夏研究　2013 年第 2 期

131. 宋代西北吐蕃与甘州回鹘、辽朝、西夏的关系　陈庆英、白丽娜　西藏研究　2013 年第 5 期

132. 关于西夏的称谓　段玉泉　宁夏画报（时政版）　2013 年第 2 期

133. 西夏番姓来源考论　佟建荣　载四川大学历史文化学院编《吴天墀教授百年诞辰纪念文集》　四川人民出版社　2013 年

134. 西夏番姓汉译再研究　佟建荣　民族研究　2013 年第 2 期

135. 西夏赐姓李氏考　张婧　华北水利水电学院学报（社科版）　2013 年第 2 期

136. 西夏文献中的帝、后称号　孙伯君　民族研究　2013 年第 2 期

137. 元昊改姓考　彭向前　青海民族大学学报（社会科学版）　2013 年第 2 期

138. 从夏宋关系看元昊的立国策略　丁文斌　湖北大学硕士学位论文　2013 年

139. 罗皇后与纯佑帝被废关系考略　崔红芬、王杰敏　黄河科技大学学报　2013 年第 5 期

140. 西夏小梁太后与北宋高太后干政比较研究　董淼　湖北大学硕士学位论文　2013 年

141. 西夏仁宗时期部落农民起义的原因及其影响　尤桦　哈尔滨师范大学社会科学学报　2013 年第 6 期

142. 西夏职官制度研究——以《天盛革故鼎新律令》卷十为中心　翟丽萍　陕西师范大学博士学位论文　2013 年

143. 辽夏金监察制度的基本特点与当代启示　吴欢、朱小飞　云南大学学报　2013 年第 6 期

144. 尚武、多谋与奇兵利器——西夏的军事攻略　段玉泉　宁夏画报（生活版）　2013 年第 3 期

145. 党项"神臂弓"考　刘兴全　载四川大学历史文化学院编《吴天墀教授百年诞辰纪念文集》　四川人民出版社　2013 年

146. 略论西夏法典对契约的规制　邵方　法学评论　2013 年第 6 期

147. 从《天盛律令》看西夏的军事管理制度　姜歆　西夏研究　2013 年第 4 期

148. 《天盛律令》与《唐律疏议》中的矜恤政策比较　马晓明　陕西师范大学硕士学位论文　2013 年

149. 关于西夏秃发令及发式问题　景永时　北方民族大学学报（哲学社会科学

版）2013年第6期

150. 西夏官吏的考课奖惩制　魏淑霞　西夏研究　2013年第4期

151. 西夏寺院依附人口初探——以《天盛律令》为中心　崔红芬、文志勇　西夏研究　2013年第1期

152. 儒家思想对西夏法制的影响　邵方　比较法研究　2013年第2期

153. 西夏耕地保护法律初探　许光县　宁夏社会科学　2013年第1期

154. 民间法视野下黑水城出土西夏文卖地契研究——兼与汉文卖地契的比较　韩伟　西夏研究　2013年第2期

155. 西夏与宋盗法比较研究——以《天盛改旧新定律令》和《庆元条法事类》为例　刘双怡　首都师范大学学报（社会科学版）　2013年第5期

156. 《天盛律令》中的连坐制度探析　戴羽　学术探索　2013年第11期

157. 辽夏和亲对辽夏关系的影响　李想　神州　2013年第8期

158. 夏辽边界问题再讨论　许伟伟、杨浣　西夏研究　2013年第1期

159. 略论西夏的三司与榷场——以俄藏Инв. No. 348号文书为中心的考察　陈瑞青　黄河科技大学学报　2013年第5期

160. 榷场的历史考察——兼论西夏榷场使的制度来源　冯金忠　宁夏社会科学　2013年第3期

161. 从碑刻史料中看狄青的军事才能——以抵御西夏战争和平定侬智高叛乱为例　郭乃贤　邢台学院学报　2013年第1期

162. 从宋夏战争看范仲淹知庆州的影响和意义　徐文婷　黑龙江史志　2013年第11期

163. 从宋夏战争看范仲淹的国防意识　卢晓河　西夏研究　2013年第4期

164. 关于秦州弓门寨的几个问题　崔玉谦　衡水学院学报　2013年第6期

165. 北宋鄜延路边防地理探微　朱瑞　宁夏大学硕士学位论文　2013年

166. 北宋时期麟府路边防地理研究　孙尚武　宁夏大学硕士学位论文　2013年

167. 北宋弓箭手若干问题的探讨　廉兵　陕西师范大学硕士学位论文　2013年

168. 茶文化视域下的夏宋关系　王立霞　农业考古　2013年第5期

169. 北宋"钱荒"与西夏之关系　李志鹏　西北民族大学硕士学位论文　2013年

170. 北宋经略秦州蕃部土地问题简论　上官红伟　宁夏社会科学　2013年第2期

171. "联蕃制夏"抑或"以夷制夷"？——北宋前期赵宋对西北远蕃民族政策的再认识　韩小忙、许鹏　宁夏社会科学　2013年第5期

172. 北宋诸臣西夏奏、议辑论　王舒宇　宁夏大学硕士学位论文　2013年

173. 论宋夏战争对北宋咏史怀古词创作的影响　郭艳华　北方民族大学学报

（哲学社会科学版） 2013 年第 5 期

174. 辽代汉文石刻所见辽夏关系考 陈玮 华西语文学刊（第八辑·契丹学专辑） 2013 年第 1 期

175. 嘉定十三年宋夏联合进攻金国之役 李天鸣 载四川大学历史文化学院编《吴天墀教授百年诞辰纪念文集》 四川人民出版社 2013 年

176. 金夏之间的早期交涉 孙尚武、杨浣 载刘宁主编《辽金史论集》（第十三辑） 中国社会科学出版社 2013 年

177. 金人文集中石刻史料所见金夏关系考 陈玮 古籍整理研究学刊 2013 年第 3 期

178. 1205 至 1227 年间蒙古与西夏的战争 ［美］德斯蒙德·马丁著，陈光文译，杨富学校 西夏研究 2013 年第 4 期

179. 论西夏时期吐蕃文化对河西地区的影响 张蕾蕾 柴达木开发研究 2013 年第 5 期

七 社会、经济

180. 从黑水城出土文物谈西夏时期黑水城人文社会 裴海霞 丝绸之路 2013 年第 12 期

181. 西夏元时期黑河流域水土资源开发利用及驱动因素研究 史志林 兰州大学硕士学位论文 2013 年

182. 西夏祭祀初探 孔德翊、贺亭 西夏研究 2013 年第 1 期

183. 西夏"节亲"考 胡若飞 西夏研究 2013 年第 2 期

184. 水草与民族：环境史视野下的西夏畜牧业 董立顺、侯甬坚 宁夏社会科学 2013 年第 2 期

185. 西夏民众食用野生植物考述 董立顺 天水师范学院学报 2013 年第 4 期

186. 从地缘关系浅析西夏冶炼技术和畜牧业的发达 陈永耘 中原文物 2013 年第 3 期

187. 西夏典当制度简论 刘艳丽 陕西师范大学硕士学位论文 2013 年

188. 关于西夏银锭的几个问题 于光建、黎大祥 载四川大学历史文化学院编《吴天墀教授百年诞辰纪念文集》 四川人民出版社 2013 年

八 民族、西夏遗民

189. 西夏的汉族和党项民族的汉化 史金波 中南民族大学学报（人文社会科学版） 2013 年第 1 期

190. 党项府州折氏发展考述　白云　中央民族大学硕士学位论文　2013 年

191. 杨业是党项人还是汉人　李裕民　载四川大学历史文化学院编《吴天墀教授百年诞辰纪念文集》　四川人民出版社　2013 年

192. 党项仁多氏东迁与静宁"仁大"地名的出现　刘小宁、王科社　丝绸之路　2013 第 14 期

193. 《梦溪笔谈》中"回回"一词再释——兼论辽宋夏金时代的"回回"　汤开建　载四川大学历史文化学院编《吴天墀教授百年诞辰纪念文集》　四川人民出版社　2013 年

194. 元唐兀人星吉生平考论　邱树森、陈广恩　西夏研究　2013 年第 1 期

195. 《龙祠乡约》所见元末西夏遗民的乡村建设　王君、杨富学　宁夏社会科学　2013 年第 1 期

196. 从《述善集》看元代河南濮阳西夏遗民的乡村建设　王君　西北民族大学硕士学位论文　2013 年

197. 元代西夏遗民讷怀事迹补考　邓文韬　西夏研究　2013 年第 4 期

198. 元代《故漕运同知粘合公妻逸的氏墓志铭》考释　翟丽萍　北方民族大学学报（哲学社会科学版）　2013 年第 5 期

199. 论元代余阙《合肥修城记》的地方历史文献价值　李玉年　合肥学院学报（社会科学版）　2013 年第 5 期

200. 元代西夏女性遗民人物史料整理与研究　张琰玲、孙颖慧　图书馆理论与实践　2013 年第 10 期

九　语言文字

201. 西夏语言研究简论　霍艳娟　宁夏社会科学　2013 年第 6 期

202. 西夏语的名物化后缀 Sji^2 和 lew^2　聂鸿音　语言研究　2013 年第 2 期

203. 西夏语专有名词的类别标记　聂鸿音　语言科学　2013 年第 2 期

204. 西夏语和日语主题标记对比研究　唐均　华西语文学刊（第九辑）　2013 年第 2 期

205. 西夏文字及文物中所见其使用情况　牛达生　西夏研究　2013 年第 1 期

206. 西夏诗歌用韵考　聂鸿音　西夏研究　2013 年第 1 期

207. 藏语在解读西夏文献中的作用　彭向前　中国社会科学报　2013 年 3 月 6 日第 B01 版

208. 读史札记：正史胡语考释四则　彭向前　北方民族大学学报（哲学社会科学版）　2013 年第 4 期

十　文化、宗教

209. 西夏教育考述　赵倩、张学强　鸡西大学学报　2013年第1期
210. 略论西夏儒学的发展　王虹　中国集体经济　2013年第33期
211. 试论西夏文学的华儒内蕴　王昊　北京大学学报（哲学社会科学版）2013年第5期
212. 论西夏诗　黄震云、杨浣　徐州工程学院学报（社会科学版）　2013年第5期
213. 浅谈卫藏与西夏的绘画艺术交流　杨旦春　大众文艺　2013年第10期
214. 论宋辽夏金时期装饰纹样之发展　谷莉、戴春宁　大舞台　2013年第10期
215. 宋辽夏金时期摩羯纹装饰与造型考　谷莉　文艺研究　2013年第12期
216. 西夏时期音乐文化的交流与融合　韩春　芒种　2013年第18期
217. 西夏音乐研究国内现状综述（下）　赵宏伟　大众文艺　2013年第20期
218. 从岩画看西夏王朝军事体育活动　戴薇、彭利华　兰台世界　2013年第36期
219. 从人口性别比例、灾难和疾病看西夏的佛教信仰　于亚龙　黄河科技大学学报　2013年第4期
220. 从武威出土文物看西夏时期的凉州佛教　朱姝民　兰州大学硕士学位论文　2013年
221. 西夏佛教之"系统性"初探　[俄]索罗宁　世界宗教研究　2013年第4期
222. 浅析西夏宗教与西夏佛塔　布加　理论前沿　2013年第12期
223. 西夏佛教"华严信仰"与西夏佛教之"系统性"初探　[俄]索罗宁　载四川大学历史文化学院编《吴天墀教授百年诞辰纪念文集》　四川人民出版社　2013年
224. 西夏弥勒信仰及相关问题　杨富学、樊丽莎　载四川大学历史文化学院编《吴天墀教授百年诞辰纪念文集》　四川人民出版社　2013年
225. 从出土文献看西夏的观音信仰　樊丽沙　西夏研究　2013年第4期
226. 莫高窟第465窟曼荼罗再考　阮丽　故宫博物院院刊　2013年第4期
227. 敦煌石窟尊胜佛母曼荼罗图像解说　刘永增　故宫博物院院刊　2013年第4期
228. 西夏宗教版画的图像表现　张国荣、黄蓉　美术　2013年第9期
229. 西夏宗教版画艺术探析　黄蓉　西北师范大学硕士学位论文　2013年
230. 西夏仁宗皇帝的校经实践　孙伯君　宁夏社会科学　2013年第4期

231. 略论西夏的占卜信仰　赵小明　青海民族大学学报（社会科学版）　2013年第4期

十一　科学技术

232. 黑水城出土西夏文古医方"茯苓散"考　梁松涛　山西中医学院学报　2013年第5期

233. 西夏文医方《敕赐紫苑丸》初探　段玉泉　宁夏社会科学　2013年第5期

234. 黑水城出土西夏文古佚医方"鹿角霜丸"考　梁松涛　中医文献杂志　2013年第5期

235. 黑水城出土西夏文医药文献底本来源及特点　梁松涛　南京中医药大学学报（社会科学版）　2013年第3期

236. 谈西夏医学文化的成就——兼论几个药方　朱国祥　新课程学习（下）　2013年第7期

237. 西夏医药档案整理与研究　赵彦龙、杨绮　宁夏师范学院学报　2013年第4期

238. 西夏文"治妇人催生助产婴儿"古方二首考释　汤晓龙、刘景云、张如青　中医药文化　2013年第6期

239. 辽金西夏金属制品设计史料研究　李春波　湖南工业大学硕士学位论文　2013年

十二　历史地理

240. 宋境通西夏道路新考　曹家齐　载四川大学历史文化学院编《吴天墀教授百年诞辰纪念文集》　四川人民出版社　2013年

241. 有关北宋华池寨若干问题考补　崔玉谦　保定学院学报　2013年第1期

242. 西夏在鄂尔多斯高原的疆界变迁　保宏彪　西夏研究　2013年第4期

243. 西夏古城今安在　宁夏省嵬城遗址的前世今生　吕春华　大众考古　2013年第6期

十三　文物考古

244. 论西夏王陵的遗产价值与申遗之路　王云庆、唐敏　西夏研究　2013年第4期

245. 西夏陵7号陵旁陪葬墓主是谁？——工作人员采集到汉文残碑，推断该人

名叫"移讹成"　杨薇　银川晚报　2013 年 12 月 31 日第 3 版

246. 玉泉营西夏墓群初探　哈彦成　文物世界　2013 年第 3 期

247. 内蒙古西夏长城要塞遗址成为第七批区保单位　王大方　中国文物报 2013 年 11 月 22 日第 2 版

248. 西夏大阿阇梨帝师官印考释　陈庆英、邹西成　西北民族大学学报（哲学社会科学版）　2013 年第 2 期

249. 甘肃藏西夏文物述略　俄军、赵天英　载四川大学历史文化学院编《吴天墀教授百年诞辰纪念文集》　四川人民出版社　2013 年

250. 甘肃馆藏西夏瓷器研究　黎李　西北师范大学硕士学位论文　2013 年

251. 盛开在西夏的昙花——西夏瓷扁壶与酒文化　米向军　收藏　2013 年第 5 期

252. 甘肃武威发现西夏瓷窑遗址　宋喜群　光明日报　2013 年 6 月 24 日第 9 版

253. 西夏官府瓷与西夏"官窑"　杭天　收藏　2013 年第 19 期

254. 永昌县花大门石刻考古有新发现　蔡敏　甘肃日报　2013 年 3 月 26 日第 3 版

255. 西夏碑最初发现地考证研究　王丽霞　丝绸之路　2013 年第 8 期

256. 西夏建筑中的佛教建筑　郑涛　现代装饰　2013 年第 9 期

257. 西夏建筑材料及装饰构件述略　马强　文物鉴定与鉴赏　2013 年第 4 期

258. 西夏古塔　段玉泉、骆艳　宁夏画报（时政版）　2013 年第 6 期

259. 西夏木缘塔考补　刘茂德　丝绸之路　2013 年第 14 期

260. 敦煌莫高窟第 3 窟为西夏洞窟考　沙武田、李国　敦煌研究　2013 年第 4 期

261. 瓜州东千佛洞泥寿桃洞出土一件西夏文献装帧考　高辉　西夏研究　2013 年第 2 期

262. 西夏、金朝的金银器与草原丝绸之路的文化交流现象　张景明　文物世界 2013 年第 5 期

263. 西夏钱币的发现及研究　牛达生、牛志文　西夏研究　2013 年第 4 期

264. 浅论先贤对西夏钱币研究的贡献　牛达生　内蒙古金融研究（钱币增刊） 2013 年第 1 期

265. 质疑《对西夏"篆书光定钱"的再认识》　张宝舰　内蒙古金融研究（钱币增刊）　2013 年第 1 期

索 引

A

阿保机兴辽 4 325
阿城 5 38 42 54 57 207 298 332 352
　　 366 372
阿答赤 35 36
阿尔杰米耶娃 200
阿古只 17 305 306
阿黑不花 138
阿鲁科尔沁旗 21 132 365
阿弥陀经发愿文 91 193
阿思克 35
阿兀 268
爱尔米塔什博物馆 108
爱鲁 35
爱新觉罗乌拉熙春女真契丹学研究 66
安大庆 18
安陵 188
安西路 269
安娅 95
安正 17 349
案头 263 265

B

八五八农场 298
八五七农场 297
巴林右旗 21 307
巴林右旗博物馆 122
巴林左旗 21 22 29 65 121 124 125 128
　　 145 301 327 351 365 368
巴林左旗契丹博物馆 145
巴图尔·阿拉木斯 25
拔济苦难陀罗尼经 92
白滨 85 103 104 109 113 114 170 171
白城师范学院 38
白丽娜 20 339 385
白明霞 16 355
白秦川 196
白上国 222
白寿彝 242
白庆元 111 112
白玉东 128
白玉冬 16 342 354
白云翔 121
白云宗 93 139
白志宇 25
白智光 183

百八塔 319
百眼泉石窟 32
拜寺沟方塔 314 315 317 318 319 384
拜寺沟西夏方塔 103 315
拜寺口双塔 88 171 315 319
半拉城子古城 297
半砬城子古城 297
半拉山镇 22
邦泥定国 222
包江宁 17 351
包铭新 3
宝器库 134
宝山辽墓 3 4 326
保宏彪 135 379 384 390
保细吃多已 168
悲华经 165
北京大葆台西汉墓博物馆 151
北京科举匾额博物馆 145
北京辽金城垣博物馆 151 326 351 371 373 376
北老河 21 365
北面官 8 335
北行日录 242 243
北镇 23 24 309 367 369
宾县 54 55 364
波波娃 148 150 382
伯希和 89
柏林民俗博物馆 89
勃极烈 40 41 336
勃利县 297
渤海国 17 44
渤海镇 297
补细吃多巳 168
部曲嘉伊克 168
部细皆移 168

C

才大泉 42 54 363 366 372 374 375
蔡海雁 367
蔡航 56
蔡美彪 225 227
蔡升元 25
蔡敏 391
蔡州 57 239
参知政事平章事 62
曹阿立嵬 268
曹巴儿 268
曹铁娃 14 328 369
曹铁铮 14 328 369
曹我称布存 268
曹颖僧 102
曹志翔 50 357
查干哈达苏木 125
察罕 116
禅源诸诠集都序 93
禅宗 14 129
缠山亥母寺 88
澶渊之盟 5 64 127 230
长短经 100
常乃惪 226
常书鸿 104 216
常用晦 54
朝克 25
朝阳市 22
朝阳县 22
车驾还京仪 10
陈爱峰 183
陈炳应 103 104 106 109 110 171

陈程程 27 79 328
陈德洋 19 42 134 335 343
陈东原 75
陈光文 291 387
陈化香 247
陈金生 8 39 337 348
陈乐素 155
陈力华 28 376
陈乃雄 247
陈庆英 20 339 385 391
陈瑞青 136 386
陈善 224
陈术石 14 20 360 364
陈述 27 66 68 69 74 78 306 329 330 348
陈玮 20 46 85 112 116 135 338 339 384 387
陈武强 20
陈晓伟 15 27 62 256 333 354
陈学霖 238 239 240 241 242 243 244
陈耀宇 20 339
陈寅恪 215 216 381
陈永革 13 360
陈永婷 24 56 368
陈永志 25 121 122 131 368
陈勇 42 364 372
陈育宁 103 106 107 113 115 138
陈悦欣 105
陈钊 24 366
陈庄村 34
成吉思汗 36 211 335
承天太后 67
城东乡 297
城关镇 30
乘轺录 65 235 237
程国政 3

程嘉静 28 348
程妮娜 27 58 63 77 285 331
澄彧 95
池田巧 141
持诵佛母般若多心经要门 89
勅赐宝觉寺碑记 184
崇寿寺塔 320
重熙 62 77 123
褚家古城 297
淳钦皇后 305
慈悲道场忏罪法 91
崔兑先 129
崔明德 19 344
崔瑞德 65 239 241
崔艳茹 24 375
崔益柱 64
崔玉谦 135 386 390

D

大安 315 318
大安通宝 197
大巴镇 305 307
大白伞盖陀罗尼经 93
大板镇 306
大宝积经 95 137 193
大悲经 90
大般涅槃经 14 94
大般若波罗蜜多经 137 149 192
大般若经 192
大朝通宝 172 196
大乘无量寿经 95
大乘要道密集 135
大德通宝 197

大定 40 44 342
大定府 72 126 237
大方等大集经 194
大方广佛华严经 91 137 180 194 271 272
    273 274 383 384
大方广菩萨文殊师利根本仪轨经 90
大观音阁 313
大金德运图说 240
大金国志 211
大金集礼 242
大林牙院 8 336
大名路 34 35 36
大牧丹古城 297
大清凉寺 184
大手印定引导略文 93 94
大手印引定 94
大四站镇 297
大同府 22 72 364
大王村 23 367
大武口 211
大夏国葬舍利碣名 184
大兴府 40
大元肃州路也可达鲁花赤世袭碑 36
大云寺 34
大藏经 89 90 129 137 139 184 192 193
    194 271 272
大正藏 93 192 193 194
大竹昌巳 15 354
大智度论 90 92
大祚荣 16 342
戴锡章 102 167
戴志强 196 197
戴忠沛 89 90 99 142
胆八 139
党项 36 102 105 106 109 110 111 112 113
    114 115 116 134 135 136 139 146 147
    163 167 168 169 170 184 185 189 210
    212 222 231 232 234 235 236 262 263
    266 293 319 378 380 384 385 387 388
岛田正郎 63 64
道安 139
道殿 13
道宗哀册 247
德行集 83 99
登封净藏禅师墓塔 321
邓广铭 4 38 64 219 223 244 325
邓辉 111 112
邓隆 102
邓如萍 109 110 116 163
邓树平 23 54 375
邓文韬 135 383 388
狄宝心 50 346 358
第三届西夏学国际论坛 133
第十一届中国辽金契丹女真史学术研讨
    会 5 38 200 332
殿前司 134 265
东北文史研究所 252 253
东北亚研究论丛 5 11 17 23 24 342 352
    355 366
东风里 22 367
东沟古城 297
东宁县 298
东千佛洞 107 140 391
东崴子古城 297
东斋记事 235
董新林 25 121 122 126 145 146 301
    330 368
豆莫娄 54
都案 263
都兴智 70 75 371

独乐寺 25 67 370
杜成辉 11 12 72 73 357 360
杜鹃 27 328
杜立晖 138
杜美林 14 359
杜书瀛 50 358
杜晓红 27 371
杜玉冰 103
段少华 51 347
段玉泉 89 90 91 92 93 95 97 100 137 141 175 384 385 390 391
敦煌文物研究所 103 104 216
敦煌艺术画库 103
多尔衮 17 345
多闻天王修习仪轨 137

E

俄藏黑水城汉文非佛教文献整理与研究 179 180 181
俄藏黑水城所出《宋西北边境军政文书》整理与研究
俄藏黑水城文献 82 86 93 96 97 98 100 103 116 134 139 167 179 180 182 191 192 193 194 261 378 384
俄军 289 290 391
俄罗斯滨海边疆区女真文物集粹 200 326 331
俄罗斯科学院东方文献研究所 28 147 148 149 150 191 261 378
俄罗斯科学院东方学研究所圣彼得堡分所 88
额尔敦巴特尔 28 355
额济纳旗 88 137 191 261

恩和巴图 18 342
二八地 24
二程 47
二十世纪西夏学 172

F

法藏敦煌西夏文文献 82 92
法兰西研究院铭文学院 215
法天皇后 6
法藏 89 93 104 271 370
法则 134 136 257 383
番汉合时掌中珠 26 98 103 136 159 263
凡河镇 21
樊锦诗 103 289 290
樊睿 45 356
樊运景 51 346
范承吉 77
范恩实 47 343
范寿琨 73
范文澜 235
范晓婧 50 358
范仲淹 47 221 386
方东杰 15 353
方铭 4
方秀华 25 370
防御使 41
房广顺 68
房山 53 127 128
房敏 121
费勇军 43 335
丰州 128
封立 49 353
冯家昇 65

冯金忠 43 359 386
冯娟娟 48 352
冯培红 96
冯小琴 64
冯雪俊 271 383
冯永兰 25 375
冯永谦 23 25 66 306 307 372 375
冯兆国 22
奉圣州 53 128 360
佛说阿弥陀经 93 193
佛说八大人觉经 92
佛说百寿怨结解陀罗尼经 92 95
佛说般若波罗蜜多心经 184
佛说大悲空智金刚大教王仪轨经 90
佛说大乘无量寿决定光明王如来陀罗尼经 184
佛说佛名经 94
佛说佛母出生三法藏般若波罗蜜多经
佛说解百生冤结陀罗尼经 92 95
佛说决定毗尼经 94
佛说疗痔病经 95 384
佛说圣大乘三归依经（佛说圣大乘三皈依经）91 93
佛说寿生经 180
佛说无量寿经 194
佛说斋经 94
佛说瞻婆比丘经
佛说止息贼难经 93
佛说诸佛经 93 94
佛说最上意陀罗尼经 92
佛陀跋陀罗 271
佛为海龙五说法印经 90
扶余县 151
福圣承道 89
府州 6 8 110 134 275 388

阜新 9 29 247 305 306 307 341 349 351 369 376
辅仁大学 215
辅主 105 264 265
付艳华 56 373
负担 105 264 265
傅海波 65 238 239 240 241
傅乐焕 123
傅初礼 238
傅谅 55
傅林 16 353 354 355
傅斯年图书馆 89 243
傅熹年 132
傅勇林 6

G

甘谷城 135
甘肃民族研究所 172
甘肃省博物馆 96 104 289 290 383
甘肃省古籍整理编译中心 81
甘肃行省 266 269
甘肃行省宁夏路支面酒肉米钞文书 180
甘孜 212
甘州 20 184 269 339 385
甘州府志 184
甘州路 269
冈崎精郎 113 115
高本汉 217
高春明 105
高福顺 3 11 17 63 68 71 72 73 74 75 76 77 78 79 80 350 352
高句丽 16 297
高辉 137 391

高建国 134
高金祥 121
高井康典行 63 64 77 325 332 352
高丽 19 65 122 127 129 130 297 339
高丽史
高梁河 230
高模翰 17
高庆裔 47 345
高仁 135
高王观世音经 88
高希华 121
高秀华 56 376
高勋 64
高雅辉 7 334
高彦 50 333
高玉平 7 10 41 43 337 341
高振超 95
戈尔芭切娃 107
哥伦比亚大学 238
割烈 17 306
格列克 107
阁门司 134
盖之庸 66 306 307
葛娜 57 347
葛华廷 7 13 26 66 67 331 334 360
耿崇美 66 67 123
耿涛 8 334 345 377
公孙述 223
公维章 135
功臣封号 7 336
宫海峰 28 331
宫廷诗集 101 115
龚书铎 4
巩西县 269
古城村古城 297

古城镇 33 297
古城镇古城
古代社会 221 231 235
古井村古城 297
古浪县 34
谷芳 24 45 374
谷霁光 219
谷莉 19 24 45 356 374 389
骨勒茂才 103
唃厮啰 20 169 222 339
固安县 23 367
故宫 56 132 360
故宫博物院 56 88 151 355 370 373 389
故宫遗录 132
顾宏义 26 38 57 68 78 79 326 333
顾吉辰 113 114
关山种畜场 305 307
关树东 39 40 42 62 335 337 340
关学智 22 364
观弥勒菩萨上生兜率天经 91 137 165 384
官阶封号表 134 264
管主八 89
光定 96 382 391
广宁街道河洼村 309
归德府 279
归潜志 240 242
郭长海 38 40 327 336 337 341 353 364 366
郭德慧 11 352
郭恩 104
郭京宁 128
郭俊峰 55 372
郭丽琴 51 358
郭丽平 9 10 334 340
郭沫若 155 235
郭琼 53 362

郭瑞 78
郭松雪 22 364
郭文娟 11 352
郭雪松 25 369
国家博物馆 23 39 55 88 103 337 366 367
　　　372 384
国家图书馆 81 82 86 88 89 90 94 97 103
　　　111 137 273 326 382
国家文物局 121 125 152 215 314
国子监 72
国子学 72
虢州 279
过去庄严劫千佛名经 89 93

H

哈尔滨理工大学 57 59
哈佛大学 147 238 241
哈剌和林 132
哈斯巴根 18 349
海登·怀特 225
海拉金山 21
海浪古城 297
海林市 297
海陵王（完颜亮）39 41 44 127 151 156
　　　201 205 231 284 344 345 363
海泉 24 342
亥年新法 86 96 97 261 383
韩德让 17 64 65 67 68 345
韩冬梅 139
韩国中央僧伽大学 129
韩匡嗣 64 66
韩世明 308 371
韩潇锐 94 95 308

韩小忙 99 103 105 142 265 274 382 386
韩延徽 65 67 123
韩荫晟 167
韩知古 65 66 67 123
韩州 42 372
汉人枢密院 62
翰林学士院 40 336 353 357
杭爱山 128
杭侃 121
郝艾利 70
郝冰 21 54 364
郝经 285
郝静 25 356
郝维彬 66
合答 35
何炳松 224 226
何博 47 135 337
何金兰 137
何梅 192
何天明 5 8 23 62 334 336 342 349 362
何婷婷 12 348
河北省文物管理处 247
河北大学 41 52 59 220 229 237 242 279
　　　337 340 353
河湟吐蕃 169 222
河清 20
河套 20 197 211
河西 33 35 36 89 90 93 105 110 114 128
　　　135 137 183 184 212 222 387
河西藏（河西字大藏经）89 93
河中府 279
曷宁（排押）306
贺飞 18 350
贺吉德 112
贺兰山 81 88 89 211 314 315 318

贺兰县 81 190 315
鹤壁窑 56
鹤龄 102
黑河 41 55 58 211 329 337 364 387
黑龙江大学 58 59 238 332
黑龙江流域博物馆 23
黑龙江省博物馆 150 151 152 199 326 334
　　348 363 366 373 375
黑龙江省文化厅 150
黑山威福监军司 211
黑水城 36 81 82 86 87 88 91 92 93 94 95
　　96 97 98 99 100 103 105 106 108 115
　　133 134 135 136 137 138 140 146 147
　　148 170 179 180 182 183 191 209 210
　　211 261 266 267 268 269 293 378 379
　　382 383 384 386 387 390
红绿彩 56 373
红史 114 135 211
宏佛塔 81 190 319
侯爱梅 266 383
侯方若 247
侯申光 21 370
侯外庐 235
侯忠刚 42
后汉书 223 237 318
呼和浩特 128 248
忽都龙 268
忽都帖木儿 35
胡柏玲 12 352
胡传志 28 38 49 200 326 328 346 347 350
胡嘉麟 25 372
胡进杉 93 95 139
胡梅仙 50
胡若飞 83 100 387
胡迅雷 106

胡玉冰 137
虎林县 298
户房 62 267
花大门 30 31 32 33 36 37 139 391
花文凤 78
华西语文学刊 6 9 13 14 15 16 18 20 24
　　28 330 331 337 338 342 349 351 354
　　355 356 366 369 374 379 387 388
华严法界观门通玄记 93
华严经 89 91 95 96 137 165 180 194 271
　　272 273 274 360 369 383 384
华严经普贤行愿品 91
华严奴 308
华严学 14
桦林镇 297
怀陵 126
荒川慎太郎 16 82 92 94 138 141 325 355
皇统 283
黄成龙 141
黄帝明堂灸经 97
黄凤岐 71 73 78 79
黄颢 210
黄河 13 21 42 146 211 279 359 365 385
　　386 389
黄侃 215
黄能馥 105
黄石公三略 83 100
黄庭坚 47
黄为放 8 335
黄文博 11 18 333
黄秀纯 66
黄延军 90 92 101
黄益群 18
黄振华 103
黄震云 69 70 353 389

潢河 21
惠宏 94 97
惠民司 43
惠照 135
霍明琨 238 328
霍升平 106
霍晓东 18 343 365
霍艳芳 57 353

J

鸡场区 245
及授 264
及御印 134 264
吉林大学 39 41 44 52 53 59 67 68 71 79 276 278 285 327 335 336 339 348 349 350 359 360 367
吉林省博物院 151
吉林省社会科学院 252
吉林省文物考古研究所 151 326
吉林省哲学社会科学研究所 252
吉如何 15 28 331 354
吉祥遍至口和本续 89 314
吉孝青 17 342
极乐净土生顺念定 193
集宁路 55
集宁县 55
籍辣思义 36
济南 55 372
计司 62
即实 15 28 331 354
蓟县文物保管所 25 370
冀洛源 14 371
冀宁路汾州孝义县 269

嘉议大夫 35
嘉祐 272
贾常业 86 99 100 138 384
贾辉 24 369
贾建威 290
贾敬颜 102 253
贾师训 234
贾淑荣 41 340 348
监军司 264 265 293
翦伯赞 235 255
剑桥中国史 208
建堂乡 297
江鸿 48 352
姜洪军 28 371
姜维东 3 5 12 327 342 352 355 366 371
姜维公 12 371
姜锡东 237
姜歆 85 134 385
姜振波 22 365
蒋金玲 6 8 61 62 65 67 69 79 334 341
蒋锡超 19 342
蒋祖怡 69
焦南峰 121
角抵 12 45 200 357
教化 11 35 36 42 47 69
节度使 41 112 134 155 205 263 264
劫掠婚 17
姐妹婚 17
介休窑 56 374
界壕 54 365
金哀宗 57
金昌市 30
金朝军制 242
金朝史学三种 238
金川西村 30

金代名人传 240
金代女真研究 58 332
金代文学编年史 38 49 201 326
金刚般若波罗密多经
金刚经 94 95 192 193
金工司 263
金光明经 90 142
金光明最胜王经 94 95
金陵 127 128
金房图经 57 333
金上京 5 38 40 54 124 125 298 326 327
　　328 329 332 335 336 337 339 340 341
　　343 345 349 352 353 357 359 362 363
　　364 365 366 368 372 374 375 376 377
金上京科举制度研究
金烧寿生钱法事仪轨文 180
金史 3 4 5 8 9 10 11 12 13 16 19 20 21 24
　　25 26 27 28 38 40 41 42 44 45 46 48
　　49 53 54 55 57 58 59 60 65 67 68 69
　　78 121 150 155 157 200 201 206 207
　　208 211 229 231 233 234 235 236 237
　　238 239 240 241 242 243 244 246 261
　　263 264 307 308 325 326 327 328 329
　　330 331 332 333 334 335 336 337 338
　　339 340 341 342 343 345 348 349 350
　　351 352 354 356 357 360 362 363 365
　　366 367 369 370 371 372 373 375 378
　　387
金世宗（完颜雍）40 41 44 284 335
　　345 346
金宋史论丛 239 240 241 242 243 244
金肃 20
金太祖（完颜阿骨打）7 41 230 344
金渭显 64 68 348
金元日记丛编 38 57 326

金熙宗 42 44 344
金宣宗 134 240 241
金雅声 108 293
金章宗 40 240 241 284 335 357
金中都 54 150 152 199 326 330 334 348
　　363 366 368 373 375 376
谨算 136
晋出帝 19
晋国夫人 306 307
靳玲 17 26 349 353
京都醍醐寺五重塔 320
经幢 3 4 5 14 53 92 326 371
经律异相 95 137 384
经略副使 265
经略使 41 265
经略司 265
经略幽燕 3 4 28 331
经史杂抄 83 99 101
经义 75 265
井小会 53 361
景爱 4 6 27 28 38 44 58 325 328 329 330
　　332 334 348 353 367 368 378 379
景永时 99 100 108 136 142 385
景祐 89 220 272
警巡院 41 363
净土十疑论注 95
静安 25 103 369
静边州 111 112
静宁县博物馆 139
镜泊乡 297
鸠摩罗什 192 193
酒泉市博物馆 36
旧唐书 111 237
居庸关 92
举立沙 36

拒邪 264
觉苑 13
军抄 86 105 264 265
军礼 5 10 200 337
军溜 264 265
军仪 10
君子馆 230

K

喀鲁哈河 128
卡津 107
开宝 192 271 272
开宝藏
开封 122 243
开封府 40 279
开京 122
开原 320
康定 212
康建国 19 338
康陵 188
康僧铠 194
康泰真 53
康宇 48
科洛科罗夫 107
科兹洛夫 81 148 191
可敦城 128
可敦墓 128
柯律格 241
柯维骐 241
克烈部 101
克平 107 115 165
克恰诺夫 85 96 103 107 110 115 150 165
　　191 193 194 382

克夷门 211
孔远征 52
寇宗东 95
昆明圆通寺 89

L

腊仪 10
赖宝成 16 354
赖天兵 139
兰婷 48 49 352
兰州大学 50 113 293 343 346 387 389
郎智明 25 369
廊坊 43 55 56 341 367 373
廊坊市文物管理处 23 55 367
老哈河 21
类林 83 99 103 111 165
类林研究 103
冷岩十俊 39 335
黎大祥 37 92 94 114 115 139 387
黎锦熙 215
黎李 139 391
黎树科 139
黎澍 253
礼记 205
李冰 138
李秉建 297
李昌 22 364
李承仙 104
李春敏 246 256
李大龙 8 335
李大同 106
李东斌 12 356
李东垣 53 327 361

李方昊 42 335 336
李昊 53 327 370
李光睿 112
李光廷 50
李谷城 3 27 155 156 157 206 326 331
李桂芝 63 64 65 77
李国均 3 75
李国学 14 370
李浩楠 41 279 340
李洪权 53 361
李华瑞 58 134 221 234 244 291
李济 215
李继筠 112
李建华 56 372
李尽忠 19
李进增 289 290 291
李静杰 53 360 370 372
李俊民 51 346 358 359
李俊义 9 362
李侃 227
李可鑫 22 367
李丽雅 289 290 291 379
李鸣飞 57 333
李宁 20 338
李鹏 19 21 327 338 365
李强 27 371
李清泉 3 45 326 368
李仁宝 112
李晟 22 364
李世忠 50 347
李素珍 50 358
李廷保 53 361
李挺 146 147
李维 43 342
李伟 104 139 383

李蔚 113 114 115 381
李文 38 57 326
李文君 12 357
李文泽 68 70 71 73 75 79
李薏 19 327 350
李西亚 28 357
李锡厚 62 67 233
李先叶 12 336
李献能 52
李想 20 338 386
李晓明 18 93 94 136
李晓奇 20 338
李雄飞 53 362
李秀莲 47 345
李亚楠 52 357
李艳红 46 351
李杨 92
李彝谨 112
李祐 134
李宇峰 28 306 307 352 367 371
李玉君 47 49 54 135 337 344 350 361
李昱 22 364
李云 66
李珍梅 53 370
李智裕 18 350
厉鹗 70
莲花乡 297
凉州 34 114 115 136 139 158 184 389
凉州重修护国寺感应塔碑 102 108
凉州府志备考 137
凉州区 33 34 36
梁会丽 25 368
梁继红 94 95 136 383
梁娜 24
梁山千佛洞 53

梁淑琴 121
梁松涛 86 96 97 98 100 101 114 115 136 383 390
梁天锡 155
梁颖 62 66
梁援 66 76
两宋简史 230 236
两姓世婚 17
辽代南京留守研究 3 4 27 155 157 205 326 331
辽代墓葬艺术中的捺钵文化研究 3 327
辽代石刻文编 76 253 306
辽代石刻文续编 26 28 254 306 307 331
辽道宗 16 22 72 76 123 133 334
辽德陵 24
辽东 20 41 308 311
辽会要 27
辽金黄龙府丛考 3 4 327
辽金经幢研究
辽金历史与考古 3 5 7 9 13 14 15 16 17 18 19 20 21 23 24 27 28 62 66 68 69 329 330 332 334 336 339 345 346 348 350 354 355 360 361 364 365 367 368 370 371 372 373 374 375 376
辽金西夏研究 20 116 27 28 38 325 328 329 330 332 334 348 353 367 368 378 379
辽金西夏衣食住行 3 4 38 43 327
辽金元陶瓷考古研究 3 5 327
辽金元史学研究 69
辽金元文学史 68
辽景宗 20 23 64
辽陵石刻集录 257
辽穆宗 20
辽宁大学 10 47 48 59 68 109 244 306 335

338 339 344 349 351 382
辽宁省博物馆馆刊 66
辽宁省文物考古研究所 22 368
辽宁省辽金契丹女真史研究会 3 5
辽上京 5 9 12 20 21 22 25 28 121 122 123 124 128 145 301 303 304 306 307 308 327 331 363 366 368 374
辽圣宗 26 71 72 75 76 123 124 126 232 305 338
辽史 3 4 5 6 7 9 14 16 17 22 25 26 27 28 29 61 63 65 69 70 72 74 75 76 78 80 106 123 124 125 126 145 157 199 206 230 233 234 237 253 254 257 261 313 325 328 332 333 354 382
辽世宗 20 313
辽太宗（耶律德光）16 18 19 70 71 72 123 155 199 205 229 230 344 310
辽太祖（耶律阿保机）13 16 24 64 70 121 123 125 229 230 232 305 360
辽文化与辽上京 3 5 327
辽文汇 27
辽夏金经济史 229 231 232 233 234
辽兴宗 20 78 307 338
辽阳府 72
辽中京 9 21 123 124 363
辽祖陵 121 122 126 327
聊城市博物馆 56
廖逸兰 18 345
列斯尼钦科夫 107
林宝 222
林东镇 124 145 301
林航 9 333
林鹄 19 26 332 333 344
林静 4 325
林口县 297 298

林牧 19 342
林四家子 22
林牙 8 63 336
林言椒
林英津 89 90 93 133 138 141 272 384
林玉军 40 336
临河村古城 298
临潢府 72 126
临夏回族自治州博物馆 55 367
灵武县 81 88
灵州 112 385
凌瑜 48 368
岭北行省 266
令公 263
溜首领 265
刘敞 221
刘成群 50 358
刘承嗣 22
刘城 58 331
刘春 25 368
刘从信 22
刘凤翥 9 16 28 66 121 124 133 145 146
　　245 247 255 306 307 308 331 353 363
刘福燕 50 346 358
刘复生 219 223 381
刘广瑞 37 137
刘海蟾 14
刘海荣 21 366
刘宏梅 291
刘华 114 115
刘辉 48 344
刘加明 21 54 364
刘杰 43 46 58 332 341 351
刘景云 94 97 138 390
刘立丽 23 375

刘丽媛 51 358
刘凌江 13 351
刘米兰 56 373
刘宁 3 38 200 326 328 329 330 332 333
　　334 335 336 337 338 339 340 341 345
　　346 348 349 350 353 354 355 357 360
　　361 362 364 365 366 367 368 370 371
　　372 373 374 375 376 387
刘怦 67
刘浦江 39 44 242 244 250 334 345
刘祁 240 242
刘仁恭 20 22 338
刘士儒 64
刘肃勇 7 58 332 334 344 345
刘通 53
刘完素 97 327
刘喜民 24 366
刘咸炘 219 223 224 227
刘宪桢 13 351
刘翔宇 14 329
刘晓飞 44 277 350
刘晓溪 44 350
刘雄 27 328
刘新发 53 361
刘兴亮 10 115 341
刘旭峰 14
刘亚萍 25 349
刘岩 51 346
刘奕彤 9 334 372
刘毅 23 366
刘永增 290 389
刘宇一 22
刘玉权 104 290
刘豫 55 372
刘知远诸宫调 138 359 384

刘仲 7 8 336
刘仲尹 52
柳毛乡 297
六壬课秘诀 138
六韬 83 100
龙昌期 221 226
龙龛手镜 11 12 28 333 353
龙泉务窑 3 56 327
龙首山 30
龙头山古城 297 298
龙兴观 14 371
龙兴观创造香幢记 14 371
龙窑 56
龙州 135
隆平集 26 382
楼钥 242 243
卢阿苟儿 181
卢治萍 13 349 374
鲁滨孙 226
鲁勃 107
鲁琪 66
陆宁 113 115 116
陆文娟 94
录事司 41
路艳 16 355
路振 65 237
吕富华 9 337
吕宏伟 10 337
吕惠卿 149 382
吕振羽 235
旅顺博物馆 23 56 151 373 375
绿城 81 137
栾城集 235
罗春丙 269
罗福苌 102 165

罗福成 102 165 222 256
罗海山 136
罗合 35
罗继祖 65 66 67
罗曼 137
罗矛昆 103 114 115
罗美珍 247
罗世平 4 13 355
罗香林 238
罗信甫 269
罗争鸣 51 329
罗振玉 102

M

麻九畴 54
马琛 28
马东启 121
马鸿逵 190
马建红 7 336
马垒 53 371
马人望 67 74 234 345
马天夫 52 348
马卫集 128
馒头窑 56
满城 230
曼陀罗仙 137
帽主（威臣）264
梅鹏云 24 356
梅耶 217
门下侍郎平章事 62
蒙古源流 135
蒙文通 219 221 223 224 227
蒙藏史籍中的西夏 209 210 379

猛安谋克 39 41 47 182 232
猛安谋克户
孟广耀 68
孟和套格套 14 369
孟列夫 107
孟楠 116
孟子 11 48 83 150 175 176 177 178 221
　　224 346 352
弭药 110 134 209 210 212 222
米芾 47
米哈依·彼奥特洛夫斯基 108
米诺尔斯基 128
密山市 297 298
苗霖霖 17 18 44 134 336 350
苗泼 64
苗润博 28 333
苗威 16 342
妙法莲华经 94 139
妙法莲华心经 93
闽宁村 103 138 139
闽宁村西夏墓地
明道 262
明太祖实录 138
明堂灸经 97
明兴大学 238
缪钺 50
摩尔根 235
摩诃般若波罗蜜多心经 89
莫斌 48
莫高窟 88 90 103 104 115 216 389 391
靺鞨 16 297 332
牟复礼 238
谋夫 128
牡丹江市 38 297 298 330
木仕华 134

木雅 141 209 210 211 212
木叶山 21 130 311 365 366

N

纳怜驿道 266
纳溪县 269
奈良宝生寺 320
奈良法隆寺塔 320
南城子古城 297 298
南村辍耕录 132
南湖头古城 297
南开大学 245 293
南街基古城（安兴古城）298
南街基乡 298
南京大学 53 59 361
南京留守 4 7 8 155 156 205 206 336
南面宰相 62
南山党项 134
南枢密副使 62
南枢密使 62
南枢密院 8 62
内蒙古大学 5 51 59 62 116 145 247 248
　　307 334 335 342 346 349 355 362 376
内蒙古民族大学 26 41 52 59 340 353 357
内蒙古社会科学院历史研究所 5
内蒙古自治区考古研究所 82
内宿司 134
嫩江 18 21 54 343 364
倪彬 55 371
聂传平 13 348
聂鸿音 16 83 84 85 88 87 88 89 90 91 92
　　93 97 99 100 103 106 112 136 142
　　193 331 354 382 383 384 388

聂晶 54 364
聂立申 52 358
聂训 44
聂宗 44 372
涅槃部 14
宁安市 297
宁波 25 43 104 341
宁肃王 138
宁西乡 297
宁夏博物馆 88 114 116 171 187 273 289
宁夏大学 7 40 59 83 91 100 106 113 114
　　116 147 163 293 334 382 383 386
牛场古城 297
牛达生 112 138 170 171 173 196 197 290
　　314 379 388 391
牛心寨 279
努如拉·莫明·宇里魂 335
女真 1 5 7 11 13 15 18 19 23 38 39 40 41
　　42 43 44 46 47 48 49 50 52 57 59 66
　　121 124 133 135 150 151 200 202 207
　　208 215 217 229 230 231 232 234 235
　　236 238 239 240 241 243 246 247 255
　　275 276 278 283 284 285 291 297 307
　　308 326 328 329 332 337 339 340 341
　　343 344 348 349 350 351 352 353 355
　　357 358 359 368 369 372 374 375 379

O

欧阳修 47 221 241

P

潘洁 96 137 379
庞葛城 54
庞倩 40 334
庞朴 253
庞怡 12 374
裴兴荣 28 328 357
彭海涛 94
彭金章 290
彭乃贤 25 376
彭善国 3 24 56 327 368
彭赞超 44 345
邳州 279
频那夜迦经 90
破丑氏夫人墓志 112
菩萨地持经 90
菩提流志 137 193 194
蒲察通 44 345
蒲与路 41 54 362 364
普济院 43
普宁藏 93 139
普天佛香：宋辽金元时期佛教 3 325

Q

七宝华踏佛陀罗尼经 94
七金山土河川 124
七功德谭 93
漆侠 104 220 223 229 230 231 232 233
　　234 235 236 237
漆侠全集 229 232

漆侠与历史学——纪念漆侠先生逝世十
　　周年文集 237
齐齐哈尔 11 54 346 352 362 364
齐特济勒 168
齐天皇后 123
齐伟 24 67 371
齐新 28 329
祁丽 54 364
乞乞仲象 16
契丹 1 3 4 5 6 7 8 9 10 11 12 13 14 15 16
　　17 18 19 20 21 22 23 24 25 26 27 28
　　29 38 39 46 48 52 61 62 63 64 67 68
　　70 73 74 78 79
契丹大字 16 28 146 247 256 257 355
契丹风俗 12 21 348
契丹古代史论稿 250
契丹国志 75 310 313
契丹史论丛 65
契丹文 5 6 8 13 14 15 16 24 26 28 29 66
　　78 79 128 133 145 146 217 246 247
　　248 249 250 255 256 257 307 308 330
　　351 353 354 355 372
契丹文字问题译文集 247
契丹文字研究类编 255 356 257
契丹小字 15 16 17 28 66 133 145 247 248
　　250 256 257 305 307 308 331 354 355
契丹学 6 9 13 14 15 16 18 20 24 26 28 66
　　328 330 331 337 338 342 349 351 354
　　355 356 366 369 374 379 387
千古绝句：赏析辽金元明清诗 4
千户 35 36
千金方 98
前内侍司 134
钱帛司 62
钱玄同 215

乾定 136
乾陵 23 126 313
乾祐 91 136 179 184 197
乾州 313
乔芳 51 347
乔建军 111
乔卫平 75 327
乔治忠 58 327
亲征仪 348
秦晋国妃 306
秦晋国王 23
秦欣欣 41 337
沁阳 320
青格勒 28 306 307 308 331
清格尔泰 15 247 354
清觉 93
清应寺 102
晴隆县 245
庆历 221 224 262 338
庆陵 16 24 126 306 307 354
庆元条法事类 134 261 386
庆州 122 126 386
丘处机 285
邱椿 215
邱靖嘉 21 365
屈广臣 29
屈连志 309
曲赫 15 353
全金石刻文辑校 201
全辽文 27 69 74 234 306
全辽金文 28 57 332
全辽诗话 69
全仁学 25 368
全唐文 111 112
全真教 49 53 361

权雪琴 51 347
泉痴山人 13 351
泉志 235
榷场 10 43 86 107 183 338 386
榷场使 43 179 180 183 386

R

饶宗颐 241
壬辰杂编 242
仁王护国般若波罗蜜多经 90 92
任爱君 9 18 25 328 331 343 349
任怀晟 102 140
任建国 50 358
任丽俊 13
任忍布 268
任雪 51 359
任震寰 28
任仲书 7 10 18 41 336 337 350 351
日本藏西夏文文献 82
荣智涧 88 136
儒家文化——辽皇朝之魂 68
儒莲奖
儒林公议 70
儒门事亲 53 97 362
汝南遗事 57 239 333
汝州 56 279 373
阮仪三 29 377

S

撒剌的 24
撒昔 138

萨莫秀克
塞北三朝·辽 4 325
三朝北盟会编 242 333
三道河子乡 297
三道通古城 297 298
三道通乡 297 298
三观九门 93
三国志 310
三角川 20
三陵乡 297
桑秋杰 9 72 341
沙兰镇 297
沙武田 290 391
沙志辉 58 329
沙州 36 128 184
沙洲 35 184 185
沙洲回鹘 184
山丹州 269
山东大学 44 59 342 344 345
山田美穂 64
山西博物院 151
山西大学 45 52 55 57 59 347 356 357 367 370
山嘴沟西夏石窟 103
陕西省考古研究院 121
陕西省图书馆 88
陕西师范大学 50 53 56 59 95 265 274 358 383 384 385 386 387
陕州 279
单迪 140
单州 279
善柔大师 53
商州 279
上古城 33
上官古城 297

上京道 9
上京路 41 42 341
上屯古城 297
尚世东 85 106
尚书令 62
勺翎镇
邵国田 28 356
邵海波 43
邵连杰 17 348
绍熙 57
折克禧 134
折惟正 134
舍监 265
舍利（官职名）16
捨赤压 269
射鬼箭 10
射击 12
射柳 13 18 349
申晓飞 16 353
申英姬 16 354
申元英 19 342
申州 279
诜王 42 372
深泽县南营村 215
莘县 44
莘王 42
神册 123
沈超 52
沈坊政 269
沈汇 249
沈磊 55 367
沈卫荣 137
沈文雪 49
圣观自在大悲心总持功能依经录 91
圣济总录 97

圣义立海研究 103
圣六字大明增寿陀罗尼经
圣妙吉祥真实名经 89
圣容寺 30 33 183 184
圣胜慧到彼岸功德宝集偈 89 90 91 94 137
圣威平夷歌 100 101 184
圣武亲征录 211
胜相顶尊 89 90 91 92
盛波 8 335
失林 268 269
师莹 50 347
诗经 100 223
施爱民 103
施国祁 50
施护 91 92 94
十二宫吉祥偈 137
十二国 83 99
十乘 264
十界心 94
十一面神咒心经 92
石重贵 19 24 371
石房子嘎查 125
石革立嵬 268
石坚军 134
石敬瑭 71 155 156 205
石林梅 24 374
石室 24 310 366
石泰安 209
石小英 107
石岩镇 297
石迎丽 50 357
时立爱 44
时培富 53 359
实叉难陀 137 194 271

史风春 16 17 305 349 350
史集 115 135 211 239
史金波 37 84 85 86 87 96 97 98 103 104
　　 105 106 109 110 111 113 114 115 121
　　 133 135 158 161 162 163 165 170 171
　　 191 209 215 261 272 273 289 290 291
　　 292 329 380 382 387
史伟 140
史卫民 65 238 241
史润直 74
侍中 62
事林广记 267
室昉 70 74
释淳法 89
收国 201 292
收继婚 17
守护大千国土经 95
首都博物馆 65 75 150 151 152 199 326
　　 334 348 363 366 373 375
首楞严经 137
寿陵 188
枢密院 41 62 155 263 265 276
述律后 16
水经注 211
朔方论丛 5 9 17 23 334 342 349 362
司候司 41
司吏 182 263 265 267
司马光 47
司树美 56 374
司天监 112
司狱司 267
四川大学 68 70 71 73 75 79 102 109 219
　　 220 224 226 227 228 380
四川师范大学 140 221 359 383 384
四库全书 240

松川节 16 355
松漠记闻 235
松田光次 63 65
松原 18 350 368
嵩州 279
宋代祠禄制度考实 155
宋代经济史 229
宋代文化研究 58 332 380
宋丹丹 18 345
宋德金 3 27 38 43 58 121 155 205 207 252
　　 327 329 331 332 363
宋金文学的交融与演进 38 49 200 326 332
宋坤 137
宋璐璐 83 99 100
宋明雷 25 368
宋琪 74
宋仁宗 20 221 272 338
宋史 17 137 155 199 211 219 220 221 222
　　 223 227 229 239 241 243 244 262 263
　　 319 339 342
宋史新编 241
宋史研究集 63 67
宋史研究论丛 39 42 43 57 155 335 339
　　 341 374 383
宋绶 21 366
宋枢密院制度
宋太宗 5 219 223 230
宋太祖 5 219 223 226
宋涛 13 18 356 357
宋卫忠 12 369
宋魏国妃 307
宋晞 155
宋喜群 37 391
宋刑统 134 261
宋学的发展和演变 229

宋英宗 22
宋玉彬 200
宋月华 291
宋真宗 115
宋宰辅研究论集 155
宋宰相年表新编 155
苏丹 20 338
苏航 115 135 264
苏明明 24 356
苏轼 47 50 51 99 347 358
苏魏公文集 235
苏娅 25
苏辙 226
宿白 67 104
粟末靺鞨 16
肃政廉访司 267 269
肃州 35 36
睢州 279
绥州 112
隋末农民起义 229
隋书 222 237
隋唐辽宋金元史论丛 5 26 28 38 40 41 326 333 337
隋唐宋辽金元史研究室 5 333 337
碎金 106
孙宝珠 25 368
孙伯君 15 26 85 88 89 90 91 92 93 95 99 112 135 142 273 355 360 379 382 383 384 385 389
孙斌 20 21 338 362
孙昌盛 88 89 90 105 106 114 115 187
孙传波 56 373
孙达 140
孙飞鹏 137
孙昊 12 53 361

孙红梅 43 328 333 337
孙洪宇 58 332
孙宏开 133 138
孙宏哲 51 346
孙继民 136 179 180 290 382
孙继艳 14 371
孙佳 40 336
孙建华 24 367
孙建权 57 333 345
孙靖国 21 365
孙久龙 42 336
孙立梅 12 22 366
孙立学 25
孙勐 14 66 360 373
孙青 52 353
孙尚武 46 339 386 387
孙寿龄 30 33 139
孙伟祥 15 17 23 24 350 355 366
孙文政 54 364
孙孝伟 21 40 275 336
孙业超 44 344
孙颖新 83 94 95 99 142 384
孙永刚 10 368
孙政 19 343 344
孙智勇 41 335
孙子兵法 83 136 138
索博日嘎苏木 307
索夫洛诺夫 107
索罗宁 89 93 135 142 389

T

塔拉 10 289 290 291 368
塔头村

踏白城 223
台湾大学 238
台湾三军大学 4 325 378
太常寺 12
太平 124
太平惠民和剂局方 98
太平圣惠方 97
太平兴国 271
太平御览 100
太原历史文献辑要（宋辽金元卷）3 325
太宗择要 100
泰定 267
泰和 128 240 242 279
泰陵 188
谭克让 247
汤君 137 150 384
汤开建 106 107 109 110 111 113 114 134
　　238 378 388
汤晓芳 106 107 138
汤晓龙 97 390
唐彩兰 20 28 306 307 308 331 374
唐昌国师住光殿众舍中时众人问佛理二
　　十五问答 89
唐代党项 109
唐代瀚海军文书研究 179
唐代行军制度 179
唐嘉弘 109 110 111 227
唐均 16 354 355 388
唐隆镇 20
唐律疏议 97 134 261 385
唐穆宗 134
唐统天 62 63
陶建英 121
陶晋生 3 38 46 243 325 327
陶莎 77

滕海键 22 362
藤井彰一郎 116
天德 54
天津大学建筑学院 25 370
天眷 283
天理图书馆 137
天宁寺塔 25 320 321
天庆 96 383
天圣 114 272
天盛 85 96 116 134 136 150 185 197
　　262 263
天盛改旧新定律令（天盛律令）20 85
　　86 96 97 103 106 116 134 135 139
　　159 165 183 261 262 263 264 265 382
　　383 385 386
天盛革故鼎新律令 262 385
天授通宝 197
天台宗 14 94
天下断事官 35
天显 125 310
天佑民安
天赞通宝 23 342
天祚帝 19 344
添品妙法莲华经 95
田村实造 64
田浩 70
田建文 24
田居俭 227
田丽梅 42 372
田野 27 103 122 139 332
田昀 12 363
铁岭县 20 21
帖木尔 35
通典 100 111
仝相卿 19 339

同义 98 99 138
同音 98 99 165
同中书门下平章事 62
同州 279
佟冬 252
佟建荣 136 167 293 379 385
佟强 14 25 360 369
佟柱臣 27
佟雅茹 45 370
潼关 279
统和 71 76 124 139 240 244 313
统军都监 41
统军使 41
统军司 41 265 336
图娅 25
土城子古城 297
吐蕃 20 83 89 106 107 109 111 115 146
　　168 202 210 211 215 217 262 265 291
　　339 385 387
吐谷浑 19 110 134 343
推十书 223
拓跋赤辞 110 111 112
拓跋守寂 110 111 112 222
拓跋思泰 111 112
拓跋思头 112

W

瓦林乌拉山 307
喔娘改 26 333
弯钩古城 297
完颜阿骨打 7 41 230 344
完颜亮（海陵王）39 41 44 127 151 156
　　201 205 231 284 344 345 363

完颜娄室 42 56 151
完颜守贞 39
完颜斡鲁 56
完颜晏 151 333
完颜希尹 44 56 151 329 350
完颜忠 56
完颜宗翰 283
万芳 19 350
万庚育 104
万户 35 41 269
万奴 35
万雄飞 306 308
汪超 58
汪家华 114 115
汪盈 25 330 368
汪悦 44 348
王安石 47 234
王安石变法 229
王炳照 3 75
王成国 64 68
王成名 42 336
王德朋 64 360
王德忠 42 340
王定勇 49
王冬冬 14 370
王鹗 57 239 333
王飞 8 350
王坟沟车新屯 305
王富春 111
王国维 217 224 273
王罕 184
王汉卿 269
王衡 37
王红娟 53
王宏伟 37

王化雨 28 331
王辉斌 49 58 358
王惠德 21
王慧杰 20 338
王寂 310
王继忠 64 65
王建军 290 364
王金荣 17 356
王静如 102 103 104 133 170 202 215 216
　　　 222 289 291
王静如文集 202 216 291
王静远 13 356
王久宇 55 343 371
王俊 55 367
王俊辉 24 372
王俊平 12 357
王凯 55 367
王克孝 108
王雷 24 39 337 368
王蕾 96
王利华 3 66 327
王丽娟 48 352
王丽颖 45 367
王琳 50 359
王龙 94 136 383
王绵厚 23 342 367 370
王民信 63 65
王明前 7 334
王明荪 12 45 47 67 334 339 357
王培培 92 93 96
王峤 41 336
王青煜 66
王庆虎 121
王庆生 38 49 201 326
王荣飞 96 100 383 384

王蓉贵 58 332 380
王瑞来 64 382
王若虚 48 51 346
王萨茹拉 25
王善军 65 199 229 235 293 342
王韶 223
王师儒 77
王石庄 21 365
王滔韬 62
王天蛟 54 364
王天顺 170
王铁华 21 370
王庭筠 52 355
王文文 53 361
王文轶 14 370
王希安 9 341
王晓静 38
王孝华 18 345
王欣欣 7 10 28 328 334 340
王新英 44 55 201 372
王兴华 55 372
王旭 18
王旭东 7 336
王学权 18 344
王亚萍 49 352
王燕赵 3 327
王彦力 27 331
王艳丽 13 330
王艳梅 37
王艳云 139
王一凡 183
王一建 14 328 369
王银婷 13 357
王颖 137
王永 49 58 331 359

王宇超 53 370
王禹浪 21 54 74 76 79 308 326 336
　　　348 364
王玉树 121
王玉亭 3 26 67 327 331 371
王元德 243
王元林 96
王耘 18 343 349
王泽 47
王曾瑜 61 233 236 242
王昭 24 355
王喆 53 361
王政 13 349
王忠 210
王子奇 25 366
望都 230
威塞州 20
韦州塔 319
唯识宗 14
维摩诘所说经 92 137
嵬名安惠 116
嵬名法宝达 136
嵬名仁友 116
嵬名瓦 117
卫绍王 127 345
卫州 279
未及御印 264
魏聪聪 18 345
魏丹 40 336
魏洪祯 63
魏孔 21 365
魏淑霞 135 386
魏特夫 65
魏同贤 103 191
魏文 135

魏亚丽 140
温斌 50 358
文海宝韵 98 99 159
文海研究 102 103
文海杂类 99
文酒清话 138 383
文史存稿 219 220 222 223 224 225 226
文殊师利所说不思议佛境界经 194
文爽 51 347
文献通考 26
文志勇 85 86 94 96 107 114 115 386
闻希融 250
闻一多 215
问王刚 135
翁牛特旗 24
卧龙乡 297
乌古迪烈统军 54 336
乌拉熙春（吉本智慧子）65 66 307 308
　　　353 354
乌兰图雅 25
乌力吉 3 327
乌鲁 306
乌斯浑河口古城 297 298
巫鸿 3 326
巫提点 134
无垢净光总持 91 95
无量寿佛所说往生净土咒 193
吴超 293
吴承忠 12 363
吴东铭 44 47 344 345
吴峰天 140
吴凤霞 6 16 58 69 240 333 349
吴光耀 113 114
吴广成 167 211
吴国圣 97

吴晗 217
吴昊 74
吴怀祺 69
吴欢 8 337 385
吴焕超 8 337
吴激 51
吴敬 43 57 374
吴梅 68
吴沫 24 374
吴琼 39 335
吴荣曾 253
吴树国 41
吴天墀 102 109 110 112 113 114 219 220
　　221 223 224 225 226 227 228 380 381
吴天墀教授百年诞辰纪念文集 228 379
　　380 381 382 383 384 385 387 388 389
　　390 391
吴小强 113 115
吴学俍 66
吴炎亮 39 337
吴垚 44 350
吴英喆 15 26 28 354 355
五部法界都序 142
五道河子古城 297
五峰古城 297
五国部 23
五京学 72 73
五更转 99 383
五台山 14 24 28 183 184 331 355
五音切韵 98 99 138
五原郡 263
五原县 263
武汉大学 72 179 352
武宏丽 8 17 335 344
武内康则 16 354

武琼芳 290
武淑萍 25 356
武田和哉 127 335
武婷婷 28 328 379
武威市 33 34 36
武威市博物馆 30 36 88 92 94 95
武威西夏木版画 103
武威西夏文化研究所 30 33
武溪集 235
武献军 18 344
武宇林 82 91
武玉环 10 41 68 71 74 76 79 276 278 337
　　348
兀刺海 36 211
兀术 44 366

X

西安碑林博物馆 151
西安市文管处 88
西北民族大学 53 59 107 272 293 380 386
　　388 391
西方净土十疑论 95
西拉木伦河 21
西涝村 22
西凉府 36 139
西辽河 21 22 362
西楼 123 132
西南大学 44 59 348
西南交通大学外国语学院 6
西寺垴山 34
西田龙雄 16 165 273 355
西夏博物馆 189 190
西夏地理考 137

西夏地图 137
西夏地形图 137
西夏佛典目录 193
西夏服饰艺术 105 106
西夏国志 137
西夏纪事本末 137 167
西夏经济史 147 185
西夏考古论稿 170 171 172 173
西夏陵 103 114 116 138 139 172 187 188 189 190 378 390
西夏六号陵 114 115 187 188 378
西夏美术史 105
西夏南边榷场使神银牌安排官状为王大成等博买货物扭算收税事 180
西夏裴没哩埋等物帐历残卷 181
西夏钱币研究 173 196 197 198 379 391
西夏三号陵：地面遗迹发掘报告 188
西夏社会 82 85 86 87 105 106 107 109 110 111 114 136 147 160 165 167 168 197 209 261 264 271 272
西夏社会文书研究 85 86 87 105 147
西夏史稿 103 112 219 225 227 380
西夏事略 137
西夏书 137 167 211
西夏书籍业 108
西夏书事 137 167 211
西夏探古 171
西夏通史 110 111
西夏王陵 103 139 146 170 171 172 390
西夏文存 137
西夏文《华严经》137 273
西夏文华严经研究 273
西夏文化 1 6 33 81 104 115 133 135 138 139 140 146 147 158 161 163 170 184 189 190 262 289 293 379

西夏文教程 84 158 163 166 291 292
西夏文《孟子》整理研究
西夏文史荟存 102
西夏文物 30 36 102 103 104 159 170 171 172 173 189 289 290 291 379 391
西夏文物研究 103 104 107 109 171 291
西夏文献论稿 84
西夏文缀 96 137
西夏物质文化 107
西夏姓氏录 137
西夏学 30 33 37 38 81 82 85 87 88 89 90 91 92 93 94 96 97 99 102 103 104 105 107 108 110 112 115 133 140 142 146 147 148 149 150 158 159 162 163 164 165 166 167 170 171 172 173 174 179 187 190 191 194 197 202 210 215 216 217 222 272 274 289 291 292 332 379 380
西夏学概论 170
西夏谚语—新集锦成对谚 103
西夏遗迹 171
西夏艺术史 106
西夏艺文志 137
西夏与周边关系研究 183 380
西夏语文献解读研究成果发表会 141 142
西夏志略 137
西营城子古城 297
西藏简史 217
西州回鹘 184
昔里钤部 36
析津府 72
息县 216 245
熙宁 135 223 272
喜饶益希 211
夏崇宗（李乾顺）102 272

附　录

夏尔巴人 212
夏景宗（李元昊）110　113　114　115　116　187　272
夏惠宗（李秉常）168　272　318
夏仁宗（李仁孝）92　114　115　116　184　272　385　389
夏神宗（李遵顼）114　115
夏圣根赞歌 114　116　211
夏太宗（李德明）112　113　114　115　116　187　272
夏太祖（李继迁）113　114　115　116　134
夏襄宗（李安全）184
夏一博 47　344
夏毅宗（李谅祚）115　168　272
夏宇旭 9　13　18　39　46　52　335　336　340　348　351　358
夏州 109　111　112　113　114　263　385
鲜演（鲜演大师）13　14　95　96　360　383
咸平路
咸雍 22
贤智者 99
献捷礼 10
献陵 188
香港大学 147　238
香港能仁书院 155
香积寺塔 319　321
向柏霖 84
向南 9　39　66　76　252　253　306　307　316　336
向前屯古城 297
肖爱民 26　338
肖正伟 19　342
肖忠纯 9　10　14　21　27　44　331　335　341　360
萧绰 18　67　344
萧德恭 305
萧德让 305

萧德温 305
萧敌鲁 15　355
萧高宁·富留太师墓志铭 247
萧翰 16　17　350
萧何 16
萧和 305　306　308
萧胡睹堇墓志铭 145
萧徽哩莘·汗德墓志铭 145
萧排押 17
萧启庆 67
萧挞凛 15　17　350
萧孝诚 305　308
萧孝穆 305
萧知微 305　307　308
萧知行 305
萧知玄 308
萧知足 305
萧孝忠墓志 247
萧仲恭墓志 15　355
小关村 48
小李钤部公墓志 34　35　36　37
小凌河 10　341
小钤部 35
小首领 265
小野胜年博士颂寿纪念东方学论集 65
孝经传 83　100　149　382
谢静 107
谢继胜 106
谢苗诺夫 108
谢生保 107
辛时代 20　337
辛蔚 13　372
新法 86
新集文词九经抄 101
新开河 21　365

新史学 226 227
新特克 247
新兴堡村 21
新兴县 21
新郑龙湖 55 367
新州博物馆 145
兴农古城 297
兴庆府 170
行监 265
行省 41
邢复礼 247 248
邢志向 45 356
杏花村古城 297
杏山乡 297
熊鸣琴 16 39 283 334 371
修华严奥旨妄尽还源观 92 93
胥门十哲 39
徐炳国 64
徐光冀 121
徐基 66
徐吉军 104
徐效慧 53
徐永升 22 29 351
徐玉萍 94
徐中舒 223 227 381
徐州 279 389
徐庄 113 114
许成 103
许会玲 180
许凯 14 369
许生根 91 137 382
许王墓志 248
许伟伟 20 28 134 293 331 362 383 386
许洋 108
续资治通鉴长编 65 167 184 265

宣德 89
宣和遗事 239 241
宣明论方 97
宣懿后 6
宣懿皇后哀册 247
玄奘 140 192
薛成城 24 355
薛景平 66
薛瑞兆 48 351
薛正昌 113 115 133
巡检司 267
荀子 224

Y

鸭江行部志 310
牙鲁花赤 35
衙官 8 200 335
亚洲学会 238
燕京 14 39 67 151 155 156 205 243 308 341 344 361 363
燕京大学 215
燕山 41 151 233 326 351 371 373
燕云地区 7 9 205 334
燕云十六州 64 70 71 74 78 155 156 205 206
延保全 50 346 358 359
闫从亮 269
闫惠群 139
闫丽娟 45 356
闫晓英 55 356
闫兴潘 10 39 40 336 341 349 352 353 357
闫震 55 367
严耕望 263

严驾西行烧香歌 184
严羽 50 346
岩崎力 113
沿江古城 297
沿江乡 297
阎国华 3
阎玉启 64
盐使司 42 43 336
阳都集 199
扬州 122
杨春宇 16 354
杨福瑞 10 21 26 328 349 362 366
杨富学 81 100 107 180 183 387 388 389
杨海鹏 57 152 375
杨珩 48 352
杨奂 57 239
杨浣 20 28 46 112 135 140 209 293 331 339 362 379 382 386 387 389
杨金山 138 383
杨军 7 9 61 62 335 336 341
杨俊芳 24 25 355 360
杨丽容 18 344
杨满忠 112 140 293
杨姝 9 342
杨蕤 85 170 171
杨若薇 62 63 70 76 79 253
杨森（向南）252 253 254 365
杨树藩 63
杨树森 6 20 21 45 69 334 338 366
杨卫东 66
杨晳 77
杨孝峰 114 115
杨雪 44 345
杨业 230 338 388
杨翼骧 4 58 327

杨永康 3 325
杨玥 23 371
杨志高 90 91 92 95 137 384
杨智幢 184
杨忠谦 44 357
养济院 43
腰衙门村 306
姚景行 74 77
姚庆 24 28 367 377
耶律昌允墓志铭 256
耶律重元 6
耶律淳 7 334
耶律迪烈 308
耶律弘本 307
耶律珙 145
耶律浚（太子浚）16
耶律隆庆 17 23 306 349
耶律廉宁墓志铭 145
耶律蒲鲁 74 78
耶律延宁墓志 247
耶律乙辛 6
耶律元 306 307
耶律宗福 65 66
耶律宗允墓志 26
耶律宗政墓志 26
也火汝足立嵬 268
野利仁荣 191
叶建雄 140
叶茂台 13 24 374
伊北凤 25
医巫闾山 309 313
揖芬集——张政烺先生九十华诞纪念文集 66
亦集乃路 180 266 267 268 269 270
亦集乃路总管府 180 181 266 267 268

亦怜真实监 138
亦延台 184
异辈婚 17
易县 14
益政院 40 336
益州 220 271
懿德皇后（萧观音）16
阴惊吉凶兆 180
银州 20 21 364
英藏黑水城文献 82 91 93 94 99 103
鹰坊 17
鹰猎 17 348
鹰路 17
营州 16
营子乡 24
盈能 264 265
瀛州 224 230
应县木塔 11 24 25 29 355 360 376 377
雍熙 230 338
永昌路 269
永昌县 30 33 36 37 139 391
永隆 33
幽州 7 20 22 128 155 205 230 311 334 338
尤桦 134 385
尤李 3 14 199 327 360 371
尤丽娅 81 149 150
尤洪才 57 372
右安门 43 342
右丞相 62
于宝麟 245 246 247 248 249 250 251
于东新 47 50 51 333 347 357 359
于光建 30 37 92 94 95 114 115 136 139 170 293 380 383 387
于婷 57
于为 13 52 67 79 353

于新春 12 53 361
余蔚 39 344
俞百巍 217
俞豁然 44 335
俞正燮 224
瑜伽集要焰口施食仪 90 92
榆林窟 103 104 106 140 216
虞晨 53 361
雨集公社 245
郁督军山 128
御护勇士 134
御前衙门官 134
御山峡 30
御寨 39
裕陵 188
裕州 279
元大都 132 368
元代法律资料辑存 267
元德通宝 197
元好问 50 51 57 201 242 326 346 347 348
元昊传 113
元和姓纂 110 222
元上都 122 130 131 366
元史 18 36 58 65 115 131 181 211 238 240 241 244 325 326
元帅府 41
元宪宗 57
元亦集乃路总管府在城站往来使臣支请祗应分例簿
元中都 122 131 132
元中都：1998—2003年发掘报告 132
袁刚 9 362
袁利 86 96 383
袁世贵 75
袁腾飞 4 325 378

袁志伟 14 360
苑金铭 47 343
愿学斋丛刊 65
月月乐诗 100
岳东 12 363
云丹嘉措 89
云冈石窟 320
云麓漫钞 242
云南安抚使 35
云内州 211

Z

杂集时要用字 107
杂字 26 111 263
宰相 40 62 63 275 276 336
藏族简史 210
早期党项史研究 109 112
曾分良 45 349
曾谦 20 338
曾瑞龙 3 325 378
增订中国史学史资料编年（宋辽金卷）
　　4 58 327
查洪德 58 358
翟丽萍 134 262 385 388
寨妇 265
占察善恶业报经 89
张宝玺 103 139
张北县 131
张蓓蓓 293
张斌 12 46 356
张博泉 27 58 331
张重艳 10 138 338
张从正 53 54 97

张涤云 69
张多勇 293
张公巷窑 56 373
张国刚 3 263 327
张国庆 9 10 11 17 19 21 27 48 64 68 73
　　306 307 328 339 343 351 356 362 364
张绩 77
张家口市 128
张俭 66 74 76
张建坤 52 358 359
张金梅 238
张晶 28 69 331
张景明 24 375 391
张静 50 51 347
张阔 20 338
张力 13 66 285
张立武 21 370
张利芳 24 366
张丽红 51 347 359
张楼子山城 20
张猛 41 336
张敏 11 350
张明悟 3 326
张宁墓志 134
张珮琪 138 141
张鹏 20 338
张倩 24 356
张如青 97 390
张瑞杰 21 365
张瑞敏 95
张森 25 363
张少珊 18 145 256
张申 47 338
张守仁 55 371
张树范 24 373

张澎 102
张亭立 28 354
张雯 138
张希清 63 70
张先堂 107 290
张笑峰 133 137 138 378
张小侠 50 357
张孝纯 284
张鑫 40 352
张学淳 4 326
张琰玲 135 293 388
张义乡小西沟 88
张荫麟 219 220 221
张詠
张幼辉 55 372
张驭寰 318 320 370
张元林 103
张云 110 111
张泽兵 42 372
张振和 43 341
张振华 37 139
张志勇 27 62 328 337 351
张卓群 28 331
章奎 19 342
章学诚 224
章治宁 140
樟木 212
长子县 48
帐下 134
招讨使 41
昭君墓 128
昭宪太后 219
昭勇大将军 35
赵秉文 51 285 358
赵城金藏 192 193 360

赵国新 121
赵徽 76
赵君玉 54
赵蕾 12 52 356 374
赵立波 55
赵梅春 57 333
赵美琪 20
赵少军 24 39 337 368
赵生泉 135 171
赵思温 67
赵天英 107 137 139 158 180 289 391
赵微 55 364
赵晓刚 24 367
赵欣 22 27 328
赵兴勤 13
赵彦龙 137 293 379 390
赵彦卫 242
赵阳 50 358
赵永春 6 20 38 58 238 328 333 338 353
赵永军 125
赵玉英 40 336
赵元任 215 216
赵铮 56 374
赵中文 23 25 372 375
贞观政要 83 100 384
贞观玉镜将 103 134
贞观玉镜将研究
贞祐 284
贞元 41 271
桢州 279
真实相应大本续 90
真武城 263
真武县 263
正副统 265
正军 105 264 265

正首领 265
正统司 265
正行集 93
正旭 22
郑承燕 24 366 376
郑春生 106
郑恪 74 76
郑明 26 333
郑贤章 28 353
郑毅 7 8 64 334 350
郑永华 14 53 361
郑州大学 47 57 59 333
政事令 62
政协巴林左旗委员会 65 327
执手礼 10
祇应暖忽里幽王入川炒米麺札 181
至和 272
至元 35 57 201 268 304
至正二十九年官用羊酒米酪文书 182
至正廿四年司吏刘融买肉面等物呈文
志公 95
志公大师十二时歌 95 383
志公大师十二时歌注解 94
治平 22
治中 40 47 123 128 134 237 283 336
制药司 263
智昭国师德慧 89
智者喜筵（贤者喜宴）210
中国北方古代少数民族服饰研究（契丹卷）3 4 327
中国边疆民族研究 65 383
中国藏黑水城汉文文献
中国藏西夏文献 81 82 86 90 91 92 94 103 111 134 147 167
中国服饰通史 104 105

中国古代建筑文献集要·宋辽金元 3
中国家庭史（宋辽金元时期）3 327
中国教育通史（宋辽金元卷）3 5 326 327
中国经济通史·辽夏金经济卷 104
中国考古学会 121
中国历代战争史（宋辽金夏）4 325 378
中国历史地图集 21
中华历史纪年总表 251
中国民族史人物词典 250
中国民族史研究 109 216
中国人民大学国学院 133 163 170 289
中国少数民族史大词典 250
中国社会科学院考古研究所 22 90 121 122 124 125 145 301 368
中国社会科学院历史研究所 5 67
中国社会科学院民族学与人类学研究所（中国科学院民族研究所）82 115 121 145 170 191 329 331 378
中国社会科学院西夏文化研究中心 6 81 133 140 147 158 170 289 379
中国社会科学院研究生院 95 96 261 383
中国社会史·金 239
中国石窟 103
中国史上之正统：金代德运议研究 239 240 241 242
中国史学上之正统论 241
中国通史 4 242
中国文物报社 152
中国文学史（辽宋夏金元卷）4 5 52 200
中国现代史论丛 155
中华大藏经 192 193 194
中京 9 21 72 73 124 126 127 237 279 362 366
中书 42 263 372

中书副提点 263
中书省 7 62 263 268
中书省左司郎
中书令 7 8 62 263 336
中书侍郎 62
中书相 62 263
中统 35
中兴府 134 211
中央民族大学 56 59 65 270 348 372 383 388
中嶋敏 115
中嶋一郎 115
中州集 50 242 347
仲维波 52 369 372
钟焓 83 100 113 114 116 128
周阿根 28 57 331 332
周春健 11 28 48 333 346 352
周峰 5 27 44 96 134 329 332 343 372 383
周国典 42 372
周怀宇 75 76 78
周口店镇龙门口村 128
周立志 46 338
周敏 50 358
周伟洲 109 110 111 112
周系皋 54 363
周向永 20 364
周新华 109 110
周永杰 135
朱长余 56 372
朱红斌 58
朱建路 138

朱启钤 132
朱生云 291
朱向东 45 370
朱小飞 8 337 385
朱岩石 121
朱毅 25 349
朱子方 66 69 75 77 78 253
诸臣奏议 167
竺法护 137
庄靖集 51 358
庄陵 188
准格尔旗 290
卓罗城 211
浊轮川 20
涿鹿县 128
涿州 44 230
资治通鉴 100 228
淄博窑 56
自在大悲心 90 91 137
邹仁迪 94 383
阻卜 217
祖陵 25 121 125 128 366
祖州 24 25 125 366 367
最胜上乐集本续显释记 135
尊胜经 53 89 90 92 93 272
尊胜陀罗尼 5 92
尊者圣妙吉祥之智慧觉增上总持 95
左丞相 62
佐川正敏 121 127
佐藤贵保 96 180